“十二五”普通高等教育规划教材·经管系列

蒋秀兰　蒋春艳／编　著

零售学

（第2版）

Retailing

清华大学出版社
北　京

内 容 简 介

本书分为三篇：第一篇是基础理论篇，主要介绍零售、零售业、零售商的相关概念，零售业发展的历史沿革，零售业相关理论，主要零售业态等。第二篇是经营实战篇，包括零售企业的战略规划和业务运营两部分。战略规划部分包括分析零售企业的经营战略，商圈分析与选址决策，零售组织等；业务运营部分则具体分析零售企业在商店布局与商品陈列、商品采购与配送、商品规划、零售定价、促销、零售服务等方面的具体策略。第三篇是发展趋势篇，介绍现代零售业的发展趋势和新零售的特点，体现与时俱进的特点。

本书可作为本科或专科市场营销专业学生的专业教材，也可作为相关管理专业学生的选修、自学教材，亦可作为零售业从业人员的培训教材。

本书封面贴有清华大学出版社防伪标签，无标签者不得销售。
版权所有，侵权必究。举报：010-62782989，beiqinquan@tup.tsinghua.edu.cn。

图书在版编目（CIP）数据

零售学/蒋秀兰，蒋春艳编著．—2 版．—北京：清华大学出版社，2018（2022.8重印）
（“十二五”普通高等教育规划教材·经管系列）
ISBN 978-7-302-49960-2

I. ①零…　II. ①蒋…　②蒋…　III. ①零售业-商业-经营-高等学校-教材　IV. ①F713.32

中国版本图书馆 CIP 数据核字（2018）第 066113 号

责任编辑：杜春杰
封面设计：康飞龙
版式设计：楠竹文化
责任校对：马军令
责任印制：丛怀宇

出版发行：清华大学出版社
网　　址：http://www.tup.com.cn，http://www.wqbook.com
地　　址：北京清华大学学研大厦 A 座　　邮　　编：100084
社 总 机：010-83470000　　邮　　购：010-62786544
投稿与读者服务：010-62776969，c-service@tup.tsinghua.edu.cn
质量反馈：010-62772015，zhiliang@tup.tsinghua.edu.cn
印 装 者：三河市天利华印刷装订有限公司
经　　销：全国新华书店
开　　本：185mm×230mm　　印　　张：22.5　　字　　数：475 千字
版　　次：2013 年 12 月第 1 版　2018 年 6 月第 2 版　　印　　次：2022 年 8 月第 6 次印刷
定　　价：59.80元

产品编号：076228-02

第 2 版前言

《零售学》自 2013 年 12 月出版至今已经四个年头。《零售学》第 1 版出版以来得到了全国各地很多读者的支持，重印五次，发行量逾万册。在此期间有许多高校老师和我们进行了沟通、交流，对第 1 版的内容提出了很多有价值的建议。借此机会我们向全国各地的各位读者表示真诚的、深深的谢意。

《零售学》第 1 版是在各位读者朋友大力支持下成长和发展起来的，让我们倍感欣慰，也感到了责任更为重大。特别是随着市场日新月异的变化，零售实践变化越来越快，很多新知识、新观念及新方法不断涌现，在第 1 版《零售学》中有些内容确实需要调整。结合作者以及其他老师的教学实践及互相交流、研究的情况，本着对读者负责的态度，在清华大学出版社的大力推动下，2016 年 10 月开始，我们启动了《零售学》再版工作，经过一年多的共同努力，完成了《零售学》第 2 版的修订工作。

尽管是再版，但这本书的工作量并不少。在广泛搜集国内外参考文献的基础上，第 2 版《零售学》添加了零售业经营发展领域最新出现的一些新情况新问题，完善了大量的零售经营案例，结合教学过程以及读者交流过程中发现的问题对第 1 版中的内容进行了修正和完善。第 2 版主要变动以下内容：将第 1 版中的第三章、第四章内容合并为一章，即第三章零售企业经营战略；第 1 版中的第五章零售组织未涉及人力资源管理部分，第 2 版将人力资源管理部分内容加入；第 1 版中第八章包含了零售企业商品采购与配送，第 2 版将配送部分删除，改为商品采购；在发展趋势篇中，第 2 版结合当前零售领域新热点增加“新零售”一章，此章内容替代了第 1 版中的第十二章“零售企业信息化与网络化”；另外，全书各章节均根据零售领域变化对教学案例进行了更新和补充。

本书继续定位于满足高等学校本科教学使用以及零售业从业人员培训教材。第 2 版保留了第 1 版中三大部分内容体系的设计，仍保留了每章末都有复习思考题和案例分析题的特点，内容上更全面系统，实践案例更新颖，与零售实践结合更紧密。

本书第 2 版写作任务分工如下：全书内容、结构设计由蒋秀兰负责，第一、第二、第三、第四、第五、第八、第九、第十四章的内容由蒋秀兰完成；第六、第七、第十一、第十二章的内容由蒋春艳完成；第十三章的内容由戴维旺完成；研究生罗鹏飞在书稿写作过程中做了大量资料搜集、文字整理等工作。全部书稿最后由蒋秀兰做了统稿和修改。在本书写作过程中，参阅了国内外大量与零售相关的论著、教材、网站等，同时，本书的编写得到多位同事、朋友和同学的大力相助，在此表示衷心感谢！

由于编写人员学识有限，错误和缺点在所难免，恳请读者提出宝贵意见，我们深表感谢。联系邮箱：jiangxiulan@stdu.edu.cn。

编者
2017 年 11 月
于石家庄铁道大学

第1版前言

零售业是一个古老的行业，并随着人类社会经济的发展而发展，至今已经成为一个与人们生活最息息相关的行业。特别是在当今时代，随着政治、法律、经济、社会及技术环境的不断变化，零售业的发展日新月异，零售业态不断创新，不同业态的零售企业在激烈的市场竞争中各自展示着自己的特色。

笔者自2007年从事零售学课程的教学以来已经有七年时间，从这些年的发展过程中明显感受到了零售业的发展和创新。从教学资源角度，刚教授零售学时，图书馆里零售学方面的教材很少，应用比较广的就是高等教育出版社出版、肖怡教授主编的《零售学》，该教材无论是内容体系的设计还是理论深度的把握都非常好，包括我们在内的很多高校教师都将该书作为参考教材。但是，如前所述，零售业是一个日新月异的行业，行业发展变化的速度非常快。随着时间的推移，我们发现，该教材已不能反映零售业的最新变化，2007年3月（该教材第2版的出版时间）之后零售业的各种新发展、新变化都没有在该书中得到体现。例如，2010年国家标准《零售业态分类》（GB/T 18106—2010）中提到的超市、百货商店、购物中心等业态的细分都未能体现。作为授课教师，笔者在已有教材的基础上多渠道搜集并整理了相关资料，如新的促销形式、新的零售业态特点、零售领域的新的并购事件等，讲课时补充讲授给学生。正是基于上述原因，我们决定编写本书，将教学过程中积累的各种资源形成成果。

本书力求使零售相关理论、零售企业的经营实战和零售发展趋势三部分环环相扣，同时在文字表达上也力求简明扼要。全书共分为三篇十五章内容。

第一篇是基础理论篇，包括第一章和第二章，介绍零售、零售商、零售业等相关概念及中西方零售业的发展历程，分析了零售业态的种类及其特点。

第二篇是经营实战篇，包括第三章至第十二章的内容。本篇又分为零售企业的战略规划和业务运营两大部分。战略规划部分是第三章至第六章，包括零售企业经营环境分析、零售企业经营战略、商圈分析与选址决策、零售企业组织设计；业务运营部分是第七章至第十二章，包括零售企业的商店布局与商品陈列、商品采购与配送、商品规划、零售定价、促销管理及服务设计等内容。这一部分是本书的主体内容，全面介绍了零售企业的经营和运作。

第三篇是发展趋势篇，包括第十三章至第十五章，分别介绍了零售企业的国际化、信息化、网络化和低碳化的三大趋势，反映了零售业发展的前沿内容。

本书具有以下特点：

第一，在参考众多相关教材的基础上，充分考虑到近年来零售领域的最新发展，在内容体系的设置上综合考虑基础理论、经营实战和行业发展趋势三大部分。

第二，在对零售业态的介绍方面，按照最新国家标准《零售业态分类》（GB/T 18106—2010）的体系详细介绍了各业态的特点。

第三，案例丰富、新颖。每章开头设置了精选的导入案例，正文中也穿插了相关案例。这些案例时效性较强，很多案例都是零售业内最新发生的事件。

第四，每章末都有复习思考题和案例分析题。复习思考题与各章内容密切相关，注重提高对读者的启发性；案例取材面广，与对应章节内容相贴合，以提高读者对理论知识的应用能力。

本书由蒋秀兰、蒋春艳编著，写作提纲和篇、章、节的结构安排由蒋秀兰设计。各章写作分工如下：第一、第二、第九、第十四、第十五章由蒋秀兰编写；第六、第七、第十、第十一、第十三章由蒋春艳编写；第三章由吴海平编写；第四章由张萌编写；第五章由耿立艳编写；第八章由郭跃显编写；第十二章由刘敬严编写。最后由蒋秀兰进行了统稿和校改。本书在写作过程中，参阅了国内外大量与零售相关的论著、教材、网站等，同时，本书的编写得到了多位同事、朋友和同学的大力相助，在此表示衷心感谢！

由于编写人员学识有限，疏漏和缺点在所难免，恳请读者提出宝贵意见，我们深表感谢。联系邮箱：jiangxiulan@stdu.edu.cn。

编者
2013 年 8 月
于石家庄铁道大学

目　录

第一篇　基础理论篇

第二篇　经营实战篇

第一篇
基础理论篇

第一章 零售概述

学习目标

☑ 理解零售、零售商、零售业的基本概念;

☑ 掌握西方零售业发展的几次重大变革;

☑ 了解中国零售业的发展历史及现状;

☑ 理解零售业发展演变规律的主要理论。

导入案例

家居零售的发展：从一票难求到一站式购物

随着经济和时代的发展，中国家居零售发生了翻天覆地的变化。从 20 世纪 70 年代的一票难求到如今的一站式购物，行业形态更加细分，家居品类更加齐全，服务更加完善，购物环境已比肩世界级卖场，消费者家居品位与消费理念日益提升。

20 世纪 70 年代：买家具一票难求

“尊敬的厂领导：下个月我要结婚，向组织申请一套五合柜、一个饭桌、四把椅子和一张床……”这是 20 世纪 70 年代初孙庆安递交的一封申请书，至今他还清晰地记得上面的这句话。当年 22 岁的孙庆安在递交申请后满心期待地回家等消息了，结果家具直到婚期到来都没等来，直至婚后第二个年头才等来了一张婚床。在那个年代，许多家庭的家具都是公家的，并非有钱就能买得到，家具成了抢手货。

后来，也就是 20 世纪 70 年代中期，家具开始凭票供应。当时根本没有家具城或者家居卖场一说，甚至连“家居”这个词都没有。在当时的计划经济大背景下，全北京只有前门、西单、西四、东四等屈指可数的几家家具店。

当时工资才几元钱，一张家具票就二三十元钱，有时没有关系还买不上家具票，也有人把票转让给亲属、朋友，甚至用于市场流通，对于那一时期结婚的北京市民来说，找一张家具票的困难和得到一张家具票的喜悦都成了刻骨铭心的记忆。

20世纪80年代：买家具连夜排队

到了20世纪80年代初，随着计划经济体制向市场经济体制转变，“一票难求”的局面基本结束，百货商店也开始有了经营家具的部门。在北京，最初是东四人民市场开始卖家具，随后陆续有一些百货商店也开始经营家具。随着北京市家具公司在虎坊桥搞了展销会之后，家具展销会就成了家具买卖的重要方式。

今年近50岁的出租车司机马师傅回忆说，20世纪80年代在北京的各大展览馆、体育馆，如北京国际展览中心、北京展览馆等，名目繁多的家具展销会比比皆是。这些展销会的主办方有家具企业、展览公司、百货公司，还有一些没有听说过的所谓“实业公司”等，但是买家具还是要排队，有时都要连夜排队。

20世纪80年代末，北京的家具生产厂家已经比十年前增加了将近1 000家。由于当时还没有大型家具卖场，而家具企业如果想在百货商场租赁场地进行销售则要付出很高的成本，因此家具企业的销售渠道非常狭窄。在这种零售业不发达的背景下，形形色色的“家具展销会”如雨后春笋般出现在了京城百姓的面前。经常有一次20天、一次15天或者1个月这种家具展销会，前期是满足大家多样的家具需求，还相当不错。但是售后服务的问题做得不是很好。据马师傅介绍，当时一位朋友在某次展销会上买回的席梦思床没多久就塌了，想找厂家也找不到。这让马师傅对家具展销会有了很深的顾虑。

20世纪90年代：买家具到家具城

20世纪90年代初，家具展销会的形式依然存在，但由于展销会不能保证产品的售后服务，后来逐步出现了固定家具城、固定地点常年进行销售，这也是现代综合类家具卖场的雏形。这些“新事物”的出现初步缓解了家具供给不足的状况，老百姓购买家具有了更多的选择余地。

“当时突然出现了固定、常年销售的大卖场，觉得新奇，就带着老伴去逛了逛，比铺个红地毯的展销会环境好多了，品种很多。人们已不再把家具当成一辈子不换的物件，也开始了几年一换新，搬新房都要置一套新家具，但再也没有再现当年门庭若市的家具抢购情景，再过些时间去逛家具城时，摊位的售货员拉着你一个劲儿地说家具的卖点，显然我们已经变成了‘大爷’了。”孙庆安觉得固定的家具城的出现是利国利民的好事。

1998年、1999年，宜家、百安居等外资超市陆续进军中国，国有超市业态的好美家、东方家园等也相继成立、开门营业，这丰富了中国家居零售形态，竞争愈来愈激烈，服务随之水涨船高。20世纪90年代末的几年，家具卖场品类逐步丰富起来，有了建材、完整家装，形成了一站式服务的雏形，更大程度地满足了人们多样的需求。

如今：买家具一站搞定

孙伟半年前买下了上海闵行区的一套商品房，为了让自己的婚房具有独特的个性和品位，经朋友介绍，他来到了位于中环的红星美凯龙真北路店。当走进商场的那一刻，他震惊了。除了会迷路的超大面积外，这家店还集家具、建材、家饰、厨卫电器、设计、装修以及智能信息、文化传播、展览演示、购物休闲等综合功能于一体，可以实现一站式采购，减少了采购时间，降低了不少采购成本。除此之外，孙伟还享受到了商场"家居生活专家"的全程贴身服务，从方案设计到量身定制菜单式组合置家方案，他最终在这里选到了自己喜欢的家具。"现在装修虽然累，但比起父母那一辈可选择的样式和便利性都大大提高了。"孙伟欣慰地说。

改革开放三十多年来，家居零售业实现了快速的发展。家居零售行业的发展正在影响和改变我们的家居消费理念及审美品位，对于"家文化"有着深厚情感的中国人来说，承载了人们对于血脉之情、美好生活的期许与愿望。消费者日益提升的理念和品味也在激励着家居零售行业的变革和演进。

资料来源：家居流通行业变迁：从一票难求到一站式购物[EB/OL].（2013-06-06）. http://news.enorth.com.cn/system/2013/06/06/011037011.shtml.

第一节　零售的相关概念

零售是一个古老的行业，并伴随着人类社会经济的发展而发展，至今已经成为一个与人们生活最息息相关的行业。零售与现代人关系非常密切，已经成为人们生活中的一个组成部分，每个人都需要从零售中取得商品和服务。但作为顾客，却并不一定了解零售企业为顾客提供商品和服务的过程中所做的思考和决策。本章介绍了零售的一些相关概念，这些基本概念是我们对零售学进行深入讨论的前提。具体内容包括零售、零售商、零售业等，并在此基础上介绍了西方零售业发展的四次重大变革和中国零售业的发展历史及现状。

一、零售的概念

对零售的概念，学术界目前尚未有一个公认、统一的概念，国内外众多学者从不同的研究角度对零售的概念进行了阐述，有的定义比较宽泛，有的比较狭窄。

（一）广义的零售概念

美国学者迈克尔·利维和巴顿·A.韦茨在《零售学精要》一书中对零售所做的定义是：

“零售是将产品和劳务出售给消费者，供其个人或家庭使用，从而增加产品和服务价值的一种商业活动。人们通常认为零售只是在商店中出售商品，其实零售也出售服务，如汽车旅馆提供的住宿、医生为病人进行的诊治、理发、租赁录像带或是将比萨饼送货上门。”

美国营销专家菲利普·科特勒在《市场营销管理》一书中认为：“所谓零售，是指将货物和服务直接出售给最终消费者的所有活动，这些最终消费者为了个人生活消费而不是商业用途消费。任何从事这种销售的组织，无论是生产者、批发者还是零售商，都是在开展零售业务。”

上述概念比较宽泛，都认为零售是向最终消费者个人出售生活消费品和服务的行为，包括以下几种情况。

（1）基本上是纯实物的出售，几乎没有附带服务，典型的表现为仓储式商店。

（2）纯服务的销售，如美容店、理发店。

（3）以实物为主、服务为辅的出售，如带诊断服务的药店。

（4）服务为主、实物为辅的出售，如宾馆。

（二）狭义的零售概念

相对于上述比较宽泛的零售概念而言，也有一些学者对零售所做的概念界定比较窄，美国的罗伯特·F.卢斯所著的《商业零售企业经营管理》一书中这样给零售商业下定义：“零售商业是商品流通过程中的最后一个环节。为消费者服务，将社会生产出来的商品销售给消费者，是零售商业的基本职能。不论是在商店出售，还是通过邮购方式、电话订购、送货上门、自动售货机出售，均包括在零售商业的业务范围之内。”该定义中，卢斯将零售活动所出售的内容定义为纯商品。

肖怡教授认为：“零售是向消费者个人或社会集团出售消费品或非生产性消费品及相关服务，以供最终消费之用的全部活动。”该概念将零售活动界定为包括出售商品及伴随商品出售而提供的各种服务。

在我国现行的宏观商品流通统计中，社会消费品零售总额是指各种经济类型的批发和零售贸易业、餐饮业、制造业和其他行业售给城乡居民用于生活消费的商品零售额，和售给社会集团用于非生产、非经营使用的消费品零售额，以及农民售给非农业居民消费品零售额的总和。它表明整个零售市场的总规模和总容量。零售额实际上是按照最终消费者个人为生活消费品及其附带服务和社会集团为非生产性消费品及其附带服务所支付的价格计算的。

为了保持与我国现行宏观商品流通统计的一致，我们将零售的概念界定为：零售（retailing）是一种买卖形式，是指向最终消费者个人出售生活消费品及其附带服务和向社会集团出售非生产性消费品及其附带服务的行为。零售活动出售的内容包括纯实物和附带的服务，零售的对象包括消费者个人和社会集团。

理解零售的概念应把握以下几点。

1．零售商出售商品及其附带服务供消费者用于最终消费是零售活动的基本特征

零售活动较之于生产制造商和批发商的活动有不同的对象。生产制造商和批发商活动的对象主要是生产者和转售者，他们购买商品的目的是生产加工和再出售，而零售是向最终消费者个人或社会集团出售商品，最终消费者购买商品的目的是自己消费。如果购买商品不是为了直接消费，而是为了转售或者为了生产加工，这种商业活动就不属于零售活动的范畴。

2．零售活动出售的内容包括商品及其附带服务

本书界定的零售概念属于比较狭窄的概念，包括纯商品及其附带服务。零售活动不只是在商店中出售有形的商品，也包括随着出售有形的商品而发生的如送货、修理保证等附加服务。但是广义零售概念中包括的纯服务或以服务为主、实物为辅的两种形式则不包括在我们界定的零售活动范围内，如医生为病人进行的诊治、保险、飞机运输等。

3．零售活动不一定在固定的零售店铺中进行

零售活动的形式具有多样性，并非所有的零售都是在商店中进行的，换句话说，没有商店，或不在商店里也能出售商品及其附加服务。无店铺零售的例子很多，如邮购、电视购物、自动售货机销售、网络购物等。

4．零售活动的对象是最终消费者，包括个人和社会集团

除了个人和家庭之外，社会集团的非生产性购买行为也属于零售顾客的购买行为。例如，某公司购买办公用品供员工办公使用；某学校订购鲜花供其会议室或宴会使用等。所以，零售活动提供者在寻求顾客时不可忽视社会集团。

二、零售商

零售是一种商业交易形式，而零售商（retailer）则是进行零售活动的行为主体。零售商即零售企业，是以零售活动为基本任务的商业企业，直接向最终消费者提供商品及其附加服务，包括百货商场、超级市场、网络商店等多种形式。

需要指出，零售不仅仅是由零售商进行的。当制造商、进出口商和批发商将商品和服务出售给最终消费者时，也起着零售商的作用，执行着零售商的职能。一般来说，在当今生产力水平不断提高的条件下，市场经济为企业提供了广阔的经营舞台。各企业有其基本职能，亦有其非基本职能，然而，从事某些零售业务活动，但又不是其基本职能的企业，不能认为是零售商。

（一）零售商的性质

1．零售商以满足消费者需求为中心

零售商所经营的商品和服务必须就近满足消费者的需要。只有满足消费者的需求才能

生存、获利和发展。零售商必须以消费者需求为出发点，通过自身业务活动，进行商品交换和提供服务，以最短的路程、最快的速度、最省的费用，最大限度地满足消费者的各种需求。

2．零售商处于商品流通的最终环节

作为商品流通的最后一个环节，商品一旦出售就表明商品离开了流通领域进入了消费领域。零售企业的经营应围绕研究商品如何才能以最短的时间、最低的成本去满足消费者不断变化的需求，使商品以最快的速度自流通领域进入消费领域来进行。

3．零售商具有身份的双重性

零售商以双重身份分别承担着生产和消费的代言人，起到了调节和缓解中介冲突的作用。一方面，零售商代表消费者的利益，与生产者讨价还价，严把质量关，尽可能购进价廉物美的商品，维护消费者利益；另一方面，它也代表生产者，替生产者销售商品，以各种促销手段，扩大商品的销售数量和市场份额，在实现自身利益的同时，实现生产者创造的价值，支持和扩大生产发展。

（二）零售商活动的特点和内容

零售商从事的活动，就是把生产企业生产出来的产品及相关服务出售给最终消费者，从而使产品实现价值增值。

1．零售商活动的特点

（1）零星分散，分布面广。在市场经济条件下，只要有居民，无论城乡都有零售商的活动。零售商以方便顾客购买为中心，就近设点，分散经营。即使是在位置偏僻的农村，也有零售商采取行商的形式走街串巷，提供商品和服务。

（2）规模小、门槛低，技术要求不高，是吸纳就业的重要途径。零售业不仅安排城市人口就业，也是提高城市化水平、安置农业人口的重要途径。

（3）出售商品并提供附加服务。零售商提供商品的同时需要提供附加服务，要以服务为根本，以服务为媒介，实现一笔一笔的交易。面对众多需求不一的消费群体，其服务态度、服务水平、待人接物、礼仪礼貌，不仅关系到零售商自身形象，也关系到其生存和发展。

（4）零售交易规模小，交易频率高。由于零售主要面对的是个人消费者，他们的一次需求量少，因而每次交易的数量和金额比较少，在一定时间内交易的次数比较多。快买快卖，加速周转，注重流通效率，这是零售商活动的重要特点。

2．零售商活动的内容

无论多大规模、何种业态的零售企业，要想取得成功，就必须能够做出正确的战略决策及合理安排各种活动。零售商从事的活动，就是把制造商生产出来的产品及相关服务出售给最终消费者，从而使产品和服务增值。零售商活动的内容很多，包括零售商用以满足顾客需要并影响其采购决策的各种活动。从大的类别上可以分为两大类。

第一类是战略层面，即零售商在宏观层面上的活动，主要包括企业的战略规划和组织设计。由于零售商不可能为所有消费者提供他们想要的任何商品或服务，零售商就必须确定将要服务于哪些目标市场的顾客以及提供什么样的商品和服务，并确定零售商将如何集聚长期战胜竞争对手的优势；一个企业在成长的过程中该不该扩张，该如何扩张，如要扩张新的零售店，其店址该如何选择，这是企业成长与发展的战略问题；根据企业的战略，零售商要进行相应的组织系统设计，将组织内部资源进行合理分工。这些都是零售商战略层面的活动。

第二类是业务经营层面，即零售商的具体业务经营活动，包括如下几个方面。

（1）组织适销对路的货源

这是零售商的首要职能。先买后卖，买是起点，卖是目的。因此，采购商品、组织货源就成为零售商的基本职能。零售商必须在了解最终消费者需求的基础上，根据不同业态的经营范围，向生产者、供货商或批发市场进行分批采购，提供丰富的产品及其组合，使顾客在同一市场中购买商品时，能在品牌、设计、规格、色彩和价格等方面有充分选择的余地。对于连锁商店，在集中采购之后还要安排好向不同门店的配送问题。

零售商采购和管理商品一定要严格，切记保证商品安全。为消费者提供各种商品，包括食品、日常生活用品和耐用消费品，这直接关系到消费者的健康和安全。因此，零售商一要把好进货关，严格禁止假冒伪劣商品进入商店；二要把好储存关，按照不同性能的商品严格管理，防止商品质量变化和商品损耗；三要把好销售关，坚决杜绝将不合格产品销售给消费者，确保消费者消费安全。

（2）商店布局与商品陈列

在日益激烈的市场竞争中，零售商获得顾客的有效方法之一，就是吸引顾客并向顾客展示所经营的商品。商品质量再好，如果不能有效展示，也无法引起顾客的购买兴趣和购买行为。因此，零售企业必须对商店的外观、内部布局、商品展示以及对零售卖场空间、照明等方面进行精心的设计布局，从而达到吸引顾客，促进销售，在充分满足顾客需求的同时，实现商店盈利和其他经营目标的目的。

（3）提供服务

零售本质上是一种服务性活动，伴随着实物商品的销售也要随之提供相关配套服务。零售商提供服务既表现在商品的销售过程，也表现为售前和售后服务。零售商需要在经营过程中明确服务职责，提高服务水平，追求服务质量，不断扩大服务范围，开拓新的服务区域，多层次、全方位地满足消费者的各种需要。

（4）商品定价

商品定价活动是零售商最重要的活动之一。价格高低对消费者需求具有重大影响，而需求的变动直接影响商品的销售。当今消费者购买商品的选择余地越来越大，对价格也越来越敏感，因此合理定价十分重要，直接关系到企业的利润水平以及能否有效地实现目标。

（5）零售促销

在日益激烈的竞争中，零售商必须加强与顾客沟通。零售商要吸引消费者，必须告诉消费者零售商的存在以及所经营的商品种类和提供的服务等信息。在此基础上影响顾客的态度和偏好，说服顾客到本商店购买，到本商店购买能够满足顾客的购买期望，比竞争者更能提供超额价值。每个零售商都应承担起沟通者和促销者的角色。

三、零售业

零售业是零售企业的集合，是由许许多多零售商构成的行业。它由多业态、多种经济形式的不同零售企业构成，担负着促进生产、繁荣市场、引导和满足消费者需求的重任。

1．零售业是基础行业

零售业处于商品流通的第一线，体现了流通产业的基本职能，是流通产业的基础。零售业不仅是流通产业的基础，处于商品流通的第一线，体现了流通产业的基本职能，而且还是城市的基础产业。零售业构成城市基本的经济功能，直接关系到城市的生存和发展。世界上存在没有工业或农业的城市，如政治中心、旅游城市等，但不存在没有零售业的城市。零售业是城市的基础，是世界共有的经济现象。

2．零售业是一个国家最重要的行业之一

零售业的每一次变革和进步，都使人们的生活质量水平得到提高，甚至引发了一种新的生活方式。尽管零售业在国民经济体系中处于下游产业的位置，但是随着经济的发展，尤其是当市场达到供大于求的阶段时，零售业的地位出现了前所未有的提升。在现实生活当中，零售业迅速占据了产业链的主导地位，并具备了控制市场、决定生产、影响金融的作用。零售业可以通过采购渠道的整合控制市场命脉，决定制造业的生产、定价等经济行为；零售业还掌控大量现金流，进而影响着金融市场的稳定。

3．零售业是窗口行业

零售业的存在，既是国民经济的窗口，也是城市的窗口，是经济发展的晴雨表，体现了物质文明和精神文明。对于一个城市来说，一个城市的零售业发展状况，如规模、布局、结构和特色等，既是城市繁荣的标志，也是城市的内聚力和辐射力所在，是城市之间竞争力对比的重要因素。

从一定意义上说，零售业是一项民生工程。它不仅在营造一种生活环境，而且在丰富人们的生活内容，改变着人们的消费方式。无论是零售网点的布局、业态选择、经营形式和经营方式，还是服务内容和服务水平，都直接或间接地关系到广大消费者的生活质量和生活方式，关系到购物和生活环境的改善，关系到消费能力的实现。

4．零售业是一个国家和地区的主要就业渠道

就从业机会而言，零售业中有全国最大的就业机会。由于零售业对劳动就业的突出贡

献，很多国家甚至把扶持、发展零售业作为解决就业问题的一项经济政策。从吸收就业、促进社会再分配、保障社会稳定来看，没有哪个行业能比得上流通业。特别是零售业，点多面广、市场进入门槛低，已成为经济产业的第一大军。

第二节　零售业的发展历程

零售业是一个古老的行业，沿街叫卖是最早的零售活动的写照。人类早期的零售商业就是从这种行商中起步的，并逐步发展为后来的坐商。一般认为，我国从商朝开始就有了商人和商业活动，主要是行商，自秦汉以来就有了坐商。北宋张择端的《清明上河图》表明坐商已经达到空前繁荣的程度。在西方国家，16 世纪才开始进入坐商繁荣时期。但是，自 19 世纪中期以来，零售业的革命都是在西方国家掀起的。

一、西方零售业发展的重大变革

综观西方零售业近百年的发展，可以看出零售业体系及商店类型在不断变革和演化。在欧美、日本和其他一些经济发达国家，走过了一条大致相同的道路，经历了如下四次大的变革。

（一）第一次零售变革：百货商店的诞生

1852 年，在法国出现了世界上第一家百货商店——Bon Marhe（邦·马尔谢）商店。这是世界商业史上第一个实行新经营方法的百货商店。创始人 A.布西哥以崭新的经营方式对旧的零售业进行了重大改革。摆脱了小店的经营方式，消除了旧零售店的许多恶习，适应了当时经济发展的需要。随后百货商店风靡世界。1858 年梅西百货商店在美国创立，德国在 1870 年诞生了尔拉海姻、里尔曼和奇茨等百货商店，英国创立了哈罗兹百货商店，一场以百货商店为标志的零售革命在世界范围掀起。百货商店相对于当时传统零售商店来说，在下面几个方面表现出了质的飞跃。

1. 销售方式上的根本性变革

百货商店是世界商业史上第一个实行新销售方法的现代大量销售组织。其新型销售方法概括起来有如下几项。

（1）顾客可以毫无顾忌地、自由自在地进出商店。

（2）商品销售实行“明码标价”，商品都有价格标签，对任何顾客都以相同的价格出售。

（3）陈列出大量商品，以便于顾客任意挑选。

（4）顾客购买的商品，如果不满意时，可以退换。

这些销售方式，在现在看来虽然是一件十分平常的事情，但它是由百货商店的诞生及其对零售销售的变革而来的。

2．经营管理上的根本性变革

当时出现的百货商店最大的一个特点是，设有若干不同的商品部，这些商品就像是一个屋顶下的“商店群”，即把许多商品按商品类别分成部门，并由部门来负责组织进货和销售。被誉为“百货商店之父”的A.布西哥创造的这种方法成为现代百货商店的一般经营管理方式，产生了深远的影响。

在此之前，传统的城市零售店和乡村杂货店都由店主亲自营业，自行负责人、钱、物的管理。百货商店与此有根本性的不同，由于同时经营若干系列的商品，企业规模庞大，其经营活动分化成相对独立的专业性部门，实行分工和合作；而管理工作则是分层进行的，企业制订有统一的计划和组织管理原则，然后由若干职能管理部门分头执行。因此，百货商店是按商品系列实行分部门、分层次组织和管理的。

在后来的发展过程中，虽然百货商店的发展经过一些波折，特别是反垄断法与反不正当竞争法在一定程度上限制了大型百货商店的扩张，但百货商店一直是零售领域的一种基本形式，至今仍然占有重要的市场地位。

（二）第二次零售变革：连锁商店的兴起

连锁商店源于连锁经营。连锁经营作为零售业的革命，不仅仅是经营方式的改变，而且是商业制度的创新，是商品流程的重构，是以连锁为架构把分散经营的商店有机地连成一体，使其产生规模经济，改变采购模式、组织形式和经营方式，达到提高协调运作能力和规模化经营效益的目的。

连锁经营产生于19世纪中叶的美国，而后在欧洲和日本逐步发展起来。1859年，美国的吉尔曼与哈福特兄弟在纽约创办了第一家连锁店，但前期发展缓慢，直到20世纪50～80年代，连锁经营才进入高速发展期。1992年，美国沃尔玛在墨西哥开设了第一家国外店，连锁经营冲破国界，标志着连锁经营进入国际化发展时期。

1．连锁商店经营的形式

（1）正规连锁

正规连锁是连锁经营的主要类型。正规连锁商店是指对同属于某一资本的多个店铺统一经营，企业规模比较大。总部对各店铺拥有全部所有权、经营权、监督权，实施人、财、物与商流、信息流、物流、资金流等方面的统一管理。它是资本扩张、扩大市场占有率，甚至形成垄断形式的产物；由一个大资本家通过收买中小资本的企业所有权而实现的多店铺统一经营。

（2）自由连锁

自由连锁又叫自愿连锁，是由许多独立的商店自愿联合起来进行共同活动的联合组织。这是中小零售企业为保护自己的利益，利用团结、协作的联合形式，来取得和大零售商同样的竞争条件，以对抗大资本零售商的竞争。一般设有总店，负责集中采购、广告宣传、人员培训等；自愿连锁店各成员无隶属关系，总店也不拥有对零售商店的所有权，整体运行以合同为基础，实际上是一种契约式经营，属于松散式联合。自由连锁比较典型的案例是 SPAR。

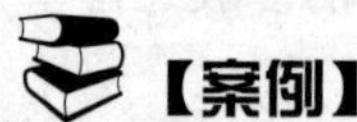

【案例】 SPAR：自由连锁

1932 年，为了抵御大型直营连锁企业造成的竞争压力，荷兰中小零售业经营者们开始了这种集结，SPAR 正式成立。到 2011 年，SPAR 的业务遍布全球 34 个国家和地区，拥有 1 000 多个零售商合作伙伴、1.5 万多家会员门店，2009 年营业额达 280 亿欧元（是家乐福的 1/3、沃尔玛的 1/10），并在许多国家和地区发挥着惊人的联盟效应。例如，20 世纪 50 年代，奥地利的 11 家批发商分别加入 SPAR 国际，经过 20 年的发展与合作，这 11 家批发商建立了充分合作和信任的关系，统一品牌、统一理念、统一规则，并最终合为一体，组建了一家股份制公司。目前，奥地利 SPAR 拥有 1 000 多家独立的零售商，占到了该国 30% 以上的市场份额，牢牢占据了第一的份额，甚至迫使家乐福不得不撤出奥地利市场。

为了解决联盟内部的信任问题，并且将联盟零散的个体组织起来形成利益共同体，SPAR 会员之间是平均持股的关系。假设 SPAR 的一个区域市场总股本是 1 000 万股，一开始有四家会员，那么每家就平价从总股本当中各认购 50 万股，SPAR 国际也相应持有和它们一样多的股份，余下的 750 万股就是公司持有，而每加入一个新会员，就能以平价从公司持有的股份当中认购与其他会员一样多的股数，直到全部分完。SPAR 中国发展到一定程度以后，会员有权认购 SPAR 国际的股份，目前欧洲的全部国家以及南非的会员已经做到了这一点，一个地区的会员间也时常互相之间交叉持股。在商品集中采购优势和商超管理经验交流这两个最显著的特征之外，SPAR 也为旗下的联盟超市提供大量自有品牌的商品，这令它看起来也像一家制造商。

在欧洲市场，SPAR 有 30%的利润来自自有品牌，在英国这个比例甚至高达 40%。SPAR 有几千种自有品牌，从日用百货到家具都有所涉猎。它自己并不拥有工厂，而是以数量庞大的会员店作为基础招徕供应商为其代工。由于 SPAR 超市在欧洲遍地开花，到处都是可以免费使用的广告位资源，除了制作费用之外，SPAR 几乎无须负担任何市场营销和宣传费用，而相应地，销售利润也全部属于超市。

资料来源：http://wenku.baidu.com/view/f3c1cc7602768e9951e738d4.html

（3）特许连锁

特许连锁是指总部与加盟店签订合同，特别授权其使用自己的商标、商号和其他总部所独有的经营技术，在同样的形象下进行商品销售并提供附加服务。加盟店要向总部支付规定的加盟金、保证金和权利金。发展特许连锁是零售企业实现快速扩张的一条重要途径。

连锁经营的三种形式的特点比较如表 1-1 所示。

表 1-1　连锁经营的三种形式的特点比较

连锁形态	正 规 连 锁	自 由 连 锁	特 许 连 锁
决策	总部决策	参考总部意见，分店有较大自主权	总部为主，加盟店为辅
产权关系	总部所有	加盟店具有独立的企业法人资格和企业的人事权、财务权等	加盟店有独立的企业法人资格和企业的人事权、财务权等
利益分配	统一核算	各连锁店独立核算	各连锁店独立核算，特许店缴纳特许费和“定期权利金”
内部关系	各门店是总公司的一部分，自主性最小	总部和门店是特许买卖契约关系	总部和门店是特许买卖契约关系
分店经理	总部任命	成员店主	加盟店主
加盟方式	不允许个人加盟	已存在的零售商自由联合	出售特许权
外观形象	完全一样	基本一样	完全一样

2．连锁商店的基本特征

（1）标准化管理。在连锁商店中，各分店统一店名，使用统一的标识，进行统一的装修，在员工服饰、营业时间、广告宣传、商品价格方面均保持一致性，从而使连锁商店的整体形象标准化。

（2）专业化分工。连锁商店总部的职能是连锁，而店铺的职能是销售。表面上看，这与单体店没有太大的区别，实际上却有质的不同。总部的作用就是研究企业的经营技巧，并直接指导分店的经营，这就使分店摆脱了过去靠经验管理的影响，大大提高了企业管理水平。

（3）集中化进货。连锁总部集中进货，商品批量大，从厂家可以得到较低的进货价格，从而降低进货成本，取得价格竞争优势。由于各店铺是有组织的，因此，在进货上克服了盲目性，不需要过大的商品库存，就能保证销售需要，库存成本又得到降低。各店铺专门负责销售，就有更多的时间和手段组织推销，从而加速了商品周转。

（4）简单化作业。连锁商店的作业流程、工作岗位上的商业活动尽可能简单，以减少经验因素对经营的影响，由于连锁体系庞大，在各个环节的控制上都有一套特定的运作规程，要求精简不必要的过程，达到事半功倍的效果。

（三）第三次零售变革：超级市场的诞生

1930 年 8 月，世界上第一家超级市场“金・库仑”在美国纽约开业，它的出现被称为零售业的第三次革命，带来了零售企业整个销售方式的变革。超级市场的真正大发展是在第二次世界大战以后，总销售额很快就超过了百货商店，被称为零售业的主干力量。

1．超级市场的产生背景

超级市场的出现和发展现在看来有其历史的必然，其产生背景有以下几方面。

（1）经济危机是超级市场产生的导火线。20 世纪 30 年代席卷全球的经济危机造成居民购买力严重不足，零售商纷纷倒闭，生产大量萎缩，店铺租金大大降低，超级市场利用这些租金低廉的闲置建筑物，采取节省人工成本的自助购物方式和薄利多销的经营方针，实现了低廉的售价，因而受到了当时被经济危机困扰的广大消费者欢迎。

（2）生活方式的变化促成了超级市场。第二次世界大战后，越来越多的妇女参加了工作，人们生活、工作节奏加快，加上城市交通拥挤，原有零售商店停车设施落后，许多消费者希望能到一家商场，停车一次，就购齐一周所需的食品和日用品，超级市场正是适应消费者的这种要求而产生的。

（3）技术进步为超级市场创造了条件。制冷设备的发展为超级市场储备各种生鲜食品提供了必要条件，包装技术的完善为超级市场中的顾客自选提供了极大的方便；而后来的电子技术在商业领域的推广运用，更是促进了超级市场利用电子设备，提高售货机械化程度。此外，冰箱和汽车在西方家庭中的普及使消费者的大量采购和远距离采购成为可能。

2．超级市场给零售业带来的革命性变化

超级市场标志着一场零售革命的爆发，打破了传统的柜台的售货方式，实行开架自选，实行自助服务，避免了传统柜台售货一对一接待使其他顾客受到冷落或耽误时间的情况。开架售货让顾客与商品零距离接触，给顾客以充分自由挑选的机会，让顾客尽情尽意，反复对比，择优选购。超级市场采用的自选购物方式，作为一个重要的竞争手段不仅冲击了原有的零售形态，而且影响了新型的零售业态，后来出现的折扣商店、仓储式商店、便利店等都采取了开架自选或完全的自我服务方式。

（四）第四次零售变革：网络零售

网上商店 1994 年最早出现于美国，该年度美国互联网用户增长率为 2 300%，许多网上商店都在这一基础上陆续建立起来。随后，各国也开始陆续发展网上商店。网络零售是指通过互联网销售商品的一种经营形式。信息时代，网络技术的发展对零售业的影响是巨大的，它的影响绝不亚于前三次生产方面的技术革新对零售业影响的深度和广度。网络技术引发了零售业的第四次变革，它甚至改变了整个零售业。具体表现在以下四个方面。

（1）网络零售本质上是一次零售业的技术革命。它是计算机技术、信息技术和网络技术在零售业的应用，构成电子商务的核心，标志着一种新的零售业态的产生。网络零售打破了零售市场时空界限，将现代技术向流通领域各个环节推广，加速了流通现代化的进程。

（2）网络零售是市场发展的一次革命。传统的市场是一定空间下的商品交换场所，受到时空的限制。而网络零售则创造出了虚拟的或无形的市场，打破了传统零售业就地营业、就地供应、按时关门的限制，可以打破时空限制进行多领域的交易。店面选择不再重要，任何零售商只要通过一定的努力，都可以将目标市场扩展到全国乃至全世界。

（3）网络零售是一次营销方式的革命。网上商店改变了零售商店的传统营销方式，通过网上广告进行与消费者的沟通，采取了与传统零售商店截然不同的新的业务流程，促进了整体营销方式的革新。

（4）网络零售促成了新的消费方式的产生。随着网络零售的发展，人们的购物方式发生了巨大变化，消费者将从过去的“进店购物”演变为“坐家购物”，足不出户，便能轻松在网上完成过去要花费大量时间和精力的购物过程。由于网络技术大大克服了信息沟通的障碍，人们可以在网络上漫游、比较和选择，因而将使市场竞争更趋激烈，导致零售利润进一步降低。

【案例】 关于电商发展的争论

2012 年“经济年度人物”颁奖典礼上，马云和王健林被要求围绕电商辩论。对马云的电商冲击，王健林表示“震撼”，但是否未来会压倒传统零售，王健林认为未必。他认为，电商不能完全取代传统商业。例如，炫耀性消费还会去零售渠道。而且零售商不会等死，如果线上线下结合还是可以活得很好。而马云的辩论是：“电商不会取代传统商业，但会基本取代。因为它不是模式创新，而是生活方式的变革。”他认为，电商今天的 1 万亿元只是刚刚开始。而且电商不是取代谁，而是建立透明开放的商业环境。王健林还现场立下一个赌注，赌注为 1 个亿。2022 年，如果电商市场份额占到 50%，王健林给马云 1 个亿；占不到 50%，马云给王健林 1 个亿。

资料来源：22 年电商份额过半？马云王健林领奖现场赌一亿[EB/OL]. （2012-12-13）. .http://www.ce.cn/culture/gd/201212/13/.t201212B_23934894.shtml.

【课堂讨论】

1. 你倾向于支持谁的说法？为什么？
2. 面对电商的竞争挑战，传统零售企业应如何应对？

二、中国零售业的发展历史及现状

中国零售业的发展和变革大致经历了以下几个阶段。

（一）改革开放之前

在改革开放之前，零售业表现为单一、固化的零售业态形式。这一阶段中国实行的是计划经济体制，社会生产力水平较低，供求关系比较紧张，几乎所有商品均处于供不应求状态，因此，零售业总体上是大中型百货商场和小型零售店并存，行业内缺乏竞争。

（二）改革开放之后到20世纪90年代中期

改革开放之后，随着市场需求的不断提高，零售业迅速进入一个急剧变革的时代。这一阶段，代表着信誉的大型百货商店在数量及规模上都不断发展壮大，仍然占据着零售业的主导地位。1984年10月，中共十二届三中全会以后，以城市为重点的经济体制改革全面展开，全国形成了兴建大型商厦的热潮。仅1986—1990年，我国新建的大型零售商场就相当于前35年建设的总和。到了90年代初期，大型商场的发展速度更是惊人。据有关资料统计，年销售额在1.2亿元以上的大型百货商场，1991年只有94家，1992年增加到150家，1993年达到291家，1994年、1995年分别达到488家和624家；年销售额在10亿元以上的大型百货商场，1992—1995年分别是2家、7家、10家、21家，仅5年时间内大型商场的数量增加了5倍多。

同时，在这个阶段新型的零售业态也纷纷导入，大约在20世纪80年代中后期，超市在我国出现，这种具有空间、时间和成本优势的业态在中国大中城市乃至中小城镇异军突起；便利店、专卖店、仓储式商店等新型业态纷纷采用连锁经营方式自发整合以扩大市场规模，增强竞争优势。

（三）20世纪90年代后期至今

在这一阶段，总体上呈现出新旧业态逐步分化、重组的局面。20世纪90年代后期，传统百货业遇到了巨大挑战，全面滑坡。在外资零售业的影响下，超级市场、便利店、专卖店、购物中心等新业态相继出现，不断蚕食了传统百货业的市场份额。进入21世纪后，中国百货业才逐渐走出倒闭的阴影，开始取得新的发展。

与此同时，作为现代流通手段之一的连锁经营成为零售企业采用的主要经营组织方式，连锁企业从少到多、从小到大，不断发展壮大，多种业态经营的企业大量增加，超级市场、便民店、专业店、专卖店、购物中心、仓储式商场、无店铺销售等发展迅速。越来越多的外资企业进入中国市场，世界著名跨国零售集团中的大多数已经进入中国市场。

【案例】　中国百货业的发展

1. 百货业初创时期

100多年前，俄国人伊万·雅阔列维奇·秋林在哈尔滨开设了中国第一家“秋林百货”，商品品质精良，如今哈尔滨家喻户晓的格瓦斯、大列巴、里道斯红肠均是通过秋林百货传入的。同年，与孙中山相交甚深的广东香山商人马应彪，在香港创办了第一间华资百货公司“先施百货”，践行实业救国。随后几年又在广州、上海相继开设分店，被称为“中国百货先驱”。尤其是在上海南京路上的分店，轰动上海滩。在先施百货的带动下，永安、新新、大新公司相继创办，这就是声名显赫的四大百货。

2. 中华人民共和国成立后国家导向经营

中华人民共和国成立后，中国百货业进入国营时代，百货商店在全国范围内组建，并至少开到乡镇一级（供销社）。1952 年 8 月 26 日，中贸部（后为中商部）正式批准了修建百货大楼的建筑计划，王府井百货大楼的建设提上了议程。如今开家百货店，稀疏平常。但王府井百货大楼开业，国家商务部、北京市委、市政府、市商业局等有关领导都来了，其在经济运行中的分量可见一斑。百货业也迎来了自己最好的时代。王府井百货大楼开业当天，顾客流量高达 16.4 万人次，货场拥挤不堪，销售额高达 30 万。

改革开放以后，国营百货大楼还成了“货真价实”的保障。私营工厂、商店由于缺乏商业法规的约束，大量生产销售假冒伪劣商品，有些商店也只顾利润进行行骗。百货大楼便成为满足“高端需求”的不二之选。全国各地的人到上海出差、旅游，都要去南京路、西藏路、淮海路一带的百货公司抢购羊毛衫、皮鞋、夹克。上海“一百”早年的老员工回忆说：“那时候我们的羊毛衫名声在外，款式多，品质好，从外地来的人都想要带件回去。早上还没开张，店外就排起了长龙，我们经常要架几张桌子阻挡人群涌入，隔着桌子一手交钱一手给衣服，场面很火爆。”

到 20 世纪 80 年代末，热火朝天的中国百货业又迎来了改造风。这股热潮，是由“中国百货改造第一人”、武汉商场总经理毛冬声引发的。他自己想办法贷款，把商场的营业面积扩大了一倍，还引进了美食、咖啡厅、游乐厅和验光配镜等跟传统国营百货毫不沾边的服务，重演了当年“先施百货”成功的一幕，吸引无数同行前来学习。1986 年，商业部特意组织全国 150 家大中型商业企业在武汉商场召开现场交流会，随后全国都卷起一股开商场和大型商场扩建装修热。当时国营商业已经有了一些“市场经济”的气息。

3. 百货业进入分化重组时代

1993 年前后，全国刮起一阵百货商店兴建之风。在一阵兴建商场之风过后，1997 年，中国百货业步入低潮。1998 年，更是有人称为之百货业的倒闭年。如上海一百西安分店、北京老佛爷、郑州亚细亚纷纷倒闭，连锁经营、新型业态不断出现，百货业进入了分化重组时代。

王遂舟创建的亚细亚 1990 年在中央电视台大做广告，“中原之行哪里去——郑州‘亚细亚’”是当时几乎所有人耳熟能详的广告语。亚细亚的广告营销和价格战术引起了周边商场的“奋勇还击”。紫荆山商场、郑州百货大楼、商城大厦以及郑州西郊的一家商场纷纷参战，中原商战爆发。由于开店速度过快，战线铺得过长，亚细亚忽略了企业自身的实力和内功，逐渐走向衰落。2000 年 9 月，郑州中院依法裁定郑州亚细亚破产。

1982 年，商务部出资 1.5 亿元，分摊给沿海 14 个城市和 7 个经济特区的大型百货商场，成立华联，总部设在天津。华联无疑成为当时国营百货商店的“金字招牌”，但由于全国各地华联商厦经营业态不同，经营档次参差不齐，经营状况并不理想。随着百联集团的成立，

2004 年，华联并入百联集团百货事业部。

深圳市铜锣湾百货有限公司董事长陈智是中国“Shopping Mall”的始创者。1997 年他在中国改革开放前沿城市深圳创建中国首家“Mall”，启动铜锣湾广场，正式创办了全国第一家 Shopping Mall—C MALL 铜锣湾广场。到了 2005 年，铜锣湾百货的扩张达到了顶峰。然而，由于扩张过快，管理水平跟不上，铜锣湾兰州店出现了严重的供应商挤兑事件，铜锣湾被迫关闭该店。此后，类似的事件在全国各地发生。2006 年 6 月 30 日，印尼第一财团力宝集团正式入主铜锣湾百货，惊艳一时的铜锣湾从此宣告谢幕。

庄陆坤创立了深圳市百佳华实业发展有限公司，其下属的佳华百货成为深圳百货业的一支劲旅。2007 年 5 月 21 日，佳华百货在香港联交所主板正式上市交易，成为广东省第一家在境外主板整体上市的零售企业。此外成功上市的还有浙江银泰百货、香港新世界百货。

资料来源：赵向阳. 中国百货这些年［EB/OL］.（2012-06-08）. http://finance.ifeng.com/roll/20120608/6584357.shtml.

第三节 零售业发展的相关理论

从零售业发展的几次革命性的变化来看，零售业的发展呈现出从简单到复杂、从低级到高级、从单体到复合体、从单纯买卖到多功能化的发展趋势。随着零售业的发展，西方学者一直在探讨零售业发展演变的规律，也发展出一系列旨在解释和预测零售业演变的理论模型。每一个理论虽然都不能完全解释零售业发展的所有规律，但至少揭示了其发展的某一方面的规律。这些理论基本上可以分成两类：循环理论和环境理论。

一、循环理论

循环理论认为，零售结构或业态以循环的形式向前发展，循环理论具体又包括以下三种理论。

1．零售轮转理论

零售轮转理论又称车轮理论，是由美国哈佛大学教授 M.迈克尔于 1958 年提出的。该理论认为，一种新的零售形式在进入市场的初始阶段，往往采取低定价、低利润的形式以提高市场占有率；然后，在取得一定市场份额的基础上，再改善服务设施，增加服务项目，从而导致经营成本不断增加，竞争优势减弱；于是，进入衰退阶段，被后起的低经营成本的竞争者取代，零售车轮继续转动，形成轮式循环。

根据零售轮转理论，成本领先战略往往是新兴零售业态企业后来居上的有力武器。该理论认为新型组织形式的成功在于低成本的进入，站稳脚跟后就势必增大经营费用，而增大经营费用会导致另一种新型组织形式的出现。

该理论提出以后，许多人以西方的专业店、百货商店和折扣商店的发展历史对其加以验证。也有人从消费趋势、竞争、经营范围等多方面对其必然性加以论证。而这一理论把成本和价格当作决定零售组织演变的唯一变量是把复杂的经济现象过于简单化了。同时，该理论的适用范围比较宽泛，没有与零售业紧密结合起来，因为其他的生产及服务性企业同样也存在这样的规律，围绕着成本、价格及利润不断轮回。

2．零售生命周期理论

零售生命周期的概念来源于产品生命周期的概念，最早由美国的零售专家戴韦森等人提出。该理论认为零售组织也像产品一样，有一个创新、成长和衰亡的过程，而在每一个不同的阶段，零售业态表现出不同的特征。零售生命周期理论将零售业态的发展分为四个阶段：创新阶段、加速发展阶段、成熟阶段、衰退阶段。创新阶段是新零售组织形式产生的阶段，新业态的新特点使其具有差别优势；加速发展阶段，新业态的市场份额和收益率显著提高，出现大批模仿者，市场竞争激烈；成熟阶段的市场份额相对稳定或略有下降；衰退阶段，另一种新的业态开始酝酿产生，市场范围明显萎缩，最终退出市场。

零售生命周期理论具体研究各种零售组织成长和衰落的一般规律，具有实用性特征。零售生命周期理论刻画出零售业态各个阶段的主要特点和挑战，企业可以根据这一理论制定相应的主要战略。零售生命周期理论解释的规律在于周期性。由于各国的具体情况不同，各零售组织的生命周期到底多长，还需要进行具体的分析和研究。根据该理论，零售经营者不仅在该组织发展阶段要做出有效决策，而且在它走向衰退时，也要主动放弃并寻求新的能适应形势的零售组织，掌握主动权。

3．零售手风琴理论

手风琴理论是由布朗德于1963年首先提出的，再由霍兰德于1966年加以发展并命名。该理论认为在零售组织形式发展过程中，存在商品种类由综合化到专业化再到综合化的循环往复的过程，像拉手风琴一样一宽一窄交替变化。根据手风琴模式，首先在市场的是综合性的零售店，接着专门性商品组合的零售业态产生，之后综合性的商品组合的零售业态又产生，如此循环，所以，该理论也称为“综合—专业—综合”模式。例如，美国的零售业从经营范围非常广泛的杂货店到百货店，再到更专业化的邮寄商店，一直到单一产品线的专业店，而后又发展到商业街、购物中心时期等综合化的方向。

**【案例】**

美国药品零售业的发展

19世纪初，美国综合店控制着药品生意。逐渐地专业的药商开始从综合店中接管大多数药品销售。然后，这些专业药店开始增加非医疗的其他项目，特别是在20世纪二三十年代，药店极大地扩大它们的商品组合。第二次世界大战之后，随着来自销售药和药品相关项目的超市和折扣商店的增加，竞争日益激烈，药品争夺战全面爆发。抵消这种趋势的努力是大量开设专业药店，主要销售处方药和治疗药品，这些药店往往位于或接近医院。这个过程明显经历了一个“综合—专业—综合—专业”的模式。

资料来源：Hertog Pd, Brouwer E. Innovation Indicators for the Retailing Industry: A Meso Perspective[J]. Dialogic Center for Saience & Poliay, 2000(10).

手风琴理论告诉我们，专业化和综合化互为补充，虽然各有风光之时，但不能相互替代。零售手风琴理论将商品结构作为影响零售业态结构演变的决定性因素，分析的着眼点过于狭窄，而且商品组合的宽与窄只是其结构演变的一种现象，适合于描述，却不能作为原因用于解释和预测。

二、环境理论

1．零售自然选择理论

自然选择理论是以达尔文的“适者生存”为基础，达尔文的理论就是强调最适应环境的物种最有希望生存下来，美国零售专家吉斯特把这一理论运用于零售业，认为各种零售组织都可看作不同的经济物种，都面对着由顾客、竞争者和变化着的技术所组成的环境。因此，可以将自然选择理论移植到零售组织的变化中来，而且在一定程度上解释一些种类的零售组织的成功和另一些种类的零售组织的失败。

该理论强调零售业态的发展必须与社会环境的变化相适应，根据零售自然选择理论，每一种零售组织自出现之日起，就要面对各种环境的变化，如技术、竞争、消费者行为和法律等，只有那些能够适应这些环境变化的零售商才能生存下来，不适应环境变化的则遭到淘汰。

零售自然选择理论考虑了更多的影响零售业结构演变的因素，而且能够解释不同的环境里存在不同的零售组织和组织结构，但无法解释相同竞争环境中同样存在不同甚至特点迥异的零售组织形式的现象。

2．零售辩证过程理论

零售业的辩证过程理论基于黑格尔的辩证法，将辩证法的思想应用到零售业中。该理论由美国学者吉斯特于 1968 年首先提出，得到马罗尼克和沃克的支持，也被叫作正反合理论。该理论认为，两种相互竞争的、形式不同的零售业态可以相互混合形成一种综合了二者特点的新形态。零售结构的演变是不同零售组织与其对立的零售组织间相互适应、兼容的过程。任何观念就其本质而言均会导致对其自身的否定，为了抵消对方的竞争，双方会借鉴对方的优点，使自身的一部分向自己的反面转变。起初提出观念，称之为“正”，对它的否定称之为“反”，其结果称之为“合”，又称为“正”，开始新的辩证过程。例如，百货店是高价格、服务广泛、高毛利的零售业态，而折扣商店则是低价格、低毛利的零售业态，随着零售业的发展，两种相反特点相互融合，形成新的零售业态，即折扣百货商店。

这种理论的优势在于可以从一定程度上解释零售组织形式的多样化，认为多样化的结果是不同组织间相互适应、取长补短的结果。缺陷在于对一种组织形式的“反”的认定是随意的、多样的，在判定的依据及程度上没有统一的认识，同时零售组织的形式越是多样化，此理论对于预测未来的发展变化规律就越困难。

以上理论都从某一侧面对零售结构的演变过程进行了解释，存在一定的合理性，但从现实零售组织结构的发展过程看，都存在不同程度的缺陷。由于现代零售业的飞速发展，使零售规模、零售组织形式和零售业的发展范围都已经远远超出了零售制度演进本身的涵盖范围。零售业态越来越高级，内涵更加宽泛等变化都要求不断地对这些理论进行创新，并将各种理论结合起来，形成一套完整的理论体系，才能对零售业组织结构的演进做出合理的解释。

本章小结

零售（retailing）是一种买卖形式，其含义有狭义和广义之分。广义的零售出售的内容包括实物和服务，狭义的零售将出售的内容界定在纯实物和附带的服务的范围内。零售的对象包括消费者个人和社会集团。零售商出售商品及附带服务供消费者用于最终消费是零售活动的基本特征。零售商是零售活动的行为主体，是以零售活动为基本任务的商业企业，直接向最终消费者提供商品及附加服务，包括百货商场、超级市场、网络商店等多种形式。零售商的活动内容包括战略层面和业务经营层面。零售业是零售企业的集合，是由许许多多零售商构成的行业，零售业是国民经济发展中的一个重要行业，在吸纳就业等方面发挥着日益重要的作用。

西方零售业的发展经历了四次重大变革，分别是百货商店、连锁商店、超级市场和网络零售的产生和发展。每一次变革都对零售领域产生了巨大而深远的影响。中国零售业的发展经历了缺乏竞争的计划经济时期、百货商场占据绝对优势时期，发展到多业态并存，新旧业态逐步分化、重组的局面，中国零售业业态日益丰富，发展日益充分。

零售业发展演变具有一定规律性。西方学者提出一系列旨在解释和预测零售业演变的理论模型。这些理论基本上可以分为循环理论和环境理论两类。循环理论认为零售结构或业态以循环的形式向前发展，具体包括零售轮转理论、生命周期理论和手风琴理论；环境理论强调零售业态的发展要注重与周边各种环境的适应性，包括自然选择理论和辩证过程理论。

复习思考题

1．商品从生产领域向消费领域转移的过程中，零售商担任什么角色？

2．社会集团作为零售顾客与个人消费者相比有什么特点？

3．你认为网络商店的出现将对传统商店造成多大的冲击？

4．零售企业发展连锁经营需要注意哪些问题？

5．零售业发展演变规律的理论有哪些？你如何看待这些理论？

案例分析

百货业发展面临的困境

近几年，零售百货业陷入了困境，“关店潮”一直在持续。2016 年 11 月英国老牌零售商马莎百货宣布将关闭在中国内地市场的全部 10 家门店，退出中国。继 2011 年退出北京市场后，2017 年 3 月 26 日在上海五角场扎根 15 年的台系百货“大西洋百货”也黯然关张。从 2012 年至今，有着“外资第一百货”之称的百盛，在中国市场持续关闭十多家门店。如今百盛在北京仅剩百盛复兴门店。1998 年，日资百货华堂商场在十里堡开出京城第一家店时，曾经备受附近居民热捧，风光一时。但从 2014 年起华堂在京相继关闭了 7 家门店，仅剩位于亚运村的总部。2015 年 6 月，泰国最大的连锁百货尚泰百货成都店停业，最终全面退出中国市场。

从 2011 年起，中国各大百货公司的业绩就开始急剧下降，2012 年以来，几乎每年都有大量百货业关店，商铺租金价格以每年 12%的速度下滑。仅 2015 年，国内主要零售企业（含百货、超市）便关闭了几百家，其中万达为了停止损失，一口气关闭了 46 家门店。曾经是中国时尚百货的标杆的 NOVO 百货，2015 年关店 5 家，退出上海及武汉市场，2016 年又关了 1 家。被称为“内地百货第一股”的银泰百货，除了名字没变，现在基本已经属于“阿里巴巴”。

根据 iziRetail 最新发布的《2016 年全国 200 家重点商场销售业绩一览》，各百货商场之间的分化明显，少量优质百货业绩提升，61.5%的百货业绩仍在下滑中。

2016 年双十一，仅阿里巴巴的单日交易额便已经突破 1 207 亿元，刷新了单日全球零售的历史纪录。根据 2017 年 1 月 12 日京东联合 21 世纪经济研究院发布的《2016 中国电商消费行为报告》，2016 年我国电子商务交易额预计会超过 20 万亿元，占社会消费品零售总额的比重超过 10%。电商对实体店产生了强大的冲击。业内人士称，10 年前的连锁百强半数已经出局，幸存者中 85%以上的企业开始关闭实体店铺，涉足电子商务。百货商场沦为电商的“试衣间”“看样间”，一开始发生在年轻人群体中，后来蔓延到了他们的父母辈。

资料来源：张静．百货业之困，还有救吗？［EB/OL］.（2017-04-05）. http://xmzk.xinminweekly.com.cn/News/Content/8636.

【思考讨论】你认为百货商场在中国是否进入了衰退期？如何破局？

零 售 业 态

学习目标

☑ 理解零售业态的内涵;
☑ 掌握零售业态的主要类型;
☑ 区别不同零售业态的主要特征;
☑ 了解全渠道零售。

导入案例

第四代奥莱——石家庄北国奥特莱斯

2016 年 12 月 24 日上午，河北省首家奥特莱斯——石家庄北国奥特莱斯正式开业。截至当日 20 时，客流量达 20.3 万人次，实现销售额 2 048 万元。

作为全球购物中心类型之一，奥特莱斯是欧美流行的商业零售业态。北国奥特莱斯坐落在省会西南旅游带鹿泉区铜冶镇，由北人集团投资 15 亿元建设。其建成开业，不仅填补了河北省商业领域奥特莱斯业态的空白，也为区域消费者提供了一种全新的休闲购物体验。项目主体采用“三横三纵”经典奥莱布局，使每个街区有效衔接，商机均等。各个街道根据欧洲国家来命名加以区分，增加了购物区的可识别性。除此之外，还有餐饮美食街区、儿童城堡、北国水世界、多功能会议馆等多功能餐饮体验区。该项目是河北省引进的奥特莱斯业态，填补了河北省商贸服务业空白。全面建成后，预计年销售额 15 亿元，实现税收 1 亿元。

北国奥特莱斯以国内最先进的第四代奥莱亮相，打造“城市微旅游”概念，集度假、旅游、休闲、娱乐、美食、购物等功能于一体，以意大利托斯卡纳小镇建筑风格为主，设有伦敦、罗马、马德里、波尔多、巴黎、威尼斯、维也纳、柏林、米兰等9大城市主题广场，可让游客全方位感受欧洲的异域风情。

未来3～5年，北国奥特莱斯将对项目逐步完善，建成后将实现“一个全国第一，三个河北第一”，即中国首家集奥莱+水世界+海洋馆项目于一体的主题公园小镇，河北规模最大也是中国第一个第四代专业奥莱卖场、河北规模最大的水上乐园、河北规模最大也是第一家专业海洋馆。届时，项目群把购物、水上项目娱乐、海洋知识科普和餐饮住宿等功能融为一体，对提升石家庄在省内旅游市场的地位，带动区域经济快速发展有着积极的促进作用。

资料来源：省首家奥特莱斯——北国奥特莱斯盛大开业［EB/OL］.（2016-12-24）. http://hebei.sina.com.cn/news/sjz/2016-12-24/detail-ifxyxury8386088.shtml.

第一节　零售业态的含义及分类

零售实践中，从事零售活动的基本单位和具体场所是商店。商店依据销售形式不同又区分出不同的经营形态，即零售业态。近年来，零售商店的业态形式发生了很大的变革，出现了多样化和细分化趋势。各种新兴零售业态自20世纪90年代初引入以来发展势头强劲，零售业态形式在不断创新。

一、零售业态的含义

通俗地说，业态就是指零售店卖给谁、卖什么和如何卖的具体经营形式。在我国，国家标准《零售业态分类》将零售业态定义为经营形态（业态划分的标准为“目标顾客”+“营销要素组合状态”）。

我们认为，零售业态是针对目标消费者的具体需求，在一定战略目标导向下，有选择地运用商品经营结构、位置、店铺规模、店铺形态、价格政策、销售方式、销售服务等经营手段，提供销售和服务的经营形态。这一概念包括两方面的含义：其一，确定的目标顾客群；其二，具体的经营策略，包括选址、规模、商品策略、价格策略、商店设施、服务方式等。

二、零售业态的分类

（一）国际上零售业态的一般分类

对于零售业态的分类，目前国际上的惯例是主要依据零售商店的选址、规模、目标顾客、商品结构、店堂设施、经营方式、营业时间、服务功能、价格策略等确定。美国把零售店区分为百货店、超级市场、折扣店、一般商品店、服装专卖店、仓库俱乐部、药店、方便店、杂货店等九类；日本对零售业态的分类与美国基本相同，但增加了自动售货机、邮购以及无店铺销售形式。当然，同一个大类的业态，还可以进一步细分为更为具体的业态形式，如超级市场可以再细分为食品超市和综合超市，这要依据不同的研究内容而定。

实践中，在国际范围内许多国家对零售业态的分类基本一致，可以进行国际比较和沟通。

（二）我国零售业态的统计分类

20 世纪末，我国零售业开始迎来快速发展时期。为跟上零售业发展步伐，2000 年，国家首次制定并颁布了《零售业态分类》国家标准。此后 2004 年、2010 年先后进行了两次修订和补充。三次制定和修正零售业态分类标准体现了零售业态的创新和发展。

1．2000 年版标准

1998 年研究我国零售商业业态统计时，主要考虑了我国零售各业态的发展水平和所处的生命周期。国家标准《零售业态分类》（GB/T 18106—2000）将零售业业态定为 9 类：百货店、超级市场、大型综合超市、便利店、专业店、专卖店、购物中心、家居中心和仓储商店。

2．2004 年版标准

2004 年，商务部组织国内有关部门对原《零售业态分类》标准进行了修订，并制定了新的标准。该标准经国家质量监督检验检疫总局和国家标准化管理委员会批准并发布，联合颁布的新国家标准《零售业态分类》（GB/T 18106—2004）（国标委标批函［2004］102 号）于 2004 年 10 月正式实施，并替代了 2000 年版标准。

2004 年版标准与 2000 年版标准的主要差异是增加了折扣店、无店铺销售等业态，并对购物中心的种类进行了细分。最重要的是，该标准将零售业态从总体上分为有店铺零售业态和无店铺零售业态，无店铺销售方式被我国零售业承认。按照零售业态分类原则分为食杂店、便利店、折扣店、超市、大型超市、仓储会员店、百货店、专业店、专卖店、家居建材商店、购物中心、厂家直销中心、电视购物、邮购、网上商店、自动售货亭、电话购物等 17 种零售业态。

3．2010 年版标准

为适应近年来我国零售业发展的趋势，并借鉴发达国家对零售业态划分方式，国家质量监督检验检疫总局、国家标准化管理委员会联合颁布新国家标准《零售业态分类》（GB/T 18106—2010）（国标委标批函［2010］102 号），并于 2010 年 10 月 1 日起开始实施。本次修订首次对超市业态进行了细分，便利超市、社区超市、大型超市作为单一业态获认可。

从大类上来看，此次修订零售业态由原来 17 大类缩减为 16 大类（见表 2-1 和表 2-2），零售业态总体上分为有店铺零售业态和无店铺零售业态两类。有店铺零售业态包括食杂店、便利店、折扣店、超市、仓储会员店、百货店、专业店、专卖店、购物中心、厂家直销中心；无店铺零售业态包括电视购物、邮购、网上商店、自动售货亭、直销和电话购物。细分业态增多，把原来的大型超市归在超市业态大类下，家居建材店并入专业店中；将专业店划分为“专业市场”和“专业超市”；在无店铺零售中增加了直销业态。

此次修订最大的亮点是对超市业态进行细分，划为便利超市、社区超市、综合超市和大型超市，并对这四类超市营业面积和目标顾客规定了具体标准。表明零售业差异化趋势已越来越明显。

表 2-1　有店铺零售业态分类

<table>
<tr><th>序号</th><th colspan="2">业　态</th><th>商圈与目标顾客</th><th>商 品 结 构</th></tr>
<tr><td>1</td><td colspan="2">食杂店</td><td>辐射半径 0.3 千米，目标顾客以相对固定的居民为主</td><td>以香烟、饮料、酒、休闲食品为主</td></tr>
<tr><td>2</td><td colspan="2">便利店</td><td>商圈范围小，顾客步行 5 分钟内到达，目标顾客主要为居民、单身者、年轻人</td><td>以即时食品、日用小百货为主，商品品种在 3 000 种左右，售价高于市场平均水平</td></tr>
<tr><td>3</td><td colspan="2">折扣店</td><td>辐射半径 2 千米左右，目标顾客主要为商圈内的居民</td><td>商品平均价格低，自有品牌占较大的比例</td></tr>
<tr><td rowspan="4">4</td><td rowspan="4">超市</td><td>便利超市</td><td>商圈范围小，顾客步行 5 分钟内到达，目标顾客主要为居民、单身者、年轻人</td><td>以即时食品、日用小百货为主，商品品种在 3 000 种左右，售价高于市场平均水平</td></tr>
<tr><td>社区超市</td><td>目标顾客以居民为主</td><td>以食品（包括生鲜和包装食品）为主</td></tr>
<tr><td>综合超市</td><td>目标顾客以居民为主</td><td>经营日常生活必需品</td></tr>
<tr><td>大型超市</td><td>辐射半径 2 千米以上，目标顾客以居民、流动顾客为主</td><td>大众化衣、食、日用品齐全，一次性购齐，注重自有品牌开发</td></tr>
<tr><td>5</td><td colspan="2">仓储会员店</td><td>辐射半径 5 千米以上，目标顾客以中小零售店、餐饮店、集团购买和流动顾客为主</td><td>以大众化衣、食、日用品为主，自有品牌占相当部分，商品在 4 000 种左右，实行低价、批量销售</td></tr>
<tr><td rowspan="3">6</td><td rowspan="3">百货店</td><td>高档百货店</td><td>目标顾客以追求高档商品和品位的目标顾客为主</td><td>高档百货商品</td></tr>
<tr><td>时尚百货店</td><td>目标顾客以追求时尚商品和品位的流动顾客为主</td><td>时尚百货用品</td></tr>
<tr><td>大众百货店</td><td>目标顾客以追求大众商品的顾客为主</td><td>大众百货商品</td></tr>
</table>

续表

序号	业态		商圈与目标顾客	商品结构
7	专业店	专业市场	目标顾客以有目的选购某类商品的流动顾客为主	以经营某一类别商品为主
		专业超市		
8	专卖店		目标顾客以中高档消费者和追求时尚的年轻人为主	以销售某一品牌系列商品为主，销售量少、质优、高毛利
9	购物中心	社区购物中心	商圈半径为5～10千米	20～40个租赁店，包括大型综合超市、专业店、专卖店、饮食店、杂品店以及娱乐服务设施等
		市区购物中心	商圈半径为10～20千米	40～100个租赁店，包括百货店、大型综合超市、各种专业店、专卖店、饮食店、杂品店以及娱乐服务设施等
		城郊购物中心	商圈半径为30～50千米	200个租赁店以上，包括百货店、大型综合超市、各种专业店、专卖店、饮食店、杂品店及娱乐服务设施
10	厂家直销中心		目标顾客多为重视品牌的有目的购买	品牌商品生产商直接设立，商品均为本企业的品牌

表2-2 无店铺零售业态分类

序号	业态	目标顾客	商品结构	服务功能
1	电视购物	以电视观众为主	商品具有某种特点，与市场上同类商品相比，同质性不强	送货到指定地点或自提
2	邮购	以地理上相隔较远的消费者为主	商品包装具有规则性，适宜储存和运输	送货到指定地点
3	网上商店	有上网能力，追求快捷性的消费者	与市场上同类商品相比，同质性强	送货到指定地点
4	自动售货亭	以流动顾客为主	以香烟和碳酸饮料为主，品种在30种之内	没有服务
5	直销	根据不同的产品特性，目标顾客不同	商品单一，以某类品种为主	送货到指定地点或自提
6	电话购物	根据不同的产品特性，目标顾客不同	商品单一，以某类品种为主	送货到指定地点或自提

第二节 有店铺的零售业态

根据 2010 年 10 月 1 日起开始实施的国家标准《零售业态分类》（GB/T 18106—2010），零售业态总体上分为有店铺零售业态和无店铺零售业态两类。本节主要介绍各类有店铺零售业态的主要特点。

一、食杂店

食杂店（traditional grocery store）别称小卖店、小卖部，是以经营香烟、酒、饮料、休闲食品及日杂货为主，独立、传统的无明显品牌形象的零售业态。

选址方面，食杂店一般位于居民区内或传统商业区内。其商圈比较小，辐射半径 0.3 千米左右，目标顾客以相对固定的居民为主。营业面积比较小，一般在 100 平方米以内。商品结构比较简单，以香烟、饮料、酒、休闲食品为主，种类不多，现在有些食杂店还推出一些便民附加服务，例如代送报纸、手机充值等；商品售卖方式一般为柜台式和自选式相结合。从服务功能角度，食杂店营业时间一般为 12 小时以上。由于规模小，商品结构简单，很多食杂店不设立管理信息系统，少数设立初级管理信息系统。食杂店是进入门槛很低的一种零售业态，从数量上来说，在零售商店里面是最多的一种零售业态。

食杂店具有地利、人和两大优势。为了一袋盐、一瓶啤酒，人们不会舍近求远，样样都到大商场、大超市去买，临近的食杂店是此类购物的首选；食杂店店主与多数居民都较熟，有一定的感情因素，此优势是其他商业无法企及的。

食杂店的劣势有：服务半径小，消费者多为固定客户，市场竞争激烈，相互压价现象高于其他业态，价格管理混乱。

二、便利店

（一）便利店的产生和发展

便利店最初起源于美国，1946 年，美国得克萨斯州的南方公司（Southland Corporation）创立了世界上第一家便利店，就是现在的 7-11。美国 1957 年只有 500 家便利店，到 1990 年有便利店 84 500 家，网点密度为 2 940 人/店，销售额接近 1 000 亿美元，因此有人认为便利店是西方零售业的“暴发户”。从整体上来看，便利店是超市发展到相对较为成熟的阶段后，从超市中分化出来的一种零售业态。一方面，超市的发展有其自身难以克服的障碍，即“购物的不便利”；另一方面，超市的发展为便利店提供了先进的销售方式和经营管理技术。“Get what you forget”（买到你在超市忘记买的东西）是美国便利店营销的核心。

日本便利店是20世纪60年代末从美国引进的，日本第一家便利店成立于1969年，是由日本橘高糕点批发公司按美国模式建立的沃玛特便利连锁集团。1973年日本伊藤洋华堂集团与美国南方公司建立7-11便利商店连锁集团。由于就业妇女的迅速增加，家庭妇女在餐桌上使用预煮食品、经济收入的提高以及娱乐活动的增加等原因，使人们更加追求购物的便利性，为便利店的发展创造了有利的客观条件。此后，便利店作为一种独特的商业零售业态，在日本得到了飞速发展，其特点也被发挥到极致。

我国台湾地区的便利店始于20世纪70年代末。1977年成立的"青年商社"是台湾最早的便利店。1979年统一集团引入日本7-11后，当年与桑斯兰德公司签约合作。1980年第一家7-11长安门店开幕。便利店在台湾开始大规模发展。我国内地便利店起步较晚，1995年1月上海牛奶公司开设的可的食品便利店，以及其后相继出现的深圳7-11、华联罗森便利店为中国内地出现的第一批便利店。尽管起步较晚，但是伴随着经济的持续增长，便利店业态在我国取得了较快的发展。近几年中国便利店行业保持着较高的发展速度，是零售业中增长速度最快的业态之一。

（二）便利店的含义及类型

便利店，英文简称CVS（convenience store），是一种用以满足顾客应急性、便利性需求的零售业态。一般位于居民区附近，是以经营即时性商品为主，以满足便利性需求为第一宗旨，采取自选式购物方式的小型零售店。

从世界便利店的发展历程来看，便利店通常被划分为两种类型：传统型（traditional）和加油站型（petroleum-based）。

传统型便利店通常位于居民住宅区、学校以及客流量大的繁华地区，营业面积在200平方米以下，营业时间为16～24小时，经营服务辐射半径500米左右，经营品种多为食品、饮料，以即时消费、小容量、应急性为主，80%的顾客是目的性购买（如7-11、Circle K），盛行于亚洲的日本等地。

加油站型便利店通常指以加油站为主体开设的便利店（如BP、ESSO），在地域广阔且汽车普及的欧美地区发展较为迅猛。

根据中国连锁协会的报告，目前，中国便利店发展呈现出五个主要特征：一是区域发展不平衡，各城市发展差距大；二是整体仍然保持较快的发展速度；三是发展空间较大，但竞争进一步加剧；四是24小时营业便利店比例区域化分布仍然明显；五是行业发展仍需政策支持。

【案例】　美国加油站便利店——小型休闲中心

在美国的加油站里，除了给汽车加油，买到相关油品，顾客还可以买到热饮、啤酒、三明治、比萨、烤鸡，玩飞镖，打电子游戏，打台球，喝到免费的饮用水，简直是个小型休闲中心。

这样的小型休闲中心在美国比比皆是，95%的美国加油站除销售油品外，还经营其他业务。这些业务包括清洗、检修、保养车辆、回收废油、销售生活用品、汽车配件、农用肥料、宠物饲料、报纸杂志、出租VCD等，五花八门，事无巨细。很多时候，人们去加油站，并不是为了加油，而是为了那里的便利店。

便利店的设计处处为顾客服务，当顾客看到自己急需的热狗时，可乐一定同时出现在他的视野；当顾客左手拿三明治，右手就可立即拿到热咖啡，销售奖券的柜台边一定有支好用的笔。一则加油站的广告词也许能说明加油站在人们心目中的功能远远不止“加油”二字：“We have everything you need for life on the road”（我们拥有你在路上所需的一切）。

对于经营加油站的聪明的商人来说，在加油站设立这么多的名堂，唯一的目的就是要吸引更多的车主在加油站停留并消费，增加加油站的利润。

便利店对于加油站来说，绝对是利润的增长点。例如，日本东京青山中央加油站，汽油和柴油的销售仅占全部销售的46%，其余54%均为非油品销售，非油品的销售超过了油品的销售。在美国，虽然油品的销售额约占加油站销售总额的55%，但是油品销售利润仅占加油站利润总额的46%，其他利润均来自于便利店及快餐等经营。

日本最大的石油公司之一出光公司甚至还提出以“总费用−非油品销售/总加油量”来衡量一个加油站的竞争力，其数值越低，说明竞争力越强，也就是说，非油品销售占的比重越大，加油站越有竞争力。加油站与便利店的结合使加油站更有生机，这已经成为一种互相促进的成功经营方式。

资料来源：美国加油站便利店——小型休闲中心 利润丰厚［EB/OL］.（2003-04-11）. http://www.linkshop.com.cn/(2b3ngf55mbkywy45d25oafzp)/web/Article_News.aspx?ArticleId=29722. 联商网.

（三）便利店的特征

不同于其他业态，便利店具有如下几个方面的业态特征。

1．便利性

便利性是便利店最大的业态特征，具体表现在以下几个方面。

（1）距离便利。便利店与超市相比，在距离上更靠近消费者，一般情况下步行5分钟便可到达。

（2）即时便利。便利店商品突出的是即时性消费、小容量、急需性等特性。便利店的卖场面积小（50～200平方米），商品种类少，而且商品陈列简单明了，货架比超市的要低，使顾客能在最短的时间内找到所需的商品。便利店与其他业态相比，最贴近顾客，能满足顾客的即时消费需求，这就是其便利性。即时需求是顾客临时性的、少量的、目的性的、需要立即获得满足的需求。便利店正是出于这样的需求而定位的。

（3）时间便利。一般便利店的营业时间为16～24小时，全年无休，为消费者提供“Any Time”式的购物方式。

（4）服务便利。很多便利店将其塑造成社区服务中心，努力为顾客提供多方面的服务，例如速递、存取款、发传真、复印、代收公用事业费、代售邮票、代订车票和飞机票、代冲胶卷等，对购物便利的追求是社会发展的大趋势，这就决定了便利店具有强大的生命力和竞争力。

2．商圈范围小，目标顾客主要为居民、单身者、年轻人

便利店商圈辐射范围远远小于超市。因为便利店要满足即时需求，便利店商圈性质通常可分住宅区、娱乐区、院校区、商务区、观光区等，不同商圈还会对商品品项有所影响。另外，便利店商圈对道路和其他设施的阻断性很敏感，例如便利店网点紧邻一条主干道，那对面通常不属于本网点的商圈了。

年轻人或单身是便利店最亲赖的目标顾客，他们一般都有工作，有固定收入，没有抚养压力，工作压力大，很少有时间和精力做家务，通常是生活用品上追求现代方便，饮食多数在外解决。

3．便利店的商品结构以即时消费品为主，价格高于市场平均售价

便利店总的商品品项一般都控制在3 000种左右。品项取舍就依据即时需求，很多商品是不适合便利店销售的，例如大件家电和家具、贵重奢侈品等。便利店的商品品项选择原则是非生活必需品不上、超大商品不上、耐用品不上。上的是快速消费品，特别是生活上的快速消费食品和香烟占绝大多数；尽可能小的包装，部分特殊商品特殊商圈可批量销售，如社区店的啤酒；快速加工食品，如茶蛋、盒饭、煮品等；常用非处方药品；报纸杂志；休闲食品、小饰品；低价值消耗性非食品等。

由于便利店提供即时消费品等便利性，便利店商品在售价上高于市场平均水平，不用也没有必要用价格和超市抗衡。

4．营业面积小，空间利用率高

便利店的经营面积一般都在200平方米以下，小小的店面要塞进3 000多品类，空间利用率比较高。便利店不但货架少，而且要比超市的矮小，一般在1.3米左右，四周靠墙单面货架会在1.7米左右。便利店购物动线上设计也有其特点，由于来到便利店的顾客基本都是目的性购买，想买什么已经确定，因此一些快速畅销品通常放在距离入口最远处，以便拉动顾客走遍门店，而一些新品通常需要刺激顾客购买欲望而放在门口等地的显著位置。用于提醒特价等POP广告在便利店比较少见。

5．具有较高水平的信息系统

从信息系统上看，便利店对信息系统的依赖性较大。7-11至今还在不断地完善升级其信息系统。在这个信息系统上，店员不但可以销售商品，还可以分析销售数据、预订商品、监控设备、与总部互通信息等，既要功能多，又要易于操作，还要高效、快速、远程同步。

三、折扣店

（一）折扣店的含义

折扣店（discount store）这种商业模式起源于美国，其核心就是销售折扣商品，既要让消费者买到低价实惠的商品，也要让品牌赚到钱，所以在铺面租金等方面折扣店给出的价格要低于一般商场。

折扣店一般都选址在距离城市中心有一些距离的地方，具有一定规模，这样既不影响品牌正价商品的销售，也可以降低运营成本。此外，折扣店还提供停车、餐饮等配套服务，以吸引消费者。

欧洲折扣店业态有以下两种类型。

1．硬折扣店业态

店铺面积小，商圈范围窄小，以销售食品及自有品牌为主，兼顾周转快的商品经营，建立排他性的商品供应链，限定销售品种，一般经营面积在 300～600 平方米，经营品种为 500～800 个，以有限的服务和低廉的经营成本，向消费者提供“物有所值”的商品。相比软折扣而言，硬折扣更加“纯粹”，更加坚守折扣店的一些特性：SKU 数更少，自有品牌商品占比更高，更加坚持低价策略。

2．软折扣店业态

店铺面积较硬折扣店铺的大，商圈范围较大，商品结构较宽，以经营食品为主，也兼顾经营一部分鲜活商品，一般经营面积较硬折扣店的大，经营品种在 1 000～1 500 个，并有相当部分的自有品牌商品。

【案例】　　阿尔迪：硬折扣向软折扣的发展

1946 年，阿尔迪创始人阿尔布莱希特兄弟从盟军战俘营释放后回到家乡，接管了母亲在德国埃森市郊矿区开办的 100 平方米的食品杂货店。由于资金不足，装修简陋，这家杂货店一开始经营惨淡，勉强度日。直到有一天，兄弟俩在一家商店的促销广告中找到灵感，经营才出现了转机。这家店张贴在门口的促销广告这样写道：凡是在本店购买商品的消费者，年底的时候可以按照本年度购物金额的 3%置换等价商品。

受此启发，阿尔布莱希特兄弟也打上了促销广告，不同的是他们直接将商品降价 3%，并承诺，这是全市最低价，如果消费者在其他商店发现更低价格，本店愿意补偿差价并且给予奖励。就这样，阿尔布莱希特兄弟创造了折扣店的雏形。1961 年，兄弟俩将自己的连锁店取名为 ALDI——取自他们姓氏 Albrecht 和 Discount 的前两个字母。

最初，阿尔迪折扣店经营的 SKU 数量只有 600～800 种，以便能够将巨大的采购量集中到少数单品上，产生规模效应。阿尔迪的单品采购量为5 000万欧元，是沃尔玛的33倍。另外，它每份合同金额不少于50万欧元，期限一般为10年。如此优惠的条件使得折扣店能够拿到大卖场无法想象的采购价格。此外，阿尔迪的自有品牌占比高达90%。人员架构方面奉行极简主义的人员架构，要求员工一人多用，身兼数职，门店除了业务必须配置的岗位之外，其余一切从简，这进一步降低了运营成本。阿尔迪门店店员同时是收银员和理货员。他们会根据顾客的排队情况来调整自己的工作。当顾客排成长队时，只需按一下收银台按铃，很快便会有收银员补充过来。选址方面，阿尔迪多选择在租金便宜的居民区、大学小区附近或者城市边缘的非核心地段，希望能够靠近社区。阿尔迪喜欢选择狭长的物业开店，以使卖场利用率最高。

从阿尔迪的成长历程我们也可以看到，每逢经济下行，阿尔迪便迎来逆势扩张的机会。2010—2015年，阿尔迪营收复合增长率为6.4%，与传统的实体店形成鲜明反差。但是，在消费升级的当前，阿尔迪也开始迎合消费者，硬折扣开始向软折扣发展。

首先是商品数的增加。从2015年开始阿尔迪的SKU数量在不断增加，已经超过1 600种，已经接近软折扣的商品数。商品数增加反映出阿尔迪决策者针对消费者的需求在改变原有的选品策略。ALDI首席执行官杰森·哈特表示，“我们不断扩大产品线，进入新的市场，经营模式也在持续转变。”

其次是门店形象的改变。阿尔迪最早的理念是装修力求简单甚至简陋，以此节省成本。但面对日益挑剔的消费者，阿尔迪也开始重视门店形象的升级。2015年11月，阿尔迪在慕尼黑开出一家1 200平方米的新一代门店。门店环境的设计借鉴了Rewe、宜家等重视“颜值”的大型连锁，内部装修透露出了简约明快的现代时尚风格。此外，门店还大量采用LED屏作为与消费者沟通的媒介。可以说，新一代的阿尔迪门店完全颠覆了传统的理念。

最后是顾客服务的提升。按照定义，折扣店强调的是“有限的顾客服务”，以此来降低成本，将省下来的钱体现在商品价格上面。但阿尔迪新一代门店完全打破了“有限服务”的理念，在其新一代门店中，增加了咖啡自动售卖机和供消费者休息的座位，甚至在洗手间提供了母婴功能的部分。另外，在商品陈列方面，新一代门店的商品不再是堆积在纸箱上面，而是增加了货架供商品陈列，进一步提升了顾客体验。

从阿尔迪的案例可以看出，消费升级，折扣店也在升级。一位欧洲零售业研究者表示，“硬折扣向软折扣发展是大势所趋”。

资料来源：赵向阳．解读折扣店：从硬折扣到软折扣．[EB/OL].（2017-06-06）. http://b2b.toocle.com/detail--6399851.html.

（二）折扣店的特征

从国外的经验来看，折扣店一般采用小规模、自助服务的方式进行运作，经营面积一般在300～500平方米，店面设在中低收入的居民区。折扣店具有以下几方面经营特征。

1．经营范围

折扣店店面一般开设在社区周围，目标客户以工薪阶层、中等收入的社区居民为核心。由于我国经济发展水平的限制和生活习惯的原因，在较高档的社区也有一定的市场。经营的商品包括中档日用基本消费品、便利品和生鲜食品。

2．竞争优势

折扣店的基本战略定位是低价和便利。低廉的产品价格是竞争的立足点，要求折扣店能够从各个方面降低管理成本，包括商品的采购、存储、流通、店内陈列和销售等各个环节。另外，靠近居民区的选址，远离商业中心，既意味着可以压缩店面租金成本，又意味着巨大的地缘优势。

折扣店经营很重要的一点就是降低成本，一方面是降低企业运营成本，节约管理费用；另一方面是加强与供货商的合作，直接从厂家进货，同时生产大量自有品牌商品，从而实现低价。而在商品的品种选择上也必须符合当地消费者的消费情况，同时针对周边竞争对手的情况，做出商品结构的调整。这些都建立在对本地消费市场的认真详细的调查基础上，并根据实际情况的变化做出适时调整。

四、超市

超级市场是指以顾客自选方式经营食品、家庭日用品为主的大型综合性零售商场，尽管如今超市购物已经成为我们生活的一部分，但这种业态的出现采取自选式购物、统一结算曾经是零售业的第三次革命。

超级市场最早产生于1930年的美国纽约。1930年8月，美国人迈克尔·库仑在纽约州开设了第一家超级市场——金·库仑联合商店。当时，美国正处在经济大危机时期，迈克尔·库仑根据他几十年食品经营经验精确设计了低价策略，并首创商品品种别定价方法。它的超级市场平均毛利率只有9%，这和当时美国一般商店25%～40%的毛利率相比是令人吃惊的。为了保证售价的低廉，必须做到进货价格低廉，只有大量进货才能压低进价，迈克尔·库仑就以连锁的方式开设分号，建立起保证大量进货的销售系统。它首创了自助式销售方式，采取一次性集中结算。第二次世界大战后，特别是20世纪五六十年代，超级市场在世界范围内得到较快的发展。

根据《零售业态分类》（GB/T 18106—2010），超市业态进行了细分，细化为便利超市、社区超市、综合超市和大型超市四种业态。

（一）便利超市

便利超市和前面说的便利店有很多共同点，在目标顾客的定位、产品结构、服务水平等方面和便利店都一样，不同的是其经营规模要比便利店大一些，其经营面积在200～500

平方米，利用率较高。可以简单地认为便利超市是规模大一些的便利店。

（二）社区超市

社区超市是以所在社区居民为主要服务对象的超市形态，在业态上介于大型超市和中小便利店之间。社区超市商品种类和顾客群相对固定，在经营商品品种和要求上必须增加家庭日常用品的深度，即在超市里能买到家庭生活所需的一切物品；要注意所销售菜品的多样化、新鲜度，以吸引挑剔的家庭主妇的目光，让她们产生强烈的购买欲望。对社区超市来说，提高服务水平是其形成竞争力的法宝。

第一，社区超市经营者从思想上要将自己当作社区中的一分子，把顾客当作社区里天天相见的友好邻居，视社区建设为自己应尽的责任和义务。在团结友善的前提下，遇到问题和矛盾会“化大为小，化小为了”。社区超市一般紧挨生活小区，经营活动容易影响到小区居民的生活，应避免在居民休息的时间里（早晨、中午或晚上）发出吵人的噪声。

第二，多与顾客交流。社区超市的顾客主要是居住在附近的家庭主妇和老年人，他们购买的商品主要是日常生活用品，因此社区超市的工作人员最好是生活经验丰富并对超市工作充满热情的中年女性，能为顾客挑选商品提供良好的建议，从而取得顾客的信任和好感。随着与顾客交往增多，自然会形成营业员和顾客之间的良好关系，巩固顾客对超市的忠诚度。

第三，延长服务时间。社区超市顾客的购物时间一般在上班之前和下班之后，上班之前购买的商品主要是当天的消耗品，如早餐和当天的鲜菜等，下班之后购买的一般是一些日常用品，并且顾客在上班之前购物时间比较紧张，下班之后购物则比较悠闲，所以超市应延伸上班时间，尽早营业，尽晚关门，并充实晚班的力量。

第四，充分重视社区特点。不同社区有不同的特点，社区超市应详细了解社区消费状况，在商品品种和档次上争取适销对路。例如，有的社区老人居多，消费水平较低，对商品的要求主要强调功能，并比较在乎商品的价格；有的社区在城乡结合部，消费水平不高，对商品质量要求也不是很高，在商品品种上具有较强的农村色彩；有的社区较为高档，居民消费水平较高，比较在乎商品的质量，价格次之。因此，社区超市要根据本社区具体情况，合理组织货源。

此外，社区超市应建立专门的商品外送系统，对社区内的顾客提供免费送货上门服务，或者对有特殊要求的送货服务收取适当的费用。除此之外，超市也应对于亲自上门购物的顾客，在所购货物携带不便时免费提供搬运工具，如购物车或购物篮等。如果遇上下雨的天气，还应为顾客提供免费借用雨具的服务。

（三）综合超市

综合超市同社区超市在很多方面相同，如选址在市、区商业中心、居住区，目标顾客以居民为主，自选销售，出入口分设，收银台统一结算等。但综合超市的商品结构比社区超市要广，不仅限于食品，综合性强，经营各种日常生活必需品，满足某一社区居民的多方面需要。营业面积也比社区超市要大，在2 000～6 000平方米，营业时间更长，达12小时以上，管理信息系统要求程度较高。

（四）大型超市

营业面积在6 000平方米以上的超市称为大型超市。大型超市一般选址在市、区商业中心、城郊结合部、交通要道及大型居住区，商圈辐射半径达2千米以上，目标顾客除居民外，还包括流动顾客。商品结构广而深，大众化衣、食、日用品齐全，一次性购齐，注重自有品牌开发。由于很多顾客到大型超市都是开车前往，购物量比较大，所以大型超市需要设立停车场，一般低于经营面积40%。大型超市由于商品结构的复杂性，对管理信息系统的要求较高。

五、仓储会员店

（一）仓储式会员店的产生和发展

仓储式会员店在1968年起源于荷兰，最具代表性的是SHV集团的“万客隆”（MARCO），获得消费者认同后很快风靡全球，在西方商业经济发展中已成为一种行之有效的经营方式。

美国仓储式连锁销售概念是由“价格俱乐部”（price club）的创始人S.普莱斯于20世纪70年代提出的。普莱斯最初的设想是建立一个购物俱乐部，将会员零散购买力集合起来，统一直接向生产厂家大批量订货，在省去中间分销商及批发商的层层附加成本的同时，又可从厂家获得更大的价格折扣，给会员的零售价格降到可能实现的最低水平。1976年，他们在美国圣地亚哥开办了第一家“价格俱乐部”。作为俱乐部的会员们感受到了一种从未体验过的购物氛围，商店的商品多以大包装的形式摆放在屋顶下的钢制货架上，漫步其中就好像走进了一座大型的储货仓库。此间大多数商品的零售标价比其他传统超市和商场的零售标价低很多，按通常的市场情况，食品百货店的毛利率（进销差价）都在20%～25%之间，有些超级市场甚至高达40%，而仓储式商场的毛利率仅为8%～10%。“价格俱乐部”的仓储式商场内所售商品品种保持在3 000种左右，但却是当地市场上最畅销的商品。这种大规模、仓储式、会员制、精选商品、连锁销售的形式一经出现，就在北美地区备受欢迎，当即发展成为一种新型的商业形式。由于西方经济持续滞胀，美国消费者的购物习惯也在不知不觉中发生着变化，原来追求高档、舒适、时髦的购物风尚有所收敛，经济、实惠的购物行为增多。于是，这种20世纪70年代在美国萌芽的购物俱乐部就以其独特的魅力吸引了越来越多的家庭主妇，而以家庭为单位的生活消费则成为这种销售方式的一个主要客源。现在仓储式连锁商业在美国已形成相当规模。

我国的仓储式商场起源于 1993 年，第一家仓储式商场广客隆在广州开业，并取得成功，开业仅 10 个月，销售额便突破 2 亿元，随后，深圳、北京、天津、上海等城市各种名称的仓储商店相继开业。其共同特点是价格便宜、品种丰富、低成本、低毛利、高销量、科学管理。

（二）仓储会员店的经营特点

仓储式会员店是一种带有批发性质的批售式商店，又称为货仓式商场。是以经营生活资料为主的、储销一体、低价销售、提供有限服务的销售业态。这种业态具有如下四个特点。

1．选址在城乡结合部，但交通便利性强，并有大型停车场

仓储会员店模式一般选址远离市区，而在交通便利的郊区建店，这样用地成本低或租金低，以维持低价经营。由于其目标顾客很多都是开车而来，因此仓储式会员店需要提供大型停车场方便顾客。

2．仓储场所和销售场所合而为一

仓储式会员店的经营模式是：货物不需要进行储存，而是直接将货物摆上货架，集营业场所与仓储场所于一处，不需另设仓库，只进行简单装修，以最少的投资建造最实用的大型商场，也免去了货物存放和货物的第二次运输，节省了不少费用。仓储式会员店营业面积大，仓内净空高度较高。

3．批量销售，价格低廉

在商品销售中，鼓励顾客批量购买，对批量购买的顾客实行价格折扣，从而扩大了商品销售，加快了资金周转。特别是其销售的大包装式商品深受双职工家庭和大部分在校住宿学生的青睐，这部分消费群体由于时间关系，无法经常去购物，加上还可以享受打折优惠，因此“大件”式的购买越来越受欢迎，“大件”销售成为仓储式商场一个新的优势。

4．目标顾客以中小零售店、餐饮店、集团购买和流动顾客为主

绝大多数零售业态的目标消费群是无差异性的，即服务对象是全体普通消费者，消费者短期内的重复购买率高，但每次的购买量不大，多为临时性、随机性消费行为。而仓储式会员店的目标消费群比较明确，针对“有限”客户，即只对中小零售店、餐饮店、集团和流动顾客实行会员制。

六、百货店

百货店最早在 1852 年产生于法国。当时在法国首都巴黎，有一位名叫 A.布西哥的人开办了一座邦·马尔谢商店。这是世界上第一个实行新经营方法的百货店。百货店的产生是工业革命的结果，首次实现千品汇集，分层销售，价格透明，进出自由，被称为零售业的第一次革命。

在西方，百货店的发展大约经历了发展期、成熟期和衰落期三个阶段。

（1）1880—1914 年是百货店的发展期。营业额迅速增加，坚持薄利多销策略，毛利率限定在 14%～20%。经营商品以日常用品为主，并开始注重店堂布置和商品展示。

（2）1915—1950 年是百货店的成熟期。许多新的零售商业形式，如连锁商店、杂货店等开始出现。百货店面临威胁，但仍保持着优势地位。其主要经营措施是：增加向顾客提供的服务，百货店实行集中购买，开办各种分店和特许经营点。

（3）1950 年以后为百货店的衰落期。这期间百货店之间竞争激烈，其他销售形式也蚕食着百货店的地盘，廉价商店、专业商店、超级市场发展势如破竹，使百货店面临困境。

在我国，根据《零售业态分类》（GB/T 18106—2010）的规定，百货业态也进行了细分，分为高档百货店、时尚百货店和大众百货店。三者共同之处是选址都位于市、区级商业中心，是历史形成的商业集聚地，营业面积较大，在 6 000～20 000 平方米，销售方式上采取柜台销售和开架面售相结合的方式，注重服务，设餐饮、娱乐等服务项目和设施，管理信息系统程度较高。但由于目标顾客不同，三种形式各有特点。

（一）高档百货店

高档百货店的目标顾客以追求高档商品和品位的目标顾客为主，这类消费者的收入一般较高，追求地位、声望和成功。这类消费者在购物时对商品品牌、服务和购物环境比对商品的价格更为看重，他们通常喜欢购买昂贵和世界著名的品牌，能够接受商品的高价格以满足其炫耀和富有的心态。

目前对高档百货店尚未有统一的定义，总体来说，高档百货店在以下两个方面体现出高档的特点。

第一，经营高档产品品牌。在品牌方面要集合众多国际一流精品及各类奢侈品牌，持续提供国际流行商品及信息，与世界流行时尚同步。高档百货店与普通店的区别在于，从品牌上讲，高档店应有 5%～10%的国际顶尖的品牌数量，并应有相当数量的著名品牌以确保销售量。

第二，提供给顾客良好的购物体验。在硬件设施方面，应营造商场环境的高雅氛围，还要关注为顾客提供便利设施的不断完善，试衣间、卫生间的配比比例和设施要高于普通商场的标准，让逛街、购物成为生活中的享受；软件设施方面，要提供贴心亲切的购物服务，让消费者获得被尊重的感受，使消费者在消费时感到放心，对购物环境感到安心。高档百货店的特色服务也很重要，例如可以为会员免费送货，根据顾客的需求，提供合体修改服装的服务等。

高档百货店重点营造的就是尊贵体验的消费文化，实行以一线品牌为主的品牌组合，服务于富有人群、成功人士、高知高管阶层等，更多地满足人们显示身份、地位以及差异化和个性化的需求，例如北京的燕莎、赛特。这类百货店是百货店的原始形态或基本形态，体现着区别于其他零售业态的独特基因。这类百货店一般不做直接的宣传推广，而靠自身的品牌魅力赢得顾客。

（二）时尚百货店

时尚百货店的目标顾客以追求时尚商品和品位的流动顾客为主，“时尚导向型”顾客通常收入处于中等或较高水平，受过良好的教育，生活较独立，愿意表现自我，追求个性和品位。这类消费者在购物时除了看重价格因素外，对商品的品牌、商品的质量、服务的质量和购物环境也较为看重，他们通常喜欢关注消费的新时尚和新潮流，重视购物过程中的情绪性体验和享乐性需求。

时尚百货店要引领流行、前卫的消费文化，以经营时尚加实惠的品牌为主，以青年客层为重点，满足人们追求时尚、时髦，领先时代潮流或与时代潮流同步的需要。这类百货店在经营上要富于变化，迎合年轻人心理，在宣传上以新、奇、廉的手段，通过制造意外惊喜取胜。

（三）大众百货店

大众百货店的目标顾客以追求大众商品的顾客为主，经营商品主要是大众百货商品。这类百货店是以大众生活需求满足为定位的百货店。这种定位是面向最广大的大众消费群体，这类消费群体一般收入水平中等，消费精打细算，理性较强，不易被花样繁多的促销所诱导，对所信任的零售商忠诚度高。因此，大众百货店应重点做好以下几点。

1．目标家庭化

大众百货店的目标消费者通常全家购物，或承担为全家购物的任务，因此希望在百货店中找到各年龄层、各种身份所需的商品，尤其是各种体型的服装服饰，这一点与以年轻人为主体的时尚型百货店截然不同。

2．商品实用化

大众消费者重视商品质量、实用价值，这一点既不同于奢华型百货店消费者重视档次、身份象征，也不同于时尚型百货店消费者重视设计和潮流的特点。

3．品牌主流化

正是由于大众消费者重视商品质量、实用价值，因此，选择商品品牌时，优先考虑其质量、口碑，通常会选择口碑较好，或曾经购买过的品牌。因此，一些大众主流化的品牌较受欢迎。另一方面，推出一些质量可靠的自有品牌商品，以百货店自身的品牌信誉为其提供担保，也是一种选择。

4．价格平实化

由于目标消费者不喜欢被花哨的促销所诱导，希望货真价实和明码实价，因此在价格策略上应当走平实化的线路，取得消费者的信任。

七、专业店

如今消费者在购物时已开始考虑消费成本的投入，包括交通成本、时间成本、选择余地等。大型百货商场、超市大多是综合性商品经营，顾客进入百货商场大多要“货比三家”，相对会投入大量的时间，而某个品牌专卖店由于品牌单一，顾客的选择余地也就会相对缩小。专业店的存在扩大了顾客的选择余地，同时又节省了购物时间，减少了交通费用。专业商店一般是指经营某一大类的商品，销售人员具有丰富的专业知识并提供适当的售后服务，满足顾客对某大类商品选择需求的零售业态。《零售业态分类》（GB/T 18106—2010）将专业店进行了细分，分为专业市场和专业超市。两者的共同之处是目标顾客都是以有目的选购某类商品的流动顾客为主，商品结构以经营某一类别商品为主，从业人员具有丰富的专业知识。

（一）专业市场

随着城市开发的不断加快、社会经济的迅猛发展，专业市场在近几年犹如雨后春笋般迅速地发展壮大起来。专业市场是指同类产品积聚于某一场所进行的交易、流通和配送；简单来说，就是相同系列的专业店、专卖店高度聚集的特色商业场所，它所呈现的是特定的客户定位、特定的经营行业定位。绍兴中国轻纺城、海宁中国皮革城、浙江颐高数码连锁市场、山东寿光蔬菜批发市场等都是专业市场的例子。

专业市场是大进大出、大流通、大辐射的代表性商业业态。成熟、火旺的大型专业市场的年成交额都是以亿元计，其辐射区域更是以数百公里甚至数千公里计，远非普通大型商场所能及。专业市场商铺的主要形式为铺位形式，它的投资回收形式有采取商铺出租的，也有的采取商铺出售方式。

随着科技和物流产业的发展，如今的专业市场已处在升级换代的时期，专业市场已向更专业的产品细分迈进，面对市场虚拟化的发展趋势，专业市场从配套等各个方面提升自身潜力，已发展成为集商务、酒店、休闲、娱乐等多方面服务于一体的专业的商务交易场所。

（二）专业超市

与专业市场不同，专业型超市是一个具体的经营企业，以某一大类商品为主要经营品种，服务于特定的消费人群，例如家电超市、药品超市、家私超市、手机超市、办公用品超市、肉制品超市等。

“术业有专攻”，大型超市在大城市遍地开花的同时，专业化却正在渐渐成为超市的新潮流，领域涉及蔬菜、水果、农土特产、建材、汽车用品等。据专家预计，专业化超市将更深层次地渗透进市民的生活，通过提升服务水平增加便利指数。目前，各类专业化超市已经逐渐走入市民的生活。

【案例】　生鲜超市成新式"菜市场"

以往，人们一提到菜市场，脑海中马上就会出现脏、乱、差的情景。现如今，生鲜超市这种新的经营模式正逐渐走入太原市民的日常生活当中。

在位于太原市学府街一家规模较大的生鲜超市中，人来人往，店内分设了水果区、蔬菜区、调味品区，货架上摆满了琳琅满目的水果和蔬菜。一些易脏、易腐烂的商品上都贴上了保鲜膜，价格也都贴在了醒目位置。超市的营业员都穿着统一、整洁的服装，随时准备为顾客服务。门口设有收银机以及国家规定使用的电子秤。顾客反映这里比菜市场干净多了，感觉就像到了大型超市的果蔬区一样，工作人员服务很周到，而且价格也很公道。

据了解，在太原市的青年路、长治路已经都有生鲜超市。而且还有不少新店正在筹备当中。

资料来源：刘业之. 省城专业型超市渐成潮流［N］. 山东市场导报，2009-04-30.

目前，我国专业化超市还属于起步阶段，但从长远看，类似水果、建材超市的健康成长将有利于促进整个行业的良性发展。专业超市经营者必须提高服务质量。同时，管理部门应尽早为此类超市制定标准，严格把关，确保购买者的合法权益。虽然专业化超市的商品在大型综合超市均有销售，但前者无疑更新、更全、更专业，也更能满足市民的个性化消费需求，专业化超市可能成为超市业的主力军。

由于人们追求个性化，专业超市已是一种业态模式。它把某些商品细分出来，所面临的客户群更加细化。但专业超市的消费群不像综合超市那样庞大，会有比较大的经营风险。专业店对投资商要求高，选择地址和空间需要考虑较多因素，要综合平衡成本和收益。一些高档商品的专业超市，可选择开在市民收入层次较高的社区中。

八、专卖店

专卖（monopoly）原意是垄断、独占，是指业主独占某商品的经营、生产、销售权，使该品牌在市场上具有很强的独立性，从而垄断该品牌的销售。专卖店是专门经营或授权经营某一主要品牌商品（制造商品牌和中间商品牌）为主的零售业态。专卖店可选择独体店或店中店形态，必须有品牌商品支撑，装修要别具一格。专卖店具有如下几个特征。

（1）选址一般在市、区级商业中心、专业街以及百货店、购物中心内。专卖店选址还要注意保持与 KA 卖场的合理半径，发挥周边网点开发的辅助作用，既要受卖场宣传影响，又要避免卖场价格战攻击。

（2）以销售某一品牌系列商品为主，以著名品牌、大众品牌为主；销售体现量小、质优、高毛利。

（3）商店的陈列、照明、包装、广告讲究；采取定价销售和开架面售。

（4）营业面积根据经营商品的特点而定。

（5）注重品牌名声，营业员具备丰富的商品知识，并提供专业知识性服务。专卖店营业员要有效进行公司介绍、产品陈列宣传标准、导购技巧培训。

九、购物中心

（一）购物中心的起源及定义

1．购物中心的起源

最早的购物中心在20世纪30年代产生于美国。美国经济的高速增长使零售业的规模经历了深刻的变化。由于道路和交通工具的发达，城市居民大量地迁移到新建起来的郊区居民住宅区。城市人口向郊区流动，向郊区扩散的结果，使得城市人口结构发生了变化，城市空洞化现象开始出现。城市中心区商业的零售作用逐步衰退。零售商业在大城市中迅速地分散化和郊区化，导致远离城市中心的大规模购物中心逐渐兴盛，多中心的城市结构得到了发展。从20世纪70年代开始许多大型购物中心纷纷建成，这种增长一直持续到80年代中期，其扩张和发展使得每一个美国人平均拥有20平方米的零售商店的面积。

2．购物中心的定义

购物中心源自英文“shopping mall”，是指多种零售店铺、服务设施集中在由企业有计划地开发、管理、运营的一个建筑物内或一个区域内，向消费者提供综合性服务的商业集合体。购物中心通常由数栋相互关联的建筑物形成，集休闲、娱乐、购物于一身，为消费者提供多样化的便利服务。严格地说，购物中心不是一种独立的业态，而是一种结合多种业态、多种功能的大商业形式，大致有以下几个特征。

（1）其开发、设立、经营都在统一的组织体系下运作。

（2）拥有1～2个核心店和众多提供商业及服务的场所。

（3）顾客能进行比较购物，并满足一次购足的要求及休闲与精神享受。

（4）有相邻而方便的停车场。

（二）购物中心的分类

《零售业态分类》（GB/T 18106—2010）将购物中心业态进行了细分，分为社区购物中心、市区购物中心和城郊购物中心，在经营模式上都采取租赁经营。

1．社区购物中心

社区购物中心是指在城市的区域商业中心建立的、建筑面积在5万平方米以内的购物中心。商圈半径为5～10千米，有20～40个租赁店，包括大型综合超市、专业店、专卖店、饮食服务及其他店，停车位300～500个，各个租赁店独立开展经营活动，使用各自的信息系统。

近几年来，购物中心的发展进入大爆发，如今繁华商圈的购物中心已近饱和，除很多市区购物中心外，社区型购物中心发展相对成熟和集中。与市区购物中心不同的是，社区型购物中心有自己属地化的消费人群和特殊的营销策略。针对目标消费人群推出自己独特的营销活动和服务方式。

（1）以属地化消费者的需求特点为导向经营

通常，社区类购物中心不会引进高端品牌和高客单价品牌，商品品牌的组合相对亲民化，贴近生活的品类占比较大，客单价也不会过高。社区型购物中心的主要消费对象是辐射周边 3～5 千米的消费者，提供一站式的服务，满足他们在吃喝玩乐、购物休闲、餐饮美食、亲情沟通等方面的需求。用大卖场来吸引客流，随后配合餐饮、购物休闲等配套服务来配合“粘客性”的营销活动，会产生很好的聚客能力。

（2）全方位提供便民服务

对于社区购物中心来说，其便利性可能是市区购物中心所不能比拟的。除了满足购物、休闲、娱乐、餐饮等一系列需求外，还会提供给消费者更好的便民服务。社区购物中心最重要的功能是要提供给消费者便利。“民以食为天”，首先要加大餐饮类业态，用餐饮吸引消费者，以家庭消费为主要突破口。社区购物中心的交通工具管理也是非常重要的便民措施，周边很多消费者会考虑使用自行车、摩托车作为出行工具。社区购物中心需要设专门的自行车和摩托车停放点给顾客，并配备专门的人员管理和看护。

从目前的统计来看，社区购物中心在全国购物中心总量中占比将近一半。社区型购物中心是未来发展的重点，也是未来成长潜力最好的。从老百姓消费频率来看，社区型购物中心是日常生活离不开的，在中国区域型、市区型的购物中心都已经在接近市场饱和的状态下，从 2012 年开始，更多的机会是来自社区型的购物中心。

购物中心的发展，从整个行业来讲还处于增量的阶段。从中国的购物中心发展来看，购物中心的形成应该是以少量的超区域中心、更多一点的区域中心和多倍于前两者的社区型购物中心组成，在市场上应该有大量的社区型购物中心存在。

2．市区购物中心

市区购物中心在城市的商业中心建立，建筑面积在 10 万平方米以内，商圈半径为 10～20 千米，有 40～100 个租赁店，包括百货店、大型综合超市、各种专业店、专卖店、饮食店、杂品店以及娱乐服务设施等，停车位 1 000 个以上，各个租赁店独立开展经营活动，使用各自的信息系统。

市区购物中心通常位于市中心黄金商圈，交通便利。一般楼层较高。营业楼层达到地下 2～3 层，地面 6～8 层或者更高。一般附有地下停车场。往往集中一些价格较高的知名品牌专卖店，以吸引年轻时尚的消费者购物和休闲。

3．城郊购物中心

城郊购物中心设在城乡结合部的交通要道，建筑面积在 10 万平方米以上，商圈半径为

30～50千米，有200个以上租赁店，包括百货店、大型综合超市、各种专业店、专卖店、饮食店、杂品店及娱乐服务设施等，各个租赁店独立开展经营活动，停车位1 000个以上，各个租赁店使用各自的信息系统。

城郊购物中心面积一般较大，一般以量贩店为主力商店，吸引大批假日休闲购物者，以量多、价廉为经营特色。

在我国，许多城市的购物中心在区域分布上呈不均匀的特点。以深圳为例，购物中心主要集中在罗湖、福田、南山及宝安的中心区，而拥有大量人口的边缘区域购物中心仍然较为缺乏。不过由于城市中心区域的土地供应有限，郊区土地供应较大，且发达城市郊区消费能力也较强，购物中心开发商近几年加快了在郊区开发购物中心的步伐，在北京、上海、深圳等发达城市比较显著，未来郊区的购物中心开发将进入白热化竞争阶段。

十、厂家直销中心

厂家直销中心是20世纪80年代中期在美国出现的一种新的经济形式，短短十几年已获得较大的发展，遍布全美各州，几乎所有城市周边都有这类由厂家直销门市部汇集而成的购物场所。

（一）厂家直销中心的定义

厂家直销中心是生产发展、市场商品丰富的产物。随着买方市场的出现，生产企业通过商家经销、代销和自己附属的供销系统出售商品已不能满足生产的需要，特别是大量积压的库存商品，需要自己寻找出路。在这样的情况下，一些房地产开发商就在城市与城市之间且交通方便的地方建筑简易的、有一定规模的联体式独立商店，以租赁形式供生产商直接销售商品。这种由厂家直接经营而形成的商业群体，就叫“factory outlet center”，译为“厂家直销中心”或“厂家门市部中心”。厂家直销中心是指由生产商直接设立或独立经营者设立，专门经营企业品牌商品，并且多个品牌集中在一处销售的零售业态。

厂家直销中心地处郊区，装修简易，造价低，租金低，加上厂家直接销售，不经过商业的中间环节，因此，价格非常便宜，同类产品低于市场价格30%～70%，少数低于80%，因此，特别受中低层消费者的欢迎。

（二）厂家直销中心的特征

1．集中化

许多不同厂家集中在一起直接销售自己的产品，产生集聚效应，价格便宜、品种多、档次齐，产生巨大的辐射力，对周围产生影响，成为低收入阶层假日消闲理想的购物场所。

2．专业化

厂家与直销中心是两个法人的租赁关系。厂家每平方英尺支付30～40美元的租金（包括停车场用地费、服务费、管理费和财产税），物业管理（包括卫生、维修、信用咨询等）均由直销中心负责。直销中心还专门设立顾客服务中心，为顾客提供信息、咨询、代理、礼品包装等多项服务，同时负责处理顾客与厂家的关系。可以短期租赁，也可以协调长期租赁，一般租期为5～7年，最长可达10年。

3．大众化

厂家直销中心以低价招徕大批顾客，少数商品的零售价只有市价的20%～30%，一般商品比市区商店同一品牌低30%～40%，这就是直销中心总是顾客盈门的主要原因。

4．商圈范围大

厂家直销中心的最大特点是停车场面积很大，停车场面积与营业面积的比例为4∶1或5∶1，这样就可以容纳驾车购物的大量顾客，形成车程30分钟～1小时，距离80～100千米的巨大商圈。

第三节　无店铺的零售业态

无店铺零售在信息技术迅猛发展的今天，具有良好的发展前景和深远的经济意义。2004年10月开始实施的《零售业态分类》首次将无店铺销售形式列为零售业态，无店铺销售方式被我国零售业正式承认。相对于有店铺零售业态来说，无店铺零售业态可以少投入店铺成本，增大商圈辐射范围，随着信息技术的发展及人们生活节奏的不断加快，无店铺零售业态发展迅速。本节主要介绍无店铺零售各类业态的主要特点。

一、电视购物

（一）电视购物的发展概况

电视购物是近几年日渐流行的一种新的营销模式，主要是以电视为媒介进行商品直销。电视购物自1982年在美国诞生以来，得益于政府得力的监管，在国外已经发展得比较成熟、规范。在美国、日本、韩国等国家，电视购物是消费者购物的重要渠道，商家通过这种方式向电视机前的消费者提供产品以及配送服务。据统计，韩国和美国的电视购物销售额占其零售市场的百分比分别达到10%和8%。在韩国，电视购物的产品琳琅满目，不但有小家电，还包括汽车、房子，甚至保险。

在欧美国家，几乎不存在电视购物暴利和虚假广告宣传等问题。电视购物有完善的退货机制，这可以有效地维护消费者的利益。美国最受欢迎的购物频道主要销售珠宝首饰、高档服装、减肥健身产品。尽管也有消费者上当受骗的情况，但并不普遍。因为一旦经查发现该产品有假，有关部门会追究商家法律责任并加以重罚，高额的罚金足以让商家破产出局。

电视购物业态于20世纪90年代初期从境外进入我国，近几年发展也比较迅速。2004年，电视购物列入国家认可的零售业态构成体系，但是这种新兴便捷的购物方式在我国存在很多问题。一提起电视购物，很多消费者就会产生一些负面联想，如夸大的宣传、高价低质的商品等。这是由于我国电视购物还处于起步阶段，缺乏行业标准，市场竞争无序，行业门槛低，产品性能令人质疑。由于商家诚信的缺失，消费者的利益和媒体的公信力受到了进一步损害。电视购物在国内不是没有市场，而是缺乏规范的操作。

（二）电视购物的特点

电视购物是一种无店铺零售业态，以电视作为向消费者进行商品宣传展示的渠道，目标顾客以电视观众为主。电视购物销售商品一般具有某种特点，与市场上同类商品相比，同质性不强，一般按照顾客要求送货到指定地点。

电视购物之所以可以快速成长，和其自身的优点是分不开的。

1．电视购物的优点

第一，电视购物迎合了现代消费者的消费习惯。消费者坐在家里打个电话，就能买到想要的商品，相对于传统的外出购物方式更加便利。

第二，电视购物广告表现更直观，对消费者的说服力更大，效果更明显。电视购物广告时间长，能完全、准确、清晰地表达产品的特点和卖点，营造了更加浓厚的宣传氛围。电视购物的产品大多符合“新、奇、特”的原则，尤其是功能性产品，常常在广告中有诸如“3天见效”“28天换脸”等明确的功效承诺。一个电视购物片，一般会出现3次以上的促销叫卖，常常采取“卖产品赠超值赠品”与“几日内不满意或无效全额退款”的促销策略，迎合了消费者贪便宜的心理。

第三，电视购物广告成本低。电视购物产品一般都遵循“低成本，高定价”的原则，广告投放采取“垃圾时段+高密度轰炸”的策略。卫视非黄金时段的广告1分钟1次投放成本一般只有100～200元，相当便宜。通过整合众多上星电视台狂轰滥炸，只要订购量足够高就能收回广告成本，迅速实现盈利。

第四，电视购物能够实现销售快速化。电视购物广告效果当日就可通过进线及订购量体现，不用招商、铺货，启动市场快速又简单。消费者看到广告，电话订购，送货付款，销售即可完成，资金回笼快。

2．电视购物的缺点

电视广告消费作为一种新型的营销方式，也存在诸多亟须破解的问题与弊端，这已经成为制约电视广告消费发展的巨大障碍。电视购物广告已经成为违法广告的“重灾区”。在中国消费者协会对全国30余个主要电视频道进行的检查中，发现虚假违法电视购物广告占违法广告总数的比率竟高达61%。

二、邮购

（一）邮购商店的产生和发展

邮购商店最早于1876年出现在美国。此后，邮购商店在美国盛行起来。其中最大的邮购商店是西尔斯·罗伯克公司，它每年免费分发商品目录达1 000多万份，每天收到三四十万封回信和13万封购货单，年销售额大约有3亿美元。

邮购商店能够在美国发展起来主要是因为它拥有广大农村的客户。19世纪后期，美国农业发展很快，农场工人越来越多，生活逐渐得到改善，收入不断增加。他们希望买到各种各样的商品，但美国农村商业不发达，零售商店不多，经营的商品种类有限，且价格很贵，满足不了农村居民的要求。而用邮购方式销售商品，正好满足了人们的这一需要。于是，邮购商店便应运而生。邮购商店在美国的发展，活跃了边远地区的市场经济，满足了消费者的需要。第二次世界大战后，邮购商店在西欧各国有所发展。20世纪60年代以来，邮购事业在美国也有新的发展。

我国邮购的历史可以追溯到明朝永乐年间民信局开办的业务。但改革开放前，邮购业务发展缓慢，基本局限在图书、杂志的狭小范围内。改革开放以来，邮购业务逐渐恢复和发展起来。自1996年以来，国外大型邮购公司纷纷跻身中国市场。在我国，邮购业务逐渐引起众多的国内外商家的重视，呈蓬勃发展的态势。特别是近年来，随着网上邮购业务的兴起，邮购商店越来越具规模。

（二）邮购的含义及特征

邮购（mail order/direct mail marketing）是指通过邮局以邮寄商品目录、发行广告宣传品，向消费者进行商品推介展示的渠道，引起或激起消费者的购买热情，实现商品的销售活动，并通过邮寄的方式将商品送达消费者的零售业态。邮购商店是指通过商品目录或广告宣传等资料，供顾客以电话或邮信订购，待收到订单后再寄送商品的商店。这里的商店不是真正意义上的商店，因为没有供顾客选购商品的场所，属于无店铺销售。邮购方式可以节省顾客往返的时间和费用，便于远距离顾客的购买。

适用于邮购的商品一般有以下特征。

（1）稀缺。邮寄的商品大多是一般商店没有的商品。

（2）价格低。邮售节省了营业场地和销售人员，因而可以将售价降低。

（3）新潮。邮寄的范围很广，可以使消费者迅速获得全国乃至世界消费新潮的商品信息，所以邮寄商品如果是时尚商品，会很受欢迎。

（4）购买隐蔽。邮售的优势之一是具有隐蔽性，企业经常销售那些顾客不好意思在大庭广众之下通过店铺购买的商品。

具有上述特征的商品是邮购比较适宜的商品，而生鲜商品、易碎商品、禁限寄商品、笨重商品则不宜进行邮购。

三、网上商店

根据北京市统计局发布的数据，2015 年北京市社会消费品零售总额首次突破 1 万亿，其中两成左右的全市社会消费品零售额来自于网店；网上零售额 2 016.9 亿元，规模由 2009 年的不到 70 亿元扩大了近 28 倍。这说明网络零售业态正在迅猛增长。

（一）网上商店的含义

网上商店简称网店，通常是指建立在第三方提供的电子商务平台上的、由商家通过互联网将商品或服务信息传达给特定的用户，客户通过互联网下订单，采取一定的付款和送货方式，最终完成交易的一种电子商务形式。网店是近年来发展极其迅速的新型零售业态。零售商在互联网上开设虚拟商店、建立网上营销的网站，上网的消费者可以根据网址进入网站访问，浏览商店的商品目录等各种信息，找到合意的商品可以在线订货，通过电子转账系统付款。零售商则通过邮寄或快递公司把商品送给购物者。

由于是在网上开的店，所以较实体店铺经营而言，网上商店前期资金投入较少，而且受时间、场地等因素的影响较小。

在电子商务发展的早期，一些网上零售网站也称为网上商店，如当当网上书店、亚马逊网上书店、海外店、淘宝网、瀛商网等，随着这些网上零售网站的快速发展，其经营商品品种越来越多，规模也越来越大，因此这些独立的电子商务网站通常都不再称为网上商店，而改称“网上商城”。

（二）网上商店购物的优势

对于消费者来说，虚拟商店具有很多优势。

1．商品价格比较低

网上的商品与传统商场相比相对便宜，因为网络可以省去很多传统商场无法省去的成本，所以商品的附加成本很低，商品的价格也低。

2．花样品种的选择较多

网络商店不受商店营业面积的限制，商品种类多。它可以包含国内外的各种产品，充分体现了网络无地域的优势。在传统商店中，无论其店铺空间有多大，它所能容纳的商品都是有限的，而对于网络来说，它是商品的展示平台，是一种虚拟的空间，只要有商品，就可以通过网络平台进行展示。

3．搜寻和选择商品更为便利

网上购物具有独特的优势，它把购物过程中的时间和距离都压缩为网上的一小段时间，顾客可以随时、随地在成千上万种的商品中搜寻、选择、比价，可在短时间内访问所有商店，将各家商品进行比较选择，大大节省购物的时间和费用。以美国亚马逊（Amazon）网络书店为例，美国最大的店铺书店只能陈列 17 万种图书，而亚马逊网络书店虚拟书架上陈列着 250 万种图书，这是实体书店无法做到的。

4．送货上门，方便快捷

随着网络购物的发展，便利将会成为更主要的因素。网络购物用户可以享受送货上门的服务，方便快捷地得到自己购买的商品。

（三）网上商店购物的不足之处

网上商店尽管发展迅速，但是这种新兴的商业模式也存在不容忽视的弊病。

1．信誉度问题

信誉度问题是网络购物中最突出的问题。无论是买家还是卖家，信誉度都被看成是交易过程中最大的问题。作为买家，商家提供的商品信息、商品质量保证、商品售后服务是否和传统商场一样，购买商品后，是否能够如期收到商品等，都是消费者所担忧的问题。

2．网络安全问题

从网络进入人们的生活开始，网络安全问题就一直存在。在网络购物中，网民对网络安全也有很大担忧，如用户的个人信息、交易过程中银行账户密码、转账过程中资金的安全等问题。这些顾虑无疑给网络购物蒙上了一层阴影。

3．商品物流问题

互联网信息是无国界的，但是很多商品信息发布后，消费者能够看到，却无法立刻购买到，主要是因为信息在网上发布，而供货商仍然是传统企业，商品配送无法和互联网信息同步，有时会产生信息快于商品的现象。

传统购物一般是选好后就可以直接付费拿走，而网络购物就需要一个订货后的等待过程。快递公司在为网购者送货环节发挥关键的作用。在目前的商品配送上，就同城配送而言，最快的一般需要 1 个小时，最长的则需要两天时间。如果消费者需要的东西很急，网络购物一般就不适合。

4．商品信息描述不清

由于消费者对网络上的商品的了解只能通过图片和文字描述来完成，而有些商品的描述语言模棱两可，容易使人对商品的认识产生歧义。当消费者根据自己的理解完成网络购物交易，拿到商品后如果不满意就会退货，这是一件相对麻烦和有风险成本的事情。因此，网络购物的商家进行商品描述时，尽量做到描述语言准确，减少购买者对商品的误解，但是很难避免双方理解差异的产生。

5．网络购物者缺少直接购物体验

从商品交换开始，人们就一直体验着交易完成后获得商品的满足感。但是在网络购物方式上，消费者却不能体验到在网络交易完成后，立刻拿到商品的满足感，这种满足感的到来往往要滞后 1～2 天。在某种程度上，网络购物在方便的同时，也减少了购物带来的快乐。

四、自动售货亭

（一）自动售货亭的含义及特点

自动售货亭（Vending Machine，VEM）又称为自动售货机，其标准定义是：“通过售货机进行售卖活动的零售业态。”已被广泛地运用到多种类商品上。

自动售货机是能根据投入的钱币自动付货的机器。自动售货机是商业自动化的常用设备，它不受时间、地点的限制，能节省人力、方便交易。它是一种全新的商业零售形式，又被称为 24 小时营业的微型超市。自动售货机的目标顾客以流动顾客为主；经营产品范围较窄，以香烟和碳酸饮料为主，商品品种在 30 种以内；由自动售货机器完成售卖活动；是提供服务最少的零售业态。

（二）自动售货亭的发展

自动售货亭也叫自动售货机，起源于 20 世纪 60 年代，由美国的 Mars 家族发明。到 80 年代，在美国、日本和整个欧洲，自动售货亭的应用领域已经扩展至小食品、冷热饮料、快餐、游戏、香烟、公交、地铁、邮票、报纸、电话磁卡以及个人卫生用品等很多方面。作为一种先进的商业零售方式，自动售货亭已在全世界近 50 个经济较为发达的国家得到了迅速的发展。据有关资料介绍，在美国，自动售货亭的商业零售额每年高达 293 亿美元，而且每年都以较大的幅度增长。在日本和欧洲发展势头同样非常迅猛，其获得的业绩同样令人瞩目。现在自动售货亭已发展到欧洲平均 60 人拥有一台，美国平均 40 人拥有一台。在法国巴黎，仅地铁车站就布放了 1 500 多台，每月销售额达到 600 多万法郎。日本人均拥有自动售货机最多，平均 23 人就拥有一台。在日本，每一个消费者每年在自动售货机上的消费金额可达到 5.5 万日元。据日本一家公司调查，一台售货机一年要售出上万罐饮料，比一般小商店的零售量还要多。在日本，可口可乐公司已拥有近 100 万台自动售货机，其销售量占到公司每年产量的 70%以上。

自动售货机在我国的起步比较晚，直至 1993 年才在广州、上海开始出现，机器分别从日本、韩国进口。现在，自动售货机在我国的发展已达 1 000 多台，主要分布在北京、上海、广州及沿海等经济较为发达的地区。由于自动售货机的便捷灵活和昼夜服务的特点，受到人们的欢迎，在繁华的商业街、地铁车站甚至出现过排队购买的现象。

五、直销

2010 年对《零售业态分类》的修订中，在无店铺零售中增加了直销业态。

（一）直销的含义及发展

按世界直销联盟的定义，直销（Direct Selling）是以面对面且非定点的方式销售商品和服务，直销者绕过传统批发商或零售通路，直接从顾客接收订单。直销是指直销企业招募直销员，由直销员在固定营业场所之外直接向最终消费者（以下简称消费者）推销产品的经销方式。

自2005年《直销管理条例》颁布以来，我国政府在开放直销行业方面取得了稳步进展。从2006年到2016年，总共给70余企业发放了直销牌照，仅2015年一年就发放了23张直销牌照，可见商务部对于直销行业日益重视，将有越来越多的企业进入直销行业，直销的市场规模也将越来越大。商务部和工商总局联合发布公告，对直销产品范围进行了调整，调整后的产品在原来化妆品、保健器材、保健食品、保洁用品、小型厨具的基础上增加了家用电器类产品，共六类。

（二）直销的优势

1．服务个性化

由于直销产品比较特殊化、个性化，需直销人员讲解、演示、试用，所以要求直销人员根据产品和消费者的要求提供个性化服务。

2．就业简易化

直销就业门槛较低，它需要付出的是少量的金钱和时间，而且不需要进行工商登记，省略了很多成本。具有推销能力的人都有机会成为一名直销员，这在一定程度上可缓解我国日益严重的就业压力。

3．销售主动性

直销需要直销人员的主动推荐、演示、讲解，销售能力越强，销售额就越大。

4．服务便利性

由直销人员提供的送货上门服务，提供了另一种给消费者便利的高品质产品的销售渠道。直销方式还可以更有效地接近目标顾客，接触到来自消费者的市场信息，实现双向交流；通过建立顾客数据库可以与顾客建立长期关系，获得长期效益。

六、电话购物

电话营销出现于20世纪80年代的美国，电话购物是指主要通过电话完成销售或购买活动的一种零售业态，通过厂方、经营商或者第三方物流实现货物的转移。

电话购物与电视购物不同，它没有直观的商品展示，销售的商品比较单一，以某类品种为主，主要通过电话完成销售或购买活动，送货也是根据顾客的要求送货到指定地点或者由用户自提。

电话作为一种方便、快捷、经济的现代化通信工具，正日益得到普及，2016 年全国移动电话普及率达 96.2 部/百人。电话除了用于和亲朋好友及同事间的一般联系外，正越来越多地运用在咨询和购物方面。现代生活追求快节奏、高效率，电话销售也不失为一种高效率的零售业态。

第四节　零售业态的发展趋势——全渠道零售

改革开放以来，中国的零售业态面临了好几次重新洗牌。先是百货商店取代了供销社，成为市场的主流业态，后来超市家电专卖市场崛起，成为零售业的主流业态。现在，电子商务则发展迅猛（以淘宝商城、京东、一号店和当当为代表），开始威胁传统有店铺零售的生存。每一次变革虽然并未完全消灭旧事物，但是重塑了整个行业格局，也改变了消费者的消费方式。即便是那些依赖原有经营模式的零售商，也在与时俱进地适应新环境，不断创新。

随着各种零售业态的并存，它们也在呈现水乳交融的趋势。随着电子商务的发展，传统零售业正在迅速地脱胎换骨，零售商必须通过多种渠道与顾客互动，包括网站、实体店、服务终端、直邮和目录、呼叫中心、社交媒体、移动设备、游戏机、电视、网络家电、上门服务等。这些渠道相互整合、相互呼应，成为全方位的营销力量。

一、全渠道零售的含义及表现形式

随着移动技术的飞速发展和广泛应用，从 2012 年下半年开始，“全渠道零售”（Omni-Channel Retailing）一词开始在中文媒体上出现。从 2013 年开始，全渠道零售也越来越多地被提及或引用，更有一些企业已经开始了全渠道零售实践。

根据贝恩全球创新和零售业务负责人达雷尔·里格比（Darrell Rigby）的解释，“全渠道零售指的是随着形势的演变，数字化零售正在迅速地脱胎换骨，我们有必要赋予它一个新名称‘omni channel retailing’”。这意味着零售商将能通过多种渠道与顾客互动，包括网站、实体店、服务终端、直邮和目录、呼叫中心、社交媒体、移动设备、上门服务等。全渠道零售的战略重点不在单一渠道的最优或最强，它的终极目标是各个渠道之间达到高度协同，为消费者提供无缝的最佳购物体验。供应链上的所有库存也为所有顾客共享，店员可卖其他店有的商品，线上商店或移动商店可卖门店和物流中心仓库的商品。

举一个例子来看全渠道零售的意义。在实体店里，消费者经常碰到断码或缺货的状况，购物体验受到影响，零售商为此损失的销售额也超过 17%。2011 年，阿迪达斯开始在店里安装一个数字鞋架，就像一个放大了的 iPad 被挂在墙上。消费者可在数字货架上选择产品，并从任何角度查看产品、旋转、放大，并得到更多鞋的产品信息。一间阿迪达斯实体店可能只能容纳 500 双鞋，但这个数字货架能容纳 10 万双鞋。数字货架极大地改善了消费者的体验，减少了在实体店缺货的烦恼。

二、全渠道零售的实施

1. 理念的创新

面对瞬息万变的市场形势，以及应接不暇的新技术、新理念，实体商店实施全渠道零售的最大挑战仍然是经营理念。例如，面对今天紧迫的形势，依然有许多零售企业管理者认为“电子商务不会取代传统零售业，而只是传统零售业的一个补充”，这实在是一个不合逻辑的危险观点。因为它将“实体店”等同于“传统零售业”，认为只要实体店不消失，传统零售业就不会消亡。

其实，实体店只是一种物理形态。实体店既不等同于传统零售业，也并非传统零售业所独有。在长达几百年的历次零售变革中，实体店从未消失，但在每次变革之后，实体店的形式、功能和作用都会发生很大变化，从而具有了新的、不可替代的战略价值。互联网时代，实体店将变为零售商洞察需求的重要触角和满足需求的中间站，而不是一个仅能实现售卖功能的场所。所以，互联网和移动技术浪潮不会使实体店消失，但传统零售业一定会被边缘化，甚至被取代，就像 20 世纪 80 年代初的传统百货商店、传统副食店一样。

2. 把握消费者的特点

随着信息技术的发展，每个消费者都将成为 SoLoMo 消费者。他们是 social consumer（社交消费者）：在做出购买决定前总会或多或少咨询他们的好友和家人；他们是 local consumer（本地消费者），可以随时随地逛任何渠道和商圈的商店——附近的实体店、互联网商圈的网店或社交店；他们是 mobile consumer（移动消费者），每个消费者可随时随地掏出手机逛全球的任何移动商店，收集购物情报或直接下订单。

SoLoMo 消费者将引发三场零售战争，即消费者的社交战、消费者的位置战和消费者的时间战。没有一个消费者只在一个渠道购物，SoLoMo 消费者不再忠诚于单个渠道，而是交错出现在网店、社交商店、移动商店和地面实体店等全渠道中。不管是地面零售商还是在线零售商，他们都正在加速从单渠道向全渠道的转型。因此，零售商不仅可以在地面商圈开 1 000 家实体店，在传统的 PC 互联网商圈、移动互联网商圈和个人社交商圈，甚至也可以分别开出不同地段的 1 万家网店、1 000 万个顾客个人拥有的移动商店、社交商店。

面对数字化浪潮，传统零售商也在把不同的渠道整合成“全渠道”的一体化无缝式体验。网购的优点在于：选择范围广，易于搜索，价格实惠，便于比较，购物地点非常方便。实体店的好处在于可以提供面对面的个人服务，顾客能够触摸商品，进行全方位的感知，而且把购物当成一种活动和体验。如今的顾客希望两方面的好处兼得。

3．系统设计全渠道零售

传统零售商必须从头设计购物体验，把网购和实体店购物两方面的体验完美融合。零售商可以在顾客购物路径的每一个环节上利用各种先进的数字化工具，设计富有吸引力的互动方式，如向顾客的移动设备发送优惠代码和优惠信息，优化搜索关键词，开展基于地理位置的优惠信息推送，以及向通过外部信息平台进店的顾客提供有针对性的购物建议等。

传统零售商还必须把“实体店”这一网络零售商不具备的特色变成优势，把逛商店变成一种令人兴奋、既娱乐又享受的体验，用实体店来推动相关的网上销售。而在提升实体店的购物体验方面，数字技术也能发挥作用，如公司可以用充满活力的互动屏幕取代死板的橱窗，屏幕可显示天气或时间，还能为顾客推荐产品，并在闭店时段接受订货。

零售商必须及时系统地实施创新，才能改变顾客的认知和行为。为了打造一个全渠道零售的组织，零售商可以分别在线上、线下创建独立的正式组织结构，但在关键决策上协调一致。成功的全渠道战略有望在顾客期望和购物体验方面带来一场革命。

全渠道零售

俗话说“早起的鸟儿有虫吃”。在全渠道零售时代的黎明到来之际，有一批“早起的鸟儿”已经开始“捉虫”了。

上品折扣创立于2000年，是国内第一家以销售名牌折扣商品为主的百货连锁店。在传统零售企业中，上品折扣是较早“触网”的一个（2009年），但随之而来的问题个个致命：线下与线上是相互独立，还是相互融合？线上与线下的商品、价格是否一致？如此等等。经过多方考察、研究和争论，他们最终确定了线上线下相互融合的战略方向。

上品折扣的“早”还体现在对信息技术的理解和实践上。他们以信息技术为手段和支点，实现了对联营制的改造，以及线上与线下商品、价格、库存的“三统一”管理。上品折扣董事长李炎谈到，上品折扣在互联网、移动互联网、实体店等多渠道的布局，可以通过线下与线上一体化运营有效地串联在一起，使任何一个门店都能在全渠道中进行消费者信息的采集和挖掘。这样，上品折扣通过全渠道的商品运营、购物需求挖掘分析、供应链快速响应、更精准的商品运营的流程转变，完成了一个不断深度匹配消费者需求的正向循环。

2013年新年刚过，位居国内连锁百强首位的苏宁集团就宣布了“云商”计划，并将苏宁易购更名为“苏宁云商”。苏宁集团董事长张近东表示，未来的零售企业不独在线下，也不只在线上，一定是线上、线下的完美融合。苏宁的目标是服务“全客群”，经营“全品类”，拓展“全渠道”，成为中国的“沃尔玛+亚马逊”。

资料来源：王燕平．全渠道：开启零售业的新纪元有哪些挑战？［J］．富基商业评论，2013（4）．

本章小结

零售业态是指零售店卖给谁、卖什么和如何卖的具体经营形式。零售业态划分的标准主要有目标顾客和营销要素组合两个方面。为了加强管理，我国自2000年开始先后三次制定并修正了《零售业态分类》标准，将零售业态分为有店铺零售和无店铺零售两大类别。

有店铺零售是实体店，有固定的经营场所，业态细分有十几种。无店铺零售是一种与传统店铺销售相对应的销售业态。在信息技术迅猛发展的今天，具有良好的发展前景和深远的经济意义。

随着各种零售业态的并存，零售业态之间融合的趋势日益明显。随着电子商务的发展，传统零售业正在迅速地脱胎换骨，零售商必须通过多种渠道与顾客互动，发展全渠道零售是零售业发展的趋势。

复习思考题

1．随着信息技术的普及，你认为网络购物能否取代传统购物？
2．你如何看待仓储式会员店的会员制？
3．比较大型超市和综合超市的相同与不同之处。
4．比较厂家直销中心和直销两种零售业态的不同之处。
5．举例说明什么是全渠道零售。
6．专业超市如何培育自己的竞争优势？

案例分析

万客隆败走中国

20世纪90年代中期，万客隆的名字曾掀起一股“客隆”名热潮。京客隆、广客隆等本土超市对万客隆如火如荼的发展势头羡慕不已，“客隆”二字也成了生意兴隆、好运连连的代名词。

万客隆（Makro）是隶属于SHV这个有百年历史公司的跨国商贸企业，它与世界知名的德国零售连锁公司麦德龙是家族式的兄弟公司。在麦德龙把经营重点放在欧洲的同时，万客隆将眼光投向了亚洲。

在中国市场的起步阶段，万客隆可谓是不负众望，在很短的时间内就交出了一份满意的成绩单。1996年9月26日，“正大万客隆商场”在广州三元里开张，开业之初便创下了每天销售额 400 万元的纪录，半年多累计销售额就达 5 亿多元；1997 年 11 月，“中贸联万客隆”在北京洋桥开业，开业 4 个月内就创下了单日销售额 450 万元的佳绩。人们惊讶地发现，在 1998 年北京商场零售业遇挫之时，万客隆依然保持了月销售额 4 000 万元的成绩。

中贸联万客隆是中国首批正式批准成立的两家中外合资连锁商业试点企业之一。可惜好景不长，当 1998 年万客隆在北京的第二家店酒仙桥店开业后，万客隆与中国市场的甜蜜期就悄然结束了。此后的 4 年间，万客隆没有新店开张。

面对中国市场的步履维艰，万客隆并不甘心。沉寂数年后万客隆再次发力。2004 年万客隆的高层开始紧锣密鼓地在天津、石家庄和东北三省选址开店，在此之前，万客隆刚刚成为首家获得批发经营执照的外资零售企业。“尚方宝剑”在手，万客隆拿出了一副志在必得的攻势。但此时的中国零售市场已是风云四起，万客隆多少尝到了些惨淡经营的味道。

其实，就在获得批发经营执照之前，万客隆已经开始在国内市场收缩。2003 年 3 月，万客隆将所持的广州正大万客隆 35%的股份全部转让给泰国正大集团，正大万客隆更名为“易初莲花”。随后，万客隆表示要将战略中心转移到北方地区，原因是北方的商业竞争没有南方经济发达地区那么激烈。

不只是中国大陆，万客隆在中国台湾地区的业绩也不尽如人意。万客隆在台湾的营业额从 2000 年的 138 亿元台币下降到 2001 年的 95 亿元台币，2002 年又降至 70 亿元台币，连续两年亏损。2003 年春节刚过，台湾地区万客隆的 6 家分店就全部宣布停业。

万客隆在中国市场走进了一个困局，也是一个谜局。收缩战线和主打北方的策略最终没能挽救万客隆在中国的命运。见证过万客隆辉煌的人们都在疑问，究竟是什么制约了万客隆？是什么把钟情于中国的万客隆推向了死谷？

万客隆秉承的是一种特殊的经营业态——会员制的仓储式商场。万客隆开拓中国市场之初，就明确了自己的目标客户——团体的专业客户。零售商、酒店餐厅以及服务类企业成为万客隆主要瞄准的对象。北京的两家万客隆曾经为了“转型面对大客户”，费了不少的工夫，并以 70%～80%的销售由集团客户来消化的目标来鞭策自己。很多个人消费者不能进入万客隆消费。谢绝 1.2 米以下儿童入店更是大大折损了许多购物者的兴趣。万客隆解释说这是为安全起见，因为店内有叉车作业。万客隆很少会打折促销，所谓的卖场服务也是难见。万客隆的服务定位是自助购物，所以在万客隆的卖场中，看到最多的是理货员与收银员。顾客不仅要自己找价签找东西，还要完全依赖于自我判断，缺少导购和服务的状态阻碍了商品销售的畅通。

尽管万客隆在后来的战略调整中开始逐步重视个体消费者，但周边的竞争者早已是捷足先登，普通消费者更愿意在各大百货商场和沃尔玛、家乐福这样的超市中购物，并不青睐以批发和团体客户为重的万客隆。就在逛商场、逛超市成为都市消费特征的关键时候，在大超市业态中一直不占优势的万客隆最终败下阵来。

遗憾的是，就连万客隆所倾力打造的“批发市场”和“服务专业顾客”也屡屡受挫。

传统批发市场是摆在万客隆面前最大的一道难题——价格自由、回扣返点、分销商和供货商抢占市场等，诸多问题让万客隆应接不暇。长期以来，万客隆不得不在批零兼营的尴尬中游走，以至于万客隆70%以上的销售额来自个人用户，而不是那些有购买实力的团体会员。传统批发市场在不断上演恶性竞争，坚持仓储式商场模式的万客隆无奈地与其并存着。

2007年12月17日，万客隆的外方股东荷兰SHV集团将所持的49%的股份转让给韩国乐天；随后，万客隆大股东中贸联置业也在北交所挂牌转让所持有的万客隆超市51%的股份。这意味着Makro（万客隆）的标志将在不久的将来消隐于中国。

资料来源：王巍栋. 万客隆消隐中国零售市场[J]. 现代商业，2009(1).

【思考讨论】万客隆败走中国的原因是什么？

第二篇
经营实战篇

第三章

零售企业经营战略

学习目标

☑ 了解零售的宏观环境及竞争环境；
☑ 理解零售企业经营战略的含义；
☑ 了解零售企业战略管理的过程；
☑ 掌握零售企业的增长型战略；
☑ 理解零售企业如何培育竞争优势。

导入案例

苏宁深圳战略：闭店和扩张没有矛盾

到苏宁买奶粉、买彩票、订酒店甚至吃饭，这些看起来“不务正业”的事现在成为苏宁的一级战略。2013年，苏宁电器宣布更名为“苏宁云商集团股份有限公司”，并大幅调整组织架构和发布新VI形象标识，在国内零售行业中可谓一“变”惊人。很快，深圳地区40余家卖场会陆续更换新招牌、新门面，而“云商”这个新观念要如何发酵，还有待市场的重重检验。

一、淡化电器烙印，改为全品类服务

带着深刻的电器烙印的苏宁，似乎走上了一条“不归路”。按照董事长张近东的解释，云商模式可概括为“店商+电商+零售服务商”，核心是以云技术为基础，整合苏宁前台后台，融合苏宁线上线下，服务全产业，服务全客群。他声称，这会成为中国零售行业转型发展的新趋势。

围绕该模式，苏宁对组织架构进行了全面调整。在总部经营层面出现了线上电子商务、线下连锁平台和商品经营三大经营分部，涵盖28个事业部。大区层面更显扁平化，缩减为“大区—城市终端”两级管理，大幅扩充大区和城市公司数量，管理下沉以提升执行力。苏宁此前筹谋多时的“去电器化”现在终于梦想成真，“电器”两字不复存在，代之为全品类和全服务。用业内的说法“超电器化”更为合适。

“只要消费者需要的都是我们的生意。”深圳苏宁总经理胡旭健称，深圳苏宁群星广场Expo超级旗舰店将是首批形象升级的门店之一，届时去电器化后的群星广场店除了原有的家电产品外，还有母婴用品、乐器、百货等商品出售。

另外，苏宁的许可经营项目中新增加了预包装食品、散装食品批发与零售、国内快递等业务。苏宁方面透露，包括机票预订、商旅、网游等服务今后都可提供。而涉足餐饮也是2013年在深圳的一个重要试水。

据悉，苏宁旗下另一品牌乐购仕广场会在年内落地深圳。2012年收购的“红孩子”也将在深圳落地，计划进驻Shopping Mall，开卖母婴用品。

二、深圳门店不增还减？不影响销售增长

实际上，2012年深圳零售行业整体遭遇寒冬，不少零售商家原地踏步甚至出现负增长。

“今后将不再以开店数量衡量，并计划未来5年内将关闭租约到期的社区店。”胡旭健表示，普通店、社区店和精品店等中小型门店会在5年内逐渐退出深圳的舞台，而主要以Expo超级旗舰店、旗舰店和苏宁广场等“大店”形式呈现。这意味着，深圳家电零售行业的跑马圈地时代会正式终结。

根据统计数据，目前苏宁在深圳大约有40家门店。胡旭健认为这个数量需要调整，26家左右比较合理，虽然门店数量萎缩，但并不妨碍销售规模的持续增长。2012年在深圳的增长率只有1%，而按照计划，2013年苏宁线上线下在深圳的复合增长要在25%以上。

深圳市零售商业行业协会会长花涛认为，苏宁此番变脸是应对网购浪潮的一个必要措施，但是转型是有一定风险的，人员、意识、流程、品牌、定位、宣传都要同时转变。对传统零售业来说，不转不行，但转的难度也相当大。

资料来源：卢亮．苏宁深圳战略：闭店和扩张没有矛盾［N］．南方都市报，2013-02-28.

第一节　零售企业经营战略概述

一、零售企业经营战略的含义

战略被很多人看作管理活动的顶峰。在全世界的企业中，许多成功的企业承认其获得的成功和他们拥有正确的战略有很大的关系。既然战略对于企业如此重要，那企业战略到底是什么呢？

1．战略的内涵

关于战略的内涵一直众说纷纭，莫衷一是。战略大师亨利·明茨伯格对战略的认识比较具有代表性，他认为战略至少包括以下几种含义。

（1）战略是一种计划，或者方向、指南、路线等类似的东西。

（2）战略是一种模式，即企业长期行动的一致性。

（3）战略是企业的定位，即企业所生产的特殊产品在特殊市场的定位。

（4）战略是一种观念，即对于一个企业来说，其作为一个组织做事的基本方式。

（5）战略是一种策略，是企业为了击败反对者或者竞争者而采用的特定的计谋。

2．战略的特点

无论你更加认同上述哪一种对企业战略的解释，都可以了解到，企业战略至少具有以下几个特点。

（1）整体性。对于一个企业来说，企业战略是关于企业整体发展的问题，而不是企业某一个部门或者某个分公司的问题。

（2）未来性和长期性。企业战略是对于未来很长一段时间怎么发展的思考和谋划，企业制定的下个月甚至是下半年的各种计划，不能被称为企业的战略。

（3）原则性。是相对于具体性而言的。企业战略是关于企业在遇到及解决问题时应该遵循的那些最根本的价值观或原则，而不是关于具体怎样去看待问题和解决问题的规定。

3．零售企业经营战略的含义

零售企业经营战略是指导零售商的一种整体计划或行动规划，它影响零售企业的经营活动和对市场力量（竞争和经济）的反应。在理想情况下，零售战略的持续时间应至少一年，它概括了零售商的使命、目标、消费者市场等方面。

二、零售企业战略管理过程

零售企业经营战略是零售商对发展的全局筹划和谋略，战略管理是对确定战略和实现战略目标过程的管理。零售战略管理不仅包括决策方案的制定，还要涉及战略方案的选择、实施与控制等一系列活动，是一个系统过程。一般认为，零售战略管理过程是由零售战略分析、战略选择、战略实施与控制等几个相互关联的阶段所组成的，这些阶段有一定的逻辑顺序，包含若干必要的环节，如图 3-1 所示。

零售战略分析的主要任务是对影响零售商战略形成的关键因素进行分析，并根据企业目前的“位置”和发展机会来确定未来应该达到的目标，主要包括明确企业使命、宏观环境分析、行业环境分析、内部环境分析、确定战略目标等内容。

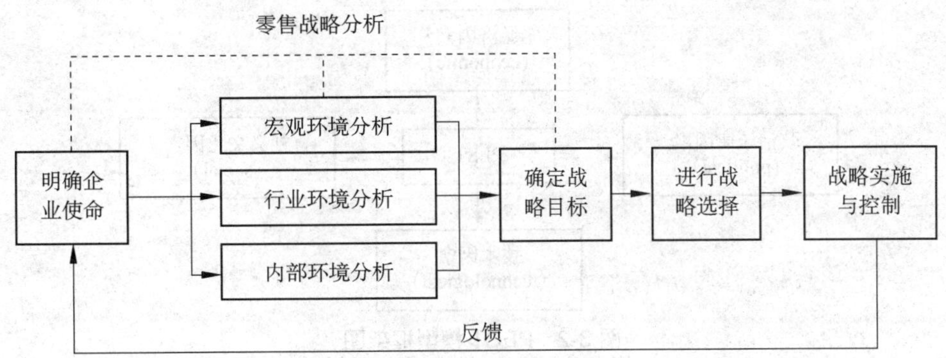

图 3-1　零售企业战略管理过程

零售战略选择的主要任务是决定达到战略目标的途径，为实现战略目标确定适当的战略方案。其主要工作包括产生战略方案、评价战略方案、选出可供执行的方案。

零售战略实施与控制的主要任务是把战略方案付诸行动，保持经营活动朝着既定的战略目标和方向不断前进的过程。

第二节　零售企业环境分析

零售企业战略分析的关键是对零售企业环境的分析，包括宏观环境分析、行业环境分析等。在飞速发展的现代经济社会中，各个大大小小的零售商面临着越来越多的挑战，需要应对越来越复杂的外部环境。本节我们将从宏观环境和行业环境角度进行分析。

一、宏观环境分析

零售宏观环境是指零售商所面对的产业外的外部环境，是各类企业生存发展的共同空间。每一个零售企业和组织都需要监控宏观环境，持续地评估环境变化存在的潜在影响，预测具体因素所产生的影响，以便采取相应的行动。

对宏观环境的分析我们采用由 Adcock（爱德考克）提出的 PEST 模型，如图 3-2 所示。PEST 模型将宏观环境分为四类：政治法律（political）因素、经济（economic）因素、社会文化（social）因素和技术（technological）因素，并按照这四类环境英文单词的首字母组合命名。

（一）政治法律环境

政治法律环境是指对零售商的生产经营活动具有现存和潜在作用与影响的政治力量，以及对零售商的经营活动加以限制和约束的法律、法规等。不论处于何种社会制度，零售

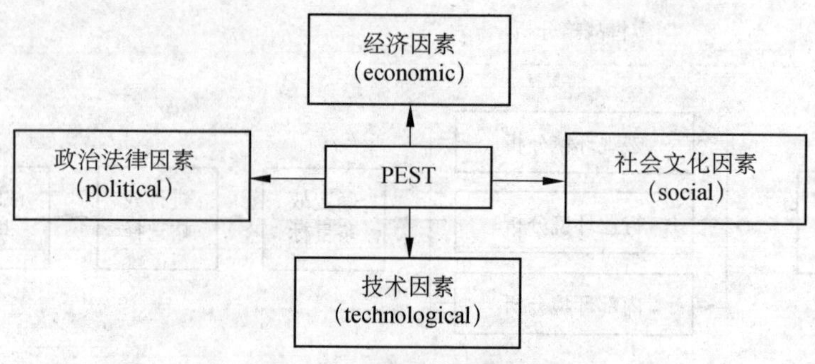

图 3-2　PEST 模型框架图

企业的活动必定要受到政策与法律环境的规范，这些政策和法律既可以使零售商的经营活动受到保护，也可以使零售商的活动受到限制。具体来说，政治法律环境对零售商的约束主要体现在以下几个方面。

1. 对经营商品的约束

几乎所有的国家或地区都制定了相关的政策和法律，例如，在中国对零售商提供的商品种类、质量、安全、专利以及商标使用等都做出了具体的规定。零售商不仅要按照《中华人民共和国产品质量法》《中华人民共和国商标法》《中华人民共和国合同法》《中华人民共和国消费者权益保护法》《中华人民共和国食品安全法》等法律、法规的要求开展经营活动，还要在商品出售前进行严格的商品检测，使检测合格的商品上架出售，同时也要对消费者提供商品质量及安全的保证。

2. 对商品价格的约束

零售商经营的商品通常是自行定价，但这并不意味着可以随意定价。零售价格与消费者的经济利益直接相关，对消费者安居乐业、社会稳定起着很大的作用，因此，国家与当地政府对零售价格在不同时期根据不同的商品会给予不同的控制。例如，《中华人民共和国价格法》《价格违法行为处罚规定》就对部分商品的价格制定与管理提出了相关要求。

3. 对零售商开展促销活动的约束

零售商为向消费者出售商品而开展的促销活动也与消费者利益密切相关，因此，国家对零售商开展促销活动也有明确的法律规定。例如，《中华人民共和国广告法》《中华人民共和国反不正当竞争法》《中华人民共和国消费者权益保护法》对利用广告促进商品销售、采用公平的促销手段开展竞争、保护消费者合法权益等方面提出了约束和要求。必要时，国家或地区还会制定临时性的政策，以促进经济增长，保护消费者利益。

（二）经济环境

经济环境是指一个国家的经济制度、经济结构、产业布局、资源状况、经济发展水平以及未来的经济走势等。对零售商影响最大的经济环境主要包括国民经济发展状况、消费者收入和消费者支出等。

国民经济发展状况主要包括总体经济形势、社会生产力、社会分配状况，它们会在总体上影响和制约零售商的经营和发展。消费者收入是指消费者个人所能得到的所有货币收入的总和。消费者收入中的可支配收入和可任意支配收入是零售研究的重点，其中可任意支配收入是影响消费需求构成中的最活跃的因素。消费者支出，如消费者收入水平对支出模式的影响、收入分配平均程度对消费模式的影响等。

（三）社会文化环境

1．人口因素

人口是构成市场的基本因素，在收入水平一定的条件下，一个国家或地区人口规模的多少决定了该地区市场容量的大小。此外，零售商还要研究人口的地理分布、年龄结构、性别、家庭单位和人口数、教育构成、职业构成等因素，以确定自己的目标市场。

2．文化环境

文化是指一定社会经过学习获得的、用以指导消费者行为的风俗、价值观和习惯的总和，包括文化、亚文化、社会阶层等。文化对顾客购买行为有着最广泛而深远的影响，使消费者需求和购买行为具有相似性、习惯性和相对稳定性的特点。其中，宗教信仰和价值观念对消费者影响重大。

3．消费习俗

消费习俗是人们在长期经济活动和社会活动中所形成的一种消费风俗习惯，是人们历代传递下来的一种消费方式。不同的消费习俗对商品具有不同需要，研究消费习俗，不但有利于组织好消费习俗用品的生产与销售，而且有利于积极正确地引导消费者健康消费。

4．道德规范

不同的道德规范决定不同的交往行为，决定不同的家庭模式及消费模式。我国向来以“礼仪之邦”著称于世，广大消费者对人与人之间的关系和情感极为重视，个人行为往往习惯与周围环境或他人保持一致，这种重人情、求同步的心理，在消费行为中表现为从众。

5．审美观念

审美观念是消费者用什么样的审美观点、态度和方法对人生和外界事物进行审美活动的总称，它是一个人审美情趣和审美理想的集中表现，支配着人们审美活动的过程。随着生活水平的提高，消费者的审美观念发生了明显的变化，追求健康美、形式美、环境美等逐渐发展成为主流，为零售商提供了广阔的发展机会。

（四）技术环境

技术创新是实现零售战略成功的关键，科学技术在零售业的应用已经成为现代零售商创造竞争优势的一个重要来源。科技发展不仅带来了社会产品的极大丰富，为零售商提供了坚实的物质基础，而且深刻影响着人们的生活方式和消费行为。从实践上看，科技对零售商经营管理的直接影响体现在以下方面。

1．创造零售新形式

例如，可视图文系统、家庭购物网络、电子目录商店的广泛应用，都在不断创新着零售的形式。

2．使交易更有效率

例如，视频订货系统可以使顾客直接在电视台订货并在家等待零售商送货上门；介绍商品的可视光盘的使用大大便利了消费者了解和选择商品；高技术收款机以及电子银行的使用可加快收款速度等。

3．改善企业经营

例如，POS、EDI减少了排队和劳动力成本，有助于获得销售和库存的最新信息，还加强了企业与供应商的联系，从而使零售商能更有效地管理库存商品，减少库存商品投资。

二、行业环境分析

零售行业环境是对零售商影响最直接、作用最大的外部环境。我们采用迈克尔·波特（Michael Porter）的五力分析模型对零售企业的竞争环境进行分析。结合零售行业的具体情况，波特五力分析模型如图3-3所示。

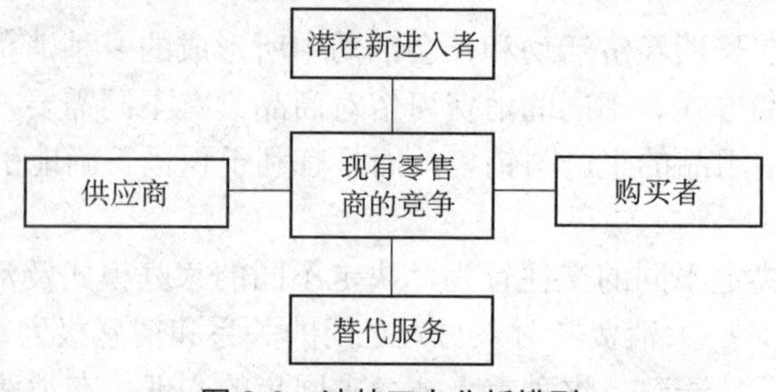

图3-3　波特五力分析模型

（一）现有零售商的竞争

总体上看，现有零售业的竞争异常激烈，其表现是：竞争者数量和实力的扩大加剧了竞争；价格竞争和非价格竞争形式带来的威胁；买方市场和用户转变费用低加剧了零售业招揽生意的竞争力度；大中型零售商的退出壁垒高，使得相当一部分企业继续留在行业内，加剧了行业内的竞争。

例如，便利店这一新兴的商业业态曾被认为是百货和超市之后最具发展前景的零售业模式，因为巨大的发展空间，各路力量竞相入局，便利店在店面布局上已经从以往的犬牙交错演变为“对街开店”的贴身肉搏战。据媒体报道，日本全家便利店（UNY FamilyMart控股公司）发布消息称计划截至2018年2月将关闭664家旗下的Circle K Sunkus便利店

（日本第四大便利店），这一数字比原计划多了 295 家。此外，全家中国也向媒体透露，2017 年初至十月份，全家在中国地区新增的便利店数量已经超过 300 家。

（二）潜在新进入者的威胁

除了现有竞争者之外，一些潜在的进入者对零售企业经营也有很大影响。阻碍零售企业潜在进入者进入该行业的因素称为进入壁垒。零售企业的进入壁垒具体表现在以下几个方面。

1．规模经济

一方面，具有某些特色和某些方面优势的小型零售商只要其规模大小和所在区域居民消费数量相匹配，就可以在竞争中找到自己的位置，进入零售业的规模经济壁垒较低；另一方面，大型综合超市、连锁店等在采购、分销、促销等方面都有明显的规模经济，进而形成进入壁垒。

2．原始资本需求积累

新企业进入零售业的原始资本投入较少，原始资本需求壁垒较低，但要获得全国性竞争优势，则需要有较高的前期投资、运营资本和抵御风险的能力，进入壁垒高。

3．产品差异性

零售商的产品差异性相对较小，使得其潜在进入者扩大。为克服产品同质性，零售商需通过加强宣传推广、创建自有品牌等形成新的壁垒。

4．相对费用

零售商的经营技术比较简单，招募和培训员工比较容易，新企业进入零售业的相对费用壁垒较低。

5．行政法规

零售业是劳动密集型产业，相对投资少、见效快，各级地方政府为解决劳动就业，通常支持新建零售企业，使得新企业容易越过行政法规壁垒；同时，大多数国家会通过规划、许可证或者投资限额等形式限制外国大型零售商进入本国市场。

（三）替代服务的威胁

零售商面临的替代威胁来自两个方面：一是从整个零售产业的角度看，零售服务的替代者是指那些提供与零售业相似的服务，在某种程度上可以替代某种类型零售企业的行业、组织或个人，如饮食业、宾馆业、批发业等。二是从零售业内部的细分子行业角度看，零售业除了有专营经营外，还有商品与服务的交叉经营，使消费者可以进行多方面的比较和选择，形成对原有零售业内部一些零售商的竞争压力，同时也可能为一部分零售商创造新的销售增长源泉，如零售业态的发展与更新。

（四）购买者的威胁

消费者对零售商竞争策略的影响一直处于不利的地位，但随着消费者消费能力的提升、自我保护意识的增强，消费者自身素质得到提高，对零售商的要求也越来越高。消费者转换卖主的转变费用很小，顾客获取和掌握商品与服务信息的渠道越来越广，利用买方市场中厂商争夺顾客的竞争而从中得利，大额的教育费、养老储备和医疗费等消费性支出等都对零售业形成了巨大压力。

（五）供应商的威胁

零售业与供应商的关系是合作竞争关系。当前的趋势是零售商的力量越来越强大，改变了以往大型供应商掌控价格、品类甚至商品陈列和经销的局面。目前供应商的威胁正向两个不同的方向分化，即名牌产品的厂家力量逐步增强和一般产品的厂家力量日益弱化。例如，供应商的集中程度高，则其讨价还价的能力强，而零售商的集中度高，则供应商就不会轻易施加压力；供应商在产品差异性、重要性、稀缺性等方面的可替代程度低，替换他人的可能性小，则来自供应商的竞争压力大；零售商转换供应商的转换费用较高，则供应商讨价还价的能力增强。

三、内部环境分析

零售企业战略是将企业的资源和能力与外部环境中的机会和威胁相匹配。外部宏观环境和行业环境分析解决了零售企业“可能会选择做什么”的问题。但是仅仅有这些是不够的，还需要明确“自己能够做什么”，这就要求零售企业必须进行有效的内部环境分析。

（一）零售企业内部环境分析

零售企业内部环境也称企业内部条件，是相对于外部环境而言的，是对企业控制的各种资源、能力、知识等各种要素的统称。内部环境是零售企业经营的基础，是制定战略的出发点、依据和条件，是竞争取胜的根本。“知己知彼，百战不殆”，其中“知己”就是要分析企业的内部环境，认清企业内部的优势和劣势。内部环境分析有助于零售企业制定有针对性的战略，有效地利用自身资源，发挥企业的优势；同时避免企业的劣势，或采取积极的态度改进企业劣势，扬长避短，更有助于百战不殆。

相对于外部环境，企业内部环境一般是可控性的、动态的。外部环境通常来说是一些不可控因素，而内部环境诸因素的形成、发展、变化往往是在企业的影响和控制下进行的，企业往往通过内部调整来适应外部环境的变化。内部环境和外部环境一样是动态的，随着时间的变化，内部环境诸要素也不会停留在一个水平上。

对零售企业内部环境的分析可以分为企业资源分析、能力分析以及竞争优势分析等，它们构成了企业内部环境分析的框架。

（二）企业资源分析

零售企业资源是指企业可以全部或者部分利用的、能为顾客创造价值的一切要素的集合。既包括零售企业所拥有的各种资源要素，也包括不归企业所有，但可以通过契约、付费等方式获得使用权的外部资源，如租赁资源、虚拟企业的资源、战略联盟组织的资源、客户资源等。

按照零售企业资源存在的形态，大体上可以将其划分为有形资源、无形资源和人力资源三类。

1. 有形资源

有形资源是最容易被识别和评估的，是零售企业的固定资产或者其他以有价证券形式存在的资源。设备、库房、债权、资金等都属于有形资源。有形资源的账面价值一般可以通过会计方法来衡量，并且反映在企业的财务报表上。有形资源的价值会随着不断使用而逐渐消失，不容易抵制竞争对手，不能形成持久的竞争优势。

2. 无形资源

与有形资源相比，无形资源更具有潜力。无形资源是一种能够为企业创造价值，但不以实物形式存在的资源，通常包括品牌、商誉、累积的经验、客户关系和公共关系等。它根植于企业，不容易被竞争对手了解和模仿。由于无形资源更难被竞争对手了解、模仿或者替代，因此建立在无形资源基础上的核心竞争优势往往更具有持久性。

不同的零售企业拥有的资源是不一样的，而不同资源对企业的价值也是不同的。管理者需要确定哪些资源是零售企业的优势，哪些资源是劣势，以及哪些资源可以形成企业的核心竞争力。对于具体资源的价值分析首先要明确自己所拥有的资源是否比竞争对手更具有优势。例如，两家零售店提供类似的商品，价格也相近，但其中一家接近商业中心，对于购物者来说更加方便，那么这家零售店的位置相对于另一家就更具有优势。

在明确资源优势的基础上，还要分析这项资源是否容易被竞争对手复制。能被竞争对手模仿的资源创造的价值是短暂的，也不能为企业提供长期的竞争优势。而资源的模仿成本越高，难度越大，它的竞争价值就越大，所带来的竞争优势通常也越具有持久性。这类资源有着非常重要的意义，是企业战略的基石。一般来说，零售企业应该将其战略建立在最具有价值的资源上，保持资源的独特性和竞争力。

（三）企业能力分析

具有优势且异质的资源固然重要，但资源本身并不能产生竞争优势。只有在经营过程中对这些资源有效地进行整合和配置，才能使零售企业获得相对于其竞争对手的竞争优势。企业能力是指将企业的各种资源整合起来完成某项任务的能力。企业能力强弱往往取决于企业内部环境中诸因素的协调和统一。

资源是企业能力发挥作用的基础与前提。即使企业拥有合理配置资源的独特能力，缺乏相关的资源也无法形成竞争优势。同样，企业若不具备合理配置资源的能力，即使拥有优势资源条件也不能发挥作用。

对于企业而言，有些能力容易被模仿，它们在经营中是一般性的、必要的，是企业必需的基本能力；而有些能力是企业独有的，能够帮助企业建立持久的竞争优势，称之为核心能力。零售企业需要识别和培育自己的核心能力，核心能力和独特资源是建立和维护竞争优势的关键。

（四）竞争优势分析

迈克尔·波特认为，"竞争优势来源于企业能够为其买主提供的价值，这个价值高于企业为之付出的成本。"即相对于竞争对手而言，竞争优势体现在能够为顾客提供同等的效用而价格低廉，或者为顾客提供独特的效用而顾客愿意为之付出高昂的价格。

在零售企业竞争的实际过程中，通常能够以两种方式获得竞争优势：一是以较低的成本提供相同或相似的产品或服务；二是提供差异化的产品或服务，以使客户愿意支付超过差异性成本的溢价。第一种情况下，企业拥有成本价格优势；第二种情况下，企业拥有差异化优势；两种竞争优势的来源定义了两种不同类型的基本竞争战略，即成本领先战略和差异化战略。

零售企业竞争优势具有如下特点。

1．竞争优势具有时间、空间性

零售企业的竞争优势应该是一定时间和空间前提下的竞争优势。例如，按时间维度划分竞争优势，可以分为短期、中期和长期的竞争优势；按空间维度划分，可以分为地区性、全国性和全球性竞争优势。

2．竞争优势具有相对性

绝对的竞争优势只存在于完全垄断的市场条件下，在市场竞争的条件下是不可能存在的，而且是公众和政府难以接受的。在市场竞争中，零售企业追求的是拥有与其他企业相对的比较优势。

3．竞争优势具有动态性

从长期看，任何企业的竞争优势都不可能持续。竞争优势是一个动态演化的过程。当零售企业资源、能力发生变化，或者竞争对手在市场上的竞争态势发生变化后，就会改变原有的竞争优势对比格局，原有相对优势可能消失或增长。用户需求的改变、技术进步、产品周期以及竞争对手的模仿等都会使竞争优势发生变化。

4．竞争优势具有要素组合性

零售企业竞争优势通常是多种竞争要素的组合。依附的竞争要素越多，越有竞争优势。

第三节　零售企业总体战略

零售企业的总体战略是站在企业总体高度对零售企业发展进行的方向性规划。从总体层面上，零售企业战略有三种，包括扩张型战略、稳定型战略及紧缩型战略。

一、零售企业的扩张型战略

零售企业的扩张型战略是指通过“量”的方面的扩张来强化竞争优势的战略，如扩大规模、扩大广告宣传、增加产品种类（即多元化经营）等。

（一）零售企业的扩张路径

1．滚动式发展战略

滚动发展战略是指通过自己的投资，建立新的零售门店，通过自身力量逐步发展壮大。这种扩张路径可以使新门店一开始就能按企业统一标准运行，有利于企业的一体化管理，原先的经营理念和模式也能得到充分的检验和修正。但这种方式前期需要投入较多资金，且零售商对新区域的市场有一个了解、认识、把握的过程，当地消费者需要时间了解、接受新的进入者。

2．收购兼并式发展战略

收购兼并战略是指采用资本运营的方式，将现有的零售企业收购、兼并过来，再进行整合，使兼并企业能与母体企业融为一体。通过收购、兼并，零售商可以共享资源，扩大顾客基础，提高生产率和讨价还价的实力。这种战略比较容易进入一个新市场，因为兼并过来的企业就是当地已经存在的企业，熟悉当地情况，了解本地市场，能迅速扩大企业规模，占领新市场。然而，兼并过来的企业本身的组织结构、管理制度，以及企业文化与母体企业相差较大，还需要对其按母体企业的标准进行改造，有一个磨合阵痛期，这同样需要成本。有时，这种改造的代价也是相当大的。

（二）零售企业的地理扩张

零售商的地理战略，从大的方面来说就是网点空间布局战略，从小的方面来说就是选址策略。许多零售商在扩张时对店址的位置选择考虑周密，但对整个市场的布局却没有长远规划，对每一家分店的选址孤立考虑，认为哪里有开设条件就到哪里开，导致后来发展非常被动。因此，在网点开设时，成熟的零售商必须有长远的观点，要从大局着想。当然，如果只考虑地理上的空间布局而忽略具体选址，也很难成功。

1．区域性密集式布局战略

区域性密集式布局战略是指在一个区域内集中资源密集开店，形成压倒性优势，以达到规模效应的目的。这种网点布局战略对消费相对分散且区域性竞争不明显的便利店、冷饮店尤为适用。具体来说，它有以下几个好处。

（1）降低连锁企业的广告费用。零售商广告宣传的媒介主要是地区性的电视台、电台和报纸、海报等，无论宣传区域内 1 家店铺还是 100 家店铺，广告费用都是相同的。因此在一个区域内开店越多，每 1 家店的广告费用越低。

（2）提高企业知名度。在同一个地区开设多家店铺，会很容易树立该零售商的形象，提高知名度。如果某一家店铺缺少某种商品，可以在很短时间内从邻近店铺调配，顾客也可以马上到邻近的店铺去购买。

（3）节约资源，提高管理效率。总部管理人员可以在各个店铺之间合理分配时间，不必担心由此所带来的不便和往来费用，在同样的时间内增加巡回次数，对每家店铺的指导时间增加，便于对各店铺的管理。同时，培训员工也变得更容易。

（4）提高商品配送效率。同一地区店铺越多，分摊到各店铺的运输费用也就越低。以乳制品为例，在店数较少的地区，流通费用占进货价格的17%～18%；店铺达到一定规模的地区，流通费用可降到13%～14%。尤其是毛利率高达30%～60%的食品，如面包、糕点、饮料等，为保证食品新鲜可口，每天要送货2～3次，而且不能远距离运输，因此必须采取集中开店战略，方能降低流通成本。

2．物流配送辐射范围内的推进战略

物流配送辐射范围内的推进战略是指零售商在考虑网点布局时，先确定物流配送中心的地址，然后以配送中心的辐射范围为半径向外扩张。这种战略注重配送中心的服务能力，以求充分发挥出配送潜力。配送中心的辐射范围一般以配送车辆每小时60～80千米的速度，在一个工作日（12小时/24小时）内可以往返配送中心的距离来测算。零售商在配送中心的辐射范围内合理开设新店，可以合理规划运输路线，统一采购，集中配送，在不增加车辆台数的情况下，也能集中资源按时配送。对店铺而言，可以尽量缩短订货到送货的时间，提高送货效率，防止缺货，提高商品的新鲜度。这种布局战略对要求商品配送快捷、高效的零售业态，如超市、便利店等尤为适用。

3．避强布局战略

避强布局战略是指零售商优先将店铺开设在商业网点相对不足或竞争程度较低的地区，以避开强大的竞争对手，站稳脚跟。较偏远的地区或城市郊区往往被大型连锁零售商所忽略，那里租金低廉，开店成本低，商业网点相对不足，不能满足当地居民的需要，进入的零售商在该地区容易形成优势，取得规模效益，以便后来居上。沃尔玛创业初期即采取这种布局战略，从而有效地避开了与竞争对手的正面冲突。

采取这种战略的零售商要充分考虑自己物流配送的能力，如果店铺之间跨度太大，企业物流配送跟不上，就难以满足店铺的配送需求。同时，由于不同地区的市场差异性较大，如果企业不能根据不同市场的要求选择适销对路的商品，就不能满足消费者的需要。

4．跳跃式布局战略

跳跃式布局战略是指零售商在主要的大城市或值得进入的地区分别开设店铺。实施这种战略的零售商先考虑网络的建设，对有较大发展前途的地区和位置，先入为主，抑制竞争对手的进入。这实际上是对未来行为的一种提前实施。对这些地区，零售商以后一定会进入，但由于各种竞争关系，未来的进入成本必然高于目前。跳跃式布局的好处有两点：一是可以分散地理上的风险，如果一个地区经济出现衰落，不至于面临全盘失败；二是假设一种经营模式要在全国实行的话，如果这种模式对地点有特殊的要求，那么尽早在主要市场锁定理想地点将使零售商扩张活动变得更为主动。

（三）零售企业的业务扩张

多元化战略是指企业利用现有资源和优势，运用资本运营的各种方式，投资发展本行业或不同行业的其他业务的营销战略。零售企业多元化经营，从狭义上来讲，是指零售企业实施多业态经营；从广义上来讲，是指零售企业经营领域向零售业以外的行业扩张。随着市场竞争的愈加激烈，零售企业原本就已经微薄的利润空间，也因竞争对手的不断增多和外资企业的不断涌入而遭到挤压。为了能在激烈的竞争中占据一席之地而不被淘汰，许多零售企业开始实施多元化经营战略，以实现更大的发展。根据所利用的资源不同，零售企业的多元化战略可分为技术关系多元化、市场关系多元化和复合关系多元化三种类型。

1. 技术关系多元化

技术关系多元化是指以现有业务领域为基础，利用现有的技术、管理、经验、特长等增加经营商品的品类或扩展新的业态，向与零售业相关的边缘业务发展的战略。例如，采取特许加盟或连锁扩张的方式，复制成功的经营模式或管理模式；百货商场扩展连锁超市、特许专卖店、仓储式购物中心、便利店等其他零售业态。这种战略能充分发挥原有的技术优势，而且投资少、风险小、见效快，容易取得成功。

2. 市场关系多元化

市场关系多元化是指针对现有目标市场上顾客的潜在需求，发展其他行业的有关业务的战略。例如，大型购物中心除了零售卖场之外，还包括餐饮、住宿、休闲娱乐等服务项目。这种战略目标顾客集中，可以充分地利用企业的客户资源和企业的声誉，使现有业务与新业务相辅相成、相互促进。

3. 复合关系多元化

复合关系多元化是利用零售企业的人才优势、资金优势或根据联合经营的需要，投资发展与原有业务无明显关系的新业务的战略。它包括两种形式：一种是零售企业选择向商品供应链前一环节扩张，即通过投资建设或购买等形式将生产企业变成自己的加工厂，从而进入企业的供货领域。这样不但可以保证货源充足和稳定，降低供货成本，同时还可以获得生产环节的利润。另一种是零售企业投资到全新的、与原有事业不相关的产品或服务领域。

（四）零售企业的国际化扩张

国际化是大型零售企业的扩张过程中需要面临的重大决策。目前，国际化已经成为世界零售业的一大潮流。国际化是零售业优化资源配置、提高国际竞争力的重要手段，也是零售企业实现规模化经营的重要途径。对进行跨国经营的零售企业来说，必须根据不同国家的经济体制、文化传统、价值观念、市场结构、收入水平、生活方式、消费特点、购买行为等的不同特点制定与本国不同的经营战略。

零售企业国际化的形式包括以下几种。

（1）店铺选址国际化。店铺选址国际化有许多种类。从店铺的投资方式来看，主要有直接投资开设、海外关联企业投资开设、与当地合作者合资开设以及无直接投资的技术合作等；从店铺形态来看，既有带有试验性质的小型百货店，也有以经营特定品牌为主的专卖店或专业店，同时，也有超市、购物中心、仓库型商店、便利店等。

（2）商品供应国际化。商品供应国际化主要是指零售企业从国外采购商品，然后到国内进行销售的行为。商品供应国际化包括两种方式：一种是从当地的供应商直接采购商品，然后进口到国内销售；另一种是与当地生产企业，特别是与当地的外资企业合作生产商品，然后进口到国内销售。除此之外，也有在当地采购然后向第三国店铺供应商品的情况。

（3）资本国际化。这里所说的资本国际化是指零售企业通过在海外市场募集资金，然后向国内关联企业融资或者在海外进行其他投资的行为。这种国际化也有两种形式：一种是通过在海外直接设立金融（投资）子公司来募集资金；另一种是通过在海外设立上市公司来募集资金。

（五）零售企业连锁战略

连锁经营是使零售企业经营规模化、组织现代化的有效方式。连锁经营是指经营同类商品或服务的若干个企业，在同一总部管理下，按照统一的经营方式进行共同的经营活动，以求得规模优势和共享规模效益的经营形式和组织形态。连锁系统的商店遍布城乡各地，构成了强大的零售网，就如同一条相互连接起来的锁链。

连锁经营就是把社会化大生产高度专业化分工的原理引入商业经营领域，把若干单独店铺经营专业的若干职能加以分离，使商品采购、仓储、陈列、财务等业务环节都由专业部门统一负责，使各店铺可以专心致志地搞好销售、服务。这种方式既适应了各零售商店分散性和规模小的特点，又提高了各店铺的经营管理水平和经济效益。

连锁经营在其发展过程中逐步形成了三种形式，即特许经营、直营连锁和自由连锁。具体特征见本书第一章零售业发展的第二次变革部分。

零售企业在扩张的过程中，一定要结合自己的实力、产品特性等内容来确定自己采取哪一种连锁经营战略。

二、零售企业的稳定型战略

（一）稳定型战略的概念及特征

稳定型战略是指在内外环境的约束下，企业准备在战略规划期使企业的资源分配和经营状况基本保持在目前状态和水平上的战略。按照稳定型战略，零售企业目前所遵循的经营方向及其正在从事经营的产品和面向的市场领域，企业在其经营领域内所达到的产销规模和市场地位都大致不变，或以较小的幅度增长或减少。

从企业经营风险的角度来说，稳定型战略的风险是相对较小的，对于那些曾经成功地在一个处于上升趋势的行业和一个变化不大的环境中活动的企业会很有效。由于稳定型战略从本质上追求的是在过去经营状况基础上的稳定，它具有如下特征。

（1）企业对过去的经营业绩表示满意，决定追求既定的或与过去相似的经营目标。例如，企业过去的经营目标是在行业竞争中处于市场领先者的地位，稳定型战略意味着在今后的一段时期里依然以这一目标作为企业的经营目标。

（2）企业战略规划期内所追求的绩效按大体的比例递增。与增长型战略不同，这里的增长是一种常规意义上的增长，而非大规模的和非常迅猛的发展。例如，稳定型增长可以指在市场占有率保持不变的情况下，随着总的市场容量的增长，企业的销售额的增长，而这种情况则并不能算典型的增长型战略。实行稳定型战略的企业，总是在市场占有率、产销规模或总体利润水平上保持现状或略有增加，从而稳定和巩固企业现有竞争地位。

（3）企业准备以过去相同的或基本相同的产品或劳务服务于社会，这意味着企业在产品的创新上较少。

从以上特征可以看出，稳定型战略主要依据于前期战略。它坚持前期战略对产品和市场领域的选择，它以前期战略所达到的目标作为本期希望达到的目标。因而，实行稳定型战略的前提条件是企业过去的战略是成功的。对于大多数企业来说，稳定型增长战略也许是最有效的战略。

（二）稳定型战略的类型

稳定型战略按照不同的分类标准，可以划分为多种不同的类型。常见的分类有如下几种。

1．按照偏离战略起点的程度划分

（1）无增战略。无增战略似乎是一种没有增长的战略。采用它的企业可能基于以下两个原因，一是企业过去的经营相当成功，并且企业内外环境没有发生重大变化；二是企业并不存在重大的经营问题或隐患，因而战略管理者没有必要进行战略调整。

在上述两种情况下，企业没有必要进行重大的战略调整。采用无增战略的企业除了每年按通货膨胀率调整其目标外，其他暂时保持不变。

（2）微增战略。微增战略是指企业在稳定的基础上，略有增长与发展的战略。这种增长与增长性战略的大规模增长和发展有着本质的不同。

2．按照企业采取的防御态势划分

（1）阻击式防守战略（以守为攻）。这一战略的指导思想是“最有效的防御是完全防止竞争较量的发生。”它有两种操作方法：一是企业投入相应的资源，以充分显示企业已经拥有的阻击竞争对手进攻的能力；二是不断明白无误地传播自己的防御意图，塑造出顽强的防御者形象，使竞争对手不战而退。

（2）反应式防御战略。当对手的进攻发生以后，针对这种进攻的性质、特点和方向，企业采用相应的对策，施加压力，以维持原有的竞争地位和经营水平。

3．按照战略的具体实施划分

（1）维持利润战略。这是一种牺牲企业未来发展来维持目前利润的战略。维持利润战略注重短期效果而忽略长期利益，其根本意图是渡过暂时性的难关，因而往往在经济形势不景气时被采用，以维持过去的经济状况和效益，实现稳定发展。但如果使用不当，维持利润战略可能会使企业的元气受到伤害，影响企业的长期发展。

（2）暂停战略。在一段较长时间的快速发展后，企业可能会遇到一些问题使得效率下降，这时就可以采用暂停战略，即在一定时期内降低企业的目标和发展速度。暂停战略可以让企业充分积聚能量，为今后的发展做准备。

（3）谨慎实施战略。如果企业外部环境中某一重要因素难以预测或变化趋势不明显，企业的某一战略决策就要有意识地降低实施进度，步步为营。

（三）稳定型战略的适用条件

采取稳定型战略的企业，一般处在市场需求及行业结构稳定或者较小动荡的外部环境中，因而企业所面临的竞争挑战和发展机会都相对较少。但是，有些企业在市场需求以较大的幅度增长或是外部环境提供了较多的发展机遇的情况下，也会采取稳定型战略。这些企业一般来说是由于资源状况不足以使其抓住新的发展机会，而不得不采用相对保守的稳定型战略态势。

第一，当外部环境相对稳定时，资源较为充足和资源较为稀缺的零售企业都应当采取稳定型战略，以适应外部环境，但两者的做法可以不同。前者可以在更为广阔的市场上选择自己的资源分配点，而后者应当在相对狭窄的细分市场上集中自身的资源，以求稳定型战略。

第二，当外部环境较好时，行业内部或相关行业市场需求增长，为企业提供了有利的发展机会，但这不意味着所有的零售企业都适合采用增长型战略。如果企业资源不充分，如资金不足，研发力量较差或人力资源有缺陷无法满足增长型战略的要求时，就无法采用扩大市场占有率的战略。在这种情况下，企业可以采取以局部市场为目标的稳定型战略，以使企业有限的资源能集中在自己有优势的细分市场，维护竞争地位。

第三，当外部环境不利时，如行业处于生命周期的衰退阶段时，则资源丰富的企业可以采用一定的稳定型战略；而对那些资源不够充足的企业，如果它在某个特定的细分市场上具有独特的优势，那么也可以考虑采用稳定型的战略。

三、零售企业的紧缩型战略

（一）紧缩型战略的概念和特点

紧缩型战略是指企业从目前的战略经营领域和基础水平收缩和撤退，且偏离起点战略较大的一种经营战略。与稳定型战略和增长型战略相比，紧缩型战略是一种消极的发展战略。一般来说，企业实施紧缩型战略只是短期的，其根本目的是使企业挨过风暴后转向其他的战略选择。有时只有采取收缩和撤退的措施，才能抵御竞争对手的进攻，避开环境的威胁并迅速地实行自身资源的最优配置。可以说，紧缩型战略是一种以退为进的战略。与此相对应，紧缩型战略有以下特征。

（1）对企业现有的产品和市场领域实行收缩、调整和撤退战略，如放弃某些市场和某些产品线系列。因而从企业的规模来看是在缩小的，同时一些效益指标，如利润率和市场占有率等，都会有较为明显的下降。

（2）对企业资源采取较为严格的控制和尽量削减各项费用支出，往往只投入最低限度的经管资源，因而紧缩型战略的实施过程往往会伴随着大量的裁员，一些奢侈品和大额资产的暂停购买等。

（3）紧缩型战略具有明显的短期性。与稳定和发展两种战略相比，紧缩型战略具有明显的过渡性，其根本目的并不在于长期节约开支，停止发展，而是为了今后发展积蓄力量。

（二）紧缩型战略的类型

紧缩型战略也有多种分类，常见分类标准及类型如下。

1．根据采用紧缩型战略的原因分类

（1）适应型紧缩战略。适应型紧缩战略是指企业为了适应外部环境而采取的紧缩型战略。外部环境的变化主要有：整个国家的经济处于衰退之中，市场需求缩小，资源紧缺，从而导致企业在经营领域中处于不利地位。

（2）失败型紧缩战略。失败型紧缩战略是指企业由于经营失误造成竞争地位的下降、经济资源的短缺，只有撤退才有可能最大限度地保存实力。

（3）调整型紧缩战略。调整型紧缩战略是指企业为了利用环境中出现的新机会，谋求更好的发展，不是被动采用，而是有长远目标的积极的紧缩型战略。

2．根据实施紧缩型战略的基本途径分类

（1）抽资转向战略。抽资转向战略是指企业在现有的经营领域不能维持原有的产销规模和市场面，不得不缩小产销规模和市场占有率；或者企业在存在新的更好的发展机遇的情况下，对原有的业务领域进行压缩投资，控制成本以改善现金流为其他业务领域提供资金的战略方案。另外，企业在财务状况下降时有必要采取抽资转向战略，这一般发生在物价上涨导致成本上升或需求降低使财务周转不灵的情况下。针对这些情况，抽资转向战略可以通过以下措施来配合进行。

第一，调整企业组织。包括改变企业的关键领导人，在组织内部重新分配责任和权力等。调整企业组织的目的是使管理人员适应变化了的环境。

第二，降低成本和投资。包括压缩日常开支，实施更严格的预算管理，减少一些长期投资的项目等，也可以是适当减少某些管理部门或降低管理费用。在某些形势下，必要时，企业也会以裁员作为压缩成本的方法。

第三，减少资产。包括出售与企业基本生产活动关系不大的土地、建筑物和设备；关闭一些工厂或生产线；出售某些在用的资产，再以租用的方式获得使用权；出售一些盈利的产品，以获得继续使用的资金。

第四，加速回收企业资产。包括加速应收账款的回收期，派出讨债人员收回应收账款，降低企业的存货量，尽量出售企业的库存产成品等。

抽资转移战略会使企业的主营方向转移，这有时会涉及基本经营宗旨定额变化，其成功的关键是管理者明晰的战略管理理念，即必须决断是对现存的业务给予关注还是重新确定企业的基本宗旨。

（2）放弃战略。在采取抽资转移战略无效时，企业可以尝试放弃战略。放弃战略是指将企业的一个或几个主要部门转让、出卖或停止经营。这个部门可以是一个经营单位、一条生产线或者一个事业部。

放弃战略与清算战略并不一样，由于放弃战略的目的是要找到愿意出高于企业固定资产时价的买主，所以企业管理人员应该说服买主，认识到购买企业所获得的技术资源或资产能给对方增加利润。而清算战略一般意味着基本上只包括有形资产的部分。

在放弃战略的实施过程中通常会遇到一些阻力，包括：

第一，结构上或经济上的阻力。即一个企业的技术特征及其固定和流动资本妨碍其退出，例如一些专用性强的固定资产很难退出。

第二，公司战略上的阻力。如果准备放弃的业务与其他业务有较强的联系，则该项业务的放弃会使其他有关业务受到影响。

第三，管理上的阻力。企业内部人员，特别是管理人员对放弃战略往往会持反对意见，因为这往往会威胁他们的职业和业绩考核。

这些阻力的克服，可以采用以下办法：在高层管理者中，形成“考虑放弃战略”的氛围；改进工资奖金制度，使之不与放弃战略相冲突；妥善处理管理者的出路问题。

（3）清算战略。清算战略是指卖掉其资产或停止整个企业的运行而终止一个企业的存在。显然，只有在其他战略都失败时才考虑使用清算战略。但在确实毫无希望的情况下，尽早地制定清算战略，企业可以有计划地逐步降低企业股票的市场价值，尽可能多地收回企业资产，从而减少全体股东的损失。因此，清算战略在特定的情况下，也是一种明智的选择。要特定指出的是，清算战略的净收益是企业有形资产的出让价值，而不包括其相应的无形价值。

【案例】 永辉超市的收缩战略：关掉拖后腿的门店

截至2013年8月26日，永辉超市已在福建关闭了3家门店，在河南、东北各关闭1家门店。根据2013年4月24日公告，永辉超市将于2013年关闭福州澳门店、福州白马店两家门店。其中，白马店位于福州市台江区浦东村258号，租赁面积1 174平方米，租赁合同于2013年3月底到期；澳门店位于福州市鼓楼区澳门路14号，租赁面积为680平方米，租赁合同于2013年4月9日到期，前后经营近7年。永辉超市方面对此说明，关闭这些超市是因为面积偏小且盈利能力不强。

数据显示，曾经是“业绩第一大区”的福建对永辉超市的营收贡献率逐年下降，从2010年的高达54.78%，到2011年下滑至45.60%，再到2012年的只占36.41%。2012年，重庆地区的营收占比37.8%，以微弱优势夺得了“业绩第一大区”的称号。

永辉关闭的基本都是规模较小的门店，这些门店对于超市的利润无法做出良好的贡献，而且因为近几年人工费用和店面租金的增长，没有太高的利润。在市场饱和的情况下，永辉为了继续发展，摆脱一些拖业绩后腿的小门店是正常的。这是永辉内部对于经营模式的一种调整，是对于近期业绩下滑采取的措施。

资料来源：夏妍. 永辉超市关小店开大店［N］. 国际金融时报，2013-08-27（6）.

第四节 零售企业竞争战略

企业之间的竞争就是市场选择和淘汰企业的过程，当企业拥有能取得竞争优势的核心能力时，才能得以生存和不断壮大；当企业没有优于竞争对手的核心能力时就会处于竞争劣势，遭受失败和衰落，最终走向被淘汰出市场的结局。

一、零售企业竞争优势的来源

竞争优势是指零售商拥有不同于竞争对手的独特能力，这一能力使其在某一零售市场上处于领先地位，能超越竞争对手的某些方面而赢得消费者。零售企业竞争优势主要源于以下几个方面。

（一）商品

零售商店归根结底是为消费者提供购物的场所，任何一项零售经营策略的实施，无非是吸引顾客以满意的方式购买到称心如意的商品。如果离开了商品这一关键因素，即使是

更优良的服务、更好的地址和购物环境、更低成本的运作也是枉然。因此，商品因素是其他因素的基础，其他各因素只有围绕商品这一核心因素来展开才能发挥应有效应。

零售商通过商品来确立自己竞争优势的主要方式有以下几种。

（1）商品范围更广，种类更多，更具选择性，能满足一站式购物需要。

（2）商品质量更可靠。

（3）在相近质量基础上，商品的售价更低。

（4）商品更新率高，更具时尚性和新颖性。

（5）开发出独特的自有品牌商品。

（二）服务

顾客进入一家商店，除了希望能够买到称心如意的商品外，还希望得到令人满意的服务，尤其在各家商店经营的商品相差无几的情况下，服务水平和服务项目成了顾客选择的一个重要因素。

【案例】　美国诺顿百货公司的完美服务

成立于1963年的美国诺顿百货公司由8家服装专卖店组成，自创建开始，就确定了靠服务取胜而不是靠降价竞争的策略。

诺顿的定价虽然和其他公司不相上下，但它不靠价格竞争，也不降价求售。

诺顿的员工总是不时找机会协助顾客，他们会替要参加重要会议的顾客熨平衬衫；为试衣间忙着试穿各式各样衣服的顾客安排餐店；替顾客到别家商店购买他们找不到的商品，然后打七折卖给顾客；拿着各种可供选择的衣服和皮鞋到懒得出门或不能抽身到店里购买的顾客那里；在天寒地冻的天气替顾客暖车，以便他们能在店里多买些东西；替准备赴宴会的顾客紧急送去衣服；替把车子停在店外的顾客付罚款单等。

资料来源：http://www.360doc.com/content/11/1112/10/679055_163727011.shtml

（三）店址与购物体验

店址对于零售商的成功是一个关键性的因素，好的位置是零售商的一笔无形资产，会源源不断地带来可观的盈利，为其赢得一种长远的优势。对于消费者而言，便利性依然是其选择商家购物的重要因素，如果购物成为一种艰难跋涉的过程，即使再好的商品和服务都会令人望而生畏、踌躇不前。

舒适的购物环境、别出心裁的购物体验也同样对顾客具有较大的吸引力。不同的消费者在不同业态的商店中购物，实际上都会获得一种整体零售体验，这是零售商提供的一系列经营要素的组合，这些要素在激发或抵制顾客的购物兴趣。许多因素，如售货员的数量与素质、商品陈列、环境气氛、停车场车位、付款时间、安全卫生等都会影响顾客的购物情绪。如果顾客对零售全过程中的部分因素不满意，就可能不购买某种已决定购买的商品和服务，甚至可能决定不再光顾这家商店。

（四）低成本运作

有些经营技术尽管不被消费者所认识，但它的确能为零售商带来巨大的竞争优势，如低成本运作技术和信息管理技术等。同一业态的零售商满足着消费者同一方面的需要，不同的成本运作意味着零售商满足消费者的能力不尽相同。一个零售商，如果能够以更低的成本来提供与其竞争对手同样的商品质量和服务，那它就既能获得比其竞争对手更高的边际利润，同时又能使用潜在的利润来吸引更多的顾客，并增加销售额。沃尔玛之所以能跃居世界零售第一，就在于其拥有优于竞争对手的低成本运作能力，使其在竞争中掌握了更大的主动权。低成本运作可以利用潜在利润为零售商带来两方面的竞争优势：一是对于那些对价格比较敏感的顾客而言，企业低成本运作可以直接转化为商品价格优势，从而为顾客提供更物有所值的商品；二是对于那些对价格不是很敏感的顾客，零售商可以不采用更低的价格，而是通过提供更好的服务、商品的花色品种以及视觉效果好的商品，来从其竞争对手那里吸引更多的顾客。

（五）网络信息技术

最近几年，国内零售商越来越意识到信息管理系统的重要性，纷纷加强信息系统的建设，以便随时了解商品销售动态和消费者购买行为的变化。然而，过去他们根本不知道什么商品出售或没有出售，在订购更多的商品或降价销售过剩存货之间，他们不得不等着店员去盘点商品。即使是现在，仍然有许多商店在营运过程中，所有的有关订货和收货，从配送中心到分店的运输再到单个商品的出售，以及退货记录，这些宝贵的信息或者花高价用手工处理，或者就被简单地忽略了。

信息技术已经使零售商制定更好和更有效的决策成为可能。信息管理系统正在发挥着大量数据收集和处理的功能，并且将销售点终端和中央处理系统、管理者办公桌上的计算机终端连接起来，销售点终端或现金登记员读取所购商品上的条形码，然后记录并传输这些数据。于是，管理者便能及时掌握每一种商品在每家分店的销售情况，决定什么时候进货和进什么货，这样就降低了存货投资并改善了顾客服务水平。

二、零售企业的三种竞争战略

20 世纪 80 年代初，著名的美国管理学家迈克尔·波特提出了企业发展的竞争战略理论以及获得竞争优势的方法。波特的竞争战略管理思想为指导企业竞争行为提供了基本方向，使企业能更主动地培养竞争力，掌握自己的命运。

（一）成本领先战略

1．成本领先战略的含义

根据波特的竞争战略理论，成本领先战略是指通过采用一系列针对战略的具体措施在本行业中赢得总成本领先。与采取其他战略的企业相比，尽管在质量、服务以及其他方面也不容忽视，但贯穿整个战略中的主题是使成本低于竞争对手。为了达到这些目标，企业必须在经营管理方面进行严格控制，发现和开发所有具有成本优势的资源。而企业一旦获得成本优势，则该企业就可以获得高于行业平均水平的收益，其成本优势可以使企业在与竞争对手的争斗中受到保护，因为它的低成本意味着当别的企业在竞争过程中已失去利润时，这个企业仍然可以获利。

从价值链观点来看，零售商选择成本领先战略以获取成本优势，其视角并不在于创造出高于行业平均水平的收益，而在于满足顾客的需要，为顾客创造更多价值，他们会把这种成本优势转化为价格优势，让顾客感到更加物有所值，从而吸引顾客、留住顾客，并最终为企业赢得竞争优势。

2．成本领先战略的形式

美国学者 Barry Berman 和 Joel R.Evans 认为，要获得成本领先优势，零售商可以采取以下战略组合决策中的一种或几种。

（1）运营程序标准化。

（2）商店布置规模和经营产品的标准化。

（3）利用次等位置、独立式建筑以及在较老的狭窄商业化中心区选址，或利用其他零售商废弃的店址（二手店址）。

（4）将商店置于建筑法规宽松、劳动力成本低廉、建筑和运营成本低的小社区。

（5）使用廉价的建筑材料，如裸露的矿渣砖块墙和混凝土地板。

（6）利用简易的设施和低成本的展台。

（7）购买重新修整的设备。

（8）加入合作采购和合作广告团体。

（9）鼓励制造商为存货提供融资。

但是，成本领先战略也存在误区：一是过分强调成本优势而忽视了其他战略；二是人们极易将成本领先看成简单的价格竞争，从而步入低价竞争的风险之中。

（二）差异化战略

1．差异化战略的含义

差异化是零售商可以选择的第二种基本战略。根据波特的竞争战略理论，在差异化战略指导下，零售商力求就顾客广泛重视的一些方面在行业内独树一帜，它选择在本行业内许多顾客视为重要的一种或多种特质，并为其选择一种独特的地位以满足顾客的需要，它将因其独特的地位而获得溢价的报酬。

一个能创造和保持差异化的企业，如果其产品价格溢价超过了它为产品的独特性而附加的额外成本，它就成为其产业中盈利高于平均水平的佼佼者。因此，一个差异化的企业必须一直要探索能导致价格溢价大于为差异化而追加的成本的经营形式。由于差异化的企业的价格溢价将会被其显著不利的成本位置所抵消，所以它绝不能忽视对成本地位的追求。这样，维持差异化战略的企业必须通过削减所有不至于影响差异化的各方面成本，旨在实现与竞争对手低成本相比能创造价值相似或较高价值的地位。

差异化的逻辑要求企业选择那些有利于竞争的并使自己的经营独具特色的那些特质。企业如果期望得到价格溢价，它必须在某些方面真正具有差异化或被视为具有独特性。然而，与成本领先相反的是，如果存在多种为顾客广泛重视的特质，产业中将可能有不止一种成功的差异化战略。

在零售业，一个零售商要形成自己的差异化优势，可以从不同方面塑造自己的差异化形象，如具有与众不同的商品组合、别具一格的购物体验、胜人一筹的服务方式等。其中，最常见的差异化战略便是差异化服务战略。

2．差异化服务战略的误区

（1）服务内容不是任何情况下都整齐划一的，服务不存在一个标准的模式。不同的顾客、不同的消费目的、不同的消费时间与不同的消费地点，顾客对服务的要求是不同的。不同的企业经营方式对所提供的服务内容也不相同，这些服务有主次之分。有些服务必不可少，为主要服务，目的在于满足顾客的基本期望；有些服务根据需要灵活设置，为辅助服务，目的在于形成特色。快餐店的服务人员就没有必要替客人端茶倒水，上餐前小点。对消费者而言，大型百货商店提供的导购、送货上门、退换、售后保修等多项服务是期望之中的，对于超级市场和平价商店，人们期望更多的是购物便利与价格合算。在零售业中，由于企业提供的服务内容不一样，于是便诞生了百货商店、超级市场、专卖店、购物中心、货仓式商店、24 小时便利店等多种零售形式，它们以各自的服务特色满足着不同消费者的不同期望。

（2）任何企业都应该了解服务的主次之分和层次之分，如果忽略了这一点，服务就可能从经营优势转变为经营劣势了。

（3）另外，服务项目的增加往往与经营费用的提高成正比。一个商场可以拥有较周全的服务，但须以较高的费用为代价；一个商场也可以拥有较少的服务项目，追求较低的费用价格。所以，任何企业都应该平衡服务内容与服务成本之间的关系，明确什么可为，什么不可为，既要满足消费者的服务期望，也要满足消费者的价格期望。

（三）重点集中战略

1．重点集中战略的含义

重点集中战略是企业可选择的第三种基本战略，它要求零售商着眼于本行业内一个狭小空间内做出选择。这一战略与其他战略不同，零售商选择行业内一种或一组细分市场，并量体裁衣使其战略为这一细分市场顾客服务，通过为其目标市场进行战略优化，集中战略的零售商致力于寻求其目标市场上的竞争优势。

2．重点集中战略的形式

重点集中战略有两种形式：成本集中战略和差异化集中战略。在成本集中战略指导下，零售商寻求其目标市场上的成本优势；差异化集中战略中，零售商追求其目标市场上的差异化优势。重点集中战略的企业可以通过专门致力于其细分市场而获取竞争优势。如果实施重点集中战略的企业的目标市场与其他细分市场并无差异，那么集中战略就不会成功。如果一个企业能够在其细分市场上获得持久的成本领先或差异化地位，并且这一细分市场的行业结构很有吸引力，那么实施重点集中战略的企业将会成为其行业中获取高于平均收益水平的佼佼者。由于大部分行业包含大量的细分市场，因此，一个行业中总能容纳多种持久的重点集中战略的市场空间，这样，就为那些没有实力实施成本领先和差异化战略的中小企业创造了生存和发展的空间。

本章小结

零售企业经营战略是零售商对全局发展的筹划和谋略，零售战略管理是对确定战略和实现战略目标过程的管理，包括决策方案的制定、战略方案的选择、实施与控制等系列活动，是一个系统过程。

战略分析包括企业外部的宏观环境分析和行业环境分析，以及企业内部环境分析。宏观环境分析主要是PEST分析企业面临的政治法律环境、经济环境、社会文化环境和技术环境；行业环境主要是基于波特五力分析模型对现有竞争者、潜在进入者、卖方、买方和替代企业的分析；企业内部环境分析包括企业资源分析、能力分析和竞争优势分析。

零售企业的总体战略包括零售企业的扩张型战略、稳定型战略和紧缩型战略。其中，扩张型战略是企业最重要的战略。零售企业的扩张路径有滚动发展和收购兼并两条基本路径。具体内容包括地理战略、多元化战略和国际化战略、连锁经营等方面。稳定型战略是在内外环境的约束下，企业准备在战略规划期使企业的资源分配和经营状况基本保持在目前状态和水平上的战略；紧缩型战略是企业从目前的战略经营领域和基础水平收缩和撤退，且偏离起点战略较大的一种经营战略，其根本目的是使企业捱过风暴后转向其他战略选择。

零售竞争优势主要源于商品、服务、店址与购物体验、低成本运作和信息管理系统等方面。要形成竞争优势，零售企业可以采取的三种基本竞争战略包括总成本领先战略、差异化战略和重点集中战略。其中，总成本领先战略关注成本的降低；差异化战略关注差异化的竞争优势；而重点集中战略则是指将目标市场聚焦在特定的狭小的目标市场。

复习思考题

1．零售企业如何实现扩张？

2．限塑令对零售企业属于哪一类环境？分析其对零售企业的影响。

3．零售企业什么情况下采取紧缩型战略？举例说明。

4．大型综合超市应如何建立自己的竞争优势？

5．高档百货店应如何建立自己的竞争优势？

6．零售企业如何实现多元化经营？

案例分析

先天下超市改走高端

别致的装修，精美整洁的店面布置，满眼的进口商品，环绕在耳边的轻音乐……北国超市先天下店改头换面后，新形象提出了“优 • 生活”的愿景，即为顾客带来优质的国际化多元购物新体验，目标顾客定位在了时尚消费群体和推崇精致生活的人群。

北国超市先天下店集合了相当数量的进口商品，如世界一流的进口食品、日用品，如蓝山咖啡、韩国清酒、美国杏仁、可涤生活用纸等；原来的大众蔬菜区也变成了“有机蔬果街”，精选了全国各地有机农庄的有机蔬果产品；主食厨房集合了国际、国内的风味主食，“现烘、现热、现烤、现吃”形式的家庭厨房也变得更精致、更时尚。

商品仅从包装上看就十分诱人，但再看价格，很多顾客感叹：“东西是好，就是太贵。”

当“价格战”仍流行于石家庄市各大商场、超市之时，尤其是超市，大家给它的定位就是大众化，而北国超市先天下店之所以选择剑走偏锋，一方面是为了使超市的定位与整个先天下购物中心的定位相匹配，另一方面，是为了给较高收入、追求生活品质的高端客层一个优雅的购物享受和更高品质的商品。

但无论怎么说，北国超市先天下店的“高价位”的确吓退了很多消费者。对于北国超市先天下店的变脸，各界人士褒贬不一。

资料来源：秋凌. 石家庄北国先天下超市改走高端 商品贵得令人咂舌［N］. 燕赵晚报，2010-09-03.

【思考讨论】先天下超市使用的是什么竞争战略？你如何评价？

商圈分析与选址决策

学习目标

☑ 掌握商圈的含义及构成；

☑ 理解商圈分析的意义和要点，能够运用商圈划定方法确定商圈的范围；

☑ 掌握商圈形成的影响因素；

☑ 熟悉商店选址的原则及考虑因素；理解商店选址的方法。

导入案例

“班尼路”等传统休闲服饰店的选址变革

提到休闲服饰，年轻人首先便会想到班尼路、美特斯邦威等传统品牌。时至今日，这些传统品牌仍然扮演着众多二线城市休闲服饰市场领军人物的角色。这些传统服饰品牌凭借定位落差、价格优势以及多年来建立的良好口碑，牢牢占据着稳定的市场份额。

人们印象中的班尼路等传统休闲服饰品牌门店会以街店、专柜、地下商铺等不同形式出现在城市的各个地域，但这一状况可能将逐渐改变。班尼路、美特斯邦威等代表性品牌扩大受众群体、摆脱“大众品牌”形象的诉求日益强烈。班尼路旗下现有 30 余个子品牌，其中不乏较高端的品牌，如 BalenoUbran、Ebase 等；美特斯邦威高调推出高端子品牌 Me&City，并一口气新建或改造了多个子品牌旗舰店。随着城市商业的进化和基础设施升级，传统品牌在一线城市的顶级商圈正经历着选址和品牌策略的双重变革。

由于最大的运营成本来自租金，坪效是传统品牌门店经营中最核心的重点。坪效是源于中国台湾商业领域的常用术语，指的是每坪的面积可以产出多少营业额（1坪=3.3平方米，业内通常说的坪效是指每平方米营业面积上产出的年营业额）。在高密度人流的商业位置，用最小的门店面积实现营业额最大化是保障高坪效的最有效办法，因此街店形式成为传统品牌在一线城市顶级商圈的首选。

以著名的北京西单商业区为例，20世纪90年代的西单呈现出“小、多、密”的商业特征，主干道东西两侧店铺林立、热闹非凡。西单北大街路西成为大量传统休闲服饰品牌街店的天下，在班尼路、真维斯、美特斯邦威等主要品牌的带动下，XXEZZ、Robinhood、Gioradano、S&K（Baleno子品牌）、Bossini等一大批品牌的百平方米左右街店一字排开。尽管每天租金超过100元/平方米，但由于西单稠密的人流，多数街店仍能利用极其有限的面积创造1 000万元左右的年营业额，店内人头攒动的火爆景象是街店高坪效的真实体现。

随着城市商业设施升级，西单的街店由早期的大行其道逐渐衰退消亡，最终完全退出了西单北大街主干道，取而代之的是中友百货、首都时代广场（美美百货）、君太百货等一大批新建、升级版零售物业项目。

在一线城市顶级商圈的自我完善过程中，传统品牌面临着离开顶级商圈，或是转而进驻购物中心的抉择。扩大受众群体、摆脱“大众品牌”形象的诉求，决定了传统品牌唯有选择后者。而对街店驾轻就熟的传统品牌而言，一线城市顶级商圈的购物中心却显得格外陌生。曾经在街店时代不可一世的班尼路等在进驻定位接近品牌对象的西单大悦城地下二层后，坪效迅速降为街店时代的1/4。在坪效严重缩水的同时，由于位置并不理想，租金水平也回落至街店的1/5左右。较低的租金水平下，扩大经营面积、突出品牌特色，为一线城市次级商圈和二线城市众多盈利能力更强的街店提供形象支持便成为更佳的选择。由火爆的黄金位置街店演变为不温不火的购物中心边缘位置门店，由重要的盈利点演变为盈亏平衡的品牌展示窗，这便是传统休闲服饰品牌在一线城市顶级商圈中选址和品牌策略的双重变革。

资料来源：http://www.nz86.com/article/531b600a339d25080133a50de5430012/

零售业是地利性产业，任何一家零售商的销售活动都受一定的地理条件制约，不论零售商的主观努力程度如何，零售商店营业的地理区域、范围对零售商的经营效果有着极大的影响，地理位置的优势会带来高收益，因而店址选择对商店经营成功与否关系十分重大。好的店址是商店的一笔无形资产，可以使其兴旺发达，而选址不当则易造成商店经营困难，甚至倒闭。由于店址一旦确定便很难改动，对于新开设的商店，详细规划商店的地理位置显得尤为重要。因此，无论是开第一家门店还是新扩一个网点的扩张，零售企业都需要选择一个合适的地点。

第一节 商圈及其影响因素

一、商圈的含义及类型

（一）商圈的含义

商圈（Trading Area）也称零售交易区域、商势圈，是指以零售商店所在地为中心，沿着一定的方向和距离扩展，吸引顾客的辐射范围。简言之，商圈就是零售商吸引其顾客的地理区域，也就是来店购买商品的顾客所居住的地理范围。商圈可分成熟商圈和未成熟商圈。成熟商圈是指早已形成的、比较固定的商业区域，一般不受个别商店开设的影响；未成熟商圈是指尚未成型的商圈，某一商店的进入会对其范围大小产生一定影响①。

（二）商圈的类型

按不同的划分标准可以把商圈分为不同类型。

1．按层次的不同划分

（1）核心商圈（Primary Trading Area）。这是指接近商店并拥有高密度顾客群的区域，通常商店55%～70%的顾客来自核心商圈。

（2）次级商圈（Secondary Trading Area）。这是指位于核心商圈之外、顾客密度较稀的区域，约包括商店15%～25%的顾客。

（3）边缘商圈（Fringe Trading Area）。这是指位于次级商圈以外的区域，在此商圈内顾客分布最稀少，商店吸引力较弱，约包括商店5%～10%的顾客，规模较小的商店在此区域内几乎没有顾客。

这三部分由里到外依次扩展，具有明显的层次性。

商店的商圈范围及形状常常由于商店内外部环境因素的变化而变化，商圈实际并非呈同心圆型，而表现为各种不规则的多角形，为便于分析研究，一般将商圈视为同心圆形，如图4-1所示。

【课堂讨论】是否所有的零售商店的商圈都有这三个层次？

需要指出的是，零售商由于经营规模、经营业态、经营能力、市场定位的不同，其所处商圈的构成及顾客来源情况也会有所不同，不一定都具有商圈三个层次。例如，便利店几乎就没有边缘商圈的顾客，对边缘商圈的分析和研究可以忽略；而大城市内处于商业中心的大型百货、Mall（大型购物中心），如北京王府井百货大楼、深圳中信城市广场等，其辐射范围主要为全市的消费者，其边缘商圈可以辐射到全省甚至全国。

---

① 曾庆均，李定珍，宋瑛．零售学［M］．北京：科学出版社，2012．

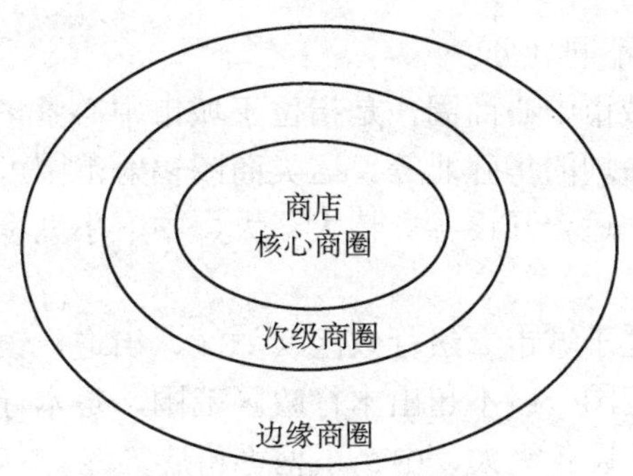

图 4-1　商圈构成示意图

2．按顾客购物所选择的交通方式的不同划分

（1）徒步商圈，也称第一商圈，是指顾客可以接受的以步行方式前来购物的地理范围，一般以单程 10 分钟为限度，商圈半径在 0.5 千米以内。

（2）自行车商圈，也称第二商圈，是指比较方便骑自行车前来购物的地理范围，一般以单程 10 分钟为限度，商圈半径在 1.5 千米以内。

（3）汽车（机动车）商圈，也称第三商圈，是指比较方便开车或乘车前来购物的地理范围，一般以单程 10 分钟为限度，商圈半径在 5 千米以内。

（4）捷运、铁路、高速公路商圈，属于零售店的边缘商圈，是指顾客通过捷运、铁路或高速公路前来购物的地理范围。

3．按辐射范围的大小划分

（1）小商圈，是指范围最小的商圈，如徒步商圈、自行车商圈。小商圈的消费习惯主要以生活必需品的高频率购买为主，一般分布在城市的住宅区或郊外的住宅区。

（2）中商圈，是指范围一般不超过 5 千米，以自行车商圈、汽车（机动车）商圈为主的中型商圈。中商圈的消费习惯是顾客主要以购买选购品为主，供周末、假日全家一次性消费。

（3）大商圈，是指范围在 10 千米左右，以汽车（机动车）商圈为主的大型商圈。大商圈属于零售店的边缘商圈。

（4）超大商圈，是指以铁路商圈、高速公路商圈为主的超大型的商圈。只有少数大型百货商场、Mall 才可以形成这种超大型的商圈。

按照顾客购物选择的交通方式不同以及辐射范围大小不同划分的商圈关系如表 4-1 所示。

表 4-1　商圈范围关系表

	徒步商圈	自行车商圈	汽车（机动车）商圈	捷运、铁路、高速公路商圈
小商圈	√	√		
中商圈		√	√	
大商圈			√	√
超大商圈				√

4．按所在地域性质的不同划分

（1）市级商圈，也称城市中心商圈，是指位于城市中心繁华区域或城市主要商业区的商圈，如北京的王府井、深圳的华强北等。这类商圈辐射范围可达全市，是全市购买力最强、消费水平较高的地方，适合开设各类特大、大、中、小型零售店，适合开设本市最高档的大型百货。

（2）区域商圈，是指位于城市二级行政区（如区、街道、镇）中心区或繁华商业区内的商圈。这类商圈的辐射范围一般不超出本行政区范围，是本行政区购买力最强、消费水平较高的地方，一般适合开设各类大、中、小型零售店。

（3）社区商圈，是指位于城市三、四级行政区（如村、社区、工业区）内，辐射范围主要为本区域的商圈。这类商圈的购买力一般不强，不适合开设大型零售店。

除了以上分类外，还可以将商圈按照消费档次的不同划分为高档商圈、中档商圈和低档商圈。

（三）商圈的形态

商圈的形态是指商圈内地域的居住性质或使用性质。一般来说，零售店商圈的形态可以划分为以下五种类型。

1．商业区

商业区是指商业气氛浓、商业行业集中的区域，其特点为商圈大、流动人口多、热闹、人气旺、各种店铺林立。由于商业区的这些特点，它具有集体性的优势，其消费习性为快速、流行、娱乐、冲动购买及消费金额小等。

2．住宅区

住宅区是指家庭住户多、住宅楼房集中的区域，其特点为流动人口少、本地人口和常住人口多，其消费习性为消费群体稳定，日常用品和家庭用品购买率高、购买金额大等。

3．文教区

文教区是指文化气氛浓、学校多、教育集中的区域，在这里会有各类大、中、小学及其他各种职业学校，人口以学生和教师为主，其消费习性为消费金额不高，文化教育用品、体育用品、休闲用品、食品购买率高，平时购物者少，周末购物者多等。

4．办公区

办公大楼林立、企业（单位）云集、上班人员多的区域，其消费习性为外地人口多、上下班购物者多、时尚、消费水平高等。

5．混合区

混合区是指商业区和住宅区混合在一起或者有两种以上区域混合在一起的区域，其社区功能趋于多元化，具备单一商圈形态的消费特色，属于多元化的消费习性。

（四）商圈范围内的顾客来源

零售店有其特定的商圈范围，在这一范围内，零售店的服务对象，即顾客来源可分为以下三部分。

1．居住人口

居住人口是指居住在零售店附近的常住人口。这部分人口具有一定的地域性，是零售店核心商圈内基本顾客的主要来源。

2．工作人口

工作人口是指那些没有居住在零售店附近，但工作地点在零售店附近的人口。在这一部分人口中，有不少人利用上、下班就近购买商品，他们是零售店次级商圈基本顾客的主要来源。

3．流动人口

流动人口是指在零售店附近过往的“过路人”，这部分人口是零售店边缘商圈基本顾客的主要来源。

二、影响商圈形成的因素

影响商圈形成的因素是多方面的，可以归纳为企业外部环境因素和内部因素。具体如下。

（一）企业外部环境因素

1．家庭与人口因素

商店所处外部环境的人口密度、收入水平、职业构成、性别、年龄结构、家庭构成、生活习惯、消费水平以及流动人口数量与构成等，对于商店商圈的形成具有决定性意义。

2．地理状况

商店所处的外部环境是市区还是郊区，是工业区还是商业区，是人口密集区还是人口稀少区等，对商圈的形成都有着重要的影响。另外，商店所处的外部环境是否有大沟、河流、铁路、高速公路、高架桥、山梁阻隔，也会影响到商圈的形成。

3．交通状况

交通地理条件也影响着商圈的大小，交通条件便利，会扩大商圈范围；反之，则会缩小商圈范围。很多地理上的障碍，如收费桥梁、隧道、河流、铁路以及城市交通管理设施等，通常都会影响商圈的规模。

4．城市规划

城市规划对商店商圈的形成有很大的影响。如果商店选址于城市的市级商业中心规划区，其商圈就可能辐射全市；如果选址于区域商业中心规划区，其商圈一般只辐射区域性地方。另外，城市交通、住宅、产业等方面的规划对商店的商圈也会有很大的影响。例如，某大型百货位于老城区商业中心，人流大、店铺多、商业旺盛，但道路狭窄、交通不方便，如果在城市规划中其道路状况得到改善，那么该百货的商圈将会变大；如果政府规划了新的商业中心，那么该百货的未来商圈将会变小。

5．商业集聚

商业集聚是指在零售店周边各种商业机构的集中分布情况。一般有以下四种情况。

（1）异种业态零售商的集聚。即业态不同、经营商品种类完全不同的零售店铺的集聚。例如，百货店、超市、家电专卖店、家居店等聚集在一起，这时各店铺之间一般不产生直接竞争，而是形成扎堆效应，使市场产生更大的吸引力，吸引更多、更远的消费者，使店铺的商圈辐射范围变大。

（2）相同业态零售商的集聚。即有竞争关系的相同业态、经营同类商品的店铺在同一个地区的集聚，如同一商圈内有多家规模、内容相近的大型超市。这种集聚的结果，使位于同一商圈内的店铺之间既产生竞争效应，又产生集聚效应。这一方面能使消费者在同类型商店进行商品质量、价格、款式及服务的比较，从而加剧商店之间的竞争；另一方面，商店的集聚又会产生集聚放大效应，吸引更多的顾客。不过，在同一商圈内，若同业态零售商过度集聚，就会引发过度竞争、恶意竞争，甚至数败俱伤。

（3）有补充关系的零售商的集聚。即经营的商品互为补充品，以满足消费者的连带需求的零售商的集聚。例如，家电零售商与家电配件销售零售商的集聚，百货商店周围集聚的服装专卖店、饰品专业店、鞋帽专业店、快餐店等，它们提供了互相补充的、更加全面的商品种类，能共同吸引客流。这种形式的零售商集聚在国内大城市的中心商业区，随处可见。

（4）不同行业零售商的集聚。例如，零售业、餐饮业、娱乐业、电信部门、金融机构等集聚在一起，这是一种多功能型的集聚情况，将会产生极大的扎堆效应，有利于产生放大的集聚效应，从而有效地扩大该地区的购物与服务商圈。

（二）企业内部因素

1．商店规模

一般来说，商店规模越大，其市场吸引力越强，就越有利于扩大其销售商圈。这是因为商店规模大，可以为顾客提供品种更齐全的选择性商品，服务项目也将随之增多，吸引顾客的范围也就越大。当然，商店的规模与其商圈的范围并不一定成比例增长，因为影响商圈范围的大小还有许多其他因素。

2．商店的业态

业态对商店的商圈也会产生很大的影响。例如，在同一地点，便利店的商圈就很小，超市的商圈就会大很多，而大型百货店、家电专业店的商圈又会更大。

3．商店的市场定位

同一商店，如果市场定位不同，其目标顾客也会有所不同，其商圈范围就会有所改变。例如同一百货店，如果定位于中低档的流行百货，其商圈不会很大；如果定位于中高档的时尚百货，其商圈就可能辐射全市范围。

4．商店经营水平及信誉

一个经营水平高、信誉好的商店，由于具有颇高的知名度和信誉度，会吸引许多慕名而来的顾客，因而可以扩大自己的商圈。即使两家规模相同，又坐落在同一个地区、街道的商店，因其经营水平不一样，吸引力也完全不一样。例如一家商店经营水平高，商品齐全，服务优良，并在消费者中建立了良好的形象，声誉较好，则其商圈范围可能比另一商店大两三倍。

5．经营商品的种类

对于经营居民日常生活所需的食品和日用品的商店，如食品、牙膏、卫生纸等，一般商圈较小，只限于附近的几个街区，这些商品购买频率高，顾客为购买此类商品，常为求方便，不愿在比较价格或品牌上花费太多时间。而经营选择性、技术性强，需提供售后服务的商品以及满足特殊需要的商品，如服装、珠宝、家具、电器等，由于顾客购买此类商品时需要花费较多时间精心比较商品的适用性、品质、价格及式样之后才确认购买，甚至只认准某一个品牌，因而零售商需要以数千米或更大的半径为其商圈范围。

6．促销策略

商圈规模可通过广告宣传、推销方法、服务方式、公共关系等各种促销手段赢得顾客，如优惠酬宾、有奖销售、礼品券、各种顾客俱乐部等方式都可能扩大商圈的边际范围。香港百佳、惠康超级市场经常大做广告，通过每周推出一批特价商品来吸引边缘商圈顾客慕名前来购买。

三、案例：家乐福——十字路口的商圈

“Carrefour”的法文意思就是十字路口，而家乐福的选址也不折不扣地体现这一个标准——几乎所有的店都开在了路口，巨大的招牌 500 米开外都可以看得一清二楚。而一个投资几千万元的店，当然不会是拍脑袋想出的店址，其背后精密和复杂的计算，常令行业外的人士瞠目结舌。

根据经典的零售学理论，一个大卖场的选址需要经过以下几个方面的详细测算。

（一）商圈内的人口消费能力

中国目前并没有现有的资料（GIS 人口地理信息系统）可供利用，所以店家不得不借助市场调研公司的力量来收集这方面的数据。有一种做法是从某个原点出发，测算 5 分钟

的步行距离会到什么地方，然后是 10 分钟步行会到什么地方，最后是 15 分钟会到什么地方。根据中国的本地特色，还需要测算以自行车出发的小片、中片和大片半径，最后是以车行速度来测算小片、中片和大片各覆盖了什么区域。如果有自然的分隔线，如一条铁路线，或是另一个街区有一个竞争对手，商圈的覆盖就需要依据这种边界进行调整。

然后，需要对这些区域进行进一步的细化，对这片区域内各个居住小区的详尽的人口规模和特征进行调查，计算不同区域内人口的数量和密度、年龄分布、文化水平、职业分布、人均可支配收入等许多指标。家乐福的做法还会更细致一些，根据这些小区的远近程度和居民可支配收入，再划定重要销售区域和普通销售区域。

（二）需要研究这片区域内的城市交通和周边商圈的竞争情况

如果一个未来的店址周围有许多公交车，或是道路宽敞，交通方便，那么销售辐射的半径就可以大为放大。上海的大卖场都非常聪明，例如，家乐福古北店周围的公交线路不多，家乐福就干脆自己租用公交车定点在一些固定的小区间穿行，方便这些离得较远的小区居民上门一次性购齐一周的生活用品。

当然，未来潜在销售区域会受很多竞争对手的挤压，所以家乐福也会将未来所有的竞争对手计算进去。传统的商圈分析中，需要计算所有竞争对手的销售情况，产品线组成和单位面积销售额等情况，然后将这些估计的数字从总的区域潜力中减去，未来的销售潜力就产生了。但是这样做并没有考虑到不同对手的竞争实力，所以有些商店在开业前，索性把其他商店的短板摸个透彻，以打分的方法发现他们的不足之处，如环境是否清洁、哪类产品的价格比较高、生鲜产品的新鲜程度如何等，然后依据这种精确指导的调研结果进行具有杀伤力的打击。

（三）分析商圈周边的顾客群

当然，一个商圈的调查并不会随着一个门店的开张大吉而结束。家乐福的一份内部资料指出，顾客中有 60%的顾客在 34 岁以下，70%是女性，然后有 28%的人走路，45%通过公共汽车而来。所以很明显，大卖场可以依据这些目标顾客的信息来微调自己的商品线。能体现家乐福用心的是，家乐福在上海的每家店都有小小的不同。在虹桥门店，因为周围的高收入群体和外国侨民比较多，其中外国侨民占到了家乐福消费群体的 40%，所以虹桥店里的外国商品特别多，如各类葡萄酒、泥肠、奶酪和橄榄油等，而这都是家乐福为了这些特殊的消费群体特意从国外进口的。南方商场的家乐福因为周围的居住小区比较分散，干脆开了一个迷你 Shopping Mall，在商场里开了一家电影院和麦当劳，增加自己吸引较远处人群的力度。青岛的家乐福做得更到位，因为有 15%的顾客是韩国人，干脆就做了许多韩文招牌。

第二节　商圈分析

商圈分析是指商店对其商圈的构成情况、特点、范围以及影响商圈规模变化趋势的因素进行实地调查和研究分析。

一、商圈分析的意义

商圈与零售企业经营活动有着极为密切的关系，无论新开店还是老店，都不应忽视对商圈的分析。经营者必须对影响商圈的人口结构、生活习惯、产业结构、交通状况、城市规划、商业氛围等因素进行实地调查和分析，为选择店址、制定和调整经营策略提供依据。

1. 商圈分析是新设零售店进行合理选址的前提

新设零售店在选择店址时，总是力求较大的目标市场，以吸引更多的目标顾客，这首先需要经营者明确商圈范围，了解商圈内人口的分布状况以及市场、非市场因素的有关资料，在此基础上，进行经营效益的评估，衡量店址的使用价值，按照设计的基本原则，选定适宜的地点，使商圈、店址、经营条件协调融合，创造经营优势。

2. 商圈分析有助于零售店制定竞争经营策略

在日趋激烈的市场竞争环境中，价格竞争手段仅仅是一方面，同时也是很有限的，零售店在竞争中为取得优势，已广泛地采取非价格竞争手段，如改善零售店形象、完善售后服务等，这些都需要经营者通过商圈分析，掌握客流来源和客流类型，了解顾客的不同需求特点，采取竞争性的经营策略，投顾客之所好，赢得顾客信赖，亦赢得竞争优势。

3. 商圈分析有助于零售店制定市场开拓策略

一个零售店经营方针、策略的制定或调整，总要立足于商圈内各种环境因素的现状及其发展趋势。通过商圈分析，可以帮助经营者明确哪些是本店的基本顾客群，哪些是潜在顾客群，力求在保持基本顾客群的同时，着力吸引潜在顾客群，制定市场开拓战略，不断延伸经营触角，扩大商圈范围，提高市场占有率。

4. 商圈分析有助于零售店加快资金周转

零售店经营的一大特点是流动资金占用多，要求资金周转速度快。零售店的经营规模受到商圈规模的制约，商圈规模又会随着经营环境的变化而变化，当商圈规模收缩而零售店的经营规模仍维持原状时，就有可能导致企业的一部分流动资金的占压，影响资金周转速度，降低了资金利润率。

5. 商圈分析有助于为开设分店和连锁店提供参考

除了新店址的商圈分析，对目前营业的分店进行商圈调研所得到的结果，也可以为新开设分店或连锁店提供相关信息，并避免自身商圈范围交叉重复。

二、商圈的划定方法

零售店商圈的划定方法视已开设店铺和新开设店铺各有不同。已开设店铺的商圈划定可以根据售后服务调查、顾客意见征询、赠券等途径搜集有关顾客居住地点的资料，从资料统计分析中即可掌握本店客流量大小及分布情况，从而测定商圈的范围。采用这些方法都不可忽视时间因素。例如，平日与节假日的顾客来源构成比重不同；节日前后与节日期间，顾客来源构成比重不同，如此等等，这些都有可能导致商圈的范围有所差异。

新设商店确定商圈主要根据当地零售市场的销售潜力，运用趋势分析，包括分析有关部门提供的城市规划、人口分布、住宅小区建设、公路建设、公共交通等方面的资料，预测未来的发展变化趋势。还可以通过各种调查，收集有关顾客购买行为的特征，根据这些资料进行类比分析和综合分析，可大体上测算出新开设商店的商圈。

总体上看，商圈划定的方法包括定性分析法和定量分析法。在实践中，常用的商圈划定方法主要有以下几种类型。

（一）问卷调查法

问卷调查法通过向来店顾客发放问卷实施商圈调查。其主要步骤如下。

（1）设计调查问卷。问卷内容包括顾客住址、顾客来店频率（次/周、次/月）、顾客去大型店铺购物的频率（次/周、次/月）、顾客去竞争店铺购物的频率（次/周、次/月）等。

（2）调查实施与数据整理。进行实地调查，并从收集来的问卷中选取100～150份，在地图上将顾客在问卷中填写的住址标注清楚，并将各住址用线连起来，使商圈范围自然地展现出来。

（3）确认商圈后，利用住户资料计算出户数。

（4）用每户的生活开支（用于食品、饮料、日用百货的开支）乘以该区域内的居民户数，即为店铺的营业额估计值。采用问卷调查法分析商圈，往往根据城市行政区域的划分，把行政机关所建立的各种统计资料作为参考。

（二）地图制作法

以行政地图为基础，将与店铺经营有关的基本资料绘入地图，制作出商业环境地图，从而了解店铺开店预定地区所处商业环境的一种商圈分析方法。

以超市为例，采用地图制作法确定商圈的基本步骤如下。

（1）准备基本资料。包括各行政区人口数、户数及分布，竞争店铺的位置分布，住宅区位置分布，等高线地形，城市规划图。

（2）制作商业环境地图，将上述基本资料绘入地图。

① 确定各行政区的人口数和户数分布，包括准备地图（用市区地图制作应准备1∶10 000比例的地图，用市郊地图或小镇地图制作可准备1∶25 000的地图）；以千米为

单位划分行政区，填写人口数、户数等。

② 制作竞争店位置分布图，包括画出竞争店位置分布情况（面积在500平方米以下的店铺超市或生鲜商品专营店，以300米为半径画图；面积在500平方米以上的超市，以500米为半径画圆；商业街则从两端以600米为半径画圆；面积在1 500平方米以上的超市，以1 000米为半径画圆）；在地图上标出开店预定地，记入竞争店铺的面积、营业额等资料；按照上述原则确定半径，在地图上画圆。

③ 制作住户分布图。在竞争店位置分布图上标出每条街道及其户数（注意推测出空白地区的户数，因为该地区将来可能成为住宅区），可先确认半径为500米的商圈内的户数。

④ 制作住宅地图，包括调查竞争店的正确位置；设定商圈后，计算商圈内的住户数；做完立地调查后，在该图上记入专营店的业种及卖场规模。

⑤ 制作地形图。确认阻碍购物行为的原因，利用颜色浅的记号笔做记号，使用1∶2 500的地形图确认坡度。具体要点包括：记入道路上每隔100米的标高，以掌握道路坡度情况（因为道路坡度会影响交通状况，从而影响顾客来店的意愿）；顾客骑自行车或步行购物时，起伏不平的道路会阻碍其来店意愿。

⑥ 制作城市规划图、道路规划图，包括标出开店预定地500米范围内规划修建并已确定用途的道路；标出住宅规划区。

（三）雷利法则

1．雷利法则的内容及公式

雷利法则又称作零售引力法则，最初由美国学者威廉·雷利于1929年提出，康帕斯对其进行了修订。

（1）雷利法则

雷利认为，确定商圈要考虑人口和距离两个变量，商圈规模由于人口的多少和距离商店的远近而不同，其基本内容是：具有零售中心地机能的两个城镇，对位于其中间一城镇的零售交易的吸引力与相应两城镇的人口成正比，与两城镇的距离平方成反比。

A地吸引C地零售额/B地吸引C地零售额=(A地人口/B地人口)×(A距C地距离/B距C地距离)^2

应用雷利法则计算过程一般为以下三步。

第一步，计算雷利比值M（两地吸引力比值）。

第二步，根据雷利比值计算A地对C地的吸引力：$M/(1+M)\times100\%$。

第三步，计算B地对C地的吸引力比值：1−A地吸引力。

（2）康帕斯界限模型

雷利法则公式中的中间地带C只是作为一个评估区域，在实际应用中，有可能A、B两地之间并无C区的存在，依然可以使用雷利法则评估A、B两地对中间区域的吸引力度，这种吸引力度的大小可以理解为企业商店商圈辐射的范围大小，也就是两商圈的分界点，由此引申出“康帕斯商圈界限模型”。在两个城镇之间设立一个中介点，顾客在此中介点可能前往任何一个城镇购买，即在这一中介点上，两城镇商店对此地居民的吸引力完全相同，这一中介点到两城镇之间的距离即是两商店吸引顾客的地理区域。用公式表示如下：

$$D_y = \frac{d_{xy}}{1+\sqrt{\frac{P_x}{P_y}}} \tag{4-1}$$

式中：D_y 为 y 地区的商圈距离；d_{xy} 为各自独立的 x、y 地区间的距离；P_x 为 x 地区的人口数；P_y 为 y 地区的人口数。

2．应用例题

有 A、B、C、D 四个独立的地区，四个地区的距离如图 4-2 所示，A 地区是最大的，拥有 20 万人口，围绕在它四周的是三个比较小的地区。B 地区有 2 万人口，距离 A 地区 12 千米；C 地区有 4 万人口，距离 A 地区 10 千米；D 地区有 5 万人口，距离 A 地区 3 千米。试分析 A 地区的商圈限度。

解：根据雷利法则，可以分别计算出 A 地区能够吸引的，在较小的 B、C 和 D 地区方向居住人口的距离，即 A 地区在这些方向上的商圈限度。

$$D_{\mathrm{A}} = \frac{d_{\mathrm{AB}}}{1+\sqrt{\frac{P_{\mathrm{B}}}{P_{\mathrm{A}}}}} = \frac{12}{1+\sqrt{\frac{20\,000}{200\,000}}} = 9.1\text{（千米）}$$

表明 A 地区在吸引 B 地区方向顾客的商圈范围为 9.1 千米。

$$D_{\mathrm{A}} = \frac{d_{\mathrm{AC}}}{1+\sqrt{\frac{P_{\mathrm{C}}}{P_{\mathrm{A}}}}} = \frac{10}{1+\sqrt{\frac{40\,000}{200\,000}}} = 6.9\text{（千米）}$$

表明 A 地区在吸引 C 地区方向顾客的商圈范围为 6.9 千米。

$$D_{\mathrm{A}} = \frac{d_{\mathrm{AD}}}{1+\sqrt{\frac{P_{\mathrm{D}}}{P_{\mathrm{A}}}}} = \frac{3}{1+\sqrt{\frac{50\,000}{200\,000}}} = 2\text{（千米）}$$

表明 A 地区在吸引 D 地区方向顾客的商圈范围为 2 千米。

在图 4-2（b）中将以上确定的三个点连接起来，就可以得出 A 地区的大致商圈范围，在此范围内居住的顾客，通常都愿意去 A 地区购买所需的商品，获得所需的商业性服务。

从图 4-2（b）中还可以看出 A 地区能够吸引的 B、C 和 D 地区方向的顾客范围，比 B、C 和 D 地区吸引 A 地区的方向顾客范围要大得多。这主要是因为 A 地区人口数量多所发挥作用的结果，使得 A 地区有较大的“磁石般的吸引力”，把居住在偏僻地区的人们吸引过来。

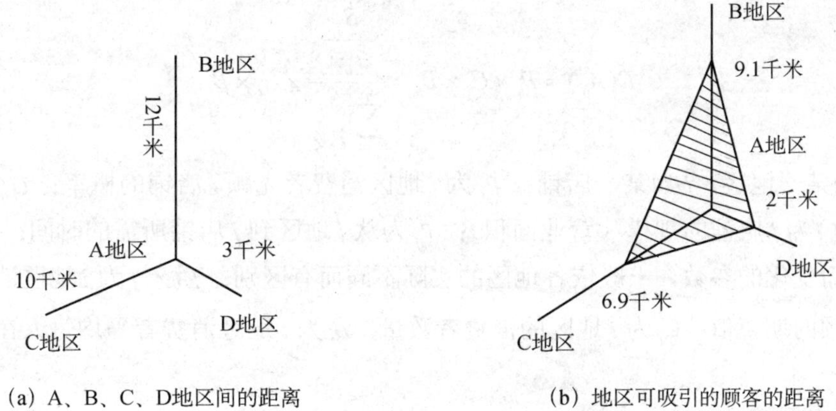

（a）A、B、C、D地区间的距离　　　　（b）地区可吸引的顾客的距离

图 4-2　A 地区的大概商圈范围

根据雷利法则，从现象上看，A 地区有吸引力的是人口。但实际上，是 A 地区的大量的、各式各样的商品和商业性服务，这些往往是和大的人口中心协调一致的。随着所在地区人口的增长，当地商品供应的数量、花色品种以及有关的商业性服务，也会相应地有较大的发展，必然吸引着更多的顾客去该地区购买商品，换言之，该地区商圈规模在扩大。

（四）赫夫法则

1．赫夫法则的内容及公式

赫夫法则是由美国零售学者戴维·赫夫（David Huff）于 20 世纪 60 年代提出的预测城市区域内商圈规模的空间模型，也叫赫夫引力模型。其分析内容包括三个方面：顾客从住所到该商业区或商店所花的时间、不同商业区的商店经营面积及不同类型顾客对路途和时间的重视程度。

赫夫认为，一个商店的商圈取决于它的相关吸引力，商店对顾客的相关吸引力取决于两个因素：商店的规模和距离。商店的规模可以根据营业面积计算，距离包括时间距离和空间距离。某商店在一个地区对顾客的吸引力是可以被测量的，通常大商店比小商店有较大的吸引力，近距离商店比远距离商店更有吸引力。赫夫引力模型的目标是确定某位住在特定区域的消费者在某一家店铺购物的概率，也可用于预测销售额。赫夫法则用公式表示如下：

$$P_{ij}=\frac{U_{ij}}{\sum_{j=1}^{n}U_{ij}}=\frac{\dfrac{S_j}{T_{ij}\lambda}}{\sum_{j=1}^{n}\dfrac{S_j}{T_{ij}\lambda}} \tag{4-2}$$

$$E(A_{ij}) = P_{ij} \times C_i \times B_i = \frac{\dfrac{S_j}{T_{ij}\lambda}}{\sum\limits_{j=1}^{n}\dfrac{S_j}{T_{ij}\lambda}} \times C_i \times B_i \tag{4-3}$$

式中：i 为某一地区，j 为某一店铺；P_{ij} 为 i 地区消费者光顾 j 店铺的概率；U_{ij} 为 j 店铺的吸引力；S_j 为 j 店铺的规模（营业面积）；T_{ij} 为从 i 地区到 j 店铺所需的时间；λ 为随交通工具不同而变化的参数，一般依各地区的实际不同而有区别；$E(A_{ij})$ 为 i 地区消费者在 j 店铺购物金额的期望值；C_i 为 i 地区的消费者数量；B_i 为 i 地区消费者平均每人在 j 店铺的购物金额。

2．应用例题

某区域内有三家超市，其店铺规模与某消费者到这三家店购物的时间距离如表 4-2 所示。如果 $\lambda = 1$，试分析该消费者到每个超市购物的概率。

表 4-2　三个超市的规模与该消费者前来购物的时间距离

超　　市	时间距离/分钟	超市规模/平方米
A	40	50 000
B	60	70 000
C	30	40 000

解：三家超市对该消费者的吸引力分别是：

$$\text{A 超市的吸引力：} \frac{50\,000}{40} = 1\,250$$

$$\text{B 超市的吸引力：} \frac{70\,000}{60} = 1166.67$$

$$\text{C 超市的吸引力：} \frac{40\,000}{30} = 1\,333.33$$

该消费者到每个超市购物的概率分别是：

$$\text{到 A 超市的概率：} \frac{1\,250}{1\,250+1166.67+1\,333.33} = 0.333\,3$$

$$\text{到 B 超市的概率：} \frac{1166.67}{1\,250+1166.67+1\,333.33} = 0.311$$

$$\text{到 C 超市的概率：} \frac{1\,333.33}{1\,250+1166.67+1\,333.33} = 0.356$$

（五）商圈饱和指数分析

1．商圈饱和指数的含义及公式

这是由阿普波姆·科恩（Saul B. Cohen）和莱龙德（Bernard J. Lalonde）提出的，其目的是确定某个店铺（群）商圈内的竞争激烈程度。饱和理论通过计算零售商业市场饱和指数测定特定商圈内某类商品销售的饱和程度，用以帮助新设店铺经营者了解某个地区同行业供应是否过多或不足。饱和指数高，说明该市场是不饱和的，存在潜在的市场机会。一般来说，在饱和指数高的地区开设店铺，其成功的概率必然高于饱和指数低的地区。零售饱和指数（IRS）的计算公式是：

$$\mathrm{IRS}=\frac{C\times \mathrm{RE}}{\mathrm{RF}} \tag{4-4}$$

式中：IRS 为某地区某类商品零售饱和指数；C 为某地区购买某类商品的潜在顾客人数；RE 为某地区每位顾客用于购买某类商品的费用支出；RF 为某地区经营同类商品商店营业总面积。

2．应用例题

某零售商计划开设一家 5 000 平方米的店铺，预选地区有三处，相关资料如表 4-3 所示。根据预算，拟建店铺必须实现每平方米 20 元销售额才会盈利。试测算三个地区的零售饱和指数。

解：甲地现有市场的零售饱和指数 $\mathrm{IRS}=\frac{60\,000\times 10}{15\,000}=40$

甲地含新建市场的零售饱和指数 $\mathrm{IRS}=\frac{60\,000\times 10}{20\,000}=30$

按照同样的计算方法，可以计算出乙、丙两地的现有市场的零售饱和指数和含新建店的零售饱和指数。请学生计算并填到表 4-3 中。

表 4-3　三个地区的商业资料与零售饱和指数

	甲　地	乙　地	丙　地
需要该商品的顾客人数	60 000	30 000	10 000
顾客平均购买金额（元）	10	12	15
现有销售该商品的店铺面积（平方米）	15 000	10 000	2 500
现有市场的零售饱和指数	40		
含新建店的零售饱和指数	30		

从测算结果看，三个地区的零售饱和指数都达到了销售额 20 元/平方米的标准。甲地人口多，需求大，而供给水平（原有店铺面积和新建店铺面积之和）低，零售潜力高于其

他两个地区，是零售商新建店铺的理想地区。乙地潜在需求虽然较高，但供给水平也较高。丙地潜在需求较低，但供给水平较高，使得零售饱和指数低，不适于开店。

三、商圈分析的要点

商圈划定之后，企业就可以根据商圈的性质、大小及特点来确定该区域有没有设店价值。商圈分析有大环境和小环境之分，大环境决定该区域的零售潜力，小环境决定潜在顾客是否愿意光临该商店。这部分主要从大环境来分析，小环境分析放在后文的位置选择时考虑。因此，这里的商圈分析主要考虑以下几方面因素。

（一）人口统计分析

这是对商圈区域内人口增长率、人口密度、收入情况、家庭特点、年龄分布、民族、学历及职业构成等方面的现状和发展趋势做调研。通过这些统计资料调查，有利于把握商圈内未来人口构成的变动倾向，并为市场细分和企业定位提供有用的第一手信息。有很多渠道可以收集这些人口变动信息，如我国每 10 年进行的一次人口普查，普查结果以各种形式发行。上面除了对每个家庭进行基本的人口统计外，还对一定比例的家庭进行深入的问卷调查，这就意味着可以通过计算机统计有关区域家庭住房情况、家庭财产、就业情况和家庭收入等。但是，人口普查每 10 年才进行一次，而且不能及时公布，因而很难满足商圈分析的需要。此外，零售商也可以从各地的统计年报中得到一些相关信息，也可以请专门的市场调研公司帮助收集相关信息。需要注意的是，在商圈分析中，要注意分析有没有人口增加的潜在趋势。一个人口逐渐增加的新区开店较易成功，在一个人口逐渐减少的老区开店较易失败。

按照国外的经验和我国城市发展的实践，一般按照人口的数量规模和集聚程度进行零售商业和服务网点的配置。[①]

（1）5 000 以下居民。应设置小型超市、生鲜食品店、普通饮食店、书报亭、医药店、肉菜市场、服务类商店（如美容美发、照相冲印、洗衣、家电钟表及日用品维修、代理购票送票、影碟影带出租等）等网点，满足居民的日常需求。

（2）达到 2 万居民。应增加设置中型超市、超值折扣店、各类专业店（如服装店、医药店、家电店、书店等）等购物网点；餐饮店、咖啡屋等餐饮网点；影剧院、文体设施等文体娱乐场所。

（3）达到 10 万居民。应增加设置大型超市；百货商店；儿童游乐园，中大型书店、银行、邮局等。

（4）达到 50 万居民。应增加设置区域购物中心；超大型超市（货仓式商场）；商业街；

① 肖怡．零售学［M］．第 2 版．北京：高等教育出版社，2007．

各类中高档食肆酒楼、宾馆酒店等餐饮住宿网点；图书馆、博物馆、体育馆、大型文体娱乐设施等文化、体育、娱乐场所。

（5）达到 100 万居民。应增加设置大规模的购物中心，内设有两个以上的大型超市或百货店、150 个以上的中型专卖店和专业店、30 个以上的餐饮店及 20 个以上的室内室外娱乐休闲场所；大型百货商厦；高级酒店等。

（二）经济基础和购买力分析

商圈内的住户有了主观的购买需求，但还要有足够的购买力，这涉及商圈内经济结构是否合理、区域的经济稳定性、在较长时间内居民收入的增长可能性等。考察一个区域的经济基础特点至关重要。经济基础反映了一个地区的商业和工业结构以及居民的收入来源。追求稳定经营的零售商通常偏爱多元化的经济结构（即拥有许多彼此关联不大的产业和金融机构），而不太喜欢过分依赖某一产业的单一经济，后者往往容易受到经济周期及产品需求变动的冲击。

在进行商圈分析时，零售商应该考察以下一些经济因素：各行业或各类行业从业人员的比例、运输网络、银行机构、经济周期波动对地区或行业的影响、某些行业或企业的发展前景等。在分析中，一个有关需求的指标尤其应引起重视，这就是购买力指数。比较不同商圈的购买力指数，可为发现潜在的消费市场提供依据。

$$购买力指数=A\times50\%+B\times30\%+C\times20\% \tag{4-5}$$

式中：A 为商圈内可支配收入总和（收入中去除各种所得税、偿还的贷款、各种保险费和不动产消费等）；B 为商圈内零售总额；C 为具有购买力的人口数量。

（三）竞争状况分析

竞争状况是商圈分析中一个非常重要的因素，除非某个零售商具有很大的竞争优势，可以忽略现有的竞争，否则，新开的商店不得不面临被竞争对手拉走销售额的可能。例如，一个区域的潜在图书购买力是每人每年 25 元，而这个区域已经有很多书店，它们累计销售额已达到每人每年 24 元，则新加入者的市场空间就很小了。因此，尽管某个区域的消费者特点与零售商的目标市场很接近，经济状况良好，但如果竞争过于激烈，仍然不是最佳选择；同样，一个区域即使人口较少，经济状况一般，如果竞争较缓和，也可能不失为较好的开店区域。

考察一个地区的竞争状况，应着重分析以下因素：现有商店的数量、规模、新开店的发展速度、各商店的优势与劣势、近期与长远的发展趋势以及商圈饱和度。

商圈饱和度是判断某个地区商业竞争激烈程度的一个指标，通过计算或测定某类商品销售的饱和指标，可以了解某个地区同行业是过多还是不足，以决定是否选择在此地开店。通常位于饱和程度低的地区，开店的成功可能性较饱和度高的地区要大，因而分析商圈饱和度对于新开设商店选择店址很有帮助。

例如，一家经营食品和日用品的小型超市需测定所在地区商业圈饱和度，假设该地区购买食品及日用品的潜在顾客是 4 万人，每人每周平均购买额是 50 元，该地区现有经营食品及日用品的营业面积为 50 000 平方米，则商业圈饱和度计算为：

$$\frac{40\,000\times 50}{50\,000}=40$$

该地区商店每周每平方米营业面积的食品及日用品销售额的饱和指数为 40，用这个数字与其他地区测算的数字比较，指数越高则成功的可能性越大。

根据商圈饱和度计算的结果，我们可以将分析的零售区域分为商店不足区、商店过多区和商店均衡区。商店不足区是指销售某一种产品或服务的商店太少，以至于难以满足所有消费者的需求；商店过多区是指销售某一种产品或服务的商店数量太多，以至于某些零售商难以获取正常利润；而商店均衡区则是零售商数量与消费者需求大致相符，同时零售商又能获得正常盈利。很显然，新店址选在商店不足区更容易成功。

商圈饱和度只是从定量角度考虑了某一地区经营某类商品的同业竞争程度，而没有考虑原有商店，尤其是信誉好、知名度高的老字号商店对新的竞争对手的影响，且计算资料不易准确获得，因而新设商店为了做出正确的决策，必须根据具体情况进行具体分析。

（四）基础设施状况分析

区域内的基础设施为商店的正常运作提供了基本保障。连锁经营的零售企业需要相应的物流配送系统，这与区域内交通通信状况密切相关，有效的配送需要良好的道路和顺畅的通信系统。此外，还与区域内软性基础设施有关，包括相关法律、法规、执法情况的完善程度等。

第三节　商店选址决策

商店选址是对商店经营地址的选定。商店选址是一个综合决策问题，被认为是零售商战略组合中最缺乏灵活性的要素。同时，它也影响着企业其他战略的制定，如经营目标和经营策略的制定，所以商店位置的重要性是不可低估的，在筹建商店时，应慎重而科学地进行地址选择。

在分析研究商圈的基础上，正确确定商店店址，对零售商主来说有极其重要的意义。恰当的店址可使推销工作上某些缺陷所引起的问题减小到最低程度，而店址不恰当，即使最能干的零售商也无法克服这一不利条件。

一、商店选址的重要意义

商圈分析的最终目的之一是为了正确确定商店地址。商店店址的确定是零售商的一项重要资源。它不仅决定了零售商获取销售收入的高低，也表现出零售商店的市场地位和形象，影响零售活动的开展。零售商店选址的重要性主要表现为以下几方面。

1．店址选择是一项大的长期性投资，关系企业的发展前途

商店的店址不管是租借的，还是购买的，一经确定，就需要大量的资金投入，营建店铺，当外部环境发生变化时，它不可以像人、财、物等经营要素可以做相应调整，其有长期性、固定性特点。因此，店址选择要做深入调查，周密考虑，妥善规划。

2．店址是零售店确定经营目标和制定经营策略的重要依据

不同的地区有不同的社会环境、地理环境、人口状况、交通条件、市政规划等特点，它们分别制约着其所在地区的零售店顾客来源及特点，以及零售店对经营的商品、价格、促进销售活动的选择。所以，企业经营者在确定经营目标和制定经营策略时，必须要考虑店址所在地区的特点，以达到策略的可实施性和目标的可实现性。

3．店址选择是否得当影响零售店经济效益

企业的店址选择得当，就意味着其享有优越的“地利”优势。在同行业商店之间，如果在规模相当，商品构成、经营服务水平基本相同的情况下，必然享有较好的经济效益。所以，零售店在分析经济效益过程中，不可忽视店址的影响效果。

4．店址选择要贯彻便利顾客的原则

零售店店址选择要以便利顾客为首要原则，从节省顾客的购买时间、节省市内交通费用角度出发，以最大限度满足顾客的需要，否则就会失去顾客的信赖、支持，企业也就失去了存在的基础。当然，这里所说的便利顾客不是单纯理解为开设地点均要最接近顾客，还要考虑到大多数目标顾客的需求特点和购买习惯，在符合市政规划的前提下，或分散，或集中设立，力求为顾客提供广泛选择的机会，使其购买到最满意的商品，获得最大程度的满足，实现最佳的社会效益。

二、商店选址的原则

1．方便消费者购买

商店地址一般应选择在交通便利的地点，尤其是以食品和日用品为经营内容的普通超级市场应选择在居民区内设点，应以附近稳定的居民或上下班的职工为目标顾客，满足消费者就近购买的要求，且地理位置要方便消费者的进出。

2．方便货品运送

连锁商店经营要达到规模效应的关键是统一配送，在进行网点设置时要考虑是否有利

于货品的合理运送，降低运输成本，既要保证及时组织所缺货物的供给，又要能与相邻连锁店相互调剂、平衡。

3．有利于竞争

连锁商店的网点选择应有利于发挥企业的特色和优势，形成综合服务功能，获取最大的经济效益。大型百货商店可以设在区域性的商业中心，提高市场覆盖率；而小型便利店越接近居民点越佳，避免与中大型超级市场正面竞争。

4．有利于网点扩充

连锁商店要取得成功，必须不断地在新的区域开拓新的网点，在网点布置时要尽量避免商圈重叠，在同一区域重复建设。否则相隔太近，势必造成自己内部相互竞争，影响各自的营业额，最终影响总店的发展。

三、商店店铺选择的类型

商店店铺选址的类型主要有孤立店、自然形成的商业中心和规划的商业中心。由于目前国内零售业态仍处于成长阶段，故现阶段孤立店及自然形成的商业区两种类型较多。

（一）孤立店

孤立店（Isolated Store）是指单独零售建筑，附近没有其他的竞争对手。孤立店铺一般租金较低，有利于节约成本，从而降低商品价格，有利于顾客一站式购物或便利购物；不足是客流量少，一般人很少光顾，广告费可能较高。通常情况下，顾客更愿意去多功能的商业中心区购物。

（二）自然形成的商业区

自然形成的商业区是指区域的总体布局或商店的组合方式事先未经长期规划，但区域内有两家或两家以上的同行业店铺坐落在一起或非常接近，是未经规划自然发展起来的商业中心。区域内商店的布局没有一定的模式，而是由各零售商根据自己的情况和零售业的发展趋势及机遇而定的。无规划商业区主要有四种类型：中心商业区、次级商业区、邻里商业区和商业街。

1．中心商业区

中心商业区（Central Business District，CBD）是一座城市商业网点最密集的商业区，吸引着来自整个市区、所有阶层的消费者。在此开店，优点是商业群体效应显著，能吸引较远的顾客群；缺点是开办费用一般较高，新建店址难以寻找。

2．次级商业区

次级商业区（Secondary Business District，SBD）是分散在一座城市的多个繁华程度较低的购物区域，通常位于两条主要街道的交叉路口，一般由一家百货商店或大卖场和许多小商店组成，这一商业区主要面向城市的某一区域消费者，以销售家庭用品和日常用品居多。

3．邻里商业区

邻里商业区（Neighborhood Business District，NBD）是为了满足住宅区居民购物和生活方便的需要而自发形成的一个小型商业区，如标准超市、干洗店、美容院等。在邻里商业区设店竞争程度低，最接近顾客，能保持良好的顾客关系，但商圈小，价格通常也不占优势。

4．商业街

商业街（String）是指以平面形式按照街的形式布置的单层或多层商业房地产形式，其沿街两侧的铺面及商业楼里面的店铺都属于商业街店铺。商业街是由若干经营类似商品的商店聚集在一起形成的。在许多历史悠久的城市往往会自发形成许多特色商业街，这是城市发展积淀下来的商业文化，如北京的王府井商业街、上海的南京路等。

（三）规划的商业中心

规划的商业中心（Planned Business District）是指区域的总体布局或商店的组合方式事先进行了长期规划，商业区内规划整齐，配套设施齐全。通常是由房地产公司事先规划设计，兴建完工后再把各铺面出租或出售给零售商等。一个典型的商业中心有一家或一家以上的主力商店及各种各样较小的商店，还包括餐馆、快餐店、邮局、银行以及一些游乐场所，适合家庭购物及休闲。商业中心的管理者通常规定各类零售商在总面积中所占的比例，限制零售商出售的商品类别。通过均衡配置，规划好的商业中心其店铺在提供商品的质量和品种上相互补充，店铺类型和数量紧密结合，以满足周围人口的全面需要。

规划的商业中心主要有以下两类。

1．区域商业中心

区域商业中心是一种大型购物设施，有着相当大地理范围的地区市场。其中至少有一家大型百货商店(每家至少有 1 万平方米营业面积)，并有 50～150 家甚至更多的小零售店。例如，深圳市南山区由零售商“海雅百货商场”所构建的南山商业中心区，在方圆 2 平方千米之内，以“海雅百货”为中心，由创景名店、友谊城、儿童世界为支撑，以及众多的零售小店铺，构成了一个相对独立、典型的区域购物中心，服务对象为周围蛇口工业区、高新科技园、深圳大学及购物中心内的住宅区，交通时间在 5～10 分钟车程，步行时间约 10 分钟左右。

2．社区商业中心

社区商业中心是在大型住宅区内或几个小型住宅社区之间形成的购物中心，其服务对象是步行即可到达的住宅居民，经营商品以日用生活用品、食品、冲印、修理、洗涤、饰品、电器、水暖配件为主，具有中等规模、规划的购物设施，以一家百货公司的分店（或超市连锁店）为主体，在住宅区兴建时就已经规划好的商业布局，一般门类较全，价格中等，竞争不如商业中心激烈，可就近满足社区居民的日常消费需求。

四、商店选址的考虑因素

商店选址是一项不但重要而且很复杂的工作，必须在综合考虑多方面因素的基础上慎重考虑和决策。比较重要的考虑因素有以下几种。

（一）商业群因素

选址首先要考虑的因素是商业群，即在什么样的商业群建店。为了适应人口分布、流向情况，便利广大消费者购物，扩大销售，绝大多数零售店都将店址选在城市繁华中心、人流必经的交通要道、城市枢纽、城市居民住宅区附近以及郊区交通要道、村镇居民密集区等地区。由此形成了常见的四种类型的商业群。

1．城市中央商业群

这是一个城市最主要的最繁华的商业群，全市性的主要大街贯穿其间，云集着许多著名的百货商店、超级市场和各种专业商店，豪华的大饭店、影剧院和办公大楼也分布于此。在一些较小的城镇，中央商业群是这些城镇的唯一的购物区。属于这一类型的商业群，如北京市的王府井、上海市的南京路。

2．城市交通要道和交通枢纽的商业群

它是大城市的次要商业街。这里所说的城市交通要道和交通枢纽，包括城市的直通街道、地下铁路的大中转站等。这些地点是人流必经之处，交通便利，流动人口多，在节假日、上下班时，人流如潮，店址选择在这些地点也可以获得很好的商机。

3．城市居民区商业群和边沿区商业群

城市居民区商业群的消费者主要是附近的居民，在这些地方开设零售店是为了方便附近居民就近购买日用百货、杂品等的需求。边沿区商业群往往坐落在铁路重要车站附近，规模一般较小。

4．郊区购物中心商业群

在城市交通日益拥挤、停车困难、环境污染严重、地价上升的情况下，随着私人汽车大量增加和高速公路的快速发展，一部分城市居民到郊区开设的大商业中心购物、娱乐，形成郊区购物中心。另一方面，城市居民迁往郊区，形成新的郊区住宅区，也促进了郊区购物中心的发展，满足了郊区居民的购物需要。

（二）地区因素

店址的选择其次要考虑的是地区因素，即你打算在某个地区建店，就要对这个地区的市场状况进行周密详细的分析研究。也就是进行地区分析，这也是零售店店址选择比较关键的一步，甚至可以说是生死攸关的一步，因为地区的决定意味着零售店的发展和在这一地区的获利能力。

零售店的发展潜力或者获利能力，依靠零售商提供的商品或服务供给和需求之间的相互作用。对一个新建零售店而言，这个地区必须要有一定量的人口，一定量的购买力，要有消费商品或服务的需要，同时还必须符合本店的目标市场的要求。这是有关需求的一方面。另一方面，还要注意到供给的能力。如果这个地区拥有高水平的供给，也就是存在着更多的商店，那对于新建商店来说，吸引力将较低。

零售商对地区的分析，就是要从需求和供给两个方面入手，对下列项目进行分析。

1. 需求测量

零售商通过对一个地区的人口规模、收入、可支配收入等情况的分析，可以大致地判断出这一地区潜在购买水平，从而估计出这一地区的大致需求。但是零售商仅依靠对人口规模、收入、可支配收入的分析是不行的，零售经营者还必须根据本店的目标市场的要求，集中主要的人力、物力、财力制定目标。例如，一些零售商将目标市场定在高收入的消费者群上，则他们更应注重调查高收入家庭的数量及相关需求特性。

零售商对需求测量通常要搜集人口统计资料，如人的性别、年龄、人均收入、家庭规模、类型等，以便得到确定目标市场需求的准确依据。

2. 购买力测量

地区购买力测量，经常使用购买力指数。购买力指数是测量市场的购买能力，反映市场对商品或劳务的需求有支付能力的重要指标。国家统计部门经常发布有关全国的主要城市的购买力统计资料。零售商可以借助这些资料了解市场的需求。购买力指数即货币购买力指数，表示单位货币购买商品或取得服务数量的能力。购买力指数的高低受商品或服务价格变动的影响，即价格上涨，购买力下降；价格下跌，购买力上升；价格不变，购买力不变。购买力指数通常由消费价格指数得出，消费价格指数的倒数便是购买力指数。消费价格指数反映了日常生活费用价格水平变动程度，其计算公式为：

$$\text{消费价格指数}=\frac{\sum KW}{\sum W} \tag{4-6}$$

式中：K=各项商品或服务的单项指数；W=权数。

$$\text{购买力指数}=1/\text{消费价格指数} \tag{4-7}$$

3. 饱和程度测量

零售商虽然可以利用购买力指数或国家统计部门颁布的统计资料测量一个地区的零售总需求，但是对零售商的吸引力则要考虑比需求更多的因素。需求和供给的相互作用创造市场机会。对于新建商店而言，一个地区有较高的需求水平，也可能同时有较高的竞争水平，选择这一地区对于力图规避竞争的商店可能是不合适的。而另一方面，一个地区有较低的需求水平，但同时竞争水平也是很低的，那么这个地区可能更有吸引力。

一个新建商店要确定一个地区的潜力，零售商需要测量一定需求水平下的供给饱和程度，通常是计算饱和指数。饱和指数可以测量在特定市场地区假设的零售店类型情况下，每平方米的潜在需求。饱和指数是通过需求和供给的对比，测量这一地区零售商店的饱和程度，其计算方法在前面商圈确定方法中已讲过。现将饱和理论运用到零售店店址选择中。

4．市场发展潜力

市场发展潜力与零售商的营销能力密切相关。如果零售商不能满足目标消费者的需求，消费者就会转移到能够提供较好商品、价格、服务或更方便的其他地区的零售商那里购物，这就会降低当地的客流量，减少零售店的获利，而其他地区的零售商则因此而扩大了市场范围。

顾客到外地区的商店购物的现象，使饱和系数不能真实反映本地区的吸引力。一个有竞争意识的零售商意识到这点，即使进入饱和系数低的地区，也会通过塑造商店的良好形象，提供优质的商品、服务，以吸引消费者，降低顾客到外地购物的数量，引起消费者新的需求，从而获得成功。由此可见，市场的发展是增加新需求的最佳途径。

测算市场的发展有两种方法：一是测量当地消费者到外地区或较远距离的商店购物的比例。这种方法可以是计算一个地区的常住人口花费在外地区的货币量，随着本地消费者到外地区的购物量增加，本地区的市场范围就会缩小，而外地区零售商的市场范围就由此扩大。二是运用质量指数测量，质量指数表示一个市场质量的好坏程度是高于平均购买水平还是低于平均购买水平。低于平均购买力水平，意味着大量消费者到外地区购物，本地区的市场缩小。

顾客到外地区购物的现象，也给零售商提供了增加销售的机会，只要吸引外地顾客到本店购物，就能使增加销售、扩大市场成为可能。

5．市场要素分类组合

零售商对市场吸引力的判断往往采用两个甚至多个元素的组合，进行综合分析。对开设一个新商店的吸引力评估，就要考虑一个地区的饱和指数及市场发展潜力。饱和指数与市场发展潜力的综合判断，更能明确市场的吸引力。饱和指数指的是存在的条件，市场发展潜力表明未来方向。由饱和指数和市场发展潜力的组合，可以发现某一地区的两个条件下的状况，如表4-4所示。

表4-4 饱和指数与市场发展潜力

饱和指数	市场发展潜力	
高	高	低
低	高	低

对于零售商来说，最有吸引力的是市场饱和指数高及市场发展潜力高的地区，如表 4-4 所示，第二行左边高的市场饱和指数表明市场处于低饱和状态，零售商竞争不太激烈，另外，又有高的市场发展潜力，那么，这个地区市场总需求会有所增加，投资形势看好。

饱和指数及市场发展潜力都低的地区，如表 4-4 第二行第三列中的情况，表示了高竞争而且发展潜力有限的地区，这种情况对零售商吸引力最小，阻挡新店的开设。其他两个象限表示的地区其吸引力取决于进入企业的竞争实力。处于第二行右边的地区，有高的饱和指数，表示竞争不激烈，但是由于市场发展潜力低，企业发展空间不大，削减了这一地区的吸引力。只有企业具有一定的竞争实力，能取得市场争夺的胜利，才可能进入此类型的地区。处于最下面一行左边的地区，有高的市场发展潜力，前途诱人，但是也有激烈的竞争，多方投资者已进入，因市场饱和指数低，它表明新进入的商店要获得销售只能向已有的商店夺取。

6．可能开设的商店数量

在对某一地区市场进行决策时，既要看到其吸引力，还要考虑到可能进入者的数量。一个地区如果能吸引一家企业进入，开设新店，那么也会吸引其他企业进入。如果在这一地区同时开设的商店的数量过多，结构类同，那么这个地区就会失去它的吸引力。

7．其他因素

市场吸引力的研究，使用市场分类组合是一种比较合理的方法。但市场潜力的判断还有许多其他因素。例如地区的经济基础，这也是一个重要因素。一个地区以单独的产业为经济基础，且行业发展潜力有限，则此地区的吸引力也会削弱。例如，一个地区是矿区，以原煤采掘为依托，由一个大企业控制，如果这个地区的大企业不景气或暂时关闭，甚至煤资源的消失，就会影响到整个地区，并且会大大减少零售商的销售。因此，在以单一经济为基础的地区设立商店是有很大风险的。

除了上述两个方面的主要因素之外，对于一些零售商来说，还要考虑仓库系统和商品配送能否及时合理地运送到位。还要考虑广告中介的成本及有效性、劳动成本及有效性、地方政府对新商店的政策和法律等。

【案例】　石家庄沃尔玛选址失误

“亲爱的顾客朋友：沃尔玛石家庄南三条店将于 2017 年 5 月 2 日起停止营业。由此给顾客和周边社区带来的不便，我们深表歉意。”2017 年 4 月 18 日，一则醒目的停业公告张贴在河北省省会石家庄市唯一一家沃尔玛超市的入口处，令不少消费者深感意外。

类似情况在石家庄市零售业上演过不止一次。北京华联、天津家世界、荷兰万客隆、深圳人人乐、北京华普、泰国易初莲花……即便是曾经在中国连锁超市排名第一的“超市老大”上海世纪联华，也未能摆脱关店厄运，其最后一家门店最终由本土北国超市接盘。

对于关店的原因，沃尔玛方面回应是“为了进一步优化商业布局”。但商店选址不利无疑是一个重要因素。沃尔玛超市紧挨南三条批发市场，南三条市场在石家庄甚至全国知名度和影响力都比较大，因此附近客流量很大。但是这些客流量多数都是来自核心商圈之外的顾客，核心商圈的顾客数量并不多。由于沃尔玛不少货品与南三条重叠，且南三条市场的商品种类更为齐全，价格上也更有优势，因此逛完南三条批发市场后再顺路购买米面油等生活必需品的顾客并不多。而且中山路南三条附近交通很容易拥堵，给顾客购物造成不便。

资料来源：王成果. 石家庄沃尔玛超市宣布停业，超市版图再迎新变［EB/OL］. http://hebei.hebnews.cn/2017- 04/20/content_6438193.htm.

五、商店选址的方法

（一）市场需求与供应密度分析方法

这种选址方法是通过对一个区域市场的零售潜力（需求密度）状况，结合当地已有的零售商店情况和可供选择的店址（供应密度）进行综合分析，最后在合适的商圈确定可选用的合适店址的一种选址方法。该方法相对简化了商圈分析内容，对大型商店的选址较为适用。

1．需求密度

一定的户口区或一部分地区对零售商提供的商品和商业性服务的潜在需要，称之为需求密度。对于不同业态的零售商而言，其需求潜力的影响因素是不同的，例如一个地区对超级市场和儿童玩具店的需求潜力是不一样的，因此，要确定需求密度，首先必须根据企业特点弄清楚什么是影响潜在需要的主要因素。举例说明如下。

例如，某连锁百货公司正在对某个地区开设商店的可能性进行评估。这家百货公司确定的影响潜在需要的最主要因素有三个，分别是：中等家庭收入超过 40 000 元；每平方千米的住户数超过 2 000 户；最近三年每年人口平均增长率至少 2%。

该百货公司拿到的这个地区地理图如图 4-3 所示。它是由 23 个户口区组成的。这个地区的西部边界是山区，北部和南部有主要的公路，东部是铁路区。

在图 4-3 中，我们可以绘制需求密度的范围，上述三个条件对正在进行评估的这 23 个户口区中的每个户口区都是适用的，这样，就可以不费力地想象每个区的潜在需要密度。根据调查分析得出结论：有 3 个区（6、10、17）符合所有三个条件；有 4 个区（1、5、11、16）符合三个条件中的两个；有 5 个区（8、9、14、15、18）只符合其中的一个条件；另外 11 个区（2、3、4、7、12、13、19、20、21、22、23）一个条件也不符合。

2．供应密度

需求密度图清楚地反映了整个地区中潜在需要最大的那一部分地区。接下来我们再分析供应密度或者说零售企业在不同的户口区聚集的程度，我们把现有竞争对手的开设地点和可供开店的地点也绘制成图，如图 4-3 所示。

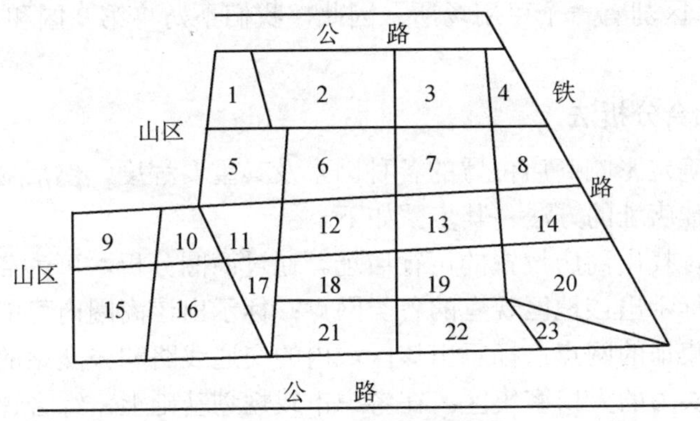

图 4-3 需求密度图

图 4-3 中所示是整个地区的商店密度和可供选择的开店地点。从中我们可以发现，两个户口区（10 和 17）最具有潜力，这两个区需求密度大而无竞争商店。此外，有的户口区的需求密度是相当有吸引力的，在那里，现今还无竞争商店进入（如 1 区、5 区）。

当然，在某些户口区需求超过供应，并不意味着马上就可以在这些户口区开设商店。要开设商店，一定要有可用的场所。从图 4-3 中我们也可以看到在条件最好的 7 个户口区（按需求密度划分，有第 6、10、17、1、5、11、16 区）中，仅第 10 户口区有可用的场所；在第 1、5 和 17 户口区，现在没有零售商店，也没有开设商店的可用场所，这可以说明现在这些地区没有商店，或许是因为这些地区全部供应居住使用。

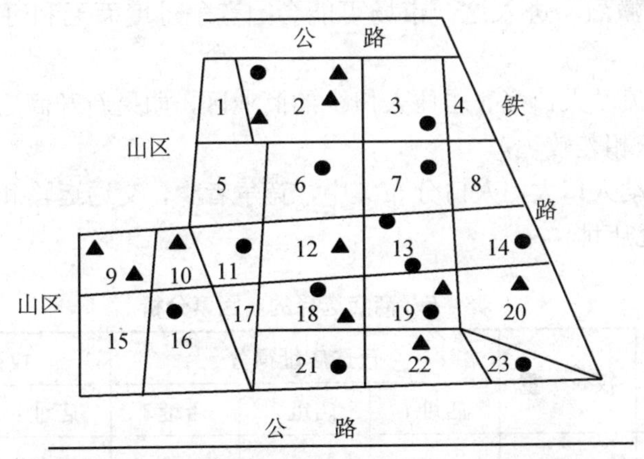

图 4-4 商店密度和可选择的开设地点图

在图 4-4 中，除了图中表示的唯一一个好的潜在的可用场所之外，我们也可以考虑一下其他区。第 9 户口区临近需求密度高的 10 户口区，这个区现在没有商店，却有两个场所是可用来开设新商店的。另外，第 12 区邻接 11 区和 17 区，后两个区均有吸引力，但是缺少可用场所，而 12 区却有一个可用场所。因此，我们不妨将第 9 区和第 12 区作为备选的店址。

（二）多因素组合分析法

这种方法是先确定影响商店位置的各种因素及其重要程度，然后对各个备选店址进行评分，最后确定最佳店址的方法。其步骤如下。

（1）图上作业，找出商店设置的可行店址。通过商圈分析，可为商店确定未来发展的商圈。在商圈图上标示出该地区现有的各类网点：标示出该商圈内可能产生竞争和可能与之共同形成商业聚集地的网点；标示出该区域内的交通线路和公交站的分布，特别要标示出可能产生较强购买力的人口密集区。在考虑市政规划基础上，综合评价上述因素，选择若干可行地点作为商店的备选店址，在各备选店址中选择。

（2）根据各种因素影响商店的重要程度确定权重，并对各备选选址进行因素评分，然后计算出各店址评价结果的总数。如下例，影响商店位置的因素主要有 14 项，每个备选店址各因素的评分及计算结果如表 4-5 所示。从计算结果看被选店址 3 最佳，店址 2 次之，店址 1 最次，但这并非意味店址 3 是事实上的最佳选择，还需要做进一步分析。

（3）就店址做进一步相关分析。分析主要内容有：地址条件与新开商店相符程度；销售前景分析；竞争地位分析；与周围其他类型商店的相容能力分析。在相关分析后，零售商可以找到预期获利最佳的店址，这实际上是一个优化决策问题。从备选店址的参数得分中可知：

① 店址 1 竞争激烈，进入这一市场可能会因竞争过度而无利可图，甚至可能会拖垮企业。

② 店址 2 位于流动人口多、居住人口少的商业区，如果新开商店是便利店，则与该业态接近居民区的要求相差较远。

③ 店址 3 的流动人口大，人口分布集中，竞争者少，交通运输和场地条件较好。相较之下，店址 3 是最优店址。

表 4-5　商店选择的多因素分析

选 址 因 素	权　重	预选店址得分			权重×预选店址得分		
		店址1	店址2	店址3	店址1	店址2	店址3
商圈内人口多	5	8	7	9	40	35	45
商圈内收入高	5	5	7	6	25	35	30

续表

选址因素	权重	预选店址得分			权重×预选店址得分		
		店址1	店址2	店址3	店址1	店址2	店址3
接近目标顾客	5	6	5	6	30	25	30
机动车流量大	3	7	8	7	21	24	21
非机动车流量大	3	5	5	6	15	15	18
行人流量大	5	5	6	6	25	30	30
与邻店关系融洽	2	−4	3	4	−8	6	8
物业费低	4	6	5	−3	24	20	−12
广告费低	2	5	6	3	10	12	6
商店能见度高	3	3	5	5	9	15	15
营业面积合适	3	4	−2	6	12	−6	18
店面可扩充	2	−6	−2	−2	−12	−4	−4
停车位充足	3	−5	3	6	−15	9	18
与开发商关系融洽	2	7	5	4	14	10	8
合计					190	226	231

注：每一因素按重要程度分成5个等级，每个地址各因素评分分布在［−10，10］。

本章小结

商圈是指以零售商店所在地为中心，沿着一定的方向和距离扩展，吸引顾客的辐射范围。商圈按不同的分类标准，可分为不同的类型；商圈的形态可分为五种类型：商业区、住宅区、文教区、办公区和混合区。影响商圈形成的因素是多方面的，一些是企业外部的不可控因素，一些是企业内部的可控因素。对于已开设商店和新开商店而言，商圈划定的具体方法各有不同，总体上分为定性分析法和定量分析法。商圈分析有大环境分析和小环境分析之分。大环境分析是分析该区域是否具有一定的营业潜力，小区域分析是分析本零售商店对商圈内顾客的吸引力大小。其中，对人口发展状况、购买力水平、经济基础、竞争程度和城市基础设施等因素的分析，能判断出某个商圈是否具有开店价值。

零售商要不断地扩张，就必须不断地在新的区域开设新的网点，提高零售商的市场占有率。商店选址对零售商的经营成败至关重要。商店选址需遵循方便消费者购买、方便货品运送、有利于竞争、有利于网点扩充等原则。商店店铺选址的类型主要有孤立店铺、无规划商业区和规划的商业中心三种。商店选址首先要考虑商业群因素，其次要考虑地区因素。商店选址方法有市场需求与供应密度分析法和多因素组合分析法。

复习思考题

1．举例说明什么样的零售商店不完全具备商圈的三个层次。
2．哪些零售业态的商圈范围比较大？
3．举例说明基础设施如何影响商圈范围。
4．商场扎堆有利于单个商场的经营吗？
5．从商圈角度分析为什么很多大型超市推出免费班车服务。

案例分析

7-11便利店选址转向购物中心

通常在街头巷尾选址布点的7-11便利店，最近突然成为大型购物中心的座上宾。2013年初，7-11便利店在北京朝阳大悦城店和凯德Mall太阳宫店分别开业，这是北京便利店首次进入购物中心。在凯德Mall太阳宫和朝阳大悦城的7-11门店，均开设在购物中心一层，通向购物中心和街道都有进出的门，方便消费者经由店里进入购物中心。与购物中心其他商户不同，7-11采取24小时经营。

作为与百货业、大卖场并驾齐驱的三大传统零售业态之一，便利店选址多以居民小区、临街商铺以及交通枢纽地段为主，鲜有入驻购物中心的案例。不过，一些业内人士认为，在香港和台湾地区，7-11与购物中心合作的情况经常出现。

7-11进驻购物中心反映出我国新一代购物中心的特征。在以往，购物中心无非就是百货+超市，外加一些餐饮构成。如今，购物中心在功能上更加精细化，偏向休闲、娱乐，真正实现了一站式购物。例如，在购物中心引进便利店，可以给消费者提供购物之外的饮料、即食商品，更加方便消费者购物，同时也起到了吸引客流的作用。

资料来源：http://money.163.com/13/0126/05/8M4COJN000253B0H.html

【思考讨论】7-11选址进驻购物中心的原因是什么？其他便利店是否应效仿？

第五章

零售组织与人力资源管理

学习目标

- ☑ 理解零售组织设计的要求和程序；
- ☑ 掌握零售组织的基本类型；
- ☑ 熟悉零售组织文化的相关知识；
- ☑ 理解零售组织人力资源管理的内容。

导入案例

沃尔玛的企业文化

沃尔玛公司虽然仅有40余年的历史，但其企业文化已成为零售业界的佳话。沃尔玛一直非常重视企业文化的作用，充分发挥企业文化对形成企业良好机制的促进和保障作用，增强企业的凝聚力和战斗力。这也是沃尔玛能够荣登世界零售业排行榜头把交椅的重要原因。

顾客就是上帝

为了给消费者提供物美价廉的商品，沃尔玛不仅通过连锁经营的组织形式、高新技术的管理手段，努力降低经营费用，让利于消费者，而且从各个方面千方百计节约开支。美国大公司拥有专机是常事，但沃尔玛公司的十几架专机都是二手货；美国大公司一般都拥有豪华的办公楼，但沃尔玛公司总部一直设在偏僻小镇的平房中，沃尔玛公司创始人虽然家财万贯，但理发只去廉价理发店，现任董事长现在已是世界首富，但他的办公室只有12平方米左右，而且陈设十分简单，公司总裁办公室也不到20平方米。对这些做法尽管可以有各种评论，但传达给消费者的信息却是：沃尔玛时刻为顾客节省每一分钱。沃尔玛公司采取各种措施维护消费者的利益，如在销售食品时，从保质期结束的前一天开始降价 30% 销售，保质期到达当天上午 10 点全部撤下柜台销毁。

在沃尔玛看来，顾客就是上帝。为了给消费者超值服务，沃尔玛想尽了一切办法，沃尔玛要求其员工要遵守“三米微笑”原则，尽量直呼顾客名字，微笑只能露出八颗牙等，正是这样沃尔玛在顾客心目中留下了深刻的印象。

尊重每一位员工

尊重个人，这是沃尔玛最有特色的企业文化。在沃尔玛，“我们的员工与众不同”不仅是一句口号，更是沃尔玛成功的原因。它真正的含义是每位员工都很重要，无论他在什么岗位都能表现出众。“我们的员工与众不同”这句话就印在沃尔玛每位员工的工牌上，每时每刻都在提升员工的自豪感，激励员工做好自己的工作。

沃尔玛公司重视对员工的精神鼓励，总部和各个商店的橱窗中，都悬挂着先进员工的照片。各个商店都安排一些退休的老员工，身穿沃尔玛工作服，佩戴沃尔玛标志，站在店门口迎接顾客，不时有好奇的顾客同其合影留念。这不但起到了保安员的作用，而且也满足了老员工的一种精神慰藉。公司还对特别优秀的管理人员，授予“山姆·沃顿企业家”的称号，目前此奖只授予了 5 个人，沃尔玛（中国）公司总裁是其中的一个。沃尔玛公司商店经理年薪 5 万美元左右，收入同该店的销售业绩直接挂钩，业绩好的可以超过区域经理的收入。区域经理以上的管理人员，年薪 9 万美元左右，同整个公司的业绩挂钩，工作特别出色的还有奖金和股权奖励。这种收入分配机制，既使得业绩好的店铺经理收入可以超过高层管理人员，又保证了高层管理人员在总体上收入高于基层管理者，有利于调动各个层次员工的积极性。

每天追求卓越

沃尔玛公司已经连续几年位居全球商业企业榜首，但人们接触到的员工都没有满足的表示，确实体现了“每天追求卓越”的企业精神。对于沃尔玛商店经理来说，他们每周至少要到周围其他商店 10 次以上，看看自己的商品价格是不是最低，看看竞争对手有哪些长处值得学习，丝毫不敢懈怠。公司以沃尔玛（Wal-Mart）的每个字母打头，编了一套口号，内容是鼓励员工时刻争取第一。公司每次召开股东大会、区域经理会议和其他重要会议时，每个商店每天开门营业前，都要全体高呼这些口号，并配有动作，以振奋精神、鼓舞士气。不管是公司总裁、区域经理，还是商店普通员工，表演时都十分投入，充分显示了企业积极向上的精神风貌。

也正是在这样一种追求卓越的口号的激励之下，沃尔玛有了很多创新，销售方式、促销手段、经营理念、管理方法等，在细节方面更是如此，它第一次用了一次购足的购物理念，第一次在零售中用信息化管理。沃尔玛正是靠着它的超时代的企业文化，来建造新世纪的零售王国。

从上述案例不难看出，沃尔玛能够成为世界头号零售企业，企业文化建设功不可没。沃尔玛的创始人山姆·沃尔顿所倡导并奉为核心价值观的“顾客就是上帝”“尊重每一位员工”“每天追求卓越”，还有“不要把今天的事拖到明天”“永远为顾客提供超值服务”等的服务原则和文化理念，都被世人称为宝典，山姆·沃尔顿的非凡创造能力和他所倡导并一手建设的企业文化，就是一个现代版商业神话诞生的源泉。目前，有关零售组织文化的研究已成为理论界的一个热点课题，随着对这一问题的研究深入，人们越来越认识到文化的力量，它甚至超越了任何有形的手段成为企业最高层次的管理方式。

资料来源：崔然红. 企业文化背景下沃尔玛企业核心竞争力研究［J］. 北方经贸，2017（10）：115-116.

第一节　零售组织概述

零售组织是零售企业在经营战略导向下，对实现战略目标而进行的企业内部分工、岗位职责设计等方面的活动。

一、组织结构设计要求

（一）企业目标市场的需要

企业是营利性的经济组织，零售商作为一种企业组织，其经营活动的根本目的以及其存在和发展的基本条件就是保持盈利。零售商通过向消费者提供品种繁多的商品和适当的服务来谋利，这些商品和服务能否满足消费者的需要，将决定该零售商是否有利可图，或者是否有存在的价值。另一方面，经营商品的结构和提供服务的内容又影响组织机构的设置，如提供昼夜服务将要求设置几组店面经营人员轮班。因此，建立零售商的组织机构，必须认真研究目标市场的需要。

（二）公司管理部门的需要

从管理的角度理解组织，它是指管理的一种职能。组织机构的设置是为了保证组织这种管理职能的正常发挥。因此，组织机构的设置应该考虑管理部门提高经营管理水平的需要。

（三）员工的需要

对人的管理构成零售组织管理的一个重要组成部分；根据零售组织承担的职能和任务对人力资源做出具体安排，也是组织机构设计的重要方面。因此，满足员工的要求，以实现有效激励，也是组织机构设计应该考虑的问题。

总之，零售组织机构设计的目标应该是保证有效地满足目标市场、公司管理部门和员工的要求。目标市场的需要提出了零售组织应该完成的职能和任务，公司管理部门和员工则对保证有效完成这些职能和任务的组织机构提出了具体要求和限制条件。一个零售组织即使能成功地满足管理部门和员工的要求，如果不能满足目标市场需要，也不能继续生存和发展。另一方面，如果一个零售组织不切实际地为目标市场提供过多的附加服务，导致员工劳动强度的加大和经营管理成本的提高，也会对盈利能力造成损失。因此，关键是协调三者的要求。一种有利于保护或方便公司在人力资源方面的投资和降低经营管理成本，又能调动员工积极性，提高劳动生产率，并能满足目标市场需要和适应其变化的组织结构，正是值得追求的目标模式。

【案例】 A超市的组织结构设计

A超市位于B市的繁华地段，超市虽然不大，但由于占了天时地利，这几年也发展较快，在市内连续开了3家小连锁超市。由于选址不错，这3家连锁店人流量也逐渐增长，可超市的日营业额却没有较大幅度提升，营业人员普遍反映工作强度大，因太累而跳槽不断，导致该超市营业人员长期处于招聘状态。

A超市3家连锁店共设7个部门，共有员工70余人，其中采购部编制为5人，配送部15人，人力资源部5人，办公室5人，财务部4人，保安部12人，营业部24人。

1. 诊断

总体判断，超市的业务重心应该是以配送和零售为主，故超市在人员配置上应以此为重点。而A超市的组织结构太过烦琐，各部门的人员配置不合理。

（1）没有必要独立设置保安部，且编制达到12人之多。因为仅有3个连锁店，超市的职能是卖商品不是抓小偷。

（2）一个小规模超市没有必要设置人力资源部。

（3）作为小企业，一定要尽可能避免冗员，精简管理部门，提高销售效率。

2. 改进方案

（1）重新设计A超市的组织结构，将采购部和配送部合并为采购配送部，以更好地衔接采购和配送环节。

（2）将人力资源部、保安部和办公室三个部门合并为办公室统一管理。财务部、营业部不变。

（3）对于各个部门的编制进行了调整，调整后采购配送部有20人，办公室5人，财务部5人，营业部30人，总人数为60 人。

3. 改进效果

（1）新的组织结构方案比过去减少了10余名员工，仅工资一项每月就可减少支出

15 000 元。

（2）营业部增加了 6 名员工，每个超市增加 2 名，缓解了一线营业人员的工作强度，跳槽现象也能得到一定抑制，连招聘费用也可以节省不少。

资料来源：https://wenku.baidu.com/view/ze073d58af45b307e87197ed. 有改动、整理

二、组织结构设计程序

（一）弄清楚公司要履行的商业职能

职能的分析是建立组织机构合乎逻辑的起点。通常零售商需要履行以下商业职能。

（1）采购职能。即购进商品所完成的一系列相关活动。

（2）销售职能。即销售商品所完成的一系列相关活动。

（3）仓储职能。商品购进之后，在进入商场销售之前，需要使用自己的仓库，履行储存职能。

（4）运输职能。连锁零售组织总部将商品从仓库配送到各店铺，需要使用自己的运输车履行运输职能；此外，商品从商场到达消费者手中，有时也需要进行必要的运输工作。

（5）加工职能。承担适当的商品流通加工职能，例如自行分等、挑选、改变包装等。

（6）信息职能。建立信息管理系统，履行信息收集和处理职能。

（二）将各职能活动分解成具体的工作任务

在确定零售商必须执行的基本职能之后，需要将其进一步分解为具体的工作任务。职能是按业务范围的大类划分的，一种职能可能包括多种具体的工作任务，例如储存商品职能包括商品验收、堆码、维护等任务。

（三）设立岗位，明确职责

弄清楚需要完成的商业职能和工作任务之后，就须将任务划分为职务，并明确相应的职责，使每一个职务包括一组类似的工作任务，担当一定的责任，也就是说，具有确定的职责。这些职责在整个公司组织中应该有相对持久和稳定的主要目标。

（四）建立组织机构

明确地规定和划分各项职务及其相应职责，还必须规定各项职务之间的关系。也就是说，不应该孤立地看待各项职务，而应该从系统观点出发，把它们看作整体中有机联系、相互作用的各个组成部分。这样，就能按照综合的、协调的方式，根据各项职务及其相互关系的要求建立相应的组织机构，形成健全统一、有机协调的公司组织。

第二节 零售企业组织结构的类型与发展趋势

一、零售企业组织结构的类型

（一）小型独立商店的组织结构

小型独立商店一般由业主自己出资并打理，比较常见的是夫妻店，人员有限使得这种小型商店的组织结构非常简单，基本不考虑专业化分工，完全由业主分配任务，理货、补货、收银、采购所有人都要做，业主亲自监督管理。随着企业的发展，销售规模日益扩大，员工的数量会增加，店主会采取简单的管理分工。图 5-1 是一家由五六名员工组成的小商店，店主负责采购，然后就是监督管理整个商店的销售和各项作业的完成；通常还会有售货员，他们负责销售商品、安排存货、清点货物、商店内部的卫生等；送货员负责确保商品准时到达，报告送货时顾客的投诉，在送货线上发掘新顾客。这种分工在员工之间的职责划分明确，并且不影响他们之间的合作。如果有员工因有事不能值守岗位，可以派遣其他员工负责。

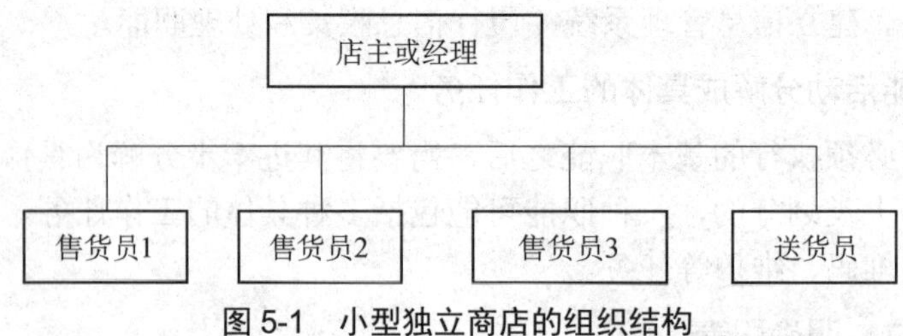

图 5-1 小型独立商店的组织结构

（二）单体百货商店的组织结构

20 世纪 20 年代，美国全国商品零售公会的一个委员会专门制定了一套健全、有效的百货公司组织计划。Mazure 计划是其中一项成果，在组织结构设计上，在总经理下设研究部门、副总和总经理助理，副总经理下设经理会，下辖四个职能区域：财务部、商品部、公关宣传部、商店管理部（见图 5-2），四大部门各司其职，有效从事零售百货商店的经营管理活动。其中，财务部负责商品统计及编制报表、销售核查、开支预算和控制、信用审查、开支预算和控制、销售审查、发放薪金等；商品部负责采购、销售、库存计划和控制；公关宣传部负责橱窗设计和店内设计、广告、促销、市场调研、公共关系等；商店管理部负责商品保管、客户服务、行政采购、人员培训和保安清洁等。经理会成员由四个部门经理和高层领导构成，通过定期会议的形式让各部门对店铺整体运营有正确的认识，促进彼此间的合作。目前，许多大中型百货商店把 Mazure 计划的组织结构的修正形式作为自身的组织结构。

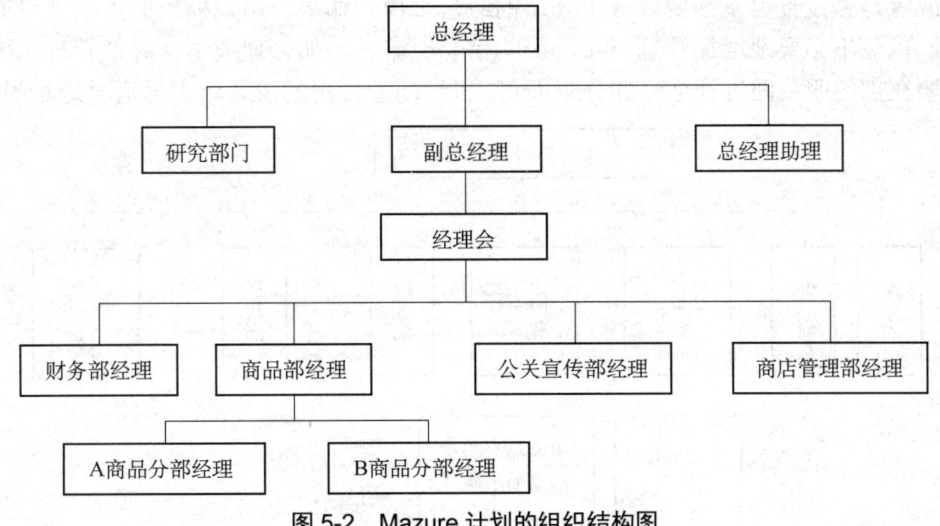

图 5-2 Mazure 计划的组织结构图

（三）区域连锁店铺的组织结构

区域连锁店铺的组织结构一般按职能和地区进行设计，实行专业化分工，在总经理下设各职能部门，包括企业策划部、发展部、店面经营部、财务部、采购配销部、行政部和信息服务部，各司其职（见图 5-3）。其中，企业策划部是公司的参谋部，根据公司经营现状和宏观环境的动态变化，不断制定、调整战略目标与规划，为总经理及其他部门提供参考；发展部的职责主要涉及新店铺的拓展，包括为新店选址，编制投资预算，制定店面建设、装修和设计标准，采购和安装经营设备等；店面经营部负责店铺制定和执行经营业绩考核制度，对店长业绩进行考核，监督店面工作的规范与执行情况，为店面经营提供指导和制定并实施各店铺的促销计划；采购配销部负责制订商品采购计划，制定商品开发政策，开发新商品，制定商品采购和配送制度以及物流活动的开展与管理；财务部负责制定有关资金的筹集和使用的各种管理制度，审核各部门投资预算或经费预算，监督经营费用管理制度的制定与执行情况，提供会计报表，开展内部审计工作；行政部负责工资、福利待遇、岗位考核、人事变动等人事制度的执行，劳动人事合同和档案的管理与人力资源的开发、工资后勤服务等；信息服务部负责公司管理信息系统的开发和维护，系统使用人员的培训，商品经营数据系统的整理和分析，开展市场调研活动，保持与外部环境的密切联系。店面经营部按照营业区域设置分店，配销部按照商品类别设置采购室，分店根据连锁超市公司区域的扩大和店面数量的增多而增加设置，采购室根据经营商品类别的增加或商品类别的细划而增加设置。

这种组织结构运营标准化程度较高，各分店经理负责销售，权责高度集中。科室数的多少，或者是否设置科室都要取决于公司的经营规模。如果公司规模不够大，就没必要设置科室，以免不必要地增加管理层次，影响信息交流，增加管理成本，降低管理效率。这时只需要在部门职员间进行适当的分工即可，以后随着公司的发展壮大再适时地增设科室。

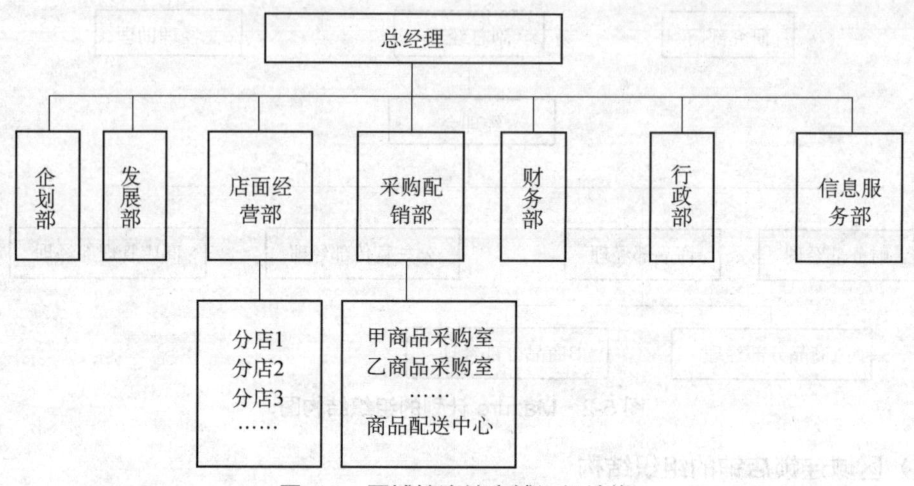

图 5-3　区域性连锁店铺组织结构

（四）现代大型职能型店铺的组织结构

现代大型职能型店铺在组织结构设计上，在董事会下设各职能部门：营运部、商品部、人力资源部、财会部、储运部、拓展部、信息服务部，实施专业化管理事务（见图 5-4），纵向指挥各门店事务。其中，营运部负责门店运营管理；商品部负责各门店的商品采购、计划和广告促销；人力资源部负责人事、薪酬、福利、培训和规划；财会部负责财务、会计和资本运营；储运部负责仓储、运输、配送和库存管理；拓展部负责地产、选址、开店、开店建设；信息服务部负责对各门店提供营运支持。该组织结构的优点是：实行专业化管理，纵向指挥容易，横向权责划分清楚，但易导致多头指挥、本位主义和缺乏创新。

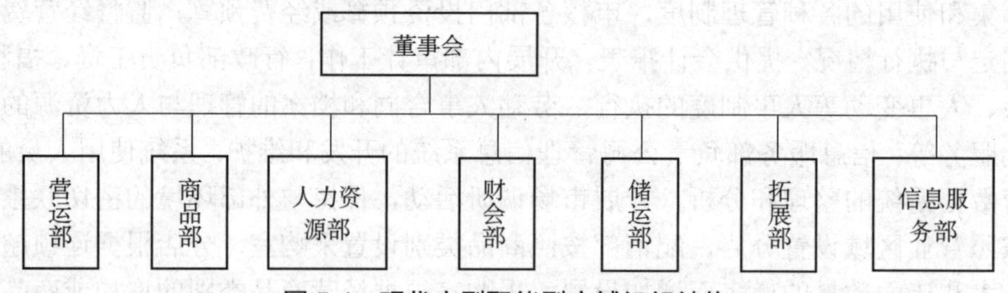

图 5-4　现代大型职能型店铺组织结构

（五）现代大型事业部型店铺的组织结构

图 5-5 向我们展示了现代大型事业部型店铺的组织结构，总部负责总的战略管理、资源规划、财务和法律事务管理，总部在董事及总经理下设不同的事业部：国际事业部、百货事业部、连锁事业部、超市事业部、便利店事业部和配送事业部，总部对各事业部提供运营支持；各事业部有独立的职能部门，如超市事业部下设人事部、商品部、财务部和营运部，有相对独立的运营权利，承担损益指标。缺点是：职能部门重复设置，总部有财务部，各大事业部也设立自己的财务部，管理成本上升；各大事业部有独立的职能部门，总部对各事业部的控制力减弱。

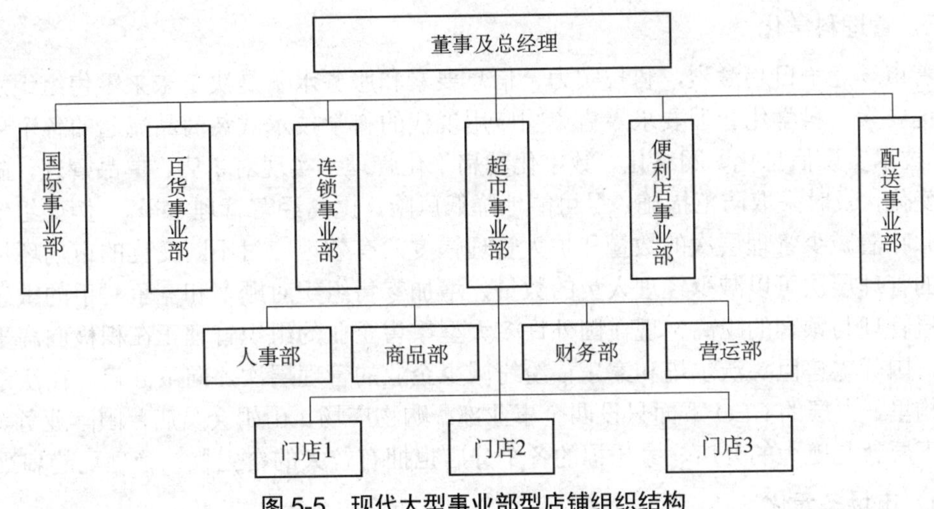

图 5-5 现代大型事业部型店铺组织结构

二、零售组织的发展趋势

随着经济全球化和信息技术的进步，现代零售组织不断做大其规模，实行全球范围内的经营和管理，呈现出以下发展趋势。

（一）组织规模化

组织规模化是零售组织流通现代化的客观要求。为了增强企业的市场竞争力，追求规模以降低成本，提高产业集中度，大型零售企业集团，如沃尔玛、家乐福、宜家等不断涌现。这种零售组织规模化同样顺应了追求购物便利性、规模性、舒适性、高选择性、文化性统一的消费者的需要。或借助连锁经营、合资、合作、合营等形式成立紧密的零售集团，或通过小型连锁企业自发组织的联购分销成立松散的零售企业集团，凭借大规模经营，降低生产成本，在市场竞争中占据优势。

（二）经营国际化

随着经济全球化的发展、信息技术和交通运输的发展，地域之间的差异日益缩小，消费者所愿意购买的商品不再局限于本国零售企业所售卖的，他们把眼光瞄准了国外。例如沃尔玛、家乐福、宜家等零售巨头在全球范围内采购商品，设立分店或分公司、子公司，赚得盆满钵满，因此生产经营国际化同样是未来零售组织的发展趋势之一，尤其对仍未“走出去”的中国的零售企业来说尤为重要。当然，经营的国际化并不是我们到国外去开一家分店或分公司这么简单，参与国际分工，必须遵守国际市场规则或管理，尊重国外市场上消费者的社会文化环境，遵守国际竞争规则。

（三）管理科学化

随着市场竞争日趋激烈，科技实力、信息要素和服务水平是决定未来零售组织发展的三大关键要素。科学化管理要求零售集团应用现代的科学技术武装商品流通的各个环节，利用 IT 技术实现信息化、网络化、数字化和扁平化管理，实现对单店、单品管理，随时掌握市场变化，及时采取防范措施，尽可能地降低风险，提高经营管理水平。[①]例如组织结构扁平化意味着减少管理层次的数量和扩大管理幅度，有效地应付不断变化的市场环境。削减公司的管理层次可以减少经理人员的数量，增加零售组织对顾客和竞争对手的敏感度，拉近高层管理与顾客的距离。现在国外许多大型零售企业的组织管理正在积极向扁平化方向发展，国际零售巨头沃尔玛和家乐福纷纷减少企业的管理层次，向下分权。在沃尔玛的组织结构里，上层的 CEO 下面只设四个事业部：购物广场、山姆会员店、国际业务、配送业务，下层就是庞大的分店。家乐福的各个分店也拥有较大的自主权，管理更趋扁平化。

（四）市场多元化

多元化发展是指大型零售集团一般都是一业为主，多业发展，是伴随着市场多元化和消费者多元化发展产生的。例如位列中国企业 500 强的北国商城股份有限公司，走的就是多元化发展路线。多元化发展的初期往往是为了适应市场竞争而提出的，但随着市场竞争的加剧，零售组织多元化正在向更高层次发展，向纵深市场开拓。多元化的实现途径主要有四种：一是零售集团不满足于现有收益水平，向上游延伸，进入生产领域，开设自己的工厂，建立自有品牌，提高企业市场的知名度，或是收购现有生产企业、新建生产基地、贴牌生产等形式，构建从生产到销售的供应链，推进部分商品产销一体化，很多大型超市，如华润万家、家乐福等在发展到一定阶段都愿意生产并销售自有品牌的商品。二是零售集团不向纵深延伸，而是横向发展，开拓相关产业，扩大经营范围，如很多大型百货商店、购物广场在坚持以零售为主业的基础上，向美食、休闲娱乐、旅游、影院、健身房等相关产业发展，全方位满足消费者需要。三是零售集团通过搜寻新的投资领域，进行跨行业发

---

① 黄国雄，王强．现代零售学［M］．北京：中国人民大学出版社，2008．

展，如建立社会化的物流配送中心。四是零售集团以超市、大卖场生鲜食品需求为导向，建立农产品生产基地及其配套的食品加工，保证食品的安全供应。

（五）组织创新化

零售组织从来不是固定不变的。近几年随着信息技术的发展和电子商务理念的深入，淘宝在国内家喻户晓。随着人们生活节奏的加快，很多人无暇去光顾实体卖场，他们只需要在淘宝网上点击相关网页，就可以知道自己喜欢的商品的价格、颜色、形状、功能等特征，甚至服装都能够试穿，轻点鼠标就能实现购买，大大节省了人们购物的时间。由于淘宝采用网络销售，无实体店铺，经营成本低，商品价格低廉，很受消费者欢迎，销售记录也屡创新高。在这种新的零售组织的影响下，很多传统实体零售集团也开始在电子商务领域大展拳脚，建立网络销售平台。

第三节　零售组织文化

一、组织文化的表现和内涵

（一）组织文化的含义

组织文化是一系列指导组织成员行为的价值观念、传统习惯、理解能力和思维方式。诚如宗教教义约束着每个信仰者的言行一样，组织拥有支配其成员的文化。这种组织文化是全体员工共同认可的集体意识，是企业的观念、宗旨、目标的集中体现，反映了企业的优良作风。当遇到问题时，组织文化通过提供正确的途径来约束员工行为，并对问题进行概念化、定义、分析和解决。

一个顾客在沃尔玛一家商店购买一套橡胶圈，商品包装上的价格是 33 美分，当收银员扫描商品时却显示 37 美分。顾客当即表示质疑，收银员在核对价格后对顾客说："很对不起，正确的价格应该是 37 美分。"随后因为工作的失误向顾客表示歉意，并把这个商品免费送给了顾客。这个员工并没有接受任何指示在这种情况下该如何处理，但正是因为有"顾客就是上帝"的核心价值观，很容易地让他做出了这样让公司赞赏的行为。

（二）组织文化的层次

组织文化存在于两个层次上，即外在表现和深层次的内涵。

1．组织文化的外在表现

可见物象和可观测行为，即组织成员之间共享的有关人们穿着和行动的方式、表征、故事和仪式。例如沃尔玛所谓的"十步服务"，就是沃尔玛公司要求员工：无论何时，只要顾客出现在你十步距离范围内，员工必须看着顾客的眼睛，主动打招呼，并询问是否需要帮忙。

2. 深层次的内涵

组织文化中的可见因素反映了存在于组织成员思想中的深层次价值观。这些深层次的价值观、假定、信念和思维过程才是真正的文化。许多零售商创立了自己强有力的组织文化，并用它来指导员工，使其领受到他们应当在工作中做些什么，以及应该怎样做才能与公司的战略相一致。

二、组织文化的强度

沃尔玛的成功实践再次证明，企业文化是企业生存和发展的精神支柱，能够帮助企业创造长期的经营业绩。这种文化的影响体现在两个方面：首先，明确的企业文化能够帮助零售组织主动去适应外部环境的变化，指导组织迅速对顾客需求或竞争对手的举措做出反应；其次，成功的企业文化有利于提高企业内部的凝聚力，激发企业员工的集体认同感，激励企业员工去持续创造优异的经营业绩。

可是，我国有很多零售企业效仿沃尔玛建立了自己的标语、口号、故事等，但为何文化的作用不像沃尔玛那么明显呢？因为组织文化有强文化和弱文化之分，区别在于组织成员间关于特定价值观重要性的认识的一致程度。如果对某些价值观的重要性存在普遍的一致性意见，那么该文化就是具有内聚力的且是强势的。沃尔玛无疑就是强文化的典型代表，能够增强企业内部的凝聚力。如果很少存在一致意见，那么这种文化就是弱势的。组织文化不可能对售货员遇到每件事情都做出明确规定应该怎样做，但是强文化能够让员工产生强烈的认同感和凝聚力，让他们主动做出对企业最有利的选择；但是弱文化很难让员工产生普遍认同感，在遇到突发事件时，很难做到企业利益为先。

在强文化中，几乎所有的雇员都能够清楚地理解组织的宗旨，比起那些只有弱文化的竞争对手，管理当局很容易把组织的与众不同的能力、核心价值观传达给新雇员。在强文化中，即使没有一些约定俗成的规章制度，在意外情况发生时，员工也能非常清楚地知道什么行为是组织鼓励的，自我判断并采取正确的行为。

凡事有利必有弊，强文化能够帮助零售组织创造持久的经营业绩，也有可能会成为组织转型的重大阻碍。除非文化能促进公司对外部环境健康的适应，否则较之弱势文化更容易对组织的成功造成伤害，因为核心理念、价值观的影响是根深蒂固、不容易被改变的。

由于组织文化需要很长的时间才能形成，一旦形成后，它又趋向于稳定不变。一个强的组织文化，由于得到员工的普遍认同，要改变它是很困难的。因此，当一个既定的组织文化随着时间的推移而变得对组织不合适或成为发展障碍时，要改变它需要一定的时间。

三、组织文化的建设和重塑

在一个新的零售组织的建立过程中，组织文化的建设是不可缺少的一个重要内容。随着经营环境的变化和市场竞争的日趋激烈，零售组织也需要重塑组织文化，重视和强化现有企业文化中那些支持企业竞争战略的内容，消除或弱化与竞争战略相矛盾的内容。组织文化的建设和重塑道理是一样的，都是旨在培育一种强有力的优势文化。零售组织文化建设和重塑的方法有很多种，可以通过招聘新员工、培训员工和管理人员来实现，也可以通过调整零售企业组织结构来实现。在建设和重塑零售企业组织文化的过程中，需要注意以下三个关键内容。

（一）订立基本价值准则

建立一个适应企业竞争战略的组织文化，首先需要告诉员工什么样的行为是对的，什么样的行为是不被允许的。实践中，企业往往会组织相关人员撰写一部价值准则或者叫组织文化手册，来陈述那些为管理者所期望的和不被管理者容忍或支持的行为和价值观。美国商业伦理研究中心的一项研究表明，财富500强公司中的90%和其他公司中的半数都已订立了公司价值准则。这些准则明确了公司对员工行为的期望，阐明了公司的理念，即公司希望员工能认识到公司鼓励的价值观与行为伦理，供员工反复诵读或者随时出现在零售组织的营业场所以强化认知，这是建立健康的强势文化的基础工作。

（二）建立组织结构和激励机制

建立符合组织文化的组织架构，是建设和重塑组织文化的另一个关键。例如，一些公司建立了专门的组织文化办公室或精神伦理办公室，主要负责日常的伦理问题和两难选择，并征询意见，也负责根据价值观培训雇员，以指导其行为。一些公司会专门设置伦理巡视官，处在这个位置上的人有权直接与董事长和首席执行官沟通，他们主要负责倾听抱怨、调查伦理指控、指出员工所关心的问题或高级管理者可能的伦理败坏行为。

另外，建立健全有效的激励机制也是不可缺少的一环。连锁店由于专业化、标准化的管理，使得许多制度在组织内盛行。这些制度很容易压抑员工的创造性和主动性。提高员工的士气，使其感觉自己真正是组织的一分子，组织的事业也是自己的事业，有效的激励机制将起到极大的作用。

在这方面，沃尔玛同样做得十分到位。在国内的沃尔玛商店，有这样一个制度，每个员工在每个月必须认领一种商品，然后，在这个月想方设法地促进这种商品的销售，每个月末进行评比，看谁认领的商品销售量上升幅度最大，上升最大的那位员工被评为VIP冠军，然后全店的员工为他庆祝。另外，在国内已开设的几十家沃尔玛商店中，还实行“店中店”制度，每个“店中店”即一个团队，负责某一类商品的销售，这些团队的员工都可以从公司的网络上查到不同商店的经营状况，并进行竞赛活动。如果该团队在国内商店中的同类商品的销售量中得到第一名，这家“店中店”同样将上光荣榜，得到全体员工的尊敬。

连锁商店经营需要标准化的制度进行控制，但同时也需要有创造性的和个性化的员工队伍，将这两个方面的作用充分发挥出来。只有强势的组织文化可以进行整合，文化能让员工步调一致，又能增强组织的适应性，因此文化是最高层次的一种管理手段，它能帮助企业降低成本，提高效益。

（三）基于正确价值观的领导

在文化的塑造中，领导者扮演着重要角色。领导者必须牢记他的每一个表述和行动都会对组织文化和价值观产生影响，可能他们并没有认识到这一点。员工通过观察领导者的一言一行来学习组织价值观、信念和目标。当领导者自己出现了非伦理性的行为或不能对别人的非伦理性行为做出果断、严厉的反应时，这个态度将会渗透到整个组织内部。如果领导者不去维护伦理行为的高标准，那么正式的伦理准则和培训计划就会毫无用处。

如果领导者一直是基于正确价值观来领导下属，尤其是在为组织价值观做出个人牺牲时，他就可以赢得员工的高度信任和尊重，利用这种尊重和信任，领导者可以激励员工追求优异的工作绩效并使他们在实现组织目标中获得成就感。这就是为什么在具有强势文化的组织里总会流传着有关创始人或最高领导者的故事和传说，这些故事和传说已成为该组织文化中的一部分。对员工而言，他就是一个英雄，他象征着勤奋工作和正直，他的一举一动深深地影响着那些追随他的人，正因为有了领导者的榜样，组织文化才得以在员工中被贯彻和发展。

第四节　零售企业人力资源管理

零售企业应努力将企业战略与组织结构相匹配，在组织和组织成员之间建立起良好的关系，以求得组织目标和组织成员个人目标的一致，进而提高企业员工的积极性和创造性，最终有效地实现企业目标。作为服务行业，零售企业的经营中员工所提供的服务对企业发展具有非常重要的意义，做好零售企业的人力资源管理是十分重要的。应该积极引进多个方面的优秀人才，善于发现每个员工的优点和长处，让员工到最适合岗位去做最适合他们做的事情。零售企业人力资源管理是对零售企业的人力资源进行宏观调控，以从事零售业的工作人员为主要分析对象，依据法律规定对其所属的人力资源进行规划、岗位分析、招聘、录用，以及培训开发、激励、考核等管理活动的过程。

一、零售企业人力资源管理的特点

由于历史和现实的原因，零售企业所面对的人力资源环境和其他行业相比具有一定的特殊性，这些特殊性在零售业的不同业态内部都有体现。

（一）零售企业员工结构复杂

零售业是劳动密集型行业，长期以来大多数零售企业经营都需要大量员工。由于零售企业招聘职位多数比较低，如收银员、理货员、柜台销售人员等，对这些员工教育、培训和技能的要求也比较低，对这些职位支付的工资也比较低，导致很多零售企业招聘到的都是工作经验很少或者几乎没有工作经验的员工，即大量非熟练劳动力。

另一方面，零售企业的经营业态具有复杂多样性，不仅要面对各种不同类型、不同要求的顾客，还要面对不同行业和政府部门等。加上经济、技术等宏观环境的迅速变化对零售企业人力资源提出了更高的要求，因此零售企业经营需要不同专业、不同受教育程度的员工，以适应不同岗位的要求。这些不同的员工管理的要求也是不同的，增大了管理上的难度。

现代零售业对员工的要求和传统零售业已经有了很大不同。各种 POS 技术、网络信息技术、冷冻保鲜技术、物流配送技术、选址布局技术、门店陈列、顾客服务、促销策划等方面已经有了很大改变。这就要求零售企业的中高层管理人员应该是高素质的复合型人才，这是新时期我国零售商必须高度重视的问题。

（二）对员工的需求具有明显的时间差异性

零售企业面临的顾客需求的变化具有明显的时间差异性，不同季节、不同时期，甚至每一天的不同时段都可能产生较大差异，这些都会影响人力资源规划。例如，目前从总体上看我们大部分顾客都愿意在周五晚或周六日到超市或商场购物，元旦、春节、儿童节等节假日客流量一般也会明显较平时增多。那么与此相对应，零售企业在人力资源配备方面也需要在这些时段多配备人员。很多零售企业往往采用聘用临时促销员来解决对人力资源需求方面的差异性。

（三）零售企业扩张增加了人力资源管理的复杂程度

现代大型零售企业不同于单店企业，规模大，门店多，包含多个业态，分布地域范围广，因此企业人力资源管理的幅度、层次和难度都大为增加。不同业态由于面对不同的细分市场消费需求，所要求的服务供给也存在差异，因此人力资源管理方面也存在明显差异性。很多大型零售连锁企业都有数百家甚至几千家分店，仅仅每家委派一个店长已经是一件非常不容易的事情。要保证每一个分店都能够按照总店的规章制度办事，贯彻企业理念，体现企业文化，就需要有一套完整的人才开发和培训体系。

二、零售企业人力资源管理的内容

人力资源是一种特殊的资源，是零售企业最宝贵的资源。零售企业人力资源管理涉及岗位分析、人员规划、招聘选拔、培训开发、激励考核等多个方面。

（一）人力资源规划

零售企业要根据企业总体战略和经营计划，评估组织的人力资源现状及发展趋势，收集和分析零售企业人力资源供给与需求方面的信息和资料，预测人力资源供给和需求的发展趋势，制定人力资源招聘、调配、培训、开发及发展计划等政策和措施。良好的人力资源战略规划可以帮助零售企业减少不必要的损失，可以降低企业经营风险，保障企业平稳有效的经营环境。

（二）职务分析

职务分析是人力资源管理最基本的环节。要做好人力资源管理工作，就必须了解各种职务的特点以及能够胜任各种职务的人员的特点，否则管理工作就无从下手。

职务分析又称工作分析，是指对某特定的职务做出的明确规定，并确定完成这一职务需要有什么样的行为过程。必须对零售企业中的各个工作和岗位进行分析，确定每一个工作岗位对任职员工的具体要求，包括技术及种类、范围和熟悉程度；学习、工作与生活经验；身体健康状况；工作的责任、权利与义务等方面的情况。这种具体要求必须形成书面的岗位说明书，作为员工招聘工作的依据，也是对员工的工作表现进行评价的标准，进行员工培训、调配、晋升等工作的根据。

（三）人力资源的招聘与甄选

员工的招聘和甄选是零售企业人力资源管理的基本环节，也是一个非常重要的环节。人员的招聘就是寻找并吸引合适的、有巨大发展潜力的工作候选人来从事企业内的工作。员工的甄选就是通过一定的测试手段，对工作候选人的综合能力进行测试，根据岗位需求确定候选人。

根据零售企业的岗位需要及工作岗位职责说明书，通过多种途径和手段，如接受员工推荐、刊登广告、举办人才交流会、到职业介绍所登记、通过猎头公司等从企业内部或外部吸引应聘人员。并且经过资格审查，如接受教育程度、工作经历、年龄、健康状况等方面的审查，从应聘人员中初选出一定数量的候选人，再经过严格的考试，如笔试、面试、评价中心、情景模拟等方法进行筛选，确定最后录用人选。人力资源的选拔，应遵循平等就业、双向选择、择优录用等原则。

（四）人力资源培训开发

应聘进入零售企业的新员工必须接受入职教育，这是帮助新员工了解和适应企业、接受企业文化的有效手段。入职教育的主要内容包括零售企业的历史发展状况和未来发展规划、职业道德和组织纪律、劳动安全卫生、社会保障和质量管理知识与要求、岗位职责、员工权益及工资福利状况等。

为了提高员工的工作能力和技能，有必要开展富有针对性的岗位技能培训。对于管理人员，尤其是对即将晋升者有必要开展提高性的培训和教育，目的是促使他们尽快具有在更高一级职位上工作的全面知识、熟练技能、管理技巧和应变能力。通过企业内部培训和社会培训等方式，提高员工思想、技能、文化素质。对现代零售企业来说，员工的教育培训和再发展是一个不可忽略的环节，员工的教育培训也是企业营造核心竞争力的关键因素。

人力资源管理部门和管理人员有责任鼓励和关心员工的个人发展，帮助其制订个人职业生涯发展计划，并及时进行监督和考察。这样做有利于促进组织的发展，使员工有归属感，进而激发其工作积极性和创造性，提高组织效益。人力资源管理部门在帮助员工制订其个人发展计划时，需考虑与组织发展计划的协调性或一致性。也只有这样，人力资源管理部门才能对员工实施有效的帮助和指导，促使个人发展计划的顺利实施并取得成效。

（五）员工工作绩效考核

绩效考核通常包含两个方面的含义：一是指零售企业对员工在某一时期内的工作成绩、效果进行一定数量和质量的分析，并做出评价，又称“考绩”。其中工作绩效是指那些经过考评的工作表现、成绩及效果，而考核是指定量或定性的评定、磋商和估算。另一个方面是指绩效管理，管理者不仅要让员工明确绩效考核的目标及其衡量指标，而且需要设立合理完善的绩效监控点和绩效信息收集、反馈渠道，并对照考核目标与结果，不断找出差距，明确员工下一个阶段的绩效目标和改进目标。

绩效考核可以是自我总结式，也可以是他评式的，或者是综合评价。考核结果是员工晋升、接受奖惩、发放工资、接受培训等的有效依据，它有利于调动员工的积极性和创造性，检查和改进人力资源管理工作。

（六）员工激励

员工激励是人力资源管理的一个重要职责。员工激励能够激发员工的工作动机，调动员工工作的积极性、主动性和创造性，激励能够使员工的工作态度发生积极性改变，由“要我做”变为“我要做”，情绪始终保持在兴奋状态，维持高昂的工作热情。通常来说，激励的水平越高，员工工作越努力，取得的成绩也就越突出。

（七）员工工资报酬与福利保障设计

员工一旦被组织聘用，就与组织形成了一种雇佣与被雇佣的、相互依存的劳资关系，为了保护双方的合法权益，有必要就员工的工资、福利、工作条件和环境等事宜达成一定协议，签订劳动合同。

合理、科学的工资报酬福利体系关系到组织中员工队伍的稳定与否。人力资源管理部门要从员工的资历、职级、岗位及实际表现和工作成绩等方面，来为员工制定相应的、具有吸引力的工资报酬福利标准和制度。工资报酬应随着员工的工作职务升降、工作岗位的变换、工作表现的好坏与工作成绩进行相应的调整。

员工福利是社会和组织保障的一部分，是工资报酬的补充或延续。它主要包括政府规定的退休金或养老保险、医疗保险、失业保险、工伤保险、节假日，并且为了保障员工的工作安全，提供必要的安全培训教育、良好的劳动工作条件等。

（八）保管员工档案

零售企业人力资源管理部门应对员工的个人资料以及员工的工作业绩、工作表现、工作报酬、工作主动性、职务升降、奖惩、参加教育和培训等方面的资料进行妥善保管，要保管书面记录材料。

【案例】 信誉楼：尊重和激发员工的自我价值

在河北沧州下辖的黄骅市，有这样一家零售企业：它诞生在1984年，与联想、万科等企业同龄，而且依然保持着良好的发展态势；它专注于县域市场，主要分布在河北、天津和山东，经营稳健；它已经实现了交接班，尽管创始人的三个子女都在企业工作，但是没有做成家族企业，而是依靠公开选举完成了换届；这家本土民营企业最大的愿望就是做一家基业长青的卓越企业。

这家企业在员工管理上有自己独特的激励方式。

在信誉楼，员工的收入与销售额不挂钩，各级主管的薪酬与效益目标不挂钩，这样做的原因在两方面：一方面为维护顾客利益，保证诚信经营；另一方面让员工愉快工作，把精力用于专业知识和服务技能提升上。管理者认为，销售额虽然在一定程度上可以说明一个人的销售能力，但如果把销售额作为对员工评价的唯一标准，那么员工可能会为增加自己的收入想尽一切办法把商品甚至是不适合顾客的商品强行推销给顾客。这样顾客的利益不可避免就会受到伤害，这与“为顾客着想”服务理念是相悖的。再者同一个柜组的员工为争顾客也会产生矛盾，关系紧张，影响员工情绪。

不仅导购员的工资与销售无关，从柜组主任到公司高层管理人员也都没有把收入与利润挂钩，一个新店开业，在市场培育期，还没达到盈利，但包括总经理和各级主管薪酬并不会受影响，甚至不比盈利的老店待遇低，因为信誉楼更多的是对过程的关注，考评的是他们的付出和能力，而不是利润。

在信誉楼，如果员工上班迟到了，也不会被扣工资，只要按规定如实划上迟到的符号即可。工作中，由于无心之过而造成的经济损失，只要如实说明也不用员工承担损失。在柜台不忙的时候，鼓励员工到柜台外休息休息，去别的柜台购买生活用品，以便下班后尽早回家。后勤人员每天上午要走出办公室做两遍广播体操，主管可以到公园散散步。

在“5加2”“白加黑”几乎成了企业工作信条的现代社会，信誉楼却对员工加班有严格的限制，如果晚上加班超过八点，就必须有楼层经理和财务经理签字批准，除非特殊情况，一般不允许超过晚上十点。

适合做管理工作的，可以往管理上发展；业务上有特长的，主任做得优秀了，也不必非得做经理，可以做主任，但享受经理的待遇；有服务特长并喜欢服务工作的，也尽可以在柜台上做自己喜欢的服务工作——高星级优秀导购员（现有五个星级）的工资也可以和主任的工资相等，还享受岗位股股权。

内部经营，信誉楼提倡把权力放下去，将责任留下来。充分的授权，给下属极大的施展空间，做好了是下属的成绩，让下属有成就感，增加信心，提升能力；做不好是上级没有尽到培训责任，信誉楼讲管理即培训，管理即服务，放手放权能很快培养锻炼出一个优秀的团队。

信誉楼的创始人张洪瑞就是一个善于充分授权的人，2000 年公司到青县去建第一家分店，一个项目上亿元的投资，他一个字也不签，这在很多人看来是不可思议的，信誉楼的高管们都习惯了。当然充分授权的前提是制度健全，岗位职责清晰，责权利挂钩，各负其责，各司其职，这样企业才更加有序，更加高效，员工干得也更加轻松，因为他知道自己应该干什么，不应该干什么。

所以，面对外面企业的高薪挖人，真正适合信誉楼的员工，谁也挖不走。平均离职率才 3%左右，那些离职的还是因为信誉楼的末位淘汰机制产生的。

资料来源：http://mt.sohu.com/business/p/128503969_481788

本章小结

不同规模和零售业态，零售组织机构是不一样的。小型独立零售商店组织结构较简单，店主负责经营管理，店主与店员之间无中间管理层，避免信息传递链条过长，船小好调头；大型单体百货商店在规模做大、人员增多之后，增加了各职能部门的经理，增加了管理链条。区域连锁店铺同样强调专业化分工和分店经理负责制，现代大型职能型店铺既强调纵向指挥和专业化管理，又强调横向分工合作，容易导致多头指挥，效率降低，大型事业部型店铺里设置独立的职能部门，权利相对独立，总部对各事业部控制力降低。随着科技进步和经济全球化，未来零售组织发展呈现出经营国际化、组织规模化、管理科学化、市场多元化和组织创新化等趋势。

单纯的组织结构设计并不意味着零售组织能够活力四射，使零售组织充满活力的是合理的组织文化设计。组织文化是一系列指导组织成员行为的价值观念、传统习惯、理解能力和思维方式。组织文化作用的发挥有赖于文化的强弱，强文化有利于在组织成员之间发展出一种集体认同感，较快帮助组织适应外部环境，借助于订立基本价值观、建立组织架构和激励机制等手段能帮助零售组织重塑组织文化。

作为服务行业，员工所提供的服务对零售企业发展具有非常重要的意义，做好零售企业的人力资源管理十分重要。零售企业具有员工结构复杂、对员工的需求具有明显的时间差异性等特点，零售企业扩张增加了人力资源管理的复杂程度。零售企业人力资源管理的主要内容包括人力资源规划、职务分析、招聘与甄选，培训开发、激励、考核等管理活动的过程。

复习思考题

1．大型跨国零售企业应采取什么样的组织结构？
2．简答未来零售组织的发展趋势。
3．如何重塑中国零售企业的组织文化？
4．大型连锁零售企业人力资源管理的重点和难点是什么？

案例分析

店长“独大”成双刃剑，家乐福西南裂变

家乐福进军西南的第一店——重庆棉花街店正在经历一场前所未有的人事大动荡。

自2003年8、9月以来，这家家乐福分店的3个处长、10余个课长、9个销售助理等服务部门经理相继离职。动荡之前，一封集体致原家乐福中区经理何融沛的信，列举了十大“罪状”，矛头直指家乐福经营一大法宝——店长自主权模式。他们认为，这种管理体制就像一把双刃剑，在灵活应对竞争对手的同时，却因其“放大”了的权力“割伤”内部。造成这些劳资纠纷的原因，家乐福的离职者们纷纷把矛头指向了店长，并声称“不是个人恩怨”，而是“店长权力过大造成的”。在给区经理的信中，他们对店长权力如此总结：“店内最高领导以个人喜好随意开除员工，剥夺员工的劳动权利”，“人事管理混乱，随意调换员工工作岗位”……

相对于沃尔玛，家乐福的店长拥有相当大的自主权，如人事权，还有对盈利负责的权力、促销权。在采购上，尽管各个地区都有商品部，南区、北区、中西区和东区都有区域采购中心，但店长可自主采购生鲜食品和当地特色产品。一业内人士分析，外资零售商内部管理体制大致有三种：一是中央集权制管理，如诺玛特，店长权力小，随时要向区总部汇报；二是个性化管理，如家乐福，充分重视人才，包括店长和部门经理都有实权；三是制度化管理，如沃尔玛，部门经理就靠一本厚厚的手册来管理。店铺由店长负责管理，接下来是处长，再下来是值班经理（处长助理或课长）。单店具有较大的独立经营权，店长决策权力较大，这就是家乐福的店长权限体制。店长自主权模式一直被业界誉为家乐福经营上的一大法宝。

家乐福的店长权力大利弊并存。单店较大的决策权力使每一家店都能针对目标顾客灵活采购，使家乐福的31家店每一个都门庭若市。但供货商说，家乐福店长权力过大是一种“灾难”，因为原来他们只要和家乐福总部打交道，现在要分别对家乐福所有分店的店长“公关”。他表示，家乐福进场费已很高，这种当地分店具有采购权的制度“容易产生私下交易甚至行贿受贿，对于供应商也增加了不必要的成本”。更重要的是，分店对利益最大化的追逐会使整个采购系统放松，利益下降的少数供应商会铤而走险，寻找一些利润更高但来路不明的商品。经营业绩是考核店长最重要的指标，很容易引发“做假账”的情况，一个月下来某部门毛利不够，一种方法是无条件占用供货商的商品；还有一种方法是叫供货商自己掏钱买自己的产品，如供货商在家乐福有10万元的货，家乐福以8万元卖给供货商。据棉花街店离职的原纺织课长回忆，2003年春节，店里就下了硬性任务，打了22 500元现金给供货商，叫他们拿服装来冲。表面销售额是上去了，但亏的是家乐福。

重庆大学工商管理学院市场系廖成林认为，店长权力的大小，归根结底，是家乐福和沃尔玛强调内部管理和外部管理的不同，沃尔玛的采购实现了供货商、商场和消费者的三位一体，实现了零库存，从而降低成本。而家乐福则通过加强店长权力，以及增加工时、减少劳动开支等内部管理方式来降低成本。这也恰恰是家乐福目前的管理平台造成的，它还没有形成足够强大的全球供应体系。

诺玛特重庆南坪店负责人认为，沃尔玛和家乐福的两种管理模式都比较成熟，背后拥有强大的供应商资源和雄厚的资金实力。然而各自的弊端也明显，在经营上，沃尔玛的中央采购缺乏灵活性，而家乐福则缺乏整体性，分散采购会导致各个店都不一样。至于家乐福由此带来的“分店公关”的猫腻，那就很难说了。据称，诺玛特则采用经营和采购分离模式，店长完全不负责采购，而由此带来的“营采”配合协调问题则交给一个叫运作部的区域机构去做。

沃尔玛和家乐福在管理模式上有本质的区别。家乐福的店长权力更大，从货品陈列、进货，到最后的售价等都掌握在店长手中。而沃尔玛则是中央采购和销售负责制，从订单到采购都由总部说了算。这样，沃尔玛灵活性要差一点，实际销售速度上会慢一点，但好处是便于整体控制。而家乐福的店长自主权模式则削弱了中央采购能力，获取信息片面，更重要的是和供应商的谈判能力较弱，容易导致一些质劣甚至假货入店。

资料来源：文静. 店长独大成双刃剑，家乐福西南裂变［J］. 21世纪经济报道，2004-02-12.

【思考讨论】

1. 家乐福超市为何会发生西南裂变？
2. 家乐福与沃尔玛的组织结构有何不同？孰优孰劣？

商店布局与商品陈列

☑ 掌握零售商店布局的基本形式；
☑ 掌握商品陈列的基本方法和原则；
☑ 了解商店氛围营造的基本内容；
☑ 能够理论联系实际，进行零售卖场布局和商品陈列设计。

沃尔玛和人人乐超市的商店布局与商品陈列对比

在 2012 年中国内地各大超市销售排名中，沃尔玛位于第 3 位，而人人乐超市跌出前 10，排名第 12 位。

根据对沃尔玛与人人乐超市的走访调查发现，沃尔玛与人人乐超市在占地面积与货物供应量方面并没有太大差别，内部的布局也都基本类似，所不同的是一些细节问题，如沃尔玛每一个货架摆放五层货品，最高层一般高度的顾客均可拿到，货架上面用于存储销量较大的货物，便于即时上架。而人人乐一层采用六层货架，最高一层由于太高，货品很难拿到，实际上，调查发现六层货品很少有人问津，这在影响货品出售的同时也影响了架上存货的空间。而正是由于存货空间的减少，必然导致频繁上架，浪费一定服务人力，增加服务成本不说，货车来回穿梭，极大影响顾客购物心情。仔细观察还会发现，人人乐一层货架排列方向不同，有一半是横着的，一半是竖着的。没有规律的摆放往往会令顾客无所适从并且导致顾客流向的混乱。

相比人人乐，沃尔玛体现得非常体贴和精明。在每个货架旁都会提供其他辅助物品的销售，如在速食面货架提供捞面匙和咸菜出售，在增加销售量和促销位置的前提下更可以让顾客深深体会到卖场的关怀。沃尔玛货品可以说并不全，拿牙膏货架为例，基本上没有杂牌，而且没有小包装，摆放很紧密，总共才用了一列。而人人乐则“气势”宏大得多，仅牙膏就摆放了一个半货架，品种规格齐全，一种牙膏通常四五个并排摆放在一起，这样的摆放导致空间占用要比沃尔玛大六七倍左右。人人乐还存在一个巨大的问题是货品摆放不合理，例如，饮料与杀虫剂的货架是相邻的，首饰与清洁用品是相邻的，这些摆放都是不合理的，很可能令一些细心观察和喜好清洁的顾客感到不适。

当然，人人乐并不是什么都不好。根据实际观察和网上资料对比，发现人人乐销售区域发生过变化，童装从最初的三层移至四层。虽然看起来没什么太大的变化，但是，四层还有家电销售、玩具销售、儿童休闲中心。它们构成了一个合理消费圈，首先，大人买家电需要很长时间，这时可以让孩子在休闲区玩耍，同时，休闲区带动了周围玩具、文具、书本、童装的销售。虽然人人乐排名暂时还比较靠后，但就在家乐福、沃尔玛两条巨鳄的眼皮底下，人人乐的营业额出人意料地从 1997 年的 1 000 万元增长到 2005 年的 50 亿元，再到 2012 年的 129.32 亿元，也得承认其在零售业所取得的非凡成就。

资料来源：http://wenku.baidu.com/view/926f571455270722192ef76b.html

第一节　商店布局

零售卖场的活力取决于有创意的卖场设计以及商品布局陈列，商品的表现、色彩的组合、灯光、设备的合理配置及恰当的使用。最佳的卖场布局是科学组织消费通道，使消费者合理流动，促进消费的实现。作为消费者，走进沃尔玛超市，整齐的货架，合理的商品摆放和布局，干净整洁的店内环境，醒目的商品分类标示，位置突出的促销品，这些都让顾客愿意浏览参观整个商店，延长购买时间，刺激购买心理和行为。

一、商店布局的基本形式

（一）商店布局考虑的因素

商店布局是对货架、柜台、陈列橱等营业设备的摆设以及销售空间的合理分配，商店布局的重点在于如何利用有效的空间以及商品，引导并帮助消费者寻找自己所需购买的物品，为消费者创造舒服、惬意的购物环境，以极大地利用好每一块地方的价值，如图 6-1 所示。据 AC 尼尔森的调查发现：实际上，2/3 的消费者是在店内做出购买商品的决定的。一般做出购买某种商品的决定只需要 20 秒钟，这就意味着商店可以通过布局和陈列影响消费者的购买行为。

商店布局通常会考虑以下三方面的因素。

1．如何有效地利用空间

合理设计货架摆放和通道，既不会因过于拥挤造成顾客以及工作人员的不便，也不会因过分宽敞浪费空间而增加运营成本，如很多超市在进行食品类商品的布局时，将熟食、生鲜、速冻等最吸引顾客的区域设置在门店的最内部，一方面靠近后场的作业区，另一方面还可以吸引顾客走遍全场。果蔬区一般被认为是高利润部门，通常的布局是满足顾客的相关购物需求，安排在肉食品的旁边。由于奶制品和冷冻品具有易融化、易腐蚀的特点，所以一般这类商品被安排在顾客购买流程的最后，临近出口，同时奶制品和冷冻品通常在一起，这样有利于设备的利用。

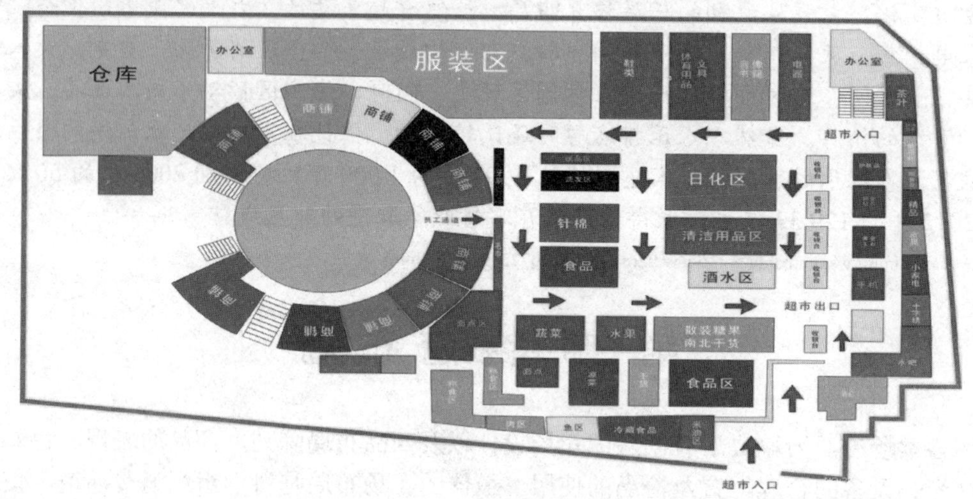

图6-1　某超市布局图

2．如何进行商品摆放

既要多样化满足不同人群的需要，又能突出一些特殊商品，刺激顾客的购买兴趣，增加其购买的冲动性。例如超市的化妆品柜台往往是单独柜台，摆放醒目，突出品牌Logo，如美宝莲、欧珀莱、资生堂等。

3．如何更方便地进行商店管理

例如款台和相关设备的摆放、理货员的补货、孤儿商品的回收、安全管理、满足特殊人群（如残疾人、儿童和老年人）的需要等，例如小件易丢商品口香糖、湿巾和孤儿商品摆放在柜台附近。

（二）商店布局的形式

一般来说，常见的商店布局主要有三种形式：直线式布局、岛屿式布局和自由式布局。

1．直线式布局

作为传统店面布局的代表，直线式布局是将货架呈纵向或横向平行排列，形成多条直线，充分利用店面空间，如图 6-2 所示。主通道与副通道宽度各保持一致，刚好允许顾客和购物车通过，便于寻找货物和自由选购。

图 6-2　直线式布局

这种布局形式在超级市场、便利店中比较常见，能够创造高效而严肃的气氛，陈列商品较多，重复样式的货柜和通道，可节省成本，方便顾客进出通道以及营业员与消费者的沟通，同时也为理货员的补货与保洁人员的卫生清理提供了方便。例如，为人们所熟知的 7-11 便利店，店内通道直而长，使顾客不易产生疲劳厌烦感，增加在店内逗留时间。但是，直线式布局又会使商店的气氛过于冷淡、单调，容易给人压抑的感受；当较拥挤时，易使顾客产生被催促的不良感觉；室内装修方面创造力有限，活力不足。

2．岛屿式布局

作为一种富有创意的布局形式，岛屿式布局将营业场所中间布置成各不相连的岛屿形式，并在岛屿中间设置货架摆放商品。通常会形成圆形、矩形、三角形以及各种不规则形状的岛屿分布，如图 6-3 所示。

一般情况下，岛屿式分布会摆放相关联的货物，使之看起来更像某一品牌的专卖店，能够满足消费者对某一品牌商品的全方位需求，节约消费者的购物时间，增加购买冲动性；采取不同形状的岛屿设计，可以装饰和美化营业场所，活跃商场气氛。现在国内很多百货商场进行改革，引入了这种店中店的布局模式，对品牌供应商具有较强的吸引力。但是这种布局过于自由，缺少亲切感，布局变化容易造成顾客迷失，可能会因无耐心寻找而放弃一些购物计划；不能很充分地利用营业面积，摆放的物品数量有限；货架不规范，成本较高；不利于营业时间内商品补货，也不便于进行货物管理以及各柜组营业员之间的协调。

图 6-3　岛屿式布局

3．自由式布局

此外，还有很多商家综合直线式布局和岛屿式布局的优缺点发展出了更加惬意、舒适的自由式布局，如图 6-4 所示。

图 6-4　自由式布局

这种货位布局十分灵活，顾客可以随意穿行各个货架或柜台；卖场气氛较为融洽，可促成顾客的冲动性购买；便于顾客自由浏览，不会产生急切感，增加顾客的滞留时间和购物机会。但也容易造成顾客拥挤在某一柜台，不利于分散客流；不能充分利用卖场，浪费场地面积；这种布局方便了顾客，但对商店的管理要求却很高，尤其要注意商品安全的问题。

卖场商品布局要实现三个目的：一是让顾客在店内自然地行走并且其行走的路线正是店方所期望的路线，即所谓顾客流动路线的控制，如家乐福，门店上下两层，进入卖场后先是随扶梯上二楼，然后才能下一楼交款，不能直接在一层购物，这样的目的在于将顾客在卖场内的逗留时间延长，以便有更多的机会向顾客展示商品；二是让顾客了解店内商品位置，便于选购；三是让顾客购物结束后感到满足并愿意再度光顾。

（三）商店布局设计应注意的问题

随着计算机技术在零售卖场布局设计中的广泛应用，越来越多的商店不拘泥于传统，而是倾向于个性化的布局设计，以彰显卖场特色，给消费者留下深刻的印象。对此，在商店布局设计时，应注意以下问题。

1. 顾客的购买习惯

一般来说，顾客进商店时大多数人习惯用右手，喜欢拿取右边的东西，但到达一个新的区域首先往左边看，因此，商店一般都在消费者的左边陈列促销产品，将利润高的商品陈列在右边；消费者走动方向多半是逆时针方向，因此，一些购买频率较高的商品可以摆放在逆时针方向的入口处，而一些挑选性强的商品则可以摆放在离此较远处；商店中商品位置应按消费者购买商品的正常心理趋向做出规划，如消费者去超市购物时，多数是从食品开始的，因此在布局时很多超市把食品放在中心位置，这样既能方便顾客购买，又可以刺激顾客的消费冲动，引导有利于商家的消费心理。

2. 商品的盈利能力

在进行商品布局时，事先采用销售生产率等方法对商品的盈利能力进行了分析，然后将获利较高的商品摆放在商店最好的位置上，占较大的空间，以促进其销售，而将获利较低的商品摆放在较次的位置，占较小的空间，如表 6-1 所示。

表 6-1　某超市商品布局面积分配表

产 品 类 别	面积比例/%	产 品 类 别	面积比例/%
水果蔬菜	10	洗涤用品、小百货	5
畜产	8	服装	10
水产	7	鞋类	5
冷冻食品	12	电器	3
一般食品	12	日化	3
烟酒	6	文化产品	3
日配品	5	玩具	3
粮油	3	其他	5

相关计算公式如下：

$$某商品或商品部的空间规模（平方米）=\frac{某商品或商品部的计划销售额（或盈利）}{每平方米预期的销售额（或盈利）}$$

例如，超市经常把一些品牌化妆品放在显眼的位置，以有特色的柜台来加以展示。不过，有时也有例外，例如，为了扶持或增加不太赚钱的商品或新商品的销售，商店也会考虑将这些商品放置于最好的地点，以便引起顾客注意。

3．磁石点理论

磁石点是零售卖场中最能吸引顾客眼光、最能引起购买冲动的地方。根据磁石点理论，在进行布局陈列时，要在零售卖场最优越的位置摆放最合适的商品以促进销售，引导顾客顺畅地逛遍整个卖场，以刺激顾客购买。根据商品对顾客吸引力的大小，可将其分为第一磁石、第二磁石、第三磁石、第四磁石和第五磁石，磁石商品类型划分及布局如表6-2所示。

表6-2　某超市磁石商品的类型划分及布局

磁石点	卖场位置	商品类型
第一磁石	分布在顾客进入卖场的必经之路：主通道两侧	销售量大的商品，主力商品，进货能力强的商品
第二磁石	穿插于主通道中	前沿品种，引人注目的品种和季节性销售商品
第三磁石	货架两头的端头位置	特价产品、大众品种、自有品牌、流行产品、促销产品
第四磁石	卖场副通道的两侧	廉价品、大量陈列、大规模宣传的商品、热销品
第五磁石	收银台附近	特卖品、节假日促销品、非主流商品

4．商品特点

根据商品特点不同可以分成三大类：方便商品、选购商品、特殊商品。一般方便商品，如纸巾、口香糖、零食等适宜放在最明显、最易速购的位置，如卖场前端、入口处、收银台旁等，便利顾客购买以及达到促销目的。选购商品，如烟酒适宜相对集中摆放在商店宽敞或走道宽度较大、光线较强的地方，以便消费者在从容的观察中产生购买欲望。特殊商品，如品牌化妆品可以放置在店内最远的、环境比较优雅、客流量较少的地方，设立专门出售点，以显示商品的高雅、名贵和特殊，满足消费者的心理需要。

5．促销策略

有些商店在进行商品布局时，还会考虑其他促销策略。例如，超市通常每周都会搞一些关于蔬菜、水果的促销活动去吸引消费者购买，在布局时他们不会将蔬菜水果柜台放在超市入口处，而是将家电、厨具、日杂、服装等放在入口处，将蔬菜水果放在比较靠里面的位置，临近款台，务求使顾客走完商场一周，才能全部看到推出的特价商品。

二、动线设计

所谓动线就是把顾客在商店内移动的点（脚印）连接而成的线。如果把零售卖场比作一个人，那么动线就好像人身体内的血管一样重要，上、下、左、右都必须保持通畅，不能有任何阻塞的地方。

【案例】 一位顾客在超市的购物经历

这是联商网和浙江联华华商集团联合推出的“每周顾客购物”实录第一期，本次样本的基本情况：性别：女，年龄：40 岁，职业：保险公司职员。该顾客本次购物最主要的目的就是买洗面奶，因此进入卖场后直接进入化妆品区。

顾客动线：一楼入口—乘电梯—二楼—左转—化妆品区—继续向左直走—纸品区—下楼—食品区入口处—右转—糕点区—直走—饮品区—第二次右转—休闲食品区—左转—直走—收银排队。

顾客进入卖场后直接左转进入二楼的化妆品区，选择好要买的商品后继续向左，进入纸品区然后左转下楼。顾客在二楼的总体动线是按照连续向左的方向购物。从该店二楼的动线设计情况来看，顾客的连续向左和向右都符合该店的动线设计所要达到的效果。

顾客在一楼购物时基本按照右转的方向。一楼是食品区，在交谈中了解到，她对于购买的食品并没有明确的目的性。该店地下一楼的卖场是狭长形结构，并设有收银区，从上面一楼的动线图中可以看到，从二楼下来按照顾客左转的习惯直接就到收银区了，如果动线设计不好，卖场一半的面积就会浪费掉。门店的动线设计基本解决了这个问题，把糕点、冲调品和休闲食品等畅销品陈列在右侧区域（右侧以从楼上下来的右侧方向为基准），把非快速消费品的保健品陈列在楼梯口的左手处。再看顾客的动线，顾客下楼后直接右转进入糕点区，然后连续右转，绕了一圈后收银结账，该顾客本次冲动购买的商品有卫生巾、冲饮品和休闲食品，占购物总金额的 75%（59.5/79.3）。从这个数据来看，顾客冲动性购物占了很大的比例。

资料来源：https://wenku.baidu.com/view/1b0201ea76Tf5acfa1cdbd.html

（一）动线设计的作用

从上述案例中可以看出，卖场的动线设计在很大程度上引导了顾客的购物路线，这种引导对于熟悉卖场和不熟悉卖场的顾客都发挥着重要的潜在作用。顾客在一楼的购物路线基本体现了这一点，因此，卖场可以根据商品销售的情况，结合顾客的一般购物习惯，把畅销商品和销量较差的商品结合商品自身的功能作用，充分利用商品陈列上的技巧，使卖场没有“死角”存在。所以，动线规划的作用包括：合理的动线使顾客很方便地进入商业设施，使顾客很容易地走完整个商业设施，使商品很容易导入商业设施，使店员服务更方便。

（二）商店动线的种类

动线设计一般分为四类：后场动线、员工动线、水平动线、垂直动线。

1．后场动线

从停车卸货开始经过商品管理，接着上升降货梯，到进入卖场仓库的这个过程是后勤补给动线，此动线的特点是要够宽敞、180 厘米以上才足够人员和推车通过；亮度要足够，一般大约 300～400 照度、等同于办公室的亮度即可；通道两侧壁面要做耐撞处理，地坪要平顺耐磨使推车不受阻碍；而这条动线一般要让客人看不见、走不到的才是合理设计。

2．员工动线

员工每天上下班进出的动线，从经过警卫到百货公司，打卡完毕至员工更衣间换制服，再进到个人工作岗位的这条动线就是员工动线。这条动线通常会和消防逃生动线相连贯，也会有某一段和货物的补给动线重叠，这都是合理的设计。

3．水平动线

百货公司每一层卖场以电扶梯为中心来做引导客人走向的通道称为水平动线，这条水平动线分为主要动线和次要动线两种，一般根据卖场面积大小来决定动线的宽度，通常主动线宽 210～240 厘米，次动线宽 150～180 厘米。主动线大多是环绕全场呈一个“回”字形，这会使消费回游在全场各处，可以同时看到靠壁面的和中岛区的商品，是最重要且很少再变动的动线。次动线是中岛区和靠中央电扶梯的走道，还有就是中岛区和中岛区之间的走道，它虽然比较窄但十分重要，往往在次动线两边的专柜会有不错的业绩，因为走道不宽所以人群较容易接近商品，售货人员和消费者较易密切互动，从而有助于促进消费。

4．垂直动线

从地面层借助电扶梯、电梯、步梯来运送消费者上下到每一个营业楼层的过程称作垂直动线。一般而言，百分之七八十的客人多是利用电扶梯来上下商场的楼层，所以在日本的百货公司，通常采用交叉式的电扶梯（统称剪刀式）让客人能右转上楼、左转下楼，很顺利地到达每一层卖场；在我国则大多采用平行并排式的电扶梯，这种安排会造成上下楼的客人在同一个平台处挤成一团，并且让上下楼的客人必须多绕半个卖场，看似多一点商机，其实会给客人造成不便而易生反效果[①]。

在百货商场中我们一般会遇到以下几种动线设计：“井”字形、“回”字形、九宫格形。但是发展比较好的还是在百货店的动线中融入中国元素而发展出的“太极”曲线形设计。它的特点是弧形动线设计，能很好地满足商场内部空间设计的可视性和交通组织的引导性

① 动线设计：百货生命的脉动[EB/OL].（2008-08-26）.http://blog.linkshop.com.cn/u/chinabt/archives/2008/102888.html.

两个要求，透过圆弧形动线能让顾客视野的延伸性更强、可视性更强，单店的能见率更高，便于顾客到达店面。更为重要的是，方便顾客知道自己所在位置，起到了很好的交通引导作用。

第二节　商品陈列与橱窗

一、商品陈列

商品陈列是管理者以产品为主体，运用一定的方法技巧将其有规律地展示，摆设在消费者面前。好的商品陈列不仅方便消费者的购买，而且会使其感到舒适惬意，进而不自觉地延长在超市的逗留时间。所以商品陈列又被称为“无言的推销员”。

（一）商品陈列的原则

1．醒目陈列

商品的陈列目的在于吸引顾客，激起购买欲望。因此商品陈列时要尽可能做到醒目，来吸引顾客的眼球。因此在商品摆放时要注意使商品的正面朝外以引起顾客的注意，从而增加其销售机会，如图 6-5 所示；其次，酒香也怕巷子深，所以要使每个商品都有自己的位置，而不能被其他商品挡住；另外，对于货架底层的商品，由于不易被顾客看清，所以在摆放时更要讲究方法，此时可以考虑将商品倾斜陈列以突出商品。

图 6-5　商品陈列图

2．丰富陈列

货架上丰富的商品陈列往往能够激起消费者的购买欲望。如果货架商品不丰满，不仅降低空间利用率，还会使消费者觉得这是别人挑剩下的商品，从而失去购买兴趣。商品在陈列时要做到整齐有序，商品不仅要丰富，而且品种要齐全。为此，销售人员应做到及时补货。如没有库存，可以在空缺的地方放相应的标志或者用其他相关产品填补。

3．方便原则

商品是要卖给顾客的，因此商品在陈列时要便于顾客的选购。只有让顾客找得到自己想要的商品，才能达到销售的目的。对于方便品，顾客购买时的主要要求就是便利，在摆放时应放在最明显、最易选购的位置，以节省顾客的购物时间，迅速完成交易；对于生鲜商品，在摆放时可以在其旁同时摆放一次性手套、夹子等简单工具以方便顾客挑选；对于彩电、工艺品、时装等特殊商品或选购商品，由于可供选择的对象繁多，顾客在购买时需要反复地思考，冷静地做决策，所以在陈列时应该放在相对安静、光线良好的位置上，以方便顾客挑选。

商品陈列的位置要适当，便于顾客的取放。如果商品陈列过高，顾客往往会因为不容易拿放而放弃，从而影响顾客的选购。每一层货架隔板应保持3～5厘米的间隙，方便顾客正常取放产品。易碎商品要有防护措施，方便顾客的选购。

4．关联性原则

商品在陈列时，还要注意商品之间的关联性。例如，将床单、床罩、枕套等商品放在一起；将冰箱、微波炉、燃气具等商品放在一起。此外，还可以主题相关组合商品。例如，在圣诞节期间，可以把圣诞帽、圣诞树以及与圣诞节相关的礼物放在一起以达到关联销售的目的。对于关联性不是很大的商品，也要注意商品之间的平稳过渡，如饮料区不能紧挨着杀虫剂。只有做到商品的关联陈列又很好地使商品过渡，才能更好地引导消费者消费，提高商品销售率。

5．先进先出原则

商品陈列上货架后，随着顾客的不断购买，卖场理货员必须及时补货。在进行补货陈列时，商品的摆放要根据先进先出原则。考虑到顾客在选购商品时往往会本能地选取最靠近自己的一层产品，因此，补货时尽可能将新补货品放在靠里面的位置，把原有的陈列商品放在靠外的一层，这种方法可确保顾客买到新鲜的商品。

6．垂直陈列原则

同类型商品尽量避免坚持垂直陈列，避免横向陈列（见图6-5)。这种垂直陈列容易帮助消费者形成对同类型商品的品牌印象，感觉产品丰富，激起其购买欲望。同时，对卖场来说也给了不同品牌商品公平竞争的机会，使不同品牌商品平等享受货架不同档位的销售资源，避免一些不必要的陈列争执。

商品在陈列时还有其他一些原则，如安全性、区分定位等原则。总之，商品陈列并没有统一或一成不变的原则，而是要随着顾客的需求时刻变化。

（二）商品陈列的方法

陈列商品是为了向消费者提供信息，因此在进行商品陈列时要讲究一定的方法来吸引消费者的注意，刺激消费者购买。通常商品陈列时的方法主要有以下几种。

1．集中陈列

集中陈列方法是指把同一种商品集中放在同一个地方的方法，这也是在零售业中最常使用的一种陈列方法（见图 6-5），洗发用品的陈列采用的就是这种方式。这种方法尤其适用于周转快的商品。运用这种方法时以下几点需要注意：首先要明确商品集中的轮廓，否则商品的集中会给消费者带来挑选上的不便，例如可以在不同商品的货架上放上不同颜色的标志来对商品货架进行区分；其次，要给这些集中陈列的商品安排好的位置，只有最佳的陈列位置才能让商品更快地周转。

2．整齐陈列

整齐性排列主要是按照货架的尺寸来确定商品的排面数，从而将商品整整齐齐地堆积起来以突出量感的方法。大量的商品通常能给消费者以视觉上的冲击，所以整齐性陈列的商品通常是零售商欲推销给消费者的商品、正在打折的商品，或者是由于季节等缘故消费者需要大量购买的商品。例如，在夏季我们常常可以看到一排排饮料整齐地陈列在货架上，或者当某个品牌衣服在打折时也往往会大量呈现在我们面前。

3．随机陈列

随机陈列法是指将商品随机堆放的方法。该方法比较简单，只需将商品随意地堆积到确定的货架上即可。这种方法主要适用于那些正在搞特价的商品。随机陈列，往往能给顾客一种便宜的印象。

采用随机陈列的商品一般被放在一些网状筐里，筐上还要表示降价的牌子。这不仅方便顾客的自由挑选，而且给他们一种特价的视觉冲击，从而吸引顾客的注意，如图 6-6 所示。

图 6-6　随机陈列

4．盘式陈列

盘式陈列是指把非透明包装的商品，如啤酒、饮料等包装箱的上部切除，将包装箱的底部切下来作为商品陈列的托盘，来显示商品包装的促销方法。盘式陈列突出的也是商品的一种量感，但与整齐排列不同的是，盘式排列是将包装的底部切除然后以盘状甚至整箱堆积。这一方面加快了商品的陈列速度，另一方面也提示顾客可以整箱购买。

5．悬挂式陈列

悬挂式陈列是指将无立体感、扁平或细长型的商品悬挂在固定的或可以转动的装有挂钩的陈列架上的陈列方式。采用这种陈列方式不仅能体现这些商品的立体效果，而且能增添其他特殊陈列方法所没有的变化。零售商将许多商品以这种方式展示，如我们常常看到剃须刀、羽毛球拍、清扫用品、小装饰品等悬挂在商店里。

6．相关陈列

相关陈列，主要是指在陈列商品时把在使用上有关联的商品尽可能靠近，这不仅方便顾客的购买，还能增加商品的销售。例如，可以把啤酒与瓶启相邻，附近还可以放上杯子。因为顾客在购买啤酒后，往往顺手就会拿起一个瓶启，走几步再拿个杯子。

【知识扩展】　“啤酒+尿布”陈列法

在零售业内有一项著名的商品陈列法则——“啤酒+尿布”，这听起来匪夷所思，但当这两个看似风马牛不相及的东西撞到一起时，居然引发了高销量的“化学反应”。

通常，商品陈列会将同类货品放置在一起，但很多人们平时认为根本没有关系的商品其实是有密切联系的，需要经过长期研究、数据支持和经验人士的意见等综合观察后，将这些看似不相关但其实有消费关联度的货品摆放在一起。“啤酒+尿布”就是一个经典案例。经过长期研究和对大量数据进行分析后发现，购买婴儿尿布的大部分并不是妈妈，而是爸爸，爸爸们在购买完尿布后通常还会买啤酒，假如啤酒货架距离婴童用品太远，那么有些爸爸就懒得购买啤酒了。而将啤酒直接陈列在尿布货架边上时，明显发现啤酒销量大增。

7．突出陈列

突出陈列是将商品摆放在篮子、车子、箱子或突出板内，在相关商品的旁边销售，主要目的是打破单调感，诱导和招徕顾客。突出陈列一般高度适宜，位置在陈列架的前面，摆放突出，但通常数量不会太多。

8．端头陈列

端头是指货架两端，是容易吸引顾客注意力的地方。对于卖场来说，端头陈列设计不仅决定着销量，还是卖场形象的重要展示窗口。端头陈列的可以是某一种产品，也可以是组合产品，通常卖场会选择那些影响力较大的品牌促销商品或者高利润的商品放在端头进行陈列。

9．岛型陈列

岛型陈列是运用陈列柜台、平台、货柜等工具，在卖场的适当位置展示商品，尤其适用于那些品牌档次较高、有一定知名度的产品，如品牌化妆品、家电、厨具等。由于这种陈列方式的效果是立体的和全方位的，往往更容易引起消费者的注意，效果非常好。

10．主题陈列

主题陈列是借助某一主题环境来进行商品陈列，主题选择非常多，如六一儿童节、春节、元宵节、中秋节、情人节等。在这些主题环境里，卖场可以把与该主题相关的商品摆放在一起，借助灯光、装饰、音乐等环境渲染，突出促销商品。例如，春节来临之前，各大超市都装饰一新，在超市入口或明显位置以喜庆的大红色布置展台，摆放春联、挂饰、压岁包、存钱罐、喜庆童装、鲜花、干果、新年糖等商品，突出喜庆的主题来促进商品的销售。

11．情景陈列

情景陈列是将一组相关联商品组合陈列在一起真实再现现实生活中的情景，超市或商场的家具、床上用品、厨房用具产品经常采用这种陈列方法。例如，在夏季床品柜台，往往卖场会摆放一张床，在床上铺好床垫和床单，撑起蚊帐，铺好凉席和凉枕，给顾客清凉舒爽的感觉，如图 6-7 所示。通过真实再现生活场景，增强顾客对产品的认同感和立体感，以达到促进销售的目的。

图 6-7　情景陈列

12．扶梯陈列

一些商超卖场会把商品陈列在扶梯上，如图 6-8 所示，让顾客利用在扶梯上的时间选购自己需要的商品。通常陈列在扶梯上的商品毛利较高，容易引起顾客冲动型购买，单价在 10 元以下，价格按从低到高的顺序排列，通常陈列丰满，排列成阶梯状，而且定期调整。

图 6-8　扶梯陈列

13．量感陈列

量感陈列一般指通过数量众多的商品的集中陈列或通过一些陈列技巧，使顾客在视觉上感到商品很多，如图 6-9 所示。量感陈列一般适用于食品杂货，以亲切、丰满、价格低廉、易挑选等来吸引顾客。量感陈列的具体方法很多，如店内吊篮、店内岛、店面敞开、铺面、平台、售货车及整箱大量陈列等。一般应用于下列情况：低价促销、季节性促销、节庆促销、新品促销、媒体大力宣传、顾客大量购买等。

图 6-9　量感陈列

14．品牌陈列

品牌陈列，即我们常见的专柜陈列。它主要是指在特定经营区域内，将同一品牌的各类商品放在一起陈列，如帽子、服装、鞋包等。通过这种陈列方式可以更鲜明地展示商品的特点以及设计理念，以更好地宣传零售商所经营的品牌，从而也使顾客更全面地了解该品牌。近年来以 H&M、ZARA 这些国际快销品牌为代表的国际品牌，以特有的品牌陈列效应给国内市场造成了居高不下的销售量的冲击，使得国内许多服装品牌也逐渐意识到品牌形象对销售量的重要性。在进行品牌陈列时需要我们注意的是，每个品牌都有自己的品牌文化及设计理念。因此，在陈列时都会有不同的展示方法。

商品的陈列对商品的销售起着至关重要的作用。对此，中国服装设计师协会培训中心的李维把陈列与整个服装营销体系的关系形容为润滑剂和发动机的关系。她说："整个服装营销体系就像是一辆汽车的发动机，由很多零部件组成，陈列就像是润滑剂，没有它发动机也可以运转（也就是销售），但是运转速度和功率都会受到影响，长此以往会影响发动机的寿命。"从这个意义上讲，陈列可以促进销售，可以提升品牌附加值。

（三）商品陈列的技巧

1．商品的陈列位置适宜

商品的陈列位置适宜，既包括商品在陈列时的高度，也包括商品与顾客的距离。在琳琅满目的商场里，繁多的商品往往会使顾客眼花缭乱。因此，商品陈列的高度首先要易于顾客观看。一般情况下，顾客最容易看见的区域为以水平视线下方 20° 为中心，上方 10°，下方 20° 的范围。可视宽度范围为 1.5～2 米，而在购物广场购物时可视范围仅为 1 米。因此，零售商在进行商品陈列时一定要注意在顾客的可视范围内将商品以最佳方式展示。商品在陈列时要与顾客有适当的距离，尽可能做到接近顾客。因为顾客在购买商品时往往有着摸摸看看的心理，这不仅能让顾客获得与商品接触的亲切感，而且能带来自由选购的乐趣。

此外，商家可以根据商品的不同特点将商品陈列在不同的高度。在货架上段，通常陈列一些推荐商品，或有意培养的商品，该商品到一定时间可移到中段；在中段，主要陈列高利润商品、自有品牌商品、经销商品等；在下段，主要陈列那些体积较大、重量较重、利润较低或者易碎的商品。

2．商品的平衡对称陈列

商品的平衡对称陈列是指以中轴线为中心将商品对称陈列。它既包括色彩、空间的平衡，又包括空间及空间内容的对称。采用此种方法进行陈列时，首先应该确定中心，然后再向两边对称陈列；其次，陈列商品时应该保持上下基线一致，不能参差不齐；最后，还应该保持商品在款式、数量等方面的对称。平衡对称能够给顾客一种协调的感觉，在一种和谐的环境中往往可以放慢脚步，从而提起对商品的注意。

3．商品的分色系陈列

商品的分色系陈列主要有类似色陈列和对比色陈列。对比色陈列，其搭配特点主要是色彩对比强烈，从而能给顾客带来比较强的视觉冲击力。这种陈列方式不仅包括服装上的对比，还包括服装与背景的对比。其中，最明显的是黑白两色的对比。对比色陈列往往能够突出商品特点，吸引顾客的注意。类似色陈列，是将色彩识别性比较小的商品一起陈列，如绿色系列（青绿、墨绿、深绿）、黄白系列等。与对比色陈列不同，类似色陈列可以给顾客一种柔和、有秩序的感觉。采用类似色陈列时，为了避免商品混合在一起，可以将商品按明度依次进行排列，并采取侧挂方式，这不仅不会给顾客造成视觉上的混淆，还会有一种错落有致的美感。

4．商品的针对性陈列

不同的商品往往有着不同的适用人群，因此商品在陈列时也要根据不同人群的不同特点采取不同的陈列方式。例如在儿童商品区，由于儿童天真活泼，所以在陈列儿童商品时要生动、热闹，例如，可以在儿童商品区挂些五彩缤纷的气球、摆放些儿童喜欢的玩具来活跃氛围，以对儿童形成强有力的吸引力；在高档化妆品区，可以采用一些艺术展示，增加香味，应用紫罗兰、白色等颜色来烘托其高档典雅的氛围；而在老年商品区，商品陈列时则不需要太多的个性展示，老年人更需要的是一种稳重的平常的方式。

随着消费者需求的多样化和陈列技术的进步，现在很多商场、超市在陈列商品时更加注重陈列的个性化，增加商品的可观赏性，以此来抓住顾客的眼球，提高顾客的进店率。

二、橱窗设计

商店橱窗是商店的第一展厅，所以橱窗设计是商店陈列设计的重点，它是指以商品为主体，并通过布景、道具和装饰画的背景衬托，并配合灯光、色彩和文字等的说明，进行商品介绍和商品宣传。

（一）橱窗的类型

按照不同的划分方法可以将橱窗分为不同的类型，常见的有以下几种分类方法。

1．按照展示时期划分

（1）定期展示橱窗。零售商在固定的时期内保持橱窗展示商品不变，划分时期通常是按月份、季节等来进行。相对固定不变的橱窗布置不但能提示消费者季节的到来，如夏季展示真丝服饰，冬天展示羊绒衫和皮衣，引导流行趋势，而且能充分展示零售店的特色和风格。

（2）节令展示窗。零售商在季节更换或者重大节日来临之前，往往根据消费者的需求来展示适应季节或者节日的商品，如春节服装、圣诞礼品的展示，可以向消费者提示季节的交替或者节日的到来，引起消费者的注意，引导消费者消费。

（3）临时展示窗。零售商根据临时捕获的市场信息，为抓住市场机会获得好的销售业绩，从而临时设计展示的橱窗。例如在北京奥运会期间，许多商家增添有关体育的临时展示橱窗，不仅提高了商家的销售，而且获得了更多消费者的好评。

2．按照设计表现手法划分

（1）环境型橱窗。零售商将某类商品与其生产、使用的环境相结合起来设计的橱窗。零售商应该从商品的名称、特性、产地、用途、使用对象等多方面来设计橱窗环境。采用环境型橱窗可以使消费者更全面地了解商品，从而方便消费者的购买。如果将商品所处的环境进一步概括想象便得到想象型橱窗，如葡萄酒的展示橱窗可以想象为庄园葡萄丰收的景象。这不仅告诉消费者葡萄酒的来源，还会吸引消费者购买。

（2）抽象型橱窗。零售商用几何图形或简单的线条等抽象图案装饰的橱窗。这种橱窗的设计需要用丰富的艺术知识和高度的艺术概括能力，并不适用于所有商品。

此外，零售商往往不会单一地运用某种橱窗展示形式，而是将多种形式结合起来以更好地展示商品，即形成综合型橱窗。

3．按照陈列的品种划分

（1）专题型橱窗。这种橱窗主要是将同品牌商品、同种类商品以及专类商品一起陈列。例如运动专题橱窗，可以将运动器械、运动服装等一起陈列。这种橱窗在一些大型商场以及专业店里得到广泛应用，只要零售商选择的是消费者喜爱的主题，通常就可以达到很好的效果。

（2）综合型橱窗。零售商将店铺中具有代表性、类型不同的商品陈列在一起，以介绍店铺的经营范围。这种橱窗通常为小型零售商所应用。应用该种橱窗时需要注意将商品划分主次，以将商品全面展示在消费者面前。

此外，如果将橱窗从外观结构上划分，可以分为有底座的橱窗、斜坡式橱窗、独立橱窗、暗箱式橱窗等。

不同类型的橱窗往往会带来不同的效果。但不论哪种陈列方式的橱窗，作为商店的眼睛，都应该能够为顾客传递有关商店的经营信息。例如，商店经营商品的档次、经营商品的范围等。作为商店的一部分橱窗必须要和商店融合成为一个统一的整体，传达商店的经营理念，并对商店的重点经营商品、创立商品等做无声的推荐，从而引导消费者进行消费。

（二）橱窗的设计要求

1．橱窗位置要适宜

橱窗的位置要适宜，既要考虑其陈列时的高度，又要考虑橱窗在零售店里所处的地理位置。

首先，橱窗高度以和人的身高差不多为宜，以便使整个橱窗内陈列的商品都能在顾客视野中。最好能使橱窗的中心线与顾客视平线相当，橱窗底部的高度以成人眼睛能看见的高度为好，太高或者太低都不利于消费者的观看购买。

其次，橱窗的地理位置要适宜。橱窗要向消费者展示商品，因此一定要将橱窗放在合适的位置以吸引消费者的注意，通常大型商场、超市或精品店都会把橱窗放在临街的位置，吸引过往行人的注意。

2．橱窗设计要突出商品

商品是橱窗的焦点，其他只能是陪衬。因此橱窗背景在设计时，既要单纯、明快能引人注目，同时又要突出商品而不能喧宾夺主。橱窗中的道具也应该是越隐蔽越好。采用道具只能是渲染商品特点、样式、花色以突出商品特色，而不能将道具过于突出。

3．橱窗设计要有美感

曾经有人将卖场比喻为一本书，而橱窗就是这本书的封面，因此橱窗的设计要突出完美的艺术感。一般可以运用对称与均衡、变化与统一、相似与对比、节奏与韵律等方式将商品与橱窗有机地结合成为统一的整体。例如，对商品单一、色彩单调的商品，在展示时可以多变化陈列方式以避免陈列的呆板；对色彩繁多的商品，可以灵活运用色彩的对比、渐进等方式展示商品以求清新活泼。此外，橱窗内商品在布局时要注意商品之间的疏密，过密的陈列会给人拥挤甚至烦躁的感觉，而过疏的陈列又会造成橱窗空间的浪费；橱窗内的光线也要适宜，例如，对于场景式的陈列要采用普通散射光照明，从而营造家居的氛围；对于金银珠宝等商品，则最好采用聚光灯照射，从而使商品璀璨夺目。不同的橱窗在陈列不同的商品时，往往要展现不同的风格，但无论哪种风格都要展现不同的艺术美感，以吸引脚步匆匆的消费者。

4．橱窗设计要富于变化

商家经常调整橱窗商品的陈列，可以不断地给顾客一种新鲜的感觉，从而为了不错过这种新鲜感而保持着对商家的关注。尤其是在季节交替时，及时地变换商品的陈列能够吸引顾客并引导其消费。而如果长时间不变动陈列，会使顾客熟视无睹，甚至带来厌烦的感觉。橱窗展示的变化会给顾客耳目一新的感觉，进而对顾客产生吸引力。

第三节 商店氛围

氛围是指商家通过灯光、音乐、颜色以及气味设计一种环境以刺激顾客的知觉和情感，并最终影响其购买行为。好的商店氛围往往会有事半功倍的效果，既可以补充商店在设计时或者商品的不足，还可以带给顾客愉快的购物行为。

一、灯光设计

灯光照明可以说是对商品的软包装。因此，店内照明在商场中扮演着非常重要的角色。根据日本零售理论：有多亮的灯光，就有多好的生意。它可以消除商品的陈列阴影，提高商品的陈列效果，展现商品的陈列魅力；还可以营造商场的氛围，为顾客提供一种愉快舒适的购物环境。灯光设计一般可以分为基本照明、特殊照明和装饰照明。

1．基本照明

基本照明是为了照亮商品而进行的照明，是最重要的照明。在一些大众化的商场、零售店、折扣店里商家所提供的照明一般为基本照明。这种照明主要是为了让顾客能够看清购物环境以及所陈列商品的外观及标价，最基本的要求是灯光足够明亮，这样才能吸引顾客。试想，在暗淡的灯光下，再优质的商品也会显得质量差、档次低，甚至根本看不清是什么商品。

2．特殊照明

这种照明主要是为了突出某一特定商品而设置的照明，多采用特殊聚光灯照射以达到突出商品的效果。一些时装商场、大品牌销售店、珠宝店等高档商场多采用特殊照明。这种照明往往可以营造一种特殊的灯光氛围，从而提高商品形象。对珠光玉器、高档手表等进行特殊照明，不仅可以显示商品的珠光宝气，还可以渲染商品的外形美，从而吸引消费者的注意力。

3．装饰照明

这种照明主要是为了求得装饰效果或者渲染购物的氛围而设置照明，并没有太多实质性的作用。为了达到装饰效果，商家一般采用彩灯、壁灯和霓虹灯照明设备。例如，我们常常可以看到一些大型商场外面霓虹灯闪烁，一方面显示出它的富丽堂皇，同时还会给我们留下深刻的印象。

商品的特点不同，照明的方式也要随之而变，从而烘托一种吸引顾客的氛围，进而激起其购买的欲望。例如，在超市中陈列的肉类，会采用红色的背景色及红色灯光，使肉类看起来十分新鲜。而为了使水果看起来更新鲜，偏绿或偏黄的灯光设计常被采用。

二、音乐设计

在美国有 70%的人喜欢在播放音乐的零售店铺购物，音乐的不同旋律通常会给人不同的生理反应。这或许就是音乐被广泛应用于几乎各种商场的原因。顾客在购物时音乐是影响其购物感受的重要因素，恰当地设置背景音乐通常可以提高销售，而不适宜的音乐却会引起顾客的反感。但在现实生活中，有的卖场却没有注意到这一点，认为卖场中只要有音乐就行了，至于播放什么类型的音乐则完全没有目的性。更有甚者完全是凭播音员的个人喜好，想放什么音乐就放什么音乐，这样往往会适得其反。我们应当了解音乐，并好好利用音乐，让它更好地为我们服务。因此，在设置背景音乐时要注意以下几个方面。

1．注意结合商品特点

不同的音乐有着不同的效果，人们往往会将古典高雅的西洋音乐与欧洲的贵族或高社会阶层人士联想在一起。因此，在定位比较高的精品店中播放古典的、优雅的音乐，可以烘托出商品或服务的价值，使顾客想当然地认为商店内商品的品位也高，符合卖场的定位。那些节奏快的音乐，比较适合拍卖品；如果是休闲服装，就要选择正在流行、节奏感强的摇滚音乐，以加快顾客的脚步，加快店内的流通速度。

2．注意音乐的音量

音乐的声音大，虽然可以烘托出热闹的气氛，吸引消费者驻足，但是即使是再好听的音乐，超过一定的声音强度也会使人远离。因此，当商店内音乐超过一定强度后无疑是将顾客拒之门外。例如，商家在播放摇滚乐、交响乐、合唱歌曲时如果分贝超过了40，就会加快顾客的脚步，甚至让顾客不想踏入商店门。首先音乐只是商店用于烘托氛围的工具，只是一个背景，商家的目的始终是销售商品。因此，在设置背景音乐时一定要结合商品的特点选择最恰当的分贝。

3．注意音乐的节奏快慢

慢节奏的音乐能够使人放松、沉静，可以使人静下心来轻松购物。因而在顾客不是很多的情况下，播放慢节奏的音乐可以相对延长顾客在卖场内停留的时间，增加顾客的消费。相反，节奏稍快的音乐会加快人的运动节奏，同样也会提高人的购买欲，所以在客流高峰时适当播放节奏快的音乐，可以鼓励顾客加速消费或采购动线，缩短顾客在店内的停留时间。

但并非所有音乐都能达到此效果。调查结果显示，在零售店铺里播放柔和而节拍慢的音乐，会使销售额增加40%，快节奏的音乐会使顾客在商店里流连的时间缩短而购买的商品减少，这个秘诀早已被零售店铺的经营者熟知，所以每天快打烊时，零售店铺就播放快节奏的摇动乐，迫使顾客早点离开，好早点收拾，早点下班。

4．注意音乐播放时间

背景音乐的播放时间要根据音乐类别加以区分，例如，对于摇滚乐，如果商家长时间地播放，往往会使人感到心烦意乱进而无意购物，所以在播放时应该有所间断；而对于比较柔和、浪漫的音乐则可以较长时间播放。

5．固定开店音乐与打烊音乐

开店与打烊是每天固定的流程，同时对消费者也是一种提示，表明此时门店要开张或关门了，这时播放的音乐一般是比较规范和固定最好。例如，早晨开始营业播放欢快的迎宾乐曲，打烊时播放轻缓的送别曲。

此外，不同节日播放与节日有关的主题背景音乐，在气候变化时播放音乐给顾客以温馨提示等都可以增加顾客的满意度，提高顾客的购买量，树立起卖场的形象。因而，卖场要利用好背景音乐这一无形的武器，真正做到音乐响起来，销售提上来。

三、颜色设计

色彩既能让人心情愉悦，也会让顾客心情压抑。不同的色彩烘托着不同的氛围，时刻影响着顾客的购物心情。所以，商店中颜色的设计对零售商来说也是相当重要的。

1．颜色的特点

不同的颜色有着不同的特点。红色是一种比较突出的颜色，一般只用作强调色，而不会大面积地作为背景色出现。在一些重要节日如国庆、春节等时，恰当地应用红色不仅可以吸引顾客的注意，还可以突出节日的喜庆；绿色给人一种新鲜、生机勃勃的感觉，能让比较小的空间显得更加宽阔，尤其是浅绿色通常被应用于商店背景；黄色，往往会使人觉得明亮、年轻，所以多用于儿童服装店的装饰。但由于黄色有着刺激视觉的作用，容易使人感到疲劳，在应用时最好少量应用，而不要用作主色。

通常，红色、橙色、黄色被认为是“暖色”，会给人以亲切、温和的感觉，能够创造出温暖、活跃的氛围。许多快餐店在设计内部环境时以暖色为主。而蓝色、绿色、紫色则被认为是“冷色”，能给人以清凉、洁净的感觉，在光线比较暗的走廊、休息室里多应用冷色调。

2．颜色运用的原则

结合不同颜色的特点，在零售卖场使用颜色时要遵循“四适”原则——“适时、适品、适所、适人”。适时，指颜色要适合商品销售的季节，如冬天零售卖场宜暖色调为主，春夏要凸显绿色主题，秋天是收获的季节，黄色、橙色都是上上之选。适品，指商店的装饰色应该与商品相协调，不应造成不和谐之感，如在超市的肉类陈列通常配以红色背景，更能凸显出肉类的新鲜，果蔬区背景色宜黄色、绿色，让人感觉生机盎然。适所，指店内的色调与商店的性质、风格相一致，否则会失去个性，影响形象。适人，适合顾客的偏好和敏感程度。产生一见如故和轻松、愉快的购物心理，如明黄色、橙色通常会被用在超市的面包区、熟食区，容易让人联想到美味的食品。

此外，还要注意颜色的运用要与商品本身的色彩相协调。店内的货架、陈列台要对所销售的商品起到衬托、渲染的作用。例如，陈列化妆品的货架应该以淡雅的颜色为主，从而突出商品的高档；陈列儿童玩具的货架以鲜艳、对比强烈的颜色为最好，以增强商品对儿童的吸引力。当然，如果颜色与形象搭配不好，会产生负面影响。例如，美国一家无人售货商店发现肉类的销量明显下降了，经过调查发现，店里新安了一扇蓝色窗子，而蓝色使消费者对肉类产生反感。

在寻求统一的同时，颜色的运用还要注意变化。例如，在商店的不同楼层，不同的部位要对颜色加以变化，只有这样才能形成不同的风格，不断带给顾客新鲜感，减少视觉上的疲劳。天花板的颜色一般采用反射率高的色彩，不要让天花板转移顾客的注意力，从而冲淡了店内陈列的商品对顾客的吸引力。一般情况下，应将天花板及各种管道喷白处理。

墙壁被陈列的货架所倚靠，其颜色一般采用较淡的色彩，如白色或淡绿色，这样显得比较远，给人以面积扩大的感觉。地板也不要分散顾客的注意力，一般采用反光性低的色调，避免喧宾夺主。

【案例】　绿色商店

奥地利有一家专门经营纺织品的商店，名为Palmers。因为商店布局主题是绿色，被人们称为绿色商店。Palmers的店堂布置突出绿色。店面的招牌是绿色的，橱窗底色是绿色的，商店内墙壁、地板、柜台、货架也都是绿色的。商店和服务努力营造一种绿色的氛围。商品的价格标签、包装盒、塑料袋也都带有绿色的标记。商店内的导购小姐也身穿绿色的连衣裙，迎来送往接待着顾客。绿色象征着生命，总是会给人以生机勃勃的感觉，一直为人们所青睐，Palmers的绿色主题巧妙地运用人们对绿色的喜爱，所以在奥地利生意一直很火。

资料来源：绿色的商店[J]．企业改革与管理，1999（2）：23.

四、气味设计

零售店铺卖场的气味，对创造最大限度的销售额来说，也是至关重要的。正如音乐可以影响人的情绪一样，气味通常也会对顾客购物产生一定的影响。气味宜人的商店往往会使顾客感到心情舒畅，空气污浊、有异味的商店顾客不会久留。无味的商店会使人情绪疲劳。清新如野，令人心旷神怡的环境购物，则会使顾客得到美的享受。适合卖场风格的香味便是卖场生动化管理应认真考虑的细节问题。

商店中的气味大多与商品相关。例如，水果店中水果的清香、花店中花香的气味、皮革店中皮革的气味、商店内新衣服的纤维味等，都是与商品相关的。即使走在店外的顾客，闻到这些气味后也会对商品产生联想，从而引起其购买的欲望。

此外，许多商店为更好地营造一种香气宜人的氛围，会给商店引进香气，适合的恰到好处的香味通常会让顾客流连忘返。例如化妆品店里淡雅微妙的香气总是会给人以美的享受，从而使顾客不知不觉延长购物时间。但如果香味使用不当，则会适得其反。例如经销女士内衣的零售商Frederick为获得销售上的突破，引进了一种香气，可结果却出人意料，销售额不但没有上升，反而下降。究其原因，原来Frederick一直以来吸引的是为女士购物的男士，而这些男士不喜欢这种浓郁的花香，以至于对这家商店望而止步，所以销售额也就下降了。只有适宜的香气才会起到画龙点睛的作用。

对于商店中不适合的气味要注意及时清除。例如，路边飘进的汽油味、店中强烈的染料味、洗手间的气味等都会使顾客感到不愉悦，从而会影响其购物的心情。所以店中应该有良好的通风设备，以避免出现异味；或者喷洒适当的清新剂以保持空气的清新。

本章小结

商店布局是对货架、柜台、陈列橱等营业设备的摆放以及销售空间的合理分配，商店布局要考虑如何有效利用空间、商品摆放和方便商店的管理，常见的布局形式有三种：直线型布局、岛屿式布局和自由式布局。在布局设计时应注意结合消费者的购买习惯、商品的盈利能力、商品特点、磁石点和促销策略。动线是顾客在商店内移动的点连接而成的线，商店动线设计必须保持畅通，不能阻塞，这样才能引导顾客非常方便地进入零售店铺，引导顾客走完整个卖场，刺激消费。

商品陈列是卖场以产品为主体，运用一定方法技巧将其有规律地展示给消费者，陈列应遵循醒目、丰富、方便、关联、先进先出、垂直摆放等原则，采用不同的陈列方法，同时注意陈列的位置要适当、平衡对称、分色系陈列和针对不同的顾客群进行陈列。橱窗是商店的第一展厅，在设计橱窗时要注意橱窗位置适当，突出商品，要有美感和富于变化。

商店要注意运用灯光、音乐、颜色和气味营造良好的卖场氛围，以影响顾客的购买。正确地运用色彩，可以帮助顾客认识店铺和商品，激发起消费欲望。照明同样是营造商店氛围的好工具，音乐和气味的合理使用同样会对人们的购物产生积极的影响。

复习思考题

1. 直线式、岛屿式和自由式布局有何优缺点？适用于哪种零售卖场？
2. 音乐、气味和颜色对卖场经营会产生什么影响？
3. 零售卖场在进行橱窗设计时应注意哪些问题？
4. 以某百货商场为例，说明动线设计的作用。
5. 综合超市与便利店在商品陈列方面有什么不同？

案例分析

商品关联陈列

在国外，一些男人下班后一边要赶着买啤酒回家看比赛，一边要完成老婆布置的买纸尿裤任务，自从沃尔玛超市把这两样东西放在一起后，男人们不必跑大半个超市去找，所以销量大增。当前我国多数超市目前还没有出现过这类搭配，但商品的摆放陈列已经越来越不走寻常路。

在温州市区世纪联华南国店，方便面区域被调整到二楼电梯口，而香肠、鸡翅、鸡腿、榨菜等食品则被放在方便面货架的最底层。原本摆放在三楼小家电区的果蔬清洗机，被巧妙地安置在水果蔬菜区。关联性陈列就是运用商品之间的互补性，可以使顾客在购买某商品后，也顺便购买旁边的商品。在方便顾客的同时提高了顾客购买商品的概率。

资料来源：超市沃尔玛关联陈列让你不禁多掏钱[EB/OL].（2009-09-18）. http://news.66wz.com/system/2009/09/18/101428850.shtml.

【思考讨论】结合案例分析如何做好关联陈列。

第七章

零售企业商品采购

学习目标

☑ 理解商品采购的模式与方式、商品采购决策的内容；

☑ 掌握经济订购批量的含义及计算方法；

☑ 理解零供关系的现状以及促进零供关系协调发展的手段。

导入案例

雅斯超市收取进场费41万元　供货商上诉索赔

“进场费”对于许多为连锁超市供货的供应商而言，不是一个陌生的词汇。而许多消费者不知道的是，这些“进场费”和“返点费”曾被央视曝光，认为这是推动物价居高不下的一个重要因素。

宜昌一家供货商状告湖北雅斯连锁商业有限公司（以下简称“雅斯超市”）收取高额“进场费”的官司历经二审，宜昌中院近日判决，雅斯超市应当退还多收的33万余元“返利费用”。

状告超市：供货商要求退费

状告雅斯超市的是为它供货三年多的宜昌鑫柳商贸公司。作为曾经的合作伙伴，鑫柳商贸公司从2009年开始，就为雅斯超市在宜昌以及荆门、襄阳等地的门店供应各种冲调和休闲类食品。2010—2012年，公司和雅斯超市签订了两份供货合同。合同中约定，公司为雅斯超市供货，超市可收取基本的促销返利费用，另外，还可视情况收取一定的宣传费用、商品折扣等费用。

但在合作的几年时间内，雅斯超市向供货公司收取的费用与年俱增，超出合同协议的范围太多，觉得实在是支撑不下去了。鑫柳商贸公司的统计表显示，2011 年 1 月—2012 年 3 月，雅斯超市先后向鑫柳商贸公司收取了“返利”“管理费”“陈列费”等 10 项费用，共计 41 万元。这 41 万元的费用，雅斯超市都是从每次供货商的货款结算中直接扣除。“这些费用，其实就是俗称的进场费。”鑫柳商贸公司称，如果严格履行合同，雅斯超市只应收取 7 万多元的返利费用。

历经二审：超市应退费 33 万元

2012 年 4 月，鑫柳商贸公司向西陵区法院起诉雅斯超市。在接到起诉后，雅斯超市的法务部负责人出庭应诉。据雅斯超市向法庭解释，雅斯超市和供货商没有正式的书面合同，扣款都是按照双方的“交易习惯”，按照浮动的比例收取的返利费。

法院调查后发现，双方签订的协议中，有关于“基本促销返利”的条款。根据在宜昌区域内外不同的销售门店，鑫柳商贸公司同意给予雅斯超市总货款 2.5%～3%的返利。而在双方合作期间，鑫柳商贸公司在雅斯超市的销售总额为 251 万元，雅斯超市应当收取的“返利费”为 7 万多元，而实际却收取了 41 万多元。

2012 年 7 月，西陵区法院做出一审判决，认为雅斯超市应当退还多收的 33 万多元费用。对此，雅斯超市不服判决，向宜昌中院提出上诉。超市方认为，合同中约定的费用，还应当包括促销活动推广、促销人员管理费等其他费用项目。2012 年 12 月，宜昌中院在经过再审调查后，认为雅斯超市的上诉理由缺乏证据支持，驳回其上诉。

饱受诟病：“进场费”催高零售价

为什么同样一袋薯片，在不同的超市价格相差将近 1 元？业内人士透露，这与供应商和超市之间的“进场费”高低有关。商品售价有一部分含有超市进场费。

超市收取“进场费”已成了业内潜规则，这不仅仅包括超市返点，也有许多说不清道不明的“宣传费”“折扣点”。商业人士认为，羊毛出在羊身上，供货商不可能亏本卖，只能从商品售价上想办法。

但尽管如此，供货商状告连锁超市的情况却罕有发生。宜昌这类案件实属少见，这主要是由于许多供货商相对超市而言，处于弱势地位，宁愿多出点钱，或者加高商品成本，也不愿意得罪合作的超市。

资料来源：何凡. 雅斯超市收取高额“进场费”，供货商上告[N]. 三峡晚报，2013-03-18.

第一节　商品采购概述

商品采购是零售商为了保证销售的需要，实现销售目标，在充分了解市场要求的情况下，根据自身的经营能力，运用适当的采购策略和方法，通过等价交换方式取得商品资源的一系列活动过程。

商品采购是零售经营活动的开始，做好采购工作不仅可以更好地满足消费者需求，提高企业的利润，还可以开发新商品和新供应商，淘汰滞销商品和不良供应商，提高零售商的市场竞争能力。

一、零售企业商品采购的原则

俗话说“采购好商品等于卖出一半”“只有错买，没有错卖”。零售企业如果想采购到适销对路、品质优良的商品，在采购过程中就应遵循一定原则，主要包括以下方面。

1. 以销定进

以销定进是指零售商根据目标市场的商品需求状况来决定商品的购进，以保证购进的商品无论在质量上还是数量（总量、批量、商品结构）上都能符合消费者需要，做到“适销对路”，尽快地实现销售。对零售企业来说，买与卖的关系绝不是买进什么商品就可以卖出什么商品；而是市场需求什么商品，什么商品容易卖出去，才买进何种商品。以销定进的原则可以解决进货与销售两个环节之间的关系，又能促进生产厂家按需生产，避免了盲目性。

2. 勤进快销

勤进快销是指零售企业进货时坚持小批量、多品种、短周期的原则，这是由零售企业的性质和经济效益决定的。因为零售企业规模有一定限制，周转资金也有限，且商品储存条件较差，为了扩大经营品种，就要压缩每种商品的进货量，尽量增加品种数，以勤进促快销，以快销促勤进，力争以较少的资金占用，经营较多、较全的品种，加速商品周转，做活生意。

3. 以进促销

以进促销是指零售企业采购商品时，广开进货门路，扩大进货渠道，购进新商品、新品种，以商品来促进、拉动顾客消费。以进促销原则要求零售企业必须事先做好市场需求调查工作，在此基础上决定进货品种和数量。一般来说，对那些处于新开发的，还只是处于试销阶段的商品，要少进试销，只有证明被顾客认可和接受以后，才批量进货。以进促销是发挥采购的能动作用。俗语说，“良好的采购是商品销售成功的一半。”采购能够做到在适当的时间，以适当的价格提供适销的商品，就会促进商品销售。如果能扩大商品来源，特别是采购到受消费者欢迎的新款式、新花色、新型号等的新商品，则更能吸引顾客，不仅新商品能快销，还会扩大其他商品的销售。

4. 储存保销

储存保销是指零售企业要保持一定的商品库存量，以保证商品的及时供给，防止脱销而影响企业的正常经营，尤其是对一些季节性生产、常年性消费的商品，要及时采购，保证商品销售不脱销断档。

储存保销要求零售企业随时调查商品经营和库存比例，通过销售量来决定相应合理的库存量，充分发挥库存保销的作用。储存保销要求有合理的周期库存，对于一些供应正常、较为畅销的产品需要保证其数量、品种、花色齐全，以便源源不断地供应给消费者，同时店长和导购员要共同掌握库存动态，通过进、销活动，经常保持合理库存，库存量要和进货周期相适应，和资金定额相吻合。及时分析各地区哪些商品是适销对路，哪些商品是逾量储存，哪些商品是滞销的，要按类别、品种经常进行分析以便掌握情况。

5. 讲求效益

零售商在进货环节就要精打细算，提高人、财、物的利用效率和购、销、存的有效衔接，尽可能减少一切支出，保证获得最大的经济效益。零售商采购时应依业界行情设定预期的毛利率目标，作为商品采购议价的标准，达到营运绩效；在采购商品时应与供货商在供货合约中注明销售折扣、商品陈列费等协议事项，以期获得更大的采购效益等。

6. 文明诚信

零售商在采购过程中，一方面要文明经商，以商业道德为规范，承担起商品“守门员”的社会责任，严把商品监督和审查关，严禁假冒伪劣商品进入流通渠道，做物质文明的组织者和精神文明的传播者，通过不断改善物质技术设施、强化科学管理，为消费者提供舒适的购物环境、方便的购买条件、丰富的商品品种和优质的服务；另一方面要讲求诚信，在采购商品时要以经济合同的形式与供货商确定买卖关系，保证采购合同的有效性和合法性，更好地发挥经营合同在企业经营中的作用，树立良好的企业形象，协调好零售商、供应商和消费者之间的相互关系，使采购合同真正成为零售商经营活动正常运转的保护伞。

【专栏】 商品采购以廉价为目标的后果

（1）扰乱零售店资金分配。因为资金的临时支出或额外支出将是一笔相当可观的金额，勉强凑足资金，以后在资金方面会有更多困扰。

（2）扰乱正常的采购计划。临时将资金抽调出来，用于购买廉价商品，其他商品的采购就会由于无资金支付而受到影响，扰乱了正常的采购计划。

（3）扰乱库存管理。价格低的商品通常不易畅销，虽然能侥幸地卖出一部分，但难以售完。到了最后，唯一的办法就是将价格再次压低，不惜血本地大抛售。

（4）打乱商品销售计划。经营者急于将这些商品早日售出，因此注意力集中在此，对于正常商品的经营反而会疏忽，同时极力地推销廉价品，很可能丧失其他的销售机会。最重要的是，零售店的声誉也可能受到影响。

二、零售企业商品采购模式

商品采购模式根据零售商是否连锁可以分为单店采购模式和连锁采购模式。连锁采购模式按照集权的程度又分为集中采购模式和分散采购模式，集中采购和分散采购相结合便是混合采购模式。

（一）单店采购模式

尽管超市越来越趋向于大规模连锁型发展，但单体的独立零售商仍广泛地存在。在该模式下，零售商可以完全按照自己的经营意愿开展经营活动，商品采购常由一个采购部或店长负责，直接与众多的供应商打交道，一般进货量较小，配送成本较大，必须努力实现采购的科学管理，否则失败的风险很大。

这种超市的店长是企业的法人代表，可以完全按照自己的经营意愿开展经营活动。单店超市卖场规模一般比较小，经营商品通常在 2 000 种以下，在竞争中往往处于劣势。单店超市的商品采购模式主要有如下三种具体形式。

（1）店长或经理全权负责。即商品采购的权力完全集中在店长或经理手里，由其选择供应商并决定商品购进的时间和数量。

（2）店长授权采购部门经理具体负责。即超级市场店长将采购商品的工作下放给采购部门的经理，由采购部门经理根据超级市场经营的情况决定商品采购事宜。

（3）由超级市场商品部经理具体采购。超级市场商品部经理是一线管理人员，他们熟悉商品的经销动态，比较了解消费者的偏好，可以根据货架商品陈列情况以及仓储情况灵活地进行商品采购决策，因此，这种形式比上述两种形式更为有效。

不论采用哪种形式，单店超市由于规模较小，经营商品品种较少，在商品采购数量方面不占优势，在与供应商的价格谈判中常常处于劣势地位，也就不利于其实行低价格策略。

（二）集中采购模式

集中采购模式是指零售商设立专门的采购机构和专职采购人员统一负责超市的商品采购工作，零售商所属各门店只负责商品的陈列以及内部仓库的管理和销售工作，对于商品采购，各分店只有建议权，可以根据自己的实际情况向总部提出有关采购事宜。其优点是：利于实施统一财务管理，降低企业的成本费用；塑造统一的店铺形象，规范店铺的经营行为；发挥集中议价的优势，便于对货源的控制。缺点是缺乏弹性、拖延时间、分店士气低下以及过度的一致性。

集中统一的商品采购是连锁零售商实现规模化经营的前提和关键，能真正发挥连锁经营的优势。连锁零售企业实行中央采购制度，大批量进货，就能充分享有采购商品数量折扣的优惠价格，大幅度减少进货费用，再辅以配套的统一配送机构与制度，就能有效控制连锁零售超市的采购总成本。同时，集中统一的采购制度将采购权集中，有利于规范企业的采购行为，为超市营造良好的交易秩序和条件。

（三）分散采购模式

分散采购模式就是连锁零售企业将采购权力分散到各分店，由各分店在核定的金额范围内直接向供应商采购商品。它最大的优点是灵活，能对顾客的需求做出有效的响应，比较有利于竞争。法国的家乐福公司曾经在很长一段时间都是实行分散采购，由于其单店规模巨大，同样也有较好的效果。但分散采购的最大弊端在于不能发挥规模采购的优势，不利于压低价格，不利于控制采购，也不利于塑造统一的视觉形象。因此家乐福也逐渐向集中采购模式转变。从发展趋势来看，分散采购是不可取的，因为它不易控制，没有价格优势，采购费用高。

（四）混合采购模式

混合采购模式是集中采购和分散采购相结合的一种采购模式。例如，零售商指定一个机构统一采购合同金额不得超过一定限额的商品或某些种类的商品，限额以下或其他商品的自行采购；或零售企业对各分店的地区性较强的商品（如一些地区性的特产就只适合于该地区销售），以及一些需要勤进快销的生鲜品实行分散采购，由各分店自行组织进货，而总部则对其他的商品进行集中采购。

混合采购模式具有较强的灵活性，分店可以根据自身的特征采取弹性的营销策略，确保了分店效益目标的实现。但也容易导致采购行为失控，增加控制成本和行为监管的难度，可能失去大规模采购时的价格优惠，难以发挥规模效应。

在实践中，没有绝对的集中采购和分散采购。一个零售商究竟在多大程度上实现集中采购和分散采购没有标准的模式。企业的分权程度、企业机构职能的分工、采购实体的目标、组织文化、资源和管理需求等都会影响零售采购模式的选择。

三、零售企业商品采购方式

零售企业商品采购方式的分类如图 7-1 所示。

（一）按采购方式不同分类

（1）直接采购。直接采购是指不经过任何中间商，零售企业的采购部门直接向制造商进行采购的一种方式。其优势是成本低、安全性好、交货期确定、售后服务好、品质信誉有保证、可建立长期合作关系。但是同时也具有局限性，制造商通常只接受数额可观的大额订单，直接采购者如果采购的数量有限则无法进行采购；而且由于直接采购的量值很大，有时制造商会要求预付定金或担保人担保等手续，交易过程复杂。

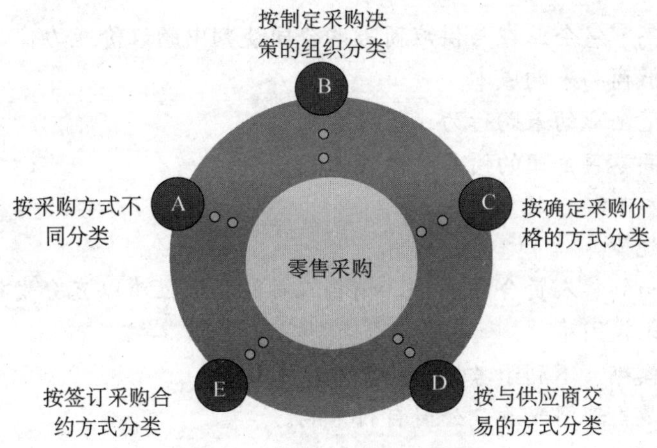

图 7-1 商品采购方式分类

（2）间接采购。间接采购是指零售企业不直接向制造商采购，而是通过中间商（批发商、代理商、进口商以及经纪人等）采购商品。它适合于与中小制造商的零星交易，并以标准化商品为限，因为中间商没有能力来满足零售商关于定制、修改商品外观或功能的要求。

（3）委托采购。委托采购是指由零售企业支付一笔费用委托外部的公司或人员进行采购的一种方式。采用委托进货方式时必须对采购商品质量、规格、品种进行严格检查，对不符合采购标准的坚决退货。一般适用于中小型零售商，可以更经济和更有效率。

（4）联合采购。联合采购是指中小零售企业为了取得规模采购优势，汇集同业零售商向供应商订购商品的一种合作采购行为，一般适用于中小型零售商或是进口管制下发生紧急采购的情况。其优点是可获得采购资格和价格折扣，有利于加强市场信息沟通，提高采购绩效。缺点是参与的零售商较多，作业手续复杂，数量分配及到货时间等问题容易产生诸多争端，也容易产生联合垄断。

（二）按制定采购决策的组织分类

（1）集中采购。集中采购是指所有购买决策、采购任务都由企业的一个部门负责。其优点是可以集中资金、严格控制、形象一致，能得到供应商的重视，可争取大批量购买的高折扣。其缺点是过度的一致性导致缺乏弹性、时间拖延、各门店缺乏积极性。

（2）分散采购。分散采购是指各部门或独立单位自行满足其采购需求，购买决策是由地方性或区域性决策机构做出。其适用范围是百货商店、连锁超市，但各店相隔甚远。

【专栏】　集中采购和分散采购的比较

（1）集中采购是由企业设立采购部门统一采购。

优点：

- 有利于提高零售企业在与供应商采购合同谈判中的议价能力。
- 有利于降低商品采购成本。
- 有利于规范企业的采购行为。
- 有利于提高零售企业的商品竞争能力。

缺点：

- 购销容易脱节。
- 采购人员与销售人员合作困难，销售人员的积极性难以充分发挥，维持销售组织的活力也比较困难。
- 责任容易模糊，不利于考核。

（2）分散采购是各部门或各分公司自行采购。

优点：

- 能适应不同地区市场环境的变化，商品采购具有相当的弹性。
- 对市场反应灵敏，补货及时，购销迅速。
- 由于分部拥有采购权，可以提高一线部门经营的积极性。
- 采购权和销售权合一，分部拥有较大权力，因而便于分部考核，要求其对整个经营业绩负责。

缺点：

- 部门各自为政，容易出现交叉采购、人员费用较大。
- 权力下放，使采购控制较难，采购过程中容易出现舞弊现象。
- 计划不连贯、形象不统一，难以实施统一促销活动，商店整体利益控制较难。
- 各部门或门店的采购数量有限，难以获得大量采购的价格优惠。

（3）分散与集中相结合的采购制度是将部分商品的采购权集中，由专门的采购部门或人员负责；另一部分商品的采购权交由各经营部门或各地的门店自己负责。

优点：灵活性较强。

缺点：如管理不当，容易形成各自为政。

（三）按确定采购价格的方式分类

（1）招标采购。招标采购是指零售商将商品采购的所有条件（如商品名称、规格、品质要求、数量、交货期、付款条件、处罚规则、投标押金、投标资格等事项）详细列明，刊登公告。投标供应商按公告的条件，在规定的时间内交纳投标押金，参加投标。招标采购按规定必须至少有三家以上的供应商进行报价投标方得开标，开标后原则上以报价最低的供应商得标；当得标的报价仍高过标底时，采购人员有权宣布废标，或征得监办人员的同意，以议价方式办理。

（2）询价采购。询价采购又称"选购"，即零售企业采购人员选取信用可靠的供应商，向其讲明采购条件，并询问价格或寄以询价单，促请对方报价，比较后现价采购。

（3）比价采购。比价采购是指零售企业采购人员请多家供应商提供价格，对其加以比较后，选择报价最低的供应商进行交易的一种采购方式。

（4）议价采购。议价采购是指零售企业采购人员与供应商经过讨价还价后，议定价格进行采购。一般来说，询价、比价和议价采购是结合使用的，很少单独进行。

（5）公开市场采购。零售企业采购人员在公开交易或拍卖时，随机地进行采购，一般来说，大宗商品或价格变动频繁的商品常用此种方式。

（四）按与供应商交易的方式分类

（1）购销采购。购销采购又称“经销”或“买断”，是指零售企业结账时，在双方认可的购销合同中规定的账期（付款天数）到期后最近的一个“付款日”，准时按当初双方进货时所认可的商品进价及收货数量付款给供应商，不存在退换货现象。零售商的大部分商品均以购销方式进货。

（2）代销采购。代销采购是指零售企业在约定的付款日准时按“当期”的销售数量及当初双方进货时所认可的商品进价付款给供应商。采用代购方式的商品采购，卖不完的商品完全退货是销售的交易条件之一，代购商品的库存清点差异也通常由供销商来承担。

（3）联营采购。联营采购是指零售企业在规定的付款日内，在当期商品销售总金额中扣除双方约定的提成比例金额，准时付款给供应商，此时联营商品的退、换货及库存清点的差异都由供应商来承担。对少部分商品（如服装、鞋帽、散装糖果、炒货等）零售商会采用联营的方式。

（五）按签订采购合约方式分类

（1）订约采购。订约采购是指零售商与供应商根据双方订立的合约方式进行的采购。

（2）口头电话采购。口头电话采购是指零售商不经过买卖双方的订约方式而以口头或电话洽谈方式进行采购。

（3）书信电报采购。书信电报采购是指零售商借助书信电报的往返而进行的采购。

（4）试探性订单采购。试探性订单采购是指零售商在进行采购活动时因某种原因不敢大量下订单，先以试探方式下少量订单，待销售顺利再大量下订单的采购方式。

第二节　零售企业商品采购决策

零售企业商品采购决策是根据企业经营目标的要求，提出各种可行采购方案，对方案进行评价和比较，按照满意性原则对可行方案进行选择的过程。零售企业采购决策是企业经营管理的一项重要内容，其关键问题是如何制订最佳的采购方案，确定合理的商品采购数量，为企业创造最大的经济效益。主要包括采购商品品种决策、采购数量决策、采购时机决策和供应商选择决策。

一、采购品种决策

采购商品的品种决策包括品类决策和单品决策。品类决策主要受零售商经营范围和市场需求的影响。为了准确掌握消费者的需求情况，零售商在采购之前必须做好市场调研和预测工作，多方收集消费者和供应商的信息，在整理分析各种市场信息的基础上考虑过去选择商品品种的经验，预测市场流行趋势、新产品情况和季节变化等来确定自己的采购品类。由于消费者的需求多种多样，相对而言，零售商有限的财力、能力等难以满足消费者的众多需求。因此，在品类确定后，零售商还需要结合自己的特长和市场竞争情况确定具体的单品品项，重点考虑主力商品和辅助商品的安排，增强自己在市场上的竞争力。

零售商进行商品采购品种决策时需要注意以下问题。

（1）制订和实施科学的商品品种计划。商品品种计划是零售商在计划期内拟经营的商品品种的组合，即零售商拟经营的各大类商品及每类商品中的品种进行组合，为后续经营提供活动依据，其中商品品种构成和商品品种策略尤为重要。

（2）确定商品品种结构非一劳永逸，而应动态地进行调整，确保零售商经营的灵活性。

（3）充分利用商品品种发展规律，如商品品种的多样性与统一性规律、商品品种不断增加的规律、商品品种新陈代谢的规律、市场中常形成流行性规律等，科学选择商品品种。

（4）高度重视新产品开发，适时引进新产品，发挥零售商引导消费的积极作用。

（5）客观把握被淘汰商品的动向，通过不断地观察和分析老商品适应消费需求的情况，筛选出那些不适销对路、消费者不欢迎且不能带来良好的经济、环境、社会效益的疲软商品，并适时予以淘汰。

二、采购数量决策

（一）影响商品采购数量的因素

影响商品采购数量的因素是多方面的，在进行商品采购数量决策时必须给予重视。影响商品采购数量的主要因素有以下几个方面。

1．一定时期企业商品销售总量

销售是采购的前提，没有销售就不会有采购。因此，影响企业商品销售的因素都可以成为影响企业采购的因素。采购决策者应密切注视市场需求的变化，做出准确科学的市场需求判断，为采购决策提供市场依据。

2．采购商品的特点

不同品类商品因其自身的理化性质不同，其保鲜期、保质期或保存期各有不同。零售商采购需区分不同性质的商品，分别确定商品的进货周期和批次进货数量。生鲜食品必须保证在新鲜状态下经营，保鲜期很短，必须采取小批量多批次的采购方式，虽然采购费用高一些，但可以大幅度降低该类商品的营业损失；日用工业品商品保存期都很长，且以平销为主，则应适度增加采购批量，减少采购次数，以利于降低商品采购与储存总成本；季节性商品旺季市场价格比较低，可以有计划地多采购，保留合理库存，以备生产淡季市场销售，赚取商品储存的时间价值。

3．供应商的价格政策

供应商的价格政策在一定程度上影响采购单位的采购数量决策。例如，供应商有最低供货限额时，一般应该以供应商提出的最低供货限额来调整订货量；如果供应商提供折扣价订购或订购数量折扣的优惠供应时，应考虑折价或折扣供应最低数量限额。

（二）商品采购数量决策的方法

商品采购数量控制的决策方法很多，主要的方法有定量订购、定期订购以及采购商品ABC分类管理控制等方法。

1．定量订购法

定量订购是商品采购时每次订购的数量相同，而没有固定的订购时间和订购周期的订购。定量订购法有较好的适应性，在订购周期内即使出现较大的市场波动，也不会造成商品积压或脱销，因此，定量订购法是商家商品采购数量决策中应用比较广泛的方法。定量订购法的理论要点是，首先确定订购点，然后再运用经济订购批量模型选择最佳的一次进货批量。

（1）订购点的确定

订购点，即采购方提出订购时的库存量标准点，是企业最低库存的警戒点，库存低于警戒点时如果还没有订货，就会出现商品脱销断档的情况，因此，当库存商品量降至订购点时，必须再次订货。订购点的确定用公式表示为：

订购点=备运时间需要量+保险储备量

上式中备运时间是商品订购的提前期，是从提出订购到商品到货能够上架销售所需的时间。商品平均备运天数与商品日需要量之积，就是商品备运时间需要量；商品保险储备量是为应付需求量不规则的大幅波动以及备运时间不均衡而造成的缺货量所准备的备用库存。

（2）经济订购批量的确定

经济订购批量，即指综合进货与存货费用之和最低时的一次订购数量。存货水平控制的目的，是在保证顾客需求的前提下，把商品采购和存货费用总和降至最低水平，即订购费用与储存费用之和最小。经济订购批量的订购模型就是基于这样一种原理设计的。该方法分析了零售商在年进货总量一定、商品供销稳定均衡、进货地点不变的条件下，每次采购数量的大小与进货费用和保管费用之间存在的某种数量依存关系，从而得出了在进货总量一定的前提下，每次进货量与采购费用支出成反比，与保管费用支出成正比的结论，如图 7-2 所示。

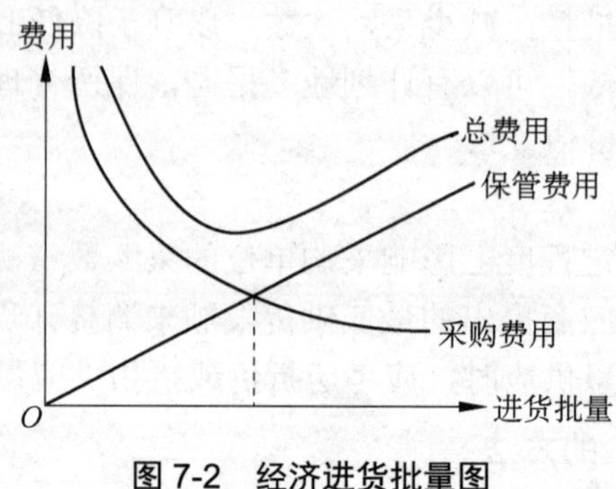

图 7-2　经济进货批量图

通过求导数建立数学模型，计算出一个使采购保管总费用最低的进货数量点，即经济进货批量，高于或低于该点数量进货均会使总费用增加。经济订购批量的计算公式为：

$$经济订购批量=\sqrt{\frac{2\times 年进货总量\times 平均每次采购费用}{单位商品年保管费用}}$$

2．定期订购

定期订购，是按事先规定的进货周期进行订购。这种订购方法有固定的订购周期和订购时间，而没有固定的订购批量。理论上，定期订购要把握好如下两个要点。

（1）订购周期的确定

订购周期是指两次订购的时间间隔。它是根据采购商品本身的性质、采购商品的难易、销售的特点、市场行情等因素，根据商家内部管理的需要确定的。例如，新鲜蔬菜需要每日都进货；面包等糕点类熟食品保质期较短，可以对商品保质期限打一个折扣来确定进货周期；而对保质期较长或无保质期限制的普通日用消费品，则主要是依据该类商品的销售速率，控制其周转速度，来确定进货周期。一般是根据该类商品的经济订购批量，结合该类商品的销货速度，计算出两次进货间隔期的长度作为定期订购的进货周期，这个进货周期既符合经济批量订购的经济性原则，又较定量订购法简便易行，大大提高了采购管理效率。

（2）订购批量的确定

定期订购由于订购的周期是固定的，但在同一时间长度的不同订购周期内商品的销售量会有所不同，所以，每次订货需要补充的库存量也会有所不同。定期订购每次订购的数量可按下面的公式计算：

订购批量=订购周期销售量+备运时间销售量+保险储备量−现有库存量−在途库存量

如果在订购时的库存量正好等于按定量订购法计算所要求的最低库存量，说明此时是最佳订购时期。如果订货时的库存量过高或过低，均可以利用上面的公式来调节订购批量。如果在几个订购周期内都出现库存过高或过低的情况，则说明商品销售出现了萎缩或增长趋势，这时就要考虑订购时间的调整，或者推迟，或者提前原来所定的订货时点，以便使订货点与按定量订购的订购点更加吻合，必要时可对保险储备量做适当的调整。

3．ABC 分类管理法

超市采购商品实行 ABC 分类管理，是区别重点和一般采购项目，对重点采购项目实施重点管理，次要采购项目实行次要管理，一般采购项目则实行简单管理。这是一种区别重点和一般的采购项目分类控制管理思想，对于节约采购成本投入，提高采购工作效率，简化采购工作程序是十分必要的。这里的重点采购项目称为 A 类商品，是经营中销售额占 70%～80%，但经营品种只占 10%～20%的少数商品。这类商品是企业经营收入的主要利润源，采购中应重点管理，做到及时订货，没有缺货，采购决策宜采用定期不定量的采购方式，确保商品供应不中断。经营中品种数量占 20%～30%，销售额占 15%～20%的 B 类商品应实行次要管理，适当加大采购批量，减少采购批次，以便节约采购成本，操作上宜采用定量不定期的方式控制采购数量。对经营品种占 60%以上，而销售额只占企业销售额 10%～20%的 C 类商品应实行一般管理，宜采用定量订购的方式，以计划期为销售周期或半周期，在计划期内集中一次或分两次大量进货，压缩采购工作量，节约采购成本。

三、采购时机决策

商品采购时机是指零售商可以获得较大利益的采购时间和机会。商战变幻莫测，时机稍纵即逝，采购必须把握好时机才会给企业带来最佳效益。采购时机的选择一般需分析以下因素。

1．库存水平

何时进货一般是根据零售商的库存水平，即商品库存量的多少而定的。对供销正常的商品，合理采购时间一般用采购点法来确定。

2．采购季节与销售季节的关系

尽管在采购季节商品丰富、物价回落，是购进商品的最好时机，但还应考虑距销售季节的长短，否则易导致因商品储存时间过长而大大增加如保管、损耗、资金利息等方面的费用开支，不利于经济核算。

3．供货方提供的优惠及限制条件

在进货环节，供应商提供的如优惠日期、支付截止日期等条件也会影响到货时机的选择。对此，零售商应认真权衡是否利用供货方所提供条件的利弊，妥善做出决策。

四、供应商选择决策

零售商都会与多个供应商建立关系以保证进货及时、品种花色丰富，并在动态、综合地比较各个供应商实际情况的基础上选择最合理的供货单位。综合比较供应商一般要分析其品种、数量、质量、商品供应能力、信誉情况、交货时间、运输付款、交货方式及提供的服务等内容。实践中可采用财务衡量标准和非财务衡量标准评定和选择供应商。

1．供应商的财务衡量标准

即通过计算供应商行为评价价值来判断供应商的可接受程度。这种评价方法建立在会计师评判的基础上，它把进货中所发生的查验后退货、办理退货手续、因货源质量而返工、提前或逾期供货、缺量或超量供货等各种无价值附加劳动所花费的劳动时间进行量化统计，并统一用金额来表示，计算出无价值附加劳动所引发的成本，再与货物供应成本进行比较，计算出供应商行为评价值（VPI）：

VPI=（货物供应成本+无价值附加劳动引发的成本）÷货物供应成本

衡量的标准是：VPI=1，说明零售商没有无价值附加劳动，VPI 越接近 1，说明供应商效率高且非常受欢迎；1.02<VPI<1.04，说明供应商是可接受的；VPI>1.04，需重新考虑与该供应商的关系。

2．供应商的非财务衡量标准

即通过确定质量、价格、准时交货、附加值等指标的分值来确定供应商的可接受程度。

第三节　零售企业商品采购过程

零售采购流程是零售商从经理采购组织开始到商品引入到卖场并进行定期检查评估的一系列步骤，如图 7-3 所示。

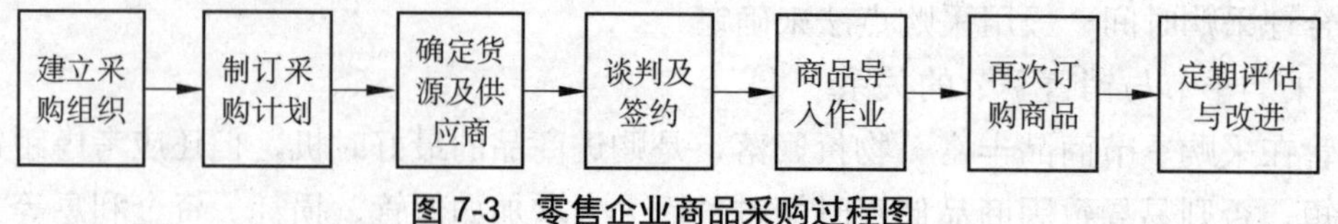

图 7-3　零售企业商品采购过程图

一、建立采购组织

采购组织是指负责采购业务的某些部门或群体。在实践中，零售商的采购业务一般是由采购组织来完成的。

采购组织的建立可以是正式的组织，如零售商建立的专门负责整个店铺或部门采购任务的采购机构，也可以是非正式组织，如一些零售商把采购任务交给一群兼职采购人员负责，这些人既负责经营商品，又负责商品采购，有时还处理其他业务，具有较强的灵活性。此外，还可以将采购业务交给外部采购组织，即零售商支付一笔费用雇佣外部的公司或人员，这笔费用通常比较流行的做法是建立联合采购组织，即由若干个中小零售商通过签订一个有利于各方的协议进行联合采购而设立的组织，其主要目的是对付日益成长的大型连锁企业的威胁，在采购业务上拥有更多的与供应商讨价还价的能力。每一种采购组织都存在一定的优势和不足，零售商可结合自身情况酌情选择适当的采购组织负责落实商品采购业务。

二、制订采购计划

采购计划是零售企业经营计划中的重要组成部分。零售商在商品采购上需要对采购什么、采购多少、从哪儿采购、何时采购等一系列问题进行抉择，并据此制订采购计划，以便加强采购管理。

采购计划一般包括年度采购计划和月度采购计划，采购员在掌握年度采购计划的基础上根据月度计划执行采购任务。采购计划的制订通常要细分到商品的小分类，对一些特别重要的商品甚至要落实到品牌商品的计划采购量上，其目的一是便于控制好商品结构，二是为采购组织和人员的业务活动提出一个范围和制约。需要注意的是，在制订采购计划时，要兼顾促销计划和新品上市活动计划，将此内容纳入采购计划之中。

在制订商品采购计划的过程中，关键是采购组织和采购人员要通过各种渠道收集顾客需求信息，如直接了解目标市场消费者的需求信息，向供应商或销售人员询问消费者信息，调查竞争对手的状况，向商业资讯机构购买商业数据，以及利用政府机构、新闻媒体等发布的信息等，以便采购适销对路的商品。

三、确定货源及供应商

选择商品货源是零售商开展采购活动的重要环节。零售商的进货来源主要分为公司自有、外部固定供应商和外部新型供应商三种类型，具体包括制造商、当地批发商、外地批发商、代理商和经纪人、批发交易市场和附属加工企业等。

供应商选择是一件非常复杂的工作，为确保商品购进环节不出意外，零售商应该事先建立一个供应商准入制度，建立一个选择标准，以对供应商进行资格审查，从一开始就淘汰和筛选出不合格的供应商，节约谈判时间，提高采购效率。同时，采购组织和人员还应该主动收集具有合作潜力的供应商资料，记录到公司数据库中，再根据记录内容和选择标准评定该供应商是否可列为合作对象。选择供应商的标准包括供应商的资信、素质、服务、商品价格、其他因素等。

由于零售商的类型和规模不同，进货渠道也会有所不同。为确保进货及时畅通，商品品种、规格、花色、样式等丰富多彩，零售商必须广开货源渠道，并尽量建立固定的货源和购销业务关系。确定商品要求包括无论选择什么样的货源，零售商在考虑采购时都需要有一套评估商品的程序。有三种可能的评估方式：检查、抽查和描述。

采购员特别应该注意的问题：配送责任的规定、缺货问题的规定、商品品质的规定、价格变动的规定、付款的规定。

四、谈判及签约

谈判是买卖双方就其交易内容和条款所进行的磋商和交涉。当货源已经选定、购买前评估已经完成时，零售商开始购买并就订货合同条款进行谈判。

一次新的或特定的订货通常要求签订一份经过谈判的合同，此时，买卖双方将认真讨论商品购买的多方面细节。而例行的订货或再订货通常只涉及签订一份格式化的合同，此时的合同条款是标准化的，内容已经被双方所接受，因此，订货过程通常按照例行方式处理。

（一）采购谈判的内容

采购人员谈判的目标是在协议期限内确保提供指定数量的商品来满足销售，以实现盈利目标。

（1）采购商品：包括商品质量、品种、规格、包装等。

（2）采购数量。

（3）送货。

（4）退换货。

（5）价格及折扣。

（6）售后服务保证。

（7）付款：包括付款天数（账期）、付款方式等。

（8）促销：包括促销保证、广告赞助、各种节庆赞助、促销组织配合、促销费用承担等。

（二）签约及合同管理

采购合同一经签订就正式生效，买卖双方必须严格执行，任何一方不得随意毁约。如遇特殊情况，一方需要修改的，需经对方同意。

在谈判过程中，零售上要特别注意以下事项。

1．商品品质的规定

在采购时，采购人员应尽可能了解商品的成分和品质是否符合国家安全和环保标准，同时必须要求供货商提供合乎国家规定的品质承诺和合法经营的证明，保证商品销售不出问题。

2．配送问题的规定

零售商要想保持充分的商品供应，商品配送不容忽视。在采购谈判中，零售商应在配送方式、时间、地点、配送次数等方面与供应商达成协议，明确供货方的配送责任及违约处罚。

3．缺货问题的规定

零售商应与供应商就缺货问题达成协议，确定一个比例，明确供应商缺货时应负的责任，以约束供应商准时供货。

4．价格变动问题

从长期合作的角度考虑，零售商可规定供应商在调整价格时按照一定的程序进行，确保双方的基本利益。

5．付款的规定

在谈判过程中，零售商应与供应商明确付款方式、付款手段、对账时间与付款时间、支付地点等内容，明确下一系列相关标准请双方共同遵守。

采购合同一旦签订就正式生效，买卖双方必须严格执行，任何一方不得随意毁约，否则将受到法律的制裁。如遇特殊情况需要变动合同，需经过对方同意，发生纠纷应尽量协商解决，协商不成的，可采用调解解决或法院裁决解决。

五、商品导入作业

零售商与供应商签订采购合同后，商品就开始被引入卖场中进行销售。零售商需要对引进的商品进行各种销售前的准备工作，包括商品进货验收（卸货、核验、收货记录）、退换货处理、存货、标价、补货上架等一系列作业环节。

1．商品的接收

商品接收，是为了确保以前发出的订单所采购的商品已经实际到达，并检查是否完好无损，是否符合数量。

2．商品的检验

商品检验的流程如图 7-4 所示。

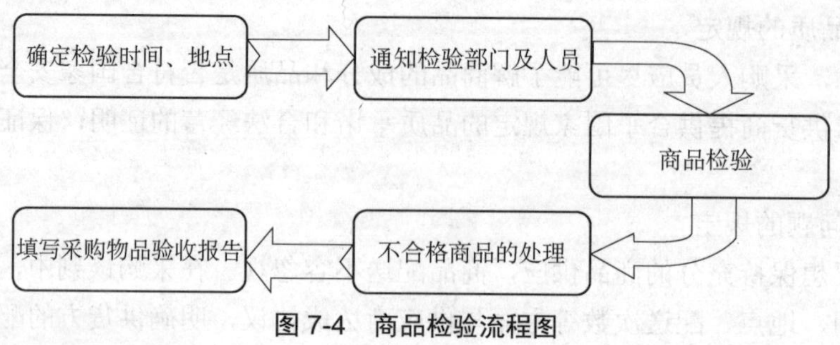

图 7-4 商品检验流程图

六、再次订购商品

当零售商把试销中符合销售业绩要求的商品列为正式销售的商品时，商品采购就成为一种连续发生的行为，即零售商需要制订再订购计划购进该种商品。此时零售商需要考虑以下因素：订货时间和送货时间、资金数量与使用效率、采购成本与储存成本、存货周转率等。

七、定期评估与改进

定期评估主要包括商品评估和供应商评估两个方面。商品评估主要看该商品是否能够畅销；而供应商评估则是确定已合作供应商的合作等级与合作前景。定期评估不仅是考核已经运行的采购工作的效果，更重要的是在于如何改进、提高零售商的采购管理水平。越来越多的零售商已经认识到，与优良的供应商建立长期稳定的合作关系对事业的发展至关重要。

第四节 零供关系

一、零供关系现状

在“顾客至上”的今天，大型零售企业位处渠道末端，与消费者最近，对消费者需求的把握也更准确。与传统的制造商主导渠道相比，大型零售企业在渠道中的权力优势越来越明显，渠道上零供企业间合作的权力重心下移。外资企业如家乐福、沃尔玛等，中资企业如苏宁、国美等在渠道中相比供应商有着更强劲的实力。大部分供应商由于不具备与之直接抗衡的实力，对大型零售企业常常是“敢怒不敢言”。当前大型零售企业与供应商合作关系现状总结为以下四个方面。

（一）大型零售企业的渠道权力优势明显

纵观中国零售行业的发展历程，很长时间以来一直是中型企业多，大型企业、小型企业少的行业格局，之所以会形成此格局，首先是因为中国地广物博，要形成一个全国性的占垄断地位的零售集团还是很难的；其次是零售业的进入门槛相对于其他行业低。但自20世纪末以来，随着现代信息技术在企业中的不断应用以及全行业买方市场的形成，以连锁经营为代表的现代零售业快速发展起来，传统的商业生态环境被打乱，人们司空见惯的经销与代理体系受到冲击，大型零售企业利用其渠道优势对上游供应商展开控制，大型零售企业在与渠道上游供应商的合作中，权力优势明显。

现实中的大型零售企业是零供双方中掌握话语权的一方，这种权力的非对称性有时会使得大型零售企业在与供应商谈判时产生非合作行为。大型零售企业确实存在滥用其在渠道中的优势地位行为，以此来降低运营成本，或者说实现成本转嫁，如强行压低供应商供货价格等，从供应商的角度而言，这种行为直接导致了供应商的市场销售额下降。但需要澄清的是，并不是所有的大型零售企业都在滥用其在渠道中的优势地位，如沃尔玛在与其广大供应商的合作中，采取的即是“既利己又利人”的双赢合作模式。同时还要看到，并不是所有的供应商都在遭受大型零售企业的欺压，对于那些大中型的供应商而言，由于其具有相当的规模、声誉、品牌影响力，在与大型零售企业合作时还是有较强话语权的。

（二）零供企业间有效信任机制尚未建立

随着中国经济飞速发展，流通渠道领域也发生了很大变化，渠道层级缩短，渠道成员合作意识增强，但合作中企业间的相互信任水平却始终令人担忧，尤其是在大型零售企业与供应商的合作中，彼此间的“信”正面临着严峻考验，大型零售企业与供应商之间表现出更多的利益对立关系，有效的信任机制尚未建立。

零供企业间的信任对维系零供渠道合作关系稳定有很重要的作用，大型零售企业与供应商能够从彼此的信任关系中获取更高水平的收益，与供应商保持良好信任关系的大型零售企业可以获得更大的竞争优势。事实上，出于长期利益考虑，零供双方都应该放弃局部或短期利益，但现实中的零供双方企业常常为了私利而不惜损害合作关系。在企业间的现实合作中，如果一方对另一方产生不信任，当另一方察觉以后会认为自身对另一方的信任行为将无法得到回报，进而放弃对对方的信任。

由于信息的不完全与不充分、法律制度环境的不健全与不完善等原因，造成了我国供应链节点企业间的信任缺乏，这种信任缺乏会导致供应链节点企业间的信任危机，最终造成供应链节点企业间合作关系非正常终结。近几年频繁发生大型零售企业与供应商不合作的事件，表明目前大型零售企业与供应商间的有效信任机制尚未建立，急需采取有效的方式改善渠道企业间的信任关系，以促成渠道合作关系的协调、稳定发展。

（三）零供企业间合作关系行为短期化

零供企业间合同经常被大型零售企业变更与解除，而大部分供应商认为，合同变更与解除是由大型零售企业单方提出的；同时，也有部分供应商认为，大型零售企业无理拒绝接受供应商按业已签订好的商品供货合同供应给大型零售企业的商品。对大型零售企业与供应商的合作现状调查发现，目前零供企业之间往往是因为相互的竞争而影响了彼此间的长期合作，只注重短期利益，忽视长远利益。作为渠道核心企业的大型零售企业常常为了最大限度地攫取利润，除了上述行为外，还经常向供应商收取各种名目繁多的费用，但也不排除供应商为了谋取个人私利在产品质量等方面欺骗零售商。随着零售业行业集中度的逐渐提升，大型零售企业的规模、市场势力仍有继续增强的可能，零供企业之间的差距可能会更加明显。从渠道关系生命周期看，国内零售业态渠道关系生命周期短期化趋势明显，大多数业态的发展关系成熟期短，甚至在远没有达到成熟期即开始出现衰退。这些都有可能进一步加剧零供合作关系行为短期化。

（四）零供企业间冲突频发

微利时代到来，随着零售行业利润水平的下降，零供企业之间为节约成本而产生的摩擦与冲突不断，例如，2004 年的格力与国美渠道冲突事件，2010 年家乐福、康师傅事件等。2008 年全球经济危机以来，劳动力成本和原材料价格不断上涨，更让本来就不平静的零供间矛盾激化。零售商与供应商之间的冲突主要表现在：价格冲突（如压低供货价格、合同中附加严格条款等）、促销冲突（如促销费用分摊问题、促销资源支持问题等）、管理冲突（如进场费、节假费、促销费等收取问题）、账期冲突（如向供应商扣款、无限期拖欠货款等）、品牌冲突（如自有品牌与厂家品牌的竞争等）。这里主要介绍以下两种零供冲突。

1．大型零售企业拖欠供应商货款、延长账期

大型零售企业常通过“账期”来占用供应商的资金，并将从供应商处获得的周期性无成本短期融资投入到自身的日常经营中。这种利用拖欠供应商货款去开设新店的低成本扩张模式，被称为“飞行加油”，典型的如国美的“类金融模式”。就不同商品的结款周期而言，名牌商品和特殊商品的账期较一般商品的账期短得多，大型零售企业这种拖欠供应商货款的行为常使得广大供应商怨声载道。

2．大型零售企业对供应商名目繁多的收费

家乐福最先把“通道费”这种额外的收费形式带入中国市场，之后各大强势零售企业纷纷“效仿”。事实表明，名目繁多的通道费抬高了供应商供货价格，间接损害了消费者的利益，也损害了整个行业的利益。大型零售企业对供应商名目繁多的收费是供应商对大型零售企业抱怨的重要原因之一，渠道费用冲突是笼罩在零供企业双方之间的最大阴影，处理不好可能导致零售行业内的全面信任危机。

随着媒体的集中曝光和国家不断出台相关法律、法规，大型零售企业的“通道费”收

取相对收敛了一些。大型零售企业也已发现，单靠收取“进场费”来维持经营并不是长久之计。

【专栏】 如何看待“进场费”

所谓“进场费”，实际是个“舶来品”，伴随着外资零售巨头的进入而蔓延，并逐渐演变成“行规”。对于“进场费”，零售商认为是“国际惯例”，供货商斥责为“霸王条款”，双方为此争执不断。必须承认的是，在当前市场经济条件下，收取“进场费”是零售商与供货商经过谈判而达成的共识，具有合理性、现实性，并没有违背市场规律。从根本上说，“进场费”的产生，是由市场供求关系决定的。商品短缺时代，供货商是绝对的老大，可以对零售商颐指气使；然而随着经济的发展，商品的多样化以及充足的货源，已使供求关系发生了很大变化。从某种程度上来说，商品丰富时代，优秀零售商的柜台实际上已经成为“稀缺物品”。解决对“稀缺物品”冲突的方式可以有多种，但唯一普遍有效而且非常文明的解决方式只有一种，那就是交易。对于优秀零售商的柜台这个“稀缺物品”来说，解决冲突的方式，显然也只有通过交易。在这个意义上，“进场费”的产生完全是市场博弈的结果。

二、促进零供关系协调发展

尽管零售商在对供应商依赖的认识上存在偏差，但二者之间相互依赖是一种客观存在，虽然存在冲突，但合作会为双方带来更多的利益。和谐的零供关系以合作共赢为基本特征，通过合作，双方在获得合理利润的同时促进产业健康发展。

（一）建立健全相关法律法规

我国现阶段零供矛盾的根源在于零售商滥用其市场优势地位，通过立法规制强势地位的滥用，是各国市场规制的重点。为了规范零售商与供应商的交易行为，促进零供双方平等合作，商务部、发改委、公安部、税务总局、工商总局等五部委联合颁布了《零售商供应商公平交易管理办法》，并于 2006 年 11 月 15 日正式实施。该办法明确规定零售商不得向供应商收取进场费，也不得以节庆、店庆、新店开业、企业上市、合并等为由向供应商收取费用，并且要求零售商在收到供应商货物后，货款支付期限最长不能超过 60 天。同时针对办法实施过程中存在的问题，进一步完善相关法律法规，对零售商滥用市场优势地位的行为予以规制。

（二）健全社会诚信机制，提高合作双方的诚信度

不健全的社会诚信机制是构建和谐零供关系的障碍。信守承诺是诚信的基本表现。我国目前企业诚信体系不健全，一些零售商和供应商在交易过程中逃避责任，不信守合同，

这些机会主义行为损害了双方的相互信赖，不利于建立和谐的零供关系。建立和完善企业信用体系，加大对失信者的惩戒力度，形成崇尚诚信的社会环境，是建立和谐零供关系的基础。

（三）签订以公平交易为基础的规范合同并严格履行

以公平交易为基础的合同是约束双方行为的法律文件，也是双方之间建立互信，形成长期合作关系的前提。相关部门应推动规定的执行，加大对规定执行的监督。由于零售商特别是大型零售商目前占据市场优势地位，零供矛盾的解决要从零售商开始，避免“店大欺客”，签订以公平交易为基础的规范合同，并严格履行。

（四）建立利益共享机制和信息沟通机制

零供双方都期望能够从合作中获取单方行动所不能获取的利益，这就需要双方在追求自身利益的同时能够兼顾到对方利益，而不是以损害对方利益为基础追求己方利益，这是和谐零供关系构建的出发点。

及时有效的信息沟通有利于和谐零供关系的构建。定期的供应商会议、共享信息平台、供应商反馈机制都是双方沟通的有效方式。零售商与供应商可以通过及时有效的信息沟通化解冲突，借助于零售商传递的销售时点信息，供应商可灵活调整生产计划，生产市场需要的产品，为零售商连续、小批量、多频次供货，零供双方的库存和交易成本都会下降，实现双赢。

（五）供应商应加强品牌建设提升市场竞争力

我国目前零供矛盾主要表现在供应商对零售商的不满，尤其是中小型供应商缺乏与大型零售商竞价的砝码，对供应商不满却又无可奈何。供应商关键是要加强品牌建设，提高市场竞争力。零售商的规模及对终端资源的掌控是零售商与供应商博弈的砝码，而品牌的市场影响力则是供应商的砝码。例如，像宝洁、康师傅、可口可乐这样的优质供应商，零售商对于其产品进店同样十分重视。这类优质供应商因其市场影响力不会受制于零售商，在与零售商的谈判中有自己的话语权。

【案例】 国美与苹果构建新零售时代下的零供关系

作为全球最受欢迎的智能手机和潮流科技数码设备，苹果 iPhone 手机在国内的销售渠道一直备受消费者关注。苹果公司作为极其看重用户体验和品牌口碑的世界顶级企业，拥有一套严苛标准的经销商管理规则。在如此条件下，国美仍然能够与苹果保持多年的良好合作关系，并且拥有 4 大其他电商无法企及的优势。

第一，货源充足，国美是苹果官方指定的首发经销商渠道。包括 iPhone、iPad、iWatch、

Macbook 等众多系列的苹果最新旗舰产品，每年都会在国美进行同步首发销售，国美是苹果在国内官方指定的首发经销商渠道之一。苹果对于经销商的管理非常严格，作为苹果在国内的官方指定经销商，国美始终遵守苹果对于经销商的管理规则，长期保持着良好又愉快的合作关系。每次苹果新品上市之前，国美的业务团队都会与苹果方面进行多轮沟通，确保货源充足，保证正品行货。

第二，拒绝翻新机，国美是国内唯一一家获得苹果线上线下双授权的渠道商。苹果拥有一套严苛的经销商选择标准，如果不能达到苹果全国经销商一体化的标准，就无法成为其官方授权的经销商渠道。国美是国内唯一一家获得了苹果线上线下双授权的渠道商。也就是说，不管用户在线上的国美电商渠道，还是国美在全国近 1 600 家线下门店，购买到的苹果产品，全部为苹果官方供货，拥有品质保障的正品行货。

第三，深度合作，国美连续多年获得苹果最佳经销商大奖。凭借在国内市场的优秀销售成绩，国美在 2014 和 2015 年连续两年获得了苹果经销商体系的最大奖项——“苹果年度最佳经销商”。能够如此青睐国美，苹果看中的不仅是国美深耕国内零售行业 30 年的丰富经验，更重要的是其强大的线上线下融合能力。通过多年的深度合作，国美与苹果已经形成了互利共赢的零供关系。

在 2015 年的“6 · 18”大战前夕，国美凭借与苹果的深度合作关系，将苹果在国内市场的所有 iPhone 4S 手机全部收入囊中实行包销，以 1 499 元的史上最低 iPhone 售价，几乎秒杀市场上所有中端智能手机，并且对当时存在的大量山寨手机形成了巨大冲击。此举不仅将智能手机的入门门槛再次降低，更让国美收获了一批购买苹果产品的忠实消费者。

国美不仅是经过苹果官方授权的经销商，更有苹果授权售后服务商的进驻，为广大消费者提供专业的授权售后维修服务。目前，国美可为 iPhone、iPod、iPad、Beats、AirPods、数据线、耳机、充电器等商品，提供包含以旧换新、产品设置、软件升级恢复、保内保外维修、三包退换货、保外换屏等在内的售前、售中和售后服务。

第四，国美“6+1”新零售战略保驾护航。三十年来，不仅是苹果，包括格力、海尔、华为等国际知名品牌商，都与国美达成了战略合作协议。国美以用户为王、产品为王、平台为王、服务为王、分享为王、体验为王、线上线下融合的“6+1”新零售战略，正不断进行落地实施。国美也是国内首个以供应链为核心竞争力，集互联网、物联网、务联网于一体，提出并实施新零售战略的企业。作为国美新零售战略的重要一环，国美互联网则成为供应链能力的具体落地路径。具体来说，国美互联网完善了国美线下体验、线上下单的新场景购物模式，为用户提供了一种新的购物方式，真正实现了全场景下的价值再造。可以说，国美“6+1”新零售战略为品牌商的合作起到了保驾护航的关键作用。

资料来源：http://news.ifeng.com/a/20170914/51998151_0.shtml

本章小结

本章主要从零售企业的采购、零供关系方面探讨零售企业商品采购问题。零售企业的采购是零售企业经营的重要环节，必须把握好商品采购的基本原则，根据零售企业的实际情况选择单店采购、集中采购、分散采购、混合采购等模式和具体方式。零售企业商品采购决策包括商品采购品种决策、采购数量决策、采购时机决策和供应商选择决策，零售采购是零售商从经理采购组织开始到商品引入到卖场并进行定期检查评估的整个过程，需要把握好每一个环节。

大型零售企业位处渠道末端，与消费者最近，了解消费者需求也更准确，因此大型零售企业在渠道中的权力优势越来越明显，渠道上零供企业间合作的权力重心下移。零售商与供应商之间的冲突主要表现在价格冲突、促销冲突、管理冲突、账期冲突、品牌冲突等方面。和谐的零供关系以合作共赢为基本特征，通过合作双方在获得合理利润的同时促进供应链健康发展。

复习思考题

1．零售企业商品采购和销售对企业利润的影响有何不同？
2．商品采购能否以追求低价为目标？
3．你如何看待大型零售商向供应商收取进场费问题？

案例分析

家乐福的采购哲学

凡是和家乐福打过交道的人都说："和家乐福打交道你要有无穷的耐心和韧性，你会深切体会到坚持就是胜利这句话是多么正确。"家乐福一直在培养其员工以一种进取性的态度来面对供应商。这一点，从家乐福的采购哲学就可窥见一斑。

让销售员对得起他们的工作，让他们出汗！永远不要忘记：在谈判的每一分钟里，要一直保持怀疑态度，显得对所谈的事物缺乏热情，或者不愿意做出决定。

对供应商第一次提出的条件，要么不接受，要么持反对意见。采购员的反应应是："什么？"或者"你该不是开玩笑吧？"从而使对方产生心理负担，降低谈判标准和期望。

永远要求那些不可能的事情。对于要谈判的事，要求越离谱越好，说不定和供应商的实际条件相吻合；这些不可能的要求有助于获得更大的操作空间，做出最小的让步，并让对手感觉似乎已经从谈判中得到了我们的让步。

告诉供应商："你需要做得更好。"不断重复这个说法，直到供应商开始认为自己现在做得真的很差；在我们眼中，供应商永远不可能做得最好。

把事情拖到下一次解决。在谈判要结束时，采购员要声称须由上级经理决定，为自己争取更多的时间来考虑拒绝或重新考虑一份方案。

采用"去皮"原则。80%的谈判在最后的20%时间里取得成效，在谈判开始时提出的要求可以被忽略。

资料来源：http://www.linkshop.com.cn/club/dispbbs.aspx？rootid=282685

【思考讨论】

1. 家乐福的采购哲学给你哪些启示？

2. 在零售经营中，零售商应该如何处理好与供应商的关系？

零售企业商品规划

☑ 了解商品分类的方法;
☑ 掌握零售企业商品组合的确定;
☑ 理解如何进行商品的优化;
☑ 掌握零售企业如何进行自有品牌商品的开发与管理。

沃尔玛可乐滞销

身为全球零售巨头，沃尔玛也是率先推出自有品牌的零售商。沃尔玛看中碳酸饮料的巨大市场，曾推出自有可乐品牌“山姆之选”(Sam's Choice)，希望借此从可乐市场中分一杯羹。为确保口感不输于人，沃尔玛花费巨资进行盲测，实验结果表明，绝大部分消费者难以区分沃尔玛可乐和可口可乐。

沃尔玛踌躇满志，正式在数千家卖场推出 Sam's Choice，售价比可口可乐低四成。但出人意料的是，当这一商品真正贴了标签摆上货架，并占据超市最醒目的位置后，销售情况却远低于预期。沃尔玛曾无坚不摧的低价策略败下阵来，这一款缺乏个性的可乐很快淡出市场，并最终成为营销学的经典失败案例。

为什么消费者不喜欢价格更低、口味相同的 Sam's Choice 而钟情于可口可乐？因为前者缺乏诉诸情感的品牌内涵，低价并非不二法门。品牌的魅力与价值在于，不仅提供边际利润，还能提升整体竞争力和用户忠诚度。可口可乐公司曾有过豪言壮语："即使全球的工厂一夜之间都被烧毁，可口可乐也可以在 1 个月内恢复正常的生产与销售。"

沃尔玛可乐的失败给我们启示，虽然自有品牌能够给零售商带来更多利润，但在品类的选择和品牌塑造上要慎之又慎，推出的产品既要符合自身特色，又要尊重消费者对品牌的情感诉求。在发展自有品牌的初级阶段，应选择周转快的民生类产销品，避免与可口可乐这样的强势品牌正面交锋，以低附加值、低风险产品作为起步之选。

资料来源：郑昱．沃尔玛可乐滞销给中国电商的启示[N]．证券时报，2013-08-02.

对于零售企业经营来说，商品是基础和核心，一切以目标顾客为中心，提供超越客户期望的商品是零售企业经营的关键和核心。零售企业的商品经营要有一个系统的规划，包括如何确定经营商品组合、商品结构如何实现动态优化，以及零售商开发自有品牌的问题。

第一节　商品分类与商品组合

无论何种类型的零售商店，都不可能经营市场上的所有商品。零售企业必须确定合理的经营范围，在对商品进行合理分类的基础上确定所经营商品的组合。

一、商品分类

商品种类繁多，据不完全统计，在市场上流通的商品有 25 万种以上。为了方便消费者购买，有利于零售企业组织商品流通，提高企业经营管理水平，必须对众多的商品进行科学分类。商品分类是指为了一定目的，选择适当的分类标志，将商品集合总体科学地、系统地逐级划分为门类、大类、中类、小类、品类以至品种、花色、规格的过程。

（一）NRF 商品分类

美国零售联合会（National Retail Federation，NRF）总部设在华盛顿，作为目前世界上最大的零售业行业协会，其会员单位既包括全美和其他 50 多个国家（地区）的著名的百货店、专卖店、独立业主、折扣店和大宗商品交易店，也包括 100 多个州级、国家级和国际性的与零售贸易相关的协会（组织）。同时，NRF 也相应地吸收一部分主要为零售企业提供货物和服务的大供货商加入该会。

NRF 制订了一个标准的商品分类方案，该方案详细界定了各类商品的范围以及它们的组合方式。目前，美国许多大型百货商店和低价竞争的品牌折扣店都采用了这一分类方法，在此我们以童装为例简单介绍 NRF 商品层级的划分。

1．商品组

在NRF商品分类标准中，最大的商品分类等级是商品组。商品组是指经营商品的大类，类似国内的商品大分类，如一个百货商店可能会经营服装、家电、食品、日用品、体育用品、文具用品、化妆品等。一个商品组管理下面的几个商品部，通常在国外的童装品牌中，该职位被称为商品副总裁或商品副总经理。

2．商品部

商品分类的第二级是商品部。商品部一般都是将某一大类商品按细分的消费市场进行再一次的分类。例如服装类商品，可分成女装、男装、童装等。

3．商品类别

商品分类的第三级是商品类别（品类）。这是根据商品用途或细分市场顾客群，而进一步划分的商品分类，大型零售商一般每一类商品由一位采购员负责管理。

4．同类商品

同类商品是商品分类中商品类别的下一级。一般来说，同类商品是指顾客认为可以相互替代的一组商品。例如，顾客可以把一台21寸的彩电换成一台29寸其他品牌的彩电，但不会把一台彩电换成一台电冰箱。

5．单品

单品即存货单位（Stock Keeping Unit，SKU），是存货控制的最小单位。当指出某个存货单位时，营业员和管理者不会将其与任何其他商品相混淆，它是根据商品的尺寸、颜色、规格、价格、式样等来区分的。

（二）我国的商品分类

在我国零售企业，目前商品分类一般采用综合分类标准，将所有商品划分成大分类、中分类、小分类和单品四个层次，目的是为了便于管理，提高管理效率。需要说明的是，商品分类并没有统一固定的标准，零售企业可根据市场和自身的实际情况对商品进行分类。但商品分类应该以方便顾客购物、方便商品组合、体现企业特点为目的，下面以超市为例介绍我国零售企业商品层次的划分。

1．大分类

大分类是超级市场最粗线条的分类。大分类的主要标准是生产来源、方式、处理保存方式等商品特征，如畜产、水产、果菜、日配加工食品、一般食品、日用杂货、日用百货、家用电器等。为了便于管理，超级市场的大分类一般以不超过30个为宜。

2．中分类

中分类是对大分类的进一步细化。各中分类间属关联性分类，商品关联性不强，但陈列配置上最容易被使用。具体采用如下分类方法。

（1）按商品功能与用途划分。例如日配品这个大分类下，可分出牛奶、豆制品、冰品、冷冻食品等中分类。

（2）按商品制造方法划分。例如畜产品这个大分类下，可细分出熟肉制品的中分类，包括咸肉、火腿、香肠等。

（3）按商品产地划分。例如水果蔬菜这个大分类下，可细分出国产水果与进口水果的中分类。

3．小分类

小分类是单品管理前最小单位、最细的分类管理单位，是控制单品数量的前哨站，但一般于管理上尚少有商家使用，因易造成混淆且繁杂，令人有不切实际之感。主要分类标准如下。

（1）按功能用途划分。例如“畜产”大分类中、“猪肉”中分类下，可进一步细分出“排骨”“里脊肉”等小分类。

（2）按规格包装划分。例如“一般食品”大分类中，“饮料”中分类下，可进一步细分出“听装饮料”“瓶装饮料”“盒装饮料”等小分类。

（3）按商品成分分类。例如“日用百货”大分类中，“鞋”中分类下，可进一步细分出“皮鞋”“人造革鞋”“布鞋”“塑料鞋”等小分类。

（4）按商品口味划分。例如“糖果饼干”大分类中，“饼干”中分类下，可进一步细分出“甜味饼干”“咸味饼干”“奶油饼干”“果味饼干”等小分类。

（5）按品牌划分。例如伊利、三元、蒙牛等牛奶的分类。这种小分类方法能够方便消费者按照消费习惯寻找自己熟悉的品牌，但不利于同类商品的比较。

4．单品

单品是商品分类中不能进一步细分的、完整独立的商品品项。例如“355 毫升听装可口可乐”“1.25 升瓶装可口可乐”“2 升瓶装可口可乐”“2 升瓶装雪碧”，就属于四个不同的单品。

二、零售企业商品组合策略

在商品分类的基础上，零售企业需要根据商店的业态和商店规模、商店的目标市场、商品的生命周期、竞争对手的情况、商品的相关性等因素确定自己的商品组合。

（一）商品组合的含义

商品组合是指一个零售企业经营的全部商品的结构，即各种产品线和商品项目的组成方式。商品组合的两个维度分别是商品组合的宽度和深度。产品组合的宽度和深度反映了零售企业满足各个不同细分子市场的程度。

商品组合的宽度又称产品组合广度，是指一个零售企业销售的产品中所包含的产品线，即产品大类的数目。所包含的产品大类越多，其产品组合的宽度就越广；反之，其产品组合的广度就越窄。例如，百货公司所经营的产品大类就很多，产品组合的宽度就比较广；而专业的珠宝首饰企业所经营的产品组合的宽度就比较窄。

产品组合的深度是指产品线中每一产品有多少品种。例如，某商店销售的佳洁士牌牙膏有3种规格和2种配方（普通味和薄荷味），该商店经营的佳洁士牌牙膏的深度就是6。

（二）商品组合策略

零售企业的商品组合策略主要有以下几种。

1．广而深的商品组合策略

这种策略是商店选择经营的商品种类多，而且每类商品经营的品种也多的策略，一般为较大型的综合性商场、超市或购物中心所采用。由于它们的目标市场是多元化的，常需要向消费者提供一揽子购物，因而必须备齐广泛的商品类别和品种。

广而深的商品结构的优点是，目标市场广阔，商品种类繁多，商圈范围大，选择性强，能吸引较远的顾客前来购买，顾客流量大，基本上满足顾客一次进店购齐一切的愿望，能培养顾客对商店的忠诚感，易于稳定老顾客。

但是，这种商品结构占用资金较多，而且很多商品周转率较低，导致资金利用率较低；此外，这种商品结构广泛而分散，试图无所不包，但也因主力商品过多而无法突出特色，容易形成企业形象一般化；同时，企业必须耗费大量的人力用于商品采购上，由于商品比较容易老化，企业也不得不花大量精力用于商品开发研究。

2．广而浅的商品组合策略

这种策略是指商店选择经营的商品种类多，但在每一种类商品中花色品种选择性少的策略。在这种策略中，商店提供广泛的商品种类供消费者购买，但对每类商品的品牌、规格、式样等给予限制。这种策略通常被廉价商店、杂货店、折扣店、普通超市等零售商所采用。

广而浅的商品结构目标市场比较广泛，经营面较广，能形成较大商圈，便于顾客购齐基本所需商品；便于商品管理，可控制资金占用；强调方便顾客。

这种商品结构的不足之处是由于这种结构模式花色品种相对较少，满足需要能力差，顾客的挑选性有限，很容易导致失望情绪，不易稳定长期客源，形成较差企业形象。长此以往，商店不注重创造商品特色，在多样化、个性化趋势不断加强的今天，即使商店加强促销活动，也很难保证企业经营的持续发展。

3．窄而深的商品组合策略

这种策略是指商店选择较少的商品经营种类，而在每一种类中经营的商品花色品种很丰富，体现了商店专业化经营的宗旨，主要为专业商店、专卖店所采用。一些专业商店通过提供精心选择的有限商品种类，在商品结构中配有大量的商品花色品种，吸引偏好选择的消费群。

窄而深的商品组合策略的优点突出表现在专业商品种类充分，品种齐全，能满足顾客较强的选购愿望，不会因花色品种不齐全而丢失销售；能稳定顾客，增加重复购买的可能性；易形成商店经营特色，突出商店形象；而且便于商店专业化管理，树立专家形象。这种模式较受广大的消费者欢迎。

但是这种策略过分强调某一大类，不能一站式购物，不利于满足消费者的多种需要；很少经营相关商品，市场有限，风险大。采用这种策略的零售企业需要对行业趋势做准确的判断，并通过更加努力来扩大商圈。

4．窄而浅的商品组合策略

这种策略是指商店选择较少的商品种类和在每一类中选择较少的商品品种。这种策略主要被一些小型商店，尤其是便利店所采用，也被售货机出售商品和电话购物等无店铺零售业态所采用。这种策略要成功使用，有两个关键因素，即地点和时间。在消费者想得到商品的地点和时间内，采取这种策略可以成功。

窄而浅的商品组合策略投资少，成本低，见效快；商品占用资金不大，经营的商品大多为周转迅速的日常用品，便于顾客就近购买。但是由于经营商品种类有限，花色品种少，挑选性不强，易使顾客产生失望情绪，商圈较小，吸引力不大，难以形成商店经营特色。

第二节　商品结构的优化

在明确了零售企业商品组合的基础上，进一步需要确定零售企业的商品结构。按照系统论的思想，结构决定功能。对于零售企业来说，商品的数量、品种已经不是货源的主要问题，问题的关键是如何对它们进行合理的筛选，而使企业的销售能力资源（如资金、场地等）得到合理的配置，发挥最大的潜力，取得最佳的经济效益。现代的零售企业必须重点考虑经济效益，以效益为中心对商品的结构进行优化是当今零售企业必须很好解决的问题。

一、商品结构的含义及内容

商品结构是零售企业在一定的经营范围内，按一定的标志将经营的商品划分成若干类别和项目，并确定各类别和项目在商品总构成中的比重。零售店经营的商品结构是否合理，对于零售企业的发展具有重要意义。合理的商品结构不仅能够提高商品管理效率和经济效益，而且也是实现企业经营目标，满足消费需求的基础。零售企业商品结构主要包括以下两个方面的内容。

（一）主力商品、辅助商品和关联商品的配备

1．主力商品

主力商品也称拳头商品，是指那些周转率高、销售量大，在零售经营中，无论是数量还是销售额均占主要部分的商品。一个企业的主力商品体现它的经营方针、特点和性质。可以说，主力商品的经营效果决定着企业经营的成败。一般来说，主力商品要占企业经营商品绝大部分，其数量和销售额要占商品总量和全部销售额的70%～80%。

2．辅助商品

辅助商品是指在价格、品牌等方面对主力商品起辅助作用的商品，或以增加商品宽度为目的的商品。辅助商品的作用是配合主打商品的营销策略，丰富卖场品种系列，扩大目标顾客的范围，形成较好的卖场气氛。盈利是次要的，价格比较灵活。

3．关联商品

关联商品是指同主力商品或辅助商品共同购买、共同消费的商品。关联商品具有方便顾客购买，增加主力商品的销售量的作用。关联商品的配备能够迎合顾客购买中图便利的消费倾向。

辅助商品和关联商品在商品结构中的比重则应小一些。主力商品的辅助商品和关联商品约占20%～30%，其中关联商品应确实与主力商品具有很强的关联性，若发现在经营过程中商品结构发生变化，应迅速调整，使之趋于合理。

（二）高、中、低档商品的配备

高、中、低档商品三者的配备比例，是由企业目标市场消费阶层的需求特点决定的。在高收入顾客占多数的地区，高档商品应占大部分；在低收入顾客占多数的地区，则应以低档商品为主。高、中、低档商品结构的配备，受顾客消费结构的制约，当消费结构发生变化时，企业应相应调整高、中、低档商品的比重。

二、商品结构优化

对零售企业而言，由于经营环境的不断变化，商品结构是一个不断优化的过程。要优化商品结构的前提是完全有效利用了卖场空间。不能过分追求门店的单位产出而删去很多辅助商品，因为这样可能导致商店的货架陈列不丰满，品种单一，造成整体销售下滑。所以对于商品的结构调整首先是在门店商品品种极大丰富的前提下进行的筛选。

零售企业经营的商品存在着销售周期，一般而言，分为新品试销期、成熟期和衰退期。三个阶段对于零售商而言具有不同的价值：新品试销期由于价格可比性较差，毛利相对较高，商品的商业利润较为可观；成熟期价格敏感度增加，这个阶段的商品一般毛利相对恒定，费用支持透明化，商业毛利一般水平；衰退期的商品由于销售一直处于不良状态，经营这类商品的商业毛利是非常低的，甚至亏损。结合商品生命周期的特点，零售企业商品

结构的优化包括以下三个方面。

（一）新产品的引入

新商品引进是零售企业经营活力的重要体现，是保持和强化经营特色的重要手段，也是零售企业创造和引导消费需求的重要保证。试想，在快速变化的时代背景下，一些新的商品（包括广告大量投放的商品）要一段时间才能够在某家商场出现，你对该商场感觉如何？而在这家商场不远有一家商场，情况完全不同，虽然是一家新的商场，但是有非常多的新鲜玩意，你会重新考虑你的购物场所吗？

所谓新产品是指零售企业未曾销售过的商品。相对于已经积累了一定的历史数据和经营经验的原品管理，新产品的引进和管理更为重要。新品引进过程中要注意的管理要点主要有以下几个方面。

1．编制年度新产品引进计划

新产品的引进是一项常规性工作，要根据门店的实际销售情况与品类经营策略确认所需商品数。管理者要对门店历史同类产品的适销分析（畅销、常规、滞销），用以确定是否应该引进新产品。

2．新产品选择

为了保证新产品引进的科学性，降低新产品引进的风险，在引进新产品时一定要慎重行事。要通过考察现场、市场调查对商品的质量、价格进行考核。准确分析市场竞争环境，以及新品的销售前景，做到有的放矢，不得盲目引进。发现市场前景好的商品，要及时引进，抢占销售先机。还要对同类产品的供应商综合分析，用以确定进谁家的货。

3．新品试销

选择合适的试销期（可为三个月），根据试销情况确定是否正式引进。如果确定引进则办理引进手续。

4．引进后的跟踪管理

新产品正式引进后，商店也要执行跟踪工作，保证新产品的正常成长，努力将其培养成畅销品。

需要注意的是，新产品的引进过程中基本商品框架不能够进行大幅度改变，因为基本商品是基础，新商品是点缀，只有当新商品符合成为基本商品的条件，才可能将其转化成基本产品。

（二）滞销品的淘汰

滞销品是商店经营者的“毒瘤”，必须及早发现，及早去除，商店经营才能健康地继续营运。因为在寸土寸金的城市，租金相当高昂，陈列空间更是相当宝贵，如滞销品占据了空间，使新品无法导入，畅销品的陈列无法扩大，营业坪效当然更不可能有良好的表现。因此，在商品经营上要能对滞销品采用快速淘汰的运营方针。商品淘汰是指有库存的滞销品、质量有问题的商品的清退出场，淘汰后的商品不参与商品分析。

1．滞销商品的选择标准

（1）每月按类对商品进行销售排名

第一，根据各类商品品种数的多少确定滞销商品范围。其中，对于单价较高的商品，应以销售量为标准排序；对于单价较低的商品，应以销售额为标准排序。

第二，根据滞销品的标准进行数据分析。以销售排行榜3%为淘汰基准，以每月销售量未达到50个单位为基准，以商品品质为基准等，找出销售不佳、周转慢或品质有问题的商品作为淘汰品。

以销售排行榜为淘汰标准，在执行时要考虑几个因素。例如，排行靠后的商品是否为了保证商品的齐全性采购进场？排行靠后的商品是否由于季节性因素销售欠佳？排行靠后的商品是否处于新产品最初引进的阶段等。如果是由于这些因素造成的滞销，对其淘汰应持慎重态度。

（2）以商品质量为依据

经技术监督或卫生部门检查确定为不合格的商品均为滞销商品。

（3）以销售量的某一数量标准为依据

以销售数量未达一个标准为淘汰基准，例如，连续3个月平均销售未达2 000元或未达5箱的品项为滞销品项，考虑是否要淘汰。

2．滞销品形成的原因

产品滞销的原因有很多，多数是采购方面的原因，如供货商所提供的商品有质量问题，顾客买后退货，造成店铺商品积压而形成滞销品；供货商供货不及时，延误了销售时机；进价及采购成本过高，影响了商品的畅销度；贪图厂商搭赠或数量折扣，贸然大量进货等。也可能是市场供求状况发生变化，以致畅销品成为推销品或滞销品，或者陈列不能很好定位或促销方式不佳。

3．商品淘汰的作业程序

（1）列出淘汰商品清单，交采购部主管确认、核实、批准。

（2）统计出所有淘汰商品的库存量及金额。

（3）确定商品淘汰日期。超市最好每个月固定某几个日期为商品淘汰日，这几个日期统一把淘汰商品撤出货架，等待处理。

（4）淘汰商品的供应商货款抵扣。到财务部门查询被淘汰商品的供应商是否有尚未支付的货款，如有，则做淘汰商品抵扣货款的会计处理，并将淘汰商品退给供应商。

（5）选择滞销品的处理方式。对于滞销品，可将滞销品退回供应商并及时通知厂家取回退货，若无法退回厂商的商品，可降价销售，廉价卖给员工或作为促销的奖品送给顾客。这种方法能够降低退货过程中的无效物流成本，还为连锁超市公司促销活动增添了更丰富的内容。

（6）将淘汰商品记录存档，以便查询，避免时间长或人事变动等因素将淘汰商品再次引入。一般淘汰商品不予以恢复，若属季节性等特殊原因，确需恢复，通知信息主管，查明原因后可执行淘汰商品恢复。

（三）畅销品的培养

畅销商品是指市场上销路很好、没有积压滞销的商品。任何商品，只要受到消费者欢迎，销路好，都可称作畅销商品。新商品进入市场有其投入期、成长期、成熟期、衰退期。畅销商品是指处于成长期和成熟期的商品，对于零售企业来说，其经营的商品是否得到社会承认、能否在市场上畅销，直接关系到其在激烈的市场竞争中能否站得住脚。零售企业经营面积有限，对商品品种的选择就尤为重要，而它所经营的每种商品不可能总处于畅销阶段，因此，零售商应该掌握商品的发展规律，不断挖掘和培养自己的畅销商品。

1．商品畅销因素分析

商品畅销市场的原因主要是因为它对消费者有吸引力，能更好地满足消费者需求，主要取决于以下因素。

（1）商品功能。商品的用途对于消费者来说至关重要，缺之不可而又不能被替代。

（2）商品质量。同类商品中质量的佼佼者，最有可能成为受消费者欢迎的畅销品。

（3）商品价格。质量保证的前提下，价格便宜的商品容易畅销。

（4）商品包装。包装上体现便利性的商品容易被消费者接受。

（5）商品品牌。名牌商标是商品畅销市场的通行证。在同类商品差别化逐渐缩小，市场出现大量不同品牌的今天，商标知名度便成为左右消费者购买行为的重要因素。

（6）售后服务。售后服务是商品销售的延续，服务做得好可以打消消费者的各种后顾之忧。

2．畅销商品的选择

零售商应该从畅销商品因素出发选择畅销商品，当一种新产品出现在市场上时，考察其市场销售潜力，对其进行综合评估。常见的方法有以下几种。

（1）打分法。将多种因素按照不同程度折成数字来评估某一新上市商品，高于某一水平即可列入超级市场培养的对象。当然，有些因素很难用数字来表示，而且不同商品的各因素所占比例也不一定完全相同，如日用品应注重质量与价格；礼品应多考虑包装；服装应多关注品牌与款式；电器则侧重于售后服务。

（2）历史记录法。零售商过去的销售统计资料也是选择畅销商品的一个主要依据。零售商可以将每一时期排列在前十位的商品作为重点畅销商品来培养，同时建立商品淘汰制度，将每一时期排列在最后几位的商品定期清除出场，并补充新商品。

（3）竞争店借鉴法。从竞争对手的营销推广中选择畅销商品。一般来说，几乎所有商店都会把销路最好的商品陈列在最显著的位置，或者为了推广某种商品，卖场内往往会张贴各式各样的 POP 广告，经常到竞争店里观察，可以更为全面地了解畅销商品。

（4）追赶潮流法。零售商在选择畅销商品时，需要充分了解市场上的流行趋势，最好到国内发达地区进行考察。例如广州、上海、深圳等发达城市大都销售比较超前的流行商品，对开发畅销商品有一定的借鉴作用。

需要指出，零售企业的畅销商品并非一成不变，而是应随着季节的变换、供应商供货因素的影响以及消费需求的变化而做出相应调整。以超市为例，超市畅销商品目录在一年四季中通常会做四次重大调整，每次被调整的商品约占前一个目录总数的50%左右，即使在同一个季节中，也会由于特殊节日、气候变化等因素的影响而使主力商品目录做出相应调整。

3．畅销商品的优先策略

（1）采购优先。在制订采购计划时，应充分保证畅销商品供货数量的稳定性、供货时间的准确性，在所有门店和各个时间都不断档缺货；要与畅销商品的供应商建立良好的合作伙伴关系，并承担及时足额付款的义务，以保证充足的货源。

（2）储运配送优先。在配送中心，要将最佳库存位置留给畅销商品，尽量保证畅销商品在储存环节中物流线路最短，这也是连锁零售企业降低物流成本的需要。在畅销商品由配送中心到门店的运输过程中，零售商应要求配送中心优先安排运力，保证主力商品准时、安全送达。

（3）促销和陈列优先。畅销商品一般应该配置在卖场中的展示区、端架、主通道两侧货架的磁石点上，并根据销售额目标确定排面数，保证足够大的陈列量。畅销商品的促销应成为超市卖场促销活动的主要内容，各种商品群的组合促销也应该突出其中的畅销商品。

总之，畅销商品应该是零售商要去花大力重点关注和经营的商品，它经营的好坏直接影响着超市的经营业绩，是真正体现零售商优势和商品竞争力优势的表现。零售企业经营管理者都要做好畅销商品的培育、选择及经营。

第三节　零售企业自有品牌的开发

零售企业自有品牌在国外已有几十年的发展历史，欧美的大型超级市场、连锁商店、百货公司几乎都出售自有品牌的商品，并受到消费者的青睐。在积极地推动零售商业增长的同时，给企业带来巨大的经济效益。

一、自有品牌的含义及发展

自有品牌也叫PB（Private Brand）品牌，指的是零售企业通过搜集、整理、分析消费者对某类商品的需求特性的信息，开发出新产品功能、价格、造型等方面的设计要求，自设生产基地或选择合适的生产企业进行加工生产，最终由零售企业使用自己的商标对该新产品注册，并在本企业销售的商品。与PB商品相对应的是使用生产企业商标、面向全国市场销售的NB（National Brand）商品。

自有品牌产品兴起于西方发达国家，已有几十年的历史，并日益受到商业企业尤其是大型零售企业的重视。发展自有品牌最早的历史要追溯到20世纪60年代美国的西尔斯公司。西尔斯公司设计的一些商品曾经在美国代表了一种流行趋势，如它为青少年设计并售卖的一种鞋子，在整个那个年代所有美国的青少年都渴望拥有这样一双鞋。它的品牌曾经很成功地起到推动美国商业品牌发展的作用。西尔斯有“诗乐百”“全美”商标。“全美”商标的一种汽车轮胎在美国销售第一。沃尔玛自有品牌的狗食销售第一，其市场占有率达全美的25%～30%，但只能在沃尔玛的店里才能买到。自有品牌的发展起源于20世纪60年代，真正发展是80年代。国际上，自有品牌在20世纪八九十年代是一个大发展时期，席卷全球，在欧美、英国占有相当大的比重。从自有品牌的特点来看，西方零售企业自有品牌的发展大致经历了四个发展阶段，如表8-1所示。

表8-1 西方零售企业自有品牌的发展历程

	第一代	第二代	第三代	第四代
品牌类型	无品牌	自有标识品牌	自有品牌	细分的自有品牌
战略	一般性	最低的价格	趋向同质性	增加附加值
目标	提高边际利润，提供定价选择	提高边际利润，通过设立进入价格从而削弱制造企业力量，提供高性价比产品	加强商品门类的边际利润，扩张商品门类，在消费者心中树立零售企业的形象	维持并扩大顾客群，加强商品门类边际利润，提升品牌形象，实行差异化
产品	基本的功能性产品	大批量的一次性常见商品	商品种类繁多	有助于提升品牌形象的产品，多种小批量的商品
质量形象	低质量，同制造企业比较处于劣势	质量中等但仍然被认为和领先的制造企业之间有距离，类似于二流品牌	能够同品牌领先者相提并论	同品牌领先者并驾齐驱，甚至超越品牌领先者，创新性产品能够区别于品牌领先者
价格	比品牌领先者低20%，甚至更多	比品牌领先者低10%～20%	比品牌领先者低5%～10%	同知名品牌相同甚至偏高
消费者购买动机	价格是主要因素	价格因素仍然很重要	价格和质量都很重要，即物有所值	更好的、更为独特的产品
供应商	全国的、非专门的	全国的、部分专门	制造自有标识产品	全国的、大部分专门制造自有品牌产品

在我国，商家生产和销售自有品牌商品的传统由来已久，如北京的“同仁堂”中成药、“内联升”的鞋，杭州的“张小泉”剪刀，老商家这种“前店后厂”、产销结合的模式已颇具现代零售企业自有品牌商品的雏形，当然，这种形式与现代零售企业自有品牌的整体内涵还存在一定差距。20世纪90年代初，上海南京路上一家仅180平方米的绒线商店——恒源祥就已经开发出了自己品牌的绒线，注册商标为“恒源祥”和“小囡”，并成为中国绒布市场上最具知名度的品牌。今天，更多的零售商步其后尘，借鉴国外的经验，也相继开发出各自具有特色的自有品牌。自有品牌正在成为零售商手中的锐利武器。然而，中国的自有品牌发展仍然处于起步阶段，消费者对此的认识还不如西方国家那样成熟。

二、零售商开发自有品牌的动机

零售商之所以要发展自有品牌，主要基于以下两个方面的动机。

（一）追求利润

零售商的利润一般来源于购销差价和渠道利润。对制造商品牌产品来说，零售商往往要与制造商采取谈判的方式来讨价还价，商品价格和利润都受厂家的限制，处于极为被动的地位。大型零售企业在供应链上处于供方的最末端，也是最前沿，直接与消费者接触，拥有及时、大量、有效的市场需求信息；他们完全可以摆脱制造商的束缚，策划出满意度较高的产品，创建自有品牌，节约交易费用和流通成本，提供更具有竞争力的价格。在取得全部商业经营利润的情况下，还能够赚取部分生产利润。自有品牌的商品毛利要高于普通商品5%～20%。

（二）提高零售商的特色和竞争能力

1．树立良好的商店形象

从顾客角度看，能够开发自有品牌被认为是零售商有经营实力的表现。因此，从零售商角度开发自有品牌的主要目的是：由于自有品牌是商店自身所特有而其他零售企业都没有的，所以自有品牌商品能确立一个与众不同的企业形象。随着自有品牌商品的售出，零售企业的名称也被带入了消费者的家中，并融入消费者的日常消费习惯中。

在自有品牌的供给过程中，零售商通过对生产、供应、销售和产品四个环节的控制，对商品的质量严格把关，可以杜绝假冒伪劣商品的出现，防止“以次充好”，自然而然地有助于树立起良好的企业形象，获得消费者的青睐。

2．形成零售企业的竞争优势

自有品牌商品的开发不仅仅是为了与制造商品牌的商品的竞争，开发自有品牌更能够形成门店经营的差异化，获得一定的竞争优势。例如美国的Byerly’s超市为了迎合高消费阶层，经营一种名为“Wild Rice Soup”的自有品牌的汤料，这种汤料一点也不便宜，但同类产品没有一个比得上它。该种汤料使得 Byerly's 超市独树一帜。与没有自有品牌的竞争对手相比，拥有自有品牌的商家在商品的品类和品种结构上拥有更多的自主权利，同时也给消费者更多的选择余地。自有品牌使得零售商对于商品的开发选择有了更多的选择性和主动性，可以根据自己的需求来自行开发设计，量身定做适合自己的目标顾客群体的商品，进而满足门店的特殊化需求，必要的情况下，还可以将自己门店的某些商品品类进行完善。

由于自有品牌商品只能在本品牌的门店进行销售，在其他场所无法购买到该种产品，也就塑造了该门店的差异化的定位，以区别于普通的零售商店；在价格方面，零售企业通过自有品牌的发展，可以低价格销售某些品类的商品，具有更多的商品定价权利，进而可以吸引更多顾客光顾。

三、零售商开发自有品牌的优势与劣势

（一）自有品牌的优势

1．成本优势和价格优势

在 PB 商品的定价上，商场一般采取低价定位，以薄利多销的手法吸引对价格敏感的消费者。价格低廉是 PB 商品的一大竞争优势。欧美零售商使用自有品牌的商品一般比同类商品价格低 10%～30%。

大型商场采用 PB 商品战略之所以成功，很大原因取决于其所具有的价格优势。第一，大型商场自己组织生产自有品牌商品，使商品进货省去许多中间环节，节约了交易费用和流通成本。第二，使用自有品牌商品不必支付巨额的广告费，由于自有品牌商品仅在开发该商品的商业企业内销售，因此其广告宣传主要是借助于其商业信誉在商场内采用广告单、闭路电视、广播等方式进行。与普遍采用电视、报纸等大众媒体进行广告宣传的 NB 商品相比，其广告成本大幅度降低。第三，大型连锁商店拥有众多的连锁店，可以大批量销售，取得规模效益，降低了产品成本。

2．信誉优势

敢于使用自有品牌的零售商业企业往往有良好的声誉和企业形象。企业在长期的经营实践中，以一种或几种经营特色形成了自己良好的信誉，树立了一定的品牌形象，使商业企业创立的自有品牌从一开始起就具备了名牌的许多特征，极易被顾客接受与认可。如今，商品供给日益丰富，而消费者又较少拥有特定的商品的专业知识，认牌购买往往成为消费者的惯常购买行为，特别是在假冒伪劣产品泛滥时，良好的企业形象和品牌信誉几乎成了消费者的“避难所”。广大消费者总是喜欢到“放心店”“信得过”商店购物即是明证。

3．特色优势

使用制造商品牌的商品，通常各零售企业都可以经营，这使得各零售商业企业在所经营的产品品牌上的差异日趋缩小。“走一店等于走百店”，从而造成零售企业经营上雷同有

加而特色不足，加剧了竞争的激烈程度，甚至出现了过度竞争。而实施自有品牌营销战略，大型零售企业首先要对其品牌进行准确的市场定位，企业要根据自身的实力状况、竞争者的市场地位、目标市场的需求特点来确定自有品牌商品在市场中的地位。品牌定位一旦明确，企业的经营特色随之形成。另外，零售企业的自有品牌与制造商品牌的最显著区别，在于零售企业的自有品牌只能运用于开发商品的企业内部，其他企业不能使用。因此，使用自有品牌也就把本企业的经营特色体现出来，以特色经营赢得顾客。

4．终端优势

一方面，零售商直接面对消费者，零售商可以及时有效地获得消费者的需求及其变动情况，并根据消费者需求的变动来改变自有品牌商品的生产，以满足不同时期消费者的不同需求。零售商的信息领先优势使其发展的自有品牌能更好地服务于消费者。

另一方面，由于卖场是由零售商经营掌控的，零售商可以把自有品牌商品放在最有利、最醒目的位置来吸引消费者，而这一过程几乎不需要任何竞争和费用。商品的摆放位置对于产品的销售起着至关重要的作用。而且，可以通过印制促销产品宣传册，将自有品牌商品与制造商商品进行比对，使消费者对自有品牌商品产生深刻的印象。还可以在卖场里通过自己的员工向消费者介绍自有品牌，省去了额外的促销费用。

（二）自有品牌的劣势

与制造商品牌相比，零售商发展自有品牌不仅仅有优势，也具有相当明显的劣势。在零售商发展自有品牌的过程中也存在着许多问题，这些问题的存在是致使消费者不敢轻易尝试自有品牌商品的主要原因。现阶段存在的问题主要包括自有品牌商品的质量不确定性、自有品牌商品的种类少且定位不准确、缺少开发自有品牌的人才，以及消费者对自有品牌认知度不高等。

1．商品质量问题

成功发展自有品牌最基本的条件是自有品牌商品的提供必须是优质的，不能因为自有品牌商品质量不合格而使零售商品牌价值降低，遭受损失，影响零售商的信誉。目前的自有品牌大多是贴牌生产，在商品的生产过程中较难进行监控，产品的加工制造方很可能为了获得更多的利润而减少加工程序或者卫生条件不达标等。所以，自有品牌商品的质量是消费者最担心的问题。

2．商品种类少且定位不准确

目前，大多零售商的自有品牌商品的种类还相对比较少，且产品形式单一。不能突出自有品牌的优势。零售商开发的自有品牌主要是一些生鲜食品、日常快速消耗品、衣服等技术含量不高的产品。

3．人才缺失

如果零售商自有品牌想冲出制造商的重围，必须利用其信息领先优势获得一手资料，来设计差异化的产品。这就需要专门的人才来设计，而现阶段零售商还没有专门的人员从事这项工作，也没有重视这一点。人才的缺失是制约自有品牌发展的根本原因。

4. 消费者对自有品牌认知度不高

零售商自有品牌虽然已经有一百多年的历史，但它是近几年才在我国兴起的，而且很少在电视等媒体上做广告，导致消费者对自有品牌的认知度不高。而且现在的生活节奏快，上班族很少细细比对各家商品，对自有品牌缺少注意。

四、自有品牌的开发与管理

对零售企业而言，自有品牌的开发是一项系统工作，需要上下多方面的共同努力，有计划、系统地推进。

（一）零售企业开发自有品牌的条件

零售企业实施自有品牌的经营战略，首先要具备一定的条件，并在这些条件的基础之上来发展自有品牌。良好的市场条件和完善的政府商业规制是实施自有品牌经营战略的保障，它能为大型零售企业提供一个良好的发展空间。大型零售企业在实施自有品牌经营战略时，企业自身一定要符合政府商业规制中所包含的法律法规，如商标法、公司法、产品质量法等。虽然外部条件是保障，但起决定作用的还是企业自身的条件。零售商如要考虑开发自有品牌，从企业自身角度必须具备一定条件，包括基础资格条件和实施条件两个层次。

1. 基础资格条件

大型零售企业要发展自有品牌，必须具备一定的规模实力，这是大型零售企业实施自有品牌经营战略的基础。

（1）有较强的规模经营能力

零售商规模经营能力强是发展自有品牌的首要资格条件。与制造商品牌相比，自有品牌的一大特点，是其生产和销售都是在某一零售商的主导下完成的。该零售商规模经营能力的强弱，直接决定了其发展自有品牌能否拥有大规模生产和销售的能力。从生产端看，如果零售商能够大规模生产，在与自有品牌供应商的谈判中，就具有较强的议价能力，可以降低自有品牌的生产成本。从销售端看，如果零售商自身拥有较大的销售规模，就可以为其自有品牌提供更广阔的销售空间，这同样是自有品牌良性发展不可或缺的。

经营规模强是零售商发展自有品牌的必要条件，但不是充分条件。有了规模只是具备发展自有品牌的资格，但能不能成功发展起来还取决于其他因素。

（2）有较高的信誉

纵观自有品牌战略实施成功的西方零售商，无不是信誉卓著的业内翘楚。原因在于自有品牌与生俱来的另一特殊性：它实质上是零售商品牌信誉的一种延伸。品牌延伸的理论表明，消费者对原品牌的认知质量越高，对延伸产品的评价也就越高，反之则越低。

如果大型零售企业在消费者的心目中树立了良好的企业形象，时时都能为消费者提供质优价廉的商品，处处把顾客需求放在第一位，那么该超市的自有品牌从一开始就具备了名牌的许多特征，极容易被消费者认可和接受。例如，沃尔玛的山姆精选、家乐福的面包、华联的大米和鸡蛋等，这些自有品牌的商品在超市内都有很大的销售量，之所以能获得成功，一个主要的原因就是这些大型零售企业在消费者心目中有很好的信誉。

2．关键实施条件

（1）保证商品的质量，质优重于价廉

自有品牌发展到今天，其意义越来越体现在形成零售商的差异化特色上。越来越多的零售商认识到，开发富有特色的自有品牌商品可以帮助企业赢得顾客忠诚，在一定程度上形成进入壁垒，对提高企业竞争力具有重要意义。要使自有品牌商品真正成为零售商的差异化商品，低质低价就不应该成为零售商发展自有品牌的法宝，在质量争优的基础上再考虑低价才是更符合发展趋势的理念。

零售巨头沃尔玛发展自有品牌的理念，经历了从"价格—品牌—质量"到"质量—品牌—价格"的转变，从一开始强调以低价格吸引消费者，质量中等即可，到现在将质量放在第一位，向消费者提供质量等同于甚至优于全国品牌的自有品牌商品。这种发展策略的转变使其自有品牌以优惠而超值真正赢得了消费者的心。仅以沃尔玛的奥罗伊狗粮为例，这一品牌从开发至今，共创建了 40 个系列的自有专卖品牌，发展成为美国最大的狗粮品牌之一，如果不以质量为保障，只靠低价，是不可能做到这种程度的。

对于零售商而言，保证自有品牌质量涉及方方面面的环节。要合理选择生产商，建立健全自有品牌质量管理制度。

（2）有足够的人力资源保障

零售商经营自有品牌涉及产品的开发设计、生产方式的选择、价格策略、市场推广、质量监控、生产商管理等多个环节。这些环节必须由具有相应专业技术和技能的人掌控。即使零售商将自有品牌发展的部分业务（如自有品牌开发、生产商审核、质量维护等）交给第三方机构运作，但并不意味着零售商在这些环节上就可以置身事外，必须有专门人才与第三方机构进行沟通并监控其行为，才能保证外包出去的环节不致失去控制。具备质检、销售、品牌管理等方面的专门人才是零售商发展强有力的自有品牌必不可少的条件。但我国目前的情况是，零售商在自有品牌发展所需的专门人才配备上还没有做好充分的准备。无论是专门人才的缺乏，还是专门人才流动的频繁，对于自有品牌这项需要相当高的专业技术和技能的事业而言，都将成为根本性的制约因素。如何吸引并留住发展自有品牌的专门人才，需要零售商将此作为一个核心问题，并去寻找解决对策。

（3）有可靠的生产基地

零售企业在选择开发自有品牌时，必须有一个稳定、可靠的自有品牌生产基地，这是实施自有品牌战略的第一步。没有稳定可靠的生产基地，就不能保证自有品牌商品的供应。无论是委托生产商制造还是自设生产基地，都要保证可靠性。

（4）有足够大的市场空间

零售企业在推出自己的自有品牌时，首先需要对市场进行认真的调研，看企业推出自有品牌产品是否有足够大的市场空间，只有有了足够多的消费者购买大型零售企业自有品牌的产品，大型零售企业才可能实施自有品牌战略；否则，就没有必要推出自有品牌的商品。因为扣除企业投入的大量成本后，只能是亏损。

（二）商品的选择

选择恰当的商品项目是自有品牌开发成功的前提。具备上述条件的零售商必须充分考虑各种因素，采用适当的方法选择合适的商品开发自有品牌。

1．选择 PB 商品考虑的因素

商品的选择必须考虑两个因素：一是被选择商品价格较 NB 商品价格有可能降低，二是被选择商品有一定的吸引力能影响消费者的品牌忠诚。这两个方面又是相互影响的。

2．常见的自有品牌商品

根据国内外经验，以下商品经常成为零售企业开发自有品牌的选择。

（1）品牌意识不强的商品。对某些商品而言，消费者的品牌意识非常强，如服装、化妆品等，消费者对这些商品的品牌意识较强，趋于购买指定商品，因此超级市场开发自有品牌的难度就很大，即使开发出来也很难得到消费者认可。而另一些商品，消费者的品牌意识较弱，如洗衣粉、洗衣皂、卷纸等日常用品或食品，商场可以采用一些促销手段很容易影响消费者的购买行为，因而这些商品可以作为 PB 商品考虑。

（2）销售量大和购买频率高的商品。只有销售量大的商品，企业才可以实行大量开发订购生产资料，从而降低开发、生产成本，保证 PB 商品低价格的实现。购买频率高的商品使得商店和消费者接触频繁，商品的品牌忠诚度较低，顾客很有可能在其他条件的影响下改变购买品牌，这有利于商场开发新顾客，使他们购买新品牌的商品。

（3）单价较低和技术含量低的商品。消费者一般对同一类但不同品牌的商品都有一个消费试探的过程，如果自有品牌的商品价格低，这样就可以降低消费者的购买风险和机会成本，从而加快消费者对商品的了解，如果大型零售企业能切实保证自有品牌商品质优价廉，那么企业就会很快地增加销售额，打开市场，并占领市场。对于单价较低的商品，消费者可在第一次购买后通过使用决定是否再次购买，其风险性较小，特别是对一些价格敏感度较高的日用品，在同等质量的条件下，消费者更容易接受价格较低的自有品牌商品。而单价高的商品消费者的购买决策是比较谨慎的，不可能在购买后如感觉不如意就简单地再买一个。

另外，技术含量高的商品不宜作为自有品牌商品的开发对象，一是大多数商场不具备这些商品的开发实力；二是这类商品的品牌忠诚度一般较高，不宜改变消费者的购买态度；三是这类商品往往需要强大的售后服务力量，这是商场力所不能及的弱项。

（4）保鲜、保质要求程度高的商品。这类商品如食品、蔬菜、水产及其他保质类商品，商业企业可以以良好的商誉做保证，利用渠道短的优势及时地把货真价实的商品提供给广大的消费者。

（5）无文化符号或者文化符号很弱的商品。文化符号是指某一商品或某一类商品在人们的心目中形成了一种文化。例如，肯德基的鸡腿、麦当劳的汉堡、耐克的运动鞋等，这些商品都形成了一种文化符号。虽然在肯德基买来的鸡腿和在上海物美超市买来的鸡腿的味道没有什么太大的区别，但是在消费者购买时，却是两种不同的心理。本章开篇案例中沃尔玛可乐失败的案例也说明了这一点。沃尔玛超市可以给顾客提供质优价廉的商品，可以通过不断的广告投入，使消费者相信自有品牌的商品有多么适合他们，但是超市自有品牌的商品还无力对可口可乐、耐克这样的已经成为文化符号的品牌构成威胁。

（6）选择时尚性较强的商品。例如服装、鞋、帽、首饰等流行性商品，可以利用零售商最接近消费者、了解时尚、渠道短等优势，把该类商品迅速送达市场，满足消费者的需求。

3．选择自有品牌商品的方法

选择PB商品可以有多种形式，常见的有打分方法，将备选商品根据畅销商品的畅销因素进行评估，将各种因素按不同程度折成数字来评估某商品，高于某一水平即可列入开发对象。

此外，也可以根据过去的销售记录选择，商场可以将过去几年或数月的销售统计资料中位于前列的商品作为首选商品。当然，这其中还要考虑到NB品牌的影响，例如，如果飘柔、海飞丝洗发水十分畅销，这并不说明超市开发的自有品牌的洗发水一定畅销。

（三）具体开发方式

在自有品牌的具体开发方式上，零售商可以采取以下两种主要途径。

1．零售商进行产品设计开发，委托生产者制造

零售企业可以利用其直接面对顾客的独特优势，积极开发设计自有品牌产品，达到贴近消费者需要和降低成本的目的。零售企业可以组织研究人员或与高校、咨询研究机构合作，根据市场环境变化，在及时捕捉、收集、分析消费者需求的基础上，提出最可能满足消费者不同需求的新产品设计方案或要求，包括特性、质量和包装等方面的要求和标准，积极开发设计自有品牌产品，然后委托生产企业按照设计要求制造，在销售时使用自有品牌。一些中小型生产企业，虽无力开展耗资巨大的品牌攻势，但具有较强的生产制造能力和水平，大型零售商与这类企业联合，就有可能获得双赢的结果，这对于促进地方经济的

发展和解决就业有利。

实际上，这种联合并不仅限于大型零售商与中小生产企业之间。在国外，甚至一些大的生产制造企业，为了保证开工率，也加入为零售商生产零售商自有品牌产品的行列，例如，加拿大颇有名气的科特（Cott）食品饮料公司，就为Sainsbury零售商生产。这种联合也是竞争与生存的需要使然。对于我国企业也同样有参考意义。

零售商在对潜在商品供应商进行选择时，对其合作态度、生产能力、产品开发能力、交通状况等方方面面的因素都要做出慎重的考虑，因为商品种类越多，合作的厂家越多，货源供给、质量监控等问题就越多，风险也越大。

2. 零售商自设生产基地生产

自设生产基地是指大型零售企业自己设计、开发，自设生产基地生产加工某些商品，使用自己的品牌销售。在这种形式中，生产企业和商业企业之间不是交易关系，而是一种协作关系，它们具有共同的利益与目标，融为一个利益的整体；由于将企业间的交易行为转化为分工协作关系，在企业规模的有效边界之内可以节省交易费用。

【案例】　大润发的自有品牌战略

2017年8月起，大润发推出全新的自有服饰品牌JESS&TONY，这是一个参照美式快时尚休闲风格，定位为休闲、舒适、优质、经典、超值、流行的全新服饰品牌，将在大润发全国368家门店同时发售。

在最新推出的宣传照中，JESS&TONY的首波主打为秋装，男、女、童装皆有覆盖，主要有纯棉T恤、运动服、针织衫和外套等。定价强调“超值”的定位，走低价位。

在运营服装品牌上，大润发已有多年经验，它在2007年就推出过平价服饰品牌贝兹卡洛，2009年又成为美国大众服饰品牌巧乐奇的中国区唯一品牌授权商。在台湾，大润发推出自有品牌In Extenso，还在蝙蝠侠电影上映时推出蝙蝠侠和超人的联名产品。

发展自有品牌一直被视为实现差异化和高性价比的策略，而服装又是商超中毛利率较高的商品，服装毛利一般在25%～35%，而自有品牌服装的毛利甚至能在50%以上。较高的毛利获得可支持商超在生鲜、杂货等热门商品上放低利润，打价格竞争。沃尔玛的“简适”、华润万家的“if”等都是超市服装自有品牌的例子。在大润发母公司高鑫集团2016年的财报中，也单独标出“发展自有品牌及独家品牌产品，提升差异化经营”的发展战略。

但是商超做好自有品牌商品并不容易，由于顾客性质和商超特性，目前各大商超的自有品牌还是以平价、大众为主流路线，这要求商超对上游供应链有深厚的掌控能力，能够直接掌控商品源头，摈弃品牌溢价，把各种不必要的水分“沥干”，才能保证低价下的盈利。

大润发在控制服装上游上有它自己的优势。大润发创始人、润泰集团的尹衍梁在台湾就是做纺织出身，进入零售业之前早已在服装业摸爬滚打多年。大润发的自有品牌从面料设计开发起就开始与上游工厂源头对接，款式设计、跟单、品控直至经销，大润发都有参与。全程把控能减少和控制住中间环节的很多成本，保证服饰的性价比最高。同时自有品牌服饰直接投放大润发门店，营销方式主要以重点陈列、卖场宣传为主，相比单独的服饰品牌还要租售核心店铺，全渠道营销，商超做服饰的成本的确很低。体现到价格上，就是一件孟加拉国产的圆领T恤衫，差不多质量的李宁卖100多元，大润发卖29.9元。而一件对标优衣库的轻薄羽绒服，优衣库卖499元，大润发特价299元，据报道，这款羽绒服1年能卖30万件，圆领T恤衫1年则卖了50万件，总体而言，大润发自有品牌服装每年能做到六七亿元的销售额。

但在整个消费升级的大趋势下，消费者很难被单一的低价吸引，在价格有优势的基础上，还需要品质。抛却性价比的卖点，商超服饰要打造广泛的知名度还不简单，如JESS&TONY号称参照美式风格，但从宣传照来看设计算不上有吸引力。

2016年起大润发加快了自有品牌的建设，据高鑫集团财报显示，大润发专营百货类、家纺及餐桌用品的自有品牌“Actuel”在去年销售额增长了88%，小家电品牌“Qilive”及家居服饰品牌“优纺”的销售额同样取得双位数增长。大润发董事长黄明端曾对媒体表示2016年大润发的自有品牌商品比重大概在10%左右，希望大润发自有品牌商品每年能够增长1%的比重，使未来整个O2O体系内自有品牌商品能达到20%左右。

资料来源：闻睿悦. 大润发8月将推出全新自有服饰品牌JESS&TONY[EB/OL].(2017-07-30).http://www.linkshop.com.cn/web/archives/2017/383647.shtml? from=rss.

本章小结

商品是零售企业经营的基础和核心。任何一个零售企业都不可能经营市场上所有的商品。零售企业必须确定合理的经营范围，在对商品进行合理分类的基础上确定所经营商品的组合。NRF的商品分类将商品分为商品组、商品部、商品类别、同类商品和单品五个层级。商品组合是在商品分类的基础上对企业经营范围的确定。不同业态类型的零售企业商品组合策略有广而深、广而浅、窄而深、窄而浅四种策略。

商品结构是零售企业在一定的经营范围内，按一定的标志将经营的商品划分成若干类别和项目，并确定各类别和项目在商品总构成中的比重。商品结构需要在动态中不断优化，不断引进新产品、淘汰滞销品和培养畅销品。

零售商自有品牌是和制造商相对的一个概念，零售商发展自有品牌具有成本、信誉、终端等多方面的优势，也存在着质量不稳定等一系列问题。零售商需要在具备资格条件和实施条件的基础上做好自有品牌的开发工作，为企业创造新的利润增长点。

复习思考题

1. 某超市门店中的销售非常不理想，近 6 000 个品种中，似乎很多单品都能卖一点，但又都卖得不算很好，从该店 POS 经营数据进一步分析发现，有近 50%的单品却创造了 50%的销售。该门店的商品构成是否正确？

2. 衡量零售商开发自有品牌成功与否的标志是什么？

3. 如何进行商品结构的优化？

4. 零售商发展自有品牌会不会陷入多元化陷阱？

5. 分析某一综合超市的商品分类。

案例分析

零售商的自有品牌之争

为破解同质化竞争，零售商在尝试各种方式。在从业者眼中，品牌的差异尤其是自有品牌的开发就成为破解同质化竞争最好的方法。日前，业界传出万达集团即将涉足自有品牌的消息，王府井百货也宣布其自有品牌业务已经有了架构性准备，近期将出台具体规划。在此之前，以银泰百货为代表的传统百货企业，以沃尔玛、华润万家为代表的内外资超市，都已经在自有品牌领域经验颇多。

王府井百货集团董事长郑万河认为，发展自有品牌，不仅是集团多业态发展思路下的重要环节，更可以加大自营商品比例，提高利润率。据介绍，包括王府井百货在内，百货零售行业的毛利率近年均有所下滑，而自营则可以更好地把控上游供应链，提高利润率。

目前，像王府井百货一样酝酿自有品牌建设的零售商并不是少数。但在伊藤洋华堂执行董事三枝富博看来，一个零售企业自有品牌是否可以站住脚跟，与消费者对零售企业的认可度密不可分。“现在中国很多企业并没有得到足够的市场认可，因此即使去开发自有品牌，也不一定会迎来太多消费者青睐。我认为中国企业做自有品牌还应该慎重考虑。”三枝富博透露，日本 7-11 集团旗下自有品牌销售额在 2011 年达到 400 亿元人民币，在此背后，是消费者对 7-11 便利店这个零售品牌的高度信赖。在他看来，开发自有品牌已经成了中国零售商赶时髦的行为，但很多潜在的风险恰恰被忽略了。“例如自有品牌开发造成的高库存风险，曾经让多家日本零售企业大幅亏损，我们不希望中国企业也走同样的弯路。”

在不少消费者眼中，自有品牌代表着便宜和实惠。事实确实如此。据调查，乐天玛特卖场内的自有品牌听装啤酒价格要低于其他啤酒三成左右，沃尔玛卖场内的自有品牌牛仔裤也比市场同质量商品便宜 35%以上。据某卖场介绍，自有品牌商品的价格一般会是同品类商品中最低的，要比主流品牌商品优惠10%～20%。这些商品通常陈列在主流品牌商品的旁边，并会在货架上配有明显标志。

资料来源：崇晓萌．零售商的自有品牌之争[N]．北京晚报，2012-07-11.

【思考讨论】

1. 零售企业开发自有品牌要具备什么条件？要注意什么问题？
2. 自有品牌是否应该走低价路线？为什么？

零 售 定 价

- ☑ 掌握基本的零售定价方法和策略;
- ☑ 熟悉零售商调整价格的方式和方法;
- ☑ 理解影响零售定价的基本因素和定价目标。

宝石的定价

易麦克特引进了一批宝石，与以前的进货相比，易麦克特认为这批珍珠质宝石制成的首饰的进价还是比较合理的。他对这批货十分满意，因为它比较独特，可能会比较好销。在进价的基础上，加上其他相关的费用和平均水平的利润，他定了一个价格，觉得应该十分合理，肯定能让顾客觉得物超所值。

这些珠宝在店中摆了一个月之后，销售统计报表显示其销售状况很不好，易麦克特十分失望，不过他认为问题原因并不在首饰本身，而是在营销的某个环节没有做好。于是，他决定试试在中国营销传播网上学到的几种销售策略。例如，令店中某种商品的位置有形化往往可使顾客产生更浓厚的兴趣。因此，他把这些珍珠质宝石装入玻璃展示箱，并将其摆放在该店入口的右手侧。可是，他发现位置改变之后，这些珠宝的销售情况仍然没有什么起色。

就在此时，易麦克特正准备外出选购产品。因对珍珠质宝石首饰销售下降感到十分失望，他急于减少库存以便给更新的首饰腾出地方来存放。他决心采取一项重大行动，选择将这一系列珠宝半价出售。临走时，他给副经理匆忙地留下了一张字条。告诉她："调整一下那些珍珠质宝石首饰的价格，所有都 × 1/2。"

当他回来时，易麦克特惊喜地发现该系列所有的珠宝都已销售一空。"我真不明白，这是为什么。"他对副经理说，"看来这批首饰并不合顾客的胃口。下次我在新添宝石品种的时候一定要慎之又慎。"而副经理对易麦克特说，她虽然不懂为什么要对滞销商品进行提价，但她惊诧于提价后商品出售速度惊人。易麦克特不解地问："什么提价？我留的字条上是说价格减半啊。""减半？"副经理吃惊地问，"我认为你的字条上写的是这一系列的所有商品的价格一律按双倍计。"

资料来源：一个珠宝定价的有趣故事[EB/OL].（2012-06-17）.http://wenku.baidu.com/view/d817ed395727a5e9856a6167.html.

【思考讨论】为什么珠宝以原价 2 倍的价格出售会卖得这么快？

第一节　影响零售定价的因素

对于零售商而言，价格是营销的利器，合理的定价能帮助零售商招徕顾客、增加销量、提升企业形象，而不合理的定价很可能会伤害零售商自己的利益。市场经济条件下，零售商都可以自主制定和调整价格，在定价时零售商要综合多种影响因素：自身经营的特点、商品的特征、消费需求和来自市场和环境方面的影响因素，为其零售商品制定一个容易为消费者和市场所接受的价格。

一、零售商自身特点

同样的一款骆驼皮鞋，受零售商不同的市场定位、店铺地址、定价目标、促销活动、企业经营管理水平等因素的影响，不同的零售卖场定价可能是不一样的，在高档百货商店可能卖到 500～1 000 元，而超市只能卖到 200～300 元。

首先，零售商品定价会受到其市场定位和店铺选址的影响，高档百货商店的高质高价、服务高收入精英人群的市场定位和超市的天天低价、服务大众的市场定位，决定了同样一双皮鞋却可以向不同的人群收取不同的价格。同样是百货商店，市中心的百货卖场与城市边缘，如城乡结合部的商品价格可能会相差较大，市中心的百货卖场不愁客源，而且还要支付高昂的经营管理费用，成本较高；而城乡结合部的百货卖场各种成本和费用低廉，为吸引顾客，只能打低价牌，让远道而来的顾客感到物超所值。

其次，零售商品定价也与卖场推出的促销政策紧密相关，价格是很多商家常用的促销手段，同样的一斤面条，超市促销时卖 1.48 元/500 克，而不搞促销活动则卖 2.0 元/500 克，促销时消费者蜂拥而至，促销效果立竿见影。当然，除了降价，零售商也可能针对相关商品提价促销，如导入案例中的宝石促销：价格上涨了一倍，同样销量大涨。

再次，零售商品的定价也同企业的定价目标联系密切，常见的定价目标有维持生存、利润最大化、市场占有率、应对竞争和维护企业形象等，如果企业的定价目标是在应对竞争对手、提高市场占有率，可能会采取低价方式把其商品打入市场，争取优势地位。日本福岛核电站发生泄漏后，因为怕海水遭到污染，国人纷纷走进超市抢购生活必需品——食盐，这时一些超市纷纷提价，从以前的 1 元/袋涨到 5 元/袋，以谋取更多的利润，但也给消费者留下了“奸商”的印象。当然，也有一些超市侧重维护自己的社会形象，坚持食盐不涨价，备足货源，赢得了消费者的信赖。

最后，零售商的定价还会受到自身经营管理水平的影响。价格是零售商整体营销策略中非常重要的一环，一般经营管理水平高、经营方式先进、能力强的零售商，能随时根据市场情况迅速做出应对：提高或降低价格来提高企业的市场占有率。1987 年沃尔玛花费了数亿美元发射了一颗商用卫星，就是让沃尔玛的全球门店联起网来，配送统一调度，它的配送费用只占销售额 3%，而竞争对手却占 4.5%～5%，使得沃尔玛在欧洲超市里面能够保持其低价优势，成为世界商超的龙头企业。

二、商品因素

零售商定价除受其自身经营特征的影响之外，还要考虑各种与商品相关的因素，如商品的成本、商品的特征和商品的需求价格弹性。

（一）商品成本

成本是影响商品定价最主要的因素，也是价格制定的最主要依据。价格一旦过高，严重高于社会成本，在激烈的零售市场竞争中，可能会被淘汰；如果商品价格过分低于成本，企业长期内必定无利可图，最终只能退出市场。对于零售商来说，商品的成本包括进货成本、销售成本和储运成本。进货成本包括厂商的生产成本和中间商的成本，是供应商在供应过程中所付出的全部费用；销售成本包括卖场促销人员的工资和广告费等，是营销过程中发生的费用；储运成本包括运输和储藏成本。正是这些成本的存在，使得不同的零售卖场对同种商品的定价是不同的，装修豪华的大型百货卖场销售成本较高，超市成本相对低廉，进货量大的零售卖场进货成本低，而销路不畅的小型服装店进货成本高，这些因素的存在使得顾客在不同的零售业态买到的商品价格不同。

（二）商品自身特征

商品自身的特征，如外观、质量、功能、服务、商标、包装、保质期等同样会对商品的价格产生重要影响。同样款式的衬衣，纯棉材质与真丝面料价格相去甚远，国际大牌与国内品牌动不动就是几千元与几百元的区别。在超市，消费者经常会看到临近保质期的商品，如面包、牛奶、饮料、洗衣皂、洗发水等可能半价出售，而距离保质期较远的商品正价出售。零售商可以综合考虑这些商品自身特点，对于同样一款商品在不同时期或者不同的商品制定不同的价格。

三、消费需求因素

来自需求方面的因素，消费者的收入、需求心理和消费习惯等也会对零售商的定价产生重要影响。

（一）消费者的收入

消费者的收入决定其可能会到何种零售业态去消费，是选择国际大牌还是普通商品。普通的工薪阶层，收入水平不高，日常生活所需恐怕多去奉行低价策略的超市和定位大众化的百货商店去购买商品，在其购买行为中价格是最重要的影响因素。而社会精英阶层，衣食住行恐怕更强调的是品味，而非价格，高质高价的大型百货卖场里的精品店会是其经常光顾的对象，所以这些卖场很少打折。

（二）消费需求心理

消费者的消费心理同样对零售商品的价格有重要影响。在导入案例中，易麦克特本来是想让顾客觉得物超所值，价格应该是定在了相对低的位置，造成了销售不理想，珠宝店提价之后反而售罄，这是因为珠宝属于特殊商品，没有专业知识的消费者只能凭价格去判断质量的优劣，质量越好价格越贵，价格越贵才能凸显出穿戴者的品位，所以价位低时顾客觉得质量不见得好，提价之后迎合了顾客的消费心理——优质高价。

一般来说，常见的消费者价格心理有习惯性价格心理、敏感性价格心理和倾向性价格心理等。习惯性价格心理是指消费者对一定商品价格水平的心理习惯性，这种习惯是在长期的购买行为中积累而形成的，如某品牌的化妆品价格通常是500～600元，这是消费者从过去的购买行为中积累，在心目中逐步形成的一个固定的标准，购物时消费者往往会受这个标准的影响，当某卖场推出100～200元的同样的化妆品时，消费者可能会怀疑是不是假的，不愿意去购买，因为消费者会认为这种价位是不合理或不正常的。敏感性价格心理是指消费者对一定商品价格水平变动的心理反应程度。通常消费者对各种商品价格在心理上有一个大致的标准，日常用品的心理价格标准较低，非生活必需品的价格标准较高，通常消费者对菜价、蛋价、肉价的上涨反应强烈，但是对高档服装、家具的涨价不敏感。因此，很多超市为吸引消费者去购物，往往愿意以蔬菜、肉类和鸡蛋的低价促销来带动其他商品的销售。倾向性价格心理是指不同的消费者出于不同的价格心理，对于商品的档次、质量、商标都会产生不同的倾向。倾向于选择高价商品的消费者，在消费心理上总是认为便宜没好货；而倾向于选择低价商品的消费者则认为价格并非质量的完全代表，他们往往追求的是经济实惠的商品，希望物美价廉。

（三）消费习惯

消费者的消费习惯对商品的定价在一定程度上也起着重要的作用，讨价还价在中国的零售市场上屡见不鲜，因为消费者很清楚，即使在大型百货商场，销售人员手里也掌握着一定的价格优惠幅度。一般情况下，消费者在非品牌的零售中多会选择将价格尽量打压到他们所能接受的价格，所以对这些零售商来说，可以把价格定得高些，让消费者享受砍价的乐趣。

四、市场与环境因素

零售商的定价还会受到市场与环境的影响，如市场供求状况、市场竞争状况、政府的法律法规等。

（一）市场供求状况

根据经济学原理，商品的均衡价格是在供给和需求这两种截然相反的力量的作用下形成的，一旦市场供给或需求状况发生变化，商品价格会随之做出调整。零售商在商品定价时同样需要考虑供求状况，争取对自己最有利的价格，如果商品市场供过于求，要顺利把商品卖出去，最好是降价，提高市场占有率。如果市场供不应求，可以考虑提价，争取更高的利润。

（二）市场竞争状况

市场竞争状况同样对零售商的定价有重要的影响，合适的价格可以成为市场竞争的有利工具，定价失误也可能会使零售企业丧失竞争优势地位。在零售业的竞争中，经常见到这样的宣传，“我们的家电产品是全市最低价，如果不是最低价，十倍返还差价。”试想一个城市那么多家电卖场，凭什么这家零售商会打出全市最低的宣传，前提是他已经通过调研，明确掌握了其他卖场电器的价格。知己知彼，百战不殆，在定价过程中，企业可以采取多种方式去了解和熟悉竞争对手的基本情况，如市场调研、消费者反馈等，准确地制定自己的价格，在激烈的零售业竞争中争取优势地位。

在西方经济学中，我们曾经学过市场结构理论。这里根据不同商品市场竞争状况不同，可以把零售商所经营的产品市场划分为完全竞争市场、垄断竞争市场、寡头垄断市场和完全垄断市场。如果零售商经营的这种商品面临的是完全竞争市场，本区域所有的零售卖场几乎都出售这种商品，零售商可以自由进入或退出这个市场，那么每个零售商都无法自主决定这种商品的价格，只能随行就市，成为市场价格的被动接受者，典型表现为超市中出售的农产品，在定价时要综合考虑农贸市场、其他超市、卖场的价格来制定自己的价格，过高消费者会用脚投票，过低会使零售商的利润减少。如果零售商经营的商品面临的市场是垄断竞争的，那么他可以掌握一部分定价权，如家电卖场中某品牌冰箱，A 卖场冰箱因带有杀菌除臭功能卖 2 000 元一台，B 卖场冰箱因带有 1 分钟速冻功能卖 2 050 元，不同的功能使得不同的零售商能对自己经营的产品进行定价，但是当冰箱整体市场价格下跌时，A 和 B 也需要随之调价。如果零售商经营的商品本地只有包括他自己在内的两家商店在出售，那么商品价格很大程度上都是零售商自己说了算，当然要争取更多的市场份额，需时刻关注竞争对手的销售政策，根据竞争对手的定价做出自己的选择和调整。当然，零售商也可能面临的是完全垄断市场，价格虽然自己说了算，但是要时刻关注政府有无出台价格管制措施。

（三）政府的法律法规

商品定价权掌握在零售商手里，但也要遵守国家的相关法律法规，如我国政府出台了《中华人民共和国价格法》《中华人民共和国消费者权益法》和《中华人民共和国反不正当竞争法》等以及有关的价格政策，来强化对企业定价的约束。一般来说，价格操纵、价格歧视、欺骗性价格等行为是明令禁止的。近两年很多零售卖场逢周末促销时都打价格牌，号称五折甚至四折销售，故意制造一个高价格，然后在此基础上打折，细心的消费者发现，其实打折后的价格和卖场非周末的价格是一样的。类似的价格欺骗行为已经被很多市场管理机构开出了罚单。

【案例】 北京家乐福低价签“误摆”高价油

消费者石女士反映，春节期间，她在家乐福大钟寺店购买食用油时遭遇价格欺诈。当时，她看到滋采牌 1 升食用油价格是 18.6 元，就顺手拿了一瓶。由于用卡结算，结账时也没在意。回到家仔细看购物小票吓了一跳，食用油价格怎么变成了 76 元，离谱地高出了 3 倍多。第二天，她专程跑到家乐福反映这个情况。超市很痛快，当即退了货并送她一瓶 18.6 元的食用油算是补偿。

可石女士回到家，越想越生气，要不是自己看出来，真就当了“冤大头”。她不明白，为什么会出现低价标签，却是高价结算的问题，这难道不算欺诈？而邻居们听说此事，都说她太“老实”，“家乐福自己承诺 5 倍赔付的，怎么一瓶油就把你打发啦？”

在食用油区的现场发现，由于周边福临门等食用油的包装颜色偏深，浅色包装的滋采牌食用油特别惹眼，1 升包装食用油一共摆有四瓶。价签的确是 18.6 元。在服务中心，5 倍价差退还的标示牌摆在十分醒目的位置。超市工作人员解释，“滋采牌油茶籽油 1 升价格确实是 76 元。”原来，76 元是滋采牌油茶籽油，18.6 元是滋采牌葵花籽油，可从外包装看，几乎一模一样。更何况把 76 元的油茶籽油摆放在 18.6 元的葵花籽油价签上面。

对于低价标签中混有高价的食用油，超市方面一直没有给出令人信服的解释，只是说，“由于商品太像，可能是店员摆错了，或者其他顾客不要退回来的。”不过，家乐福超市当即决定，可以退货，并进行适当实物补偿。

对于这属不属于价格欺诈，是否应该按照5倍价差退还赔偿的质疑，店方予以否认。“价格欺诈是标示低价，然后按照高价结算。而我们这两种商品都有价签，只是摆错了地方。”

根据《中华人民共和国价格法》第十四条的规定，经营者不得“利用虚假的或者使人误解的价格手段，诱骗消费者或者其他经营者与其进行交易”，而家乐福超市的这种行为，就是诱骗消费者，应该严惩。

资料来源：根据 http://news.xinhuanet.com/fortune/2011-02/10/c_121059948.htm 整理

第二节　零售定价目标和基本定价方法

定价决策和任何决策一样，都是在一定目标的导向下进行的。在市场经济条件下，零售商作为自主经营、自负盈亏的独立经济主体，其总体经营目标是获取最大利润，企业的定价决策必然要受这一总体目标的支配，并为实现这一总体目标服务。

一、零售定价的目标

定价目标是指零售企业通过制定以及实施商品价格所要达到的目的。零售定价目标是定价决策的前提和首要内容，是制定定价方法和策略的依据。一般来说，企业的零售定价目标分为下面四类。

（一）利润目标

利润目标是零售商定价目标的重要组成部分，获取利润是企业生存和发展的必要条件，是企业经营的直接动力和最终目的。因此，利润目标为大多数企业所采用。由于企业的经营哲学及营销总目标的不同，这一目标在实践中有以下两种形式。

1. 以追求最大利润为目标

利润最大化是指零售商希望通过制定并实施有效的价格实现在一定时期的最大利润，由于零售商经营商品种类繁多，所以他们通常追求长期、全部商品的综合利润最大化，以实现更多的市场份额和更好的发展前景。在追求利润最大化的过程中，一些零售商盲目追求高价格高利润，其实要实现利润最大化并不意味着一定要提高商品的价格，有些情况下高价格反而会使消费者望而却步，销量下降，利润减少。高额利润同样可以通过低价获得，低价会使销量上升，等占领市场之后再提高价格。当然，零售商也可借用一部分商品低价来吸引消费者，带动其他商品的销售。所以，对一个零售商来说，制定合适的商品价格才是实现利润最大化的关键。

2．以追求适度利润为目标

适度利润是零售商在补偿社会平均成本的基础上，适当加上一定的利润作为商品价格。零售商在追求利润最大化过程中，商品价格定得太高或太低，经常会受到各种限制，甚至会带来激烈的市场竞争，所以很多零售商选择以获取合理利润为目标来制定价格，这样零售商品的价格不会太高也不会太低，可以阻止激烈的市场竞争，适中的价格也可以维系与消费者之间的良好关系，树立企业形象，提高市场美誉度。

（二）竞争目标

零售市场竞争激烈，消费者对价格变化比较敏感，所以价格是零售企业在激烈的市场竞争中获胜的重要因素。日常生活中比较常见的是，同一地域毗邻的两个超市 A 和 B 之间的价格战——没有最低，只有更低，A 超市一款面包卖 4 元一袋，B 超市针对性的定价为 3.8 元，A 超市迅速做出反应——降价为 3.5 元，B 超市继续降价为 3.3 元，一直降到使双方无利润的进货价甚至赔本赚吆喝。当然，周边的消费者坐享实惠。

一般情况下，竞争目标分为抵抗竞争、躲避竞争和适应竞争。抵抗竞争是指零售商在制定价格时选择较低的价格用来抵抗竞争者想要进入市场的决定，降低企业在未来可能面临的压力。某社区新开化妆品零售店，已有的百货商店为保持自己的市场份额，避免顾客流失，对各种化妆品实施降价销售。躲避竞争是指零售企业不借助商品价格参与竞争，以躲避竞争定价目标的零售商可以通过价格以外的其他手段与对手竞争，如提供较好或独一无二的商品、优质的服务、舒适的购物环境、便利的购物地点等。某新开购物中心在与其他大型百货卖场竞争时，不是采用降价方式，而是致力于打造优良购物环境，在那里购物如置身画中，顾客看到了平时少见的异域风情，顾客可以享受婴儿推车和老人轮椅服务，还可以乘坐免费购物班车。优质的服务和优美的环境吸引了大批消费者。适应竞争是零售商为了在某一市场上谋求一席之地而制定的与原市场价格接近的价格。以与竞争者相同的价格进入市场，不但利于被消费者接受，还容易打造出自己的品牌。因为对新零售商来说，如果定价过低，容易让消费者怀疑其产品质量，对企业形象不利；而定价过高却不易被消费者接受。但是如果商品在服务、资金等方面具有比竞争者明显的优势的情况下，可以将价格定得稍微高一点。

（三）销售额目标

以销售额为目标定价是零售商在保证一定利润水平的前提下，谋求销售额最大化。销售额由该产品的销售量和价格共同决定，零售商可以综合考虑商品的需求价格弹性的大小进行提价或降价，实现销售额最大。一般对于奢侈性的、用途广泛、替代品多等富有弹性的商品，降价导致的损失可由销售量的增多得到补偿，宜用薄利多销策略，保证在总利润不低于企业最低利润的条件下，尽量降低价格，促进销售，扩大盈利；而对于生活必需的、用途较少、替代品较少等缺乏弹性的商品，提价会使销售额增加，应用高价、厚利、限销的策略。

在采用以销售额为目标定价时，零售商须注意大前提：确保企业的利润水平。因为销售额的增加，未必会带来利润的增加；相反，很多销售额的增加是以利润的减少为前提的，甚至销量越大，亏损越多。所以，销售额和利润必须同时考虑，在追求销售额时，必须保证零售商的最低利润，否则这种盲目追求扩大销售额的定价方式就失去了它存在的意义。

（四）市场占有率目标

以市场占有率为定价目标是一种志存高远的选择方式。市场占有率又称市场份额，是指某零售商的销售额（量）占整个行业销售额（量）的百分比。市场占有率与利润的相关性很强，从长期来看，较高的市场占有率必然带来高利润。美国市场营销战略影响利润系统的分析指出：当市场占有率在10%以下时，投资收益率大约为8%；市场占有率为10%～20%时，投资收益率在14%以上；市场占有率为20%～30%时，投资收益率约为22%；市场占有率为30%～40%时，投资收益率约为24%；市场占有率在40%以上时，投资收益率约为29%。因此，以销售额为定价目标具有获取长期较好利润的可能性。

在实践中，市场占有率目标被国内外许多企业所采用，其方法是以较长时间的低价策略来保持和扩大市场占有率，增强企业竞争力，最终获得最优利润。但是，这一目标的顺利实现至少应具备三个条件：企业有雄厚的经济实力，可以承受一段时间的亏损；或者企业本身的生产成本本来就低于竞争对手；企业对其竞争对手情况有充分了解，有从其手中夺取市场份额的绝对把握。在企业的宏观营销环境中，政府未对市场占有率做出政策和法律的限制，如反垄断法、反不正当竞争法等。

（五）品牌形象（企业形象）

对一个零售企业来说，良好的品牌形象是一种无形的财富，而商品价格又是决定品牌形象的重要因素，品牌形象目标是企业希望通过制定并实施有效的价格来提升品牌效力、增加销售额、树立良好的企业形象。品牌竞争是高层次的竞争，增强企业形象的定价目标应该与企业的长期战略相一致。

为树立良好的企业形象，零售商在制定价格时需要考虑两方面的因素：第一，制定的价格是否与消费者期望的一致，是否让消费者觉得物美价廉，是否有利于在消费者心中树立关于本企业的良好形象；第二，在制定价格时是否考虑到国家的相关措施是否符合国家的宏观调控，例如，在粮食减产的当年，国家颁布政策给予粮食补助，那么企业不应该在此基础上提高农产品的销售价格。

【案例】　　名创优品定价

名创优品在零售领域近几年发展迅速，一家连锁实体店短短3年内在全球开了1 800

家店，每月开店80～100家，年销售额近100亿元人民币。这在这个实体经济不景气、电商高歌猛进的互联网时代背景下是非常惹人注目的业绩。

名创优品主要售卖的是生活小商品，如化妆品、小饰品、零食、箱包、生活用具、小型电子产品等。所针对的核心群体是“一二线城市的年轻女性，以白领和大学生为主，男性相对较少”，女性、刚需、快消、小百货，是它的核心定位。

在名创优品，10元的商品比比皆是，最高也就几十元，基本看不到超过100元的。低价的好处有两个：一是减少竞争，电商能够横扫实体零售关键的因素是低价，名创优品守住了低价，就有和电商正面PK的底气；第二个好处是可以辐射足够大的群体，刺激销量。

但低价也有弊端，“一分钱、一分货”是一种典型的消费者心理，名创商品价格低，很容易让消费者产生低价商品质量不好的心理。为了避免这种现象，名创的老板叶国富很讨巧地把公司注册在日本，在商品上面都会写日文，甚至把“日本进口、低价优质”作为自己的核心卖点直接标明在货架上。这样一来，名创无形中也在消费者的心中埋下了优质的印象。为了加强这种印象，名创的官方信息总有意推崇一位叫“三宅顺也”的日本设计师，并将他奉为名创理念的发起人。其实内行人一看就知道，名创的商品大部分都产自中国，这样做是有意包装。不仅如此，名创通过自建设计师团队和模仿国际大牌的设计，保证商品的设计感强、包装精美，这也可以给人质量好的感觉。除了商品设计感强，店铺装修也非常重要，尤其现在消费者的选择面很广，如果店面很丑，连逛的欲望都没有。名创的策略就是小店面、精装修，一般面积都在200平方米左右，装修费可以高达40万元。

*资料来源：*http://www.ebrun.com/20170309/221180.shtml

二、基本定价方法

为了实现零售商品的定价目标，在分析了影响零售定价的因素之后，就应该选择适当的定价方法。确定一个企业零售商品的基本价格，并在此基础上进行适当调整，在企业的定价过程中，定价方法的选择是最终价格形成的重要步骤。根据定价依据的不同，定价方法被分为三大类：需求导向定价法、成本导向定价法和竞争导向定价法。

（一）需求导向定价法

需求导向定价法是零售商根据消费者对商品价值的理解和需求差别来制定合理的价格。由于零售商在定价时考虑到了顾客的需求，消费者愿意购买，有利于实现利润最大化的目标。常见的需求导向定价法有理解价值定价法和需求差别定价法。

1．理解价值定价法

理解价值定价法是零售商以消费者对某种商品价值的理解或主观认知作为定价依据。理解价值定价法把定价的关键放在买方对商品价值的理解程度和水平上，而非卖方的总成本，因为消费者购买商品时总会在同类商品之间进行比较，选购那些既能满足其消费需要，又符合其支付标准的商品。日常生活中我们经常听到这样的对话："王大妈，这么早去哪里呀？""李大娘，我去A超市排队买红薯，2.99元一斤，比农贸市场便宜，一块去吧！""别去了，别去了，B超市的红薯2.55元一斤，个大又新鲜，我昨天刚买了，特甜！""A超市卖的是有机红薯，无公害，吃了身体健康，市场上卖5元多一斤，2.99元，值。"两个消费者对商品——红薯的价值理解不同，形成了不同的价格限度。这个限度就是消费者愿意付款而不愿失去这次购买机会的价格。如果零售商品价格刚好定在这一限度内，消费者就会顺利购买。

采用理解价值定价法时，零售商必须根据产品的性能、用途、质量、外观及市场营销组合策略水平，估计和预测消费者对产品的理解价值，然后再根据消费者理解的价值水平定出合适的销售价格。因此，零售商能否正确估计消费者对产品的价值理解是使用该方法的关键所在。如果零售商估计正确或者估价与消费者的实际理解价值接近，则制定的销售价格就比较合适，消费者就愿意购买；若估计的价值较高，随之制定的产品销售价格偏高，不在消费者愿意购买的限度内，消费者会拒绝购买，零售商将面临商品滞销的风险；如果估计的价值过低，则制定的价格就会偏低，有可能引起消费者的大量购买，也有可能使消费者怀疑商品的质量等性能，从而减少产品销量，影响其品牌竞争力。对零售商来说，可采用主观评估法、客观评估法、实销评估法等来评估消费者对商品的理解价值。

（1）主观评估法。零售商把其经营人员对商品的理解价值进行评估后再加权平均，计算出消费者对商品的理解价值水平及相应的价格。

（2）客观评估法。零售商邀请卖场外部人员，如消费者代表、同行、专家等客观评估某商品的理解价值水平，再将所有人的评估结果进行加权平均，当然，不同的人赋予的权重不同，消费者赋予的权重可能更高一些，以此为基础制定出商品的价格。

（3）实销评估法。零售商以初步拟定的商品价格向目标市场试销，经过一段时间销售后，征求消费者的意见，分析消费者的商品理解价值水平，以此来修正该商品的试销价格。

2．需求差别定价法

需求差别定价法是指零售商对同一种商品在不同地区、不同时间、不同市场，针对不同消费者确定不同的销售价格。差别定价的主要形式有以下几种。

（1）根据不同的消费人群进行不同的商品定价。在同一商品的销售上，零售商对新老顾客、会员与非会员制定不同的价格。

（2）根据不同商品的外观、质量、性能、颜色等的差异，零售商确定不同的销售价格。例如，颜色好、款式新的定价可以高一点，颜色不好、样式古老的定价低一点；精装书比简装书贵；带有空气净化功能的空调比一般空调更贵；个性化定制的服装比普通大路货价格更高。

（3）根据时间的差异性制定不同的价格。例如，超市白天的蔬菜和水果价格高一点，等到傍晚时半价出售；百货商场羽绒服冬天正冷时可以卖到1 000～2 000元，夏季反季销售时只卖几百元。

（4）根据不同的销售地点进行定价。例如，菠萝、香蕉等产地在南方，所以其在南方的销售价格会低于其在北方的销售价格；同样的服装大型百货商店和折扣商店的价格相差很多。

（5）根据交易条件不同制定差别价格。例如"两件八折""第二件六折""买二送一"等。交易条件可以是交易数量，也可以是交易方式、购买频率、支付手段等。例如，小型零售服装店比较愿意接受现金交易，如果刷卡消费的话要收手续费；而大型百货商店往往把持卡消费看作是给予顾客的一种优惠待遇，甚至会和发卡银行合作为刷卡顾客提供抽奖、消费折扣、积分翻倍等特殊礼遇。

采用需求差别定价法需要注意的是必须搞好市场细分，不同市场的消费者需求强度不同，差异显著，便于零售商制定不同的价格；各个不同的消费市场在一定时期内相对独立，避免不同消费市场之间的倒手转卖；尽量争取得到消费者的理解和支持，避免因为差异性引起消费者的反感。

（二）成本导向定价法

成本导向定价法是零售商以商品的成本为依据来确定其销售价格的方法，因为商品定价时首先考虑的是收回其全部成本，因此这是中外企业最常用、最基本的定价方法。常用的成本导向定价法有成本加成定价法、目标收益定价法和边际成本定价法。

1．成本加成定价法

在这种定价方法下，商品的零售价格是在商品进货成本或售价基础上加上一定百分比的加成率来确定。在这种定价方法中，加成率是确定定价的关键。加成率可能是10%，也可能是20%，通常采用的加成率是零售商的毛利率。加成率的计算有两种方式：倒扣率和顺加率。它们的计算公式分别为：

倒扣率=（售价−进价）/售价，商品零售价格=商品进货成本/（1−倒扣率）

顺加率=（售价−进价）/进价，商品零售价格=商品进货成本×（1+顺加率）

例如，某商店经营的裤子进货成本是100元/条，毛利率为30%，如果采用顺加率，则该裤子的零售价应为130元，如果采用倒扣率，则该裤子的零售价为142.8元。在零售商中，一般百货商店、杂货店采用倒扣率来计算零售价格，蔬菜、水果商店则采用顺加率来确定商品价格。

不同商品、不同零售商加成率是不同的。例如，家乐福的商品价格是以成本价加上固定毛利率之后形成的。其商品的一般毛利率，如食品、饮料、日用品类为3%～5%，鲜活类为17%，服装类为30%，玩具类为20%，家具类为20%～30%，家电类为7%，文化用品类为20%。

成本加成定价法之所以被广泛应用，是因为其计算方法简便易行，如果整个行业都采用这种方法定价，可以尽量减少无谓的价格竞争，还可以保证商店获得正常的利润，从而保证商店经营的正常进行，有利于市场的稳定。

但是，完全成本加成定价法是典型的生产者导向定价法。它是从保证卖方的利益出发，而现代市场需求瞬息万变，竞争激烈，产品花色、品种日益增多。只有那些以消费者为中心，不断满足消费者需求的产品，才有可能在市场上站住脚。因此，完全成本加成定价法在市场经济中也有其明显不足之处，忽略了市场需求的状况，一旦确定了毛利率，价格不能随市场需求改变而做出调整，缺乏灵活性，会使商店失去许多获得利润的机会。

为了克服完全成本加成定价法的不足之处，企业需要密切注视市场，只有通过对市场进行大量的调查，详细地分析，才能估计出较准确的加成率，增强企业在市场中的竞争能力，增加企业的利润。

2．目标收益定价法

这种方法又称目标利润定价法，或投资收益率定价法。它是以销售收入弥补商品在成本费用的基础上，按照目标收益率的高低计算商品售价的方法。在使用这种方法时，需要确定目标收益率的具体所指。目标收益率可表现为投资收益率、成本利润率、销售利润率、资金利润率等多种不同形式。由于目标收益率的表现形式的多样性，目标利润的计算也不同，其计算公式为：

目标利润=总投资额×目标投资利润率

目标利润=总成本×目标成本利润率

目标利润=销售收入×目标销售利润率

目标利润=资金平均占用率×目标资金利润率

在这种方法下，商品售价的计算公式为：

售价=（总成本+目标利润）/预计销售量

例如，某店铺经营的某商品进价为 2 000 元，营销费用为 100 000 元，目标利润为 100 000 元，预计销量为 100 件，那么该商品的售价应为：（2 000×100+100 000+100 000）/100= 4 000 元。

当然，根据这种方法零售商也可以算出盈亏平衡时商品的销售价格，即：

保本售价=总成本/预计销量

上例中的保本售价为（2 000×100+100 000）/100=3 000 元。

由于简单易行，目标收益定价法在零售企业经营中较受欢迎，而且如果行业中所有企业都采用这种方法，在成本与目标收益相差不远的情况下，确定的商品价格也就差距不大，可以减少商家的价格竞争，此外，这种方法有利于保证企业既定目标收益的实现。目标收益率定价法的缺点同样是只从卖方的利益出发，没有考虑竞争因素和市场需求的情况。其次，这种方法缺乏一定的理论支持，因为目标收益定价法要先确定商品的销售量，再根据预计的销量确定价格。但是理论上商品的销售数量是商品价格的函数，商品的价格影响其销量，特别是对那些需求弹性大的商品。目标收益定价法主要适用于市场占有率很高的企业或是具有垄断性质的企业。

3．边际贡献定价法

这种定价方法也称边际成本定价法。零售商以单位商品的变动成本作为定价依据和售价的最低界限，在此基础上加上预期的边际贡献来制定商品售价。边际贡献是指企业增加一个产品的销售，所获得的收入减去边际成本的数目，即：

边际贡献=价格−单位可变成本

从上式可以推出单位产品价格的计算公式：

商品价格=单位可变成本+边际贡献

例如，某商品的单位可变成本是100元，要求单位边际贡献是15元，那么该商品的价格为两者之和115元。

这种定价方法的优点有：零售商易于在各产品之间合理分摊可变成本；采用这一方法定价一般低于总成本加成法，能大大提高产品的竞争力；根据各种产品边际贡献的大小安排企业的产品线，易于实现最佳产品组合。边际贡献定价法通常用于以下两种情况：一是零售商的商品滞销积压时，以单位变动成本为基础定价，可以尽量减少损失，提高企业竞争力；二是企业经营两种以上的商品时，可以根据各种商品的边际贡献率的大小安排生产经营，以实现商品的最佳组合。

（三）竞争导向定价法

竞争导向定价法，是零售企业通过研究竞争对手的生产条件、服务状况、价格水平等因素，以市场上竞争者的类似产品的价格作为本企业产品定价的参照系的一种定价方法。常用的竞争导向定价法有随行就市定价法、错位竞争定价法和协议定价法。

1．随行就市定价法

随行就市定价法是零售商根据同行业的平均价格或市场流行价格来确定自己商品价格的方法，是一种比较稳妥的定价方法，可以减少风险，还有利于避免价格竞争。在垄断竞争和完全竞争的市场结构条件下，任何一家企业都无法凭借自己的实力而在市场上取得绝对的优势，为了避免竞争特别是价格竞争带来的损失，大多数企业都采用随行就市定价法，即将本企业某产品价格保持在市场平均价格水平上，利用这样的价格来获得平均报酬。此外，采用随行就市定价法，企业就不必去全面了解消费者对不同价差的反应，也不会引起价格波动，节约调研时间和费用，又避免了因价格突然变动而带来的风险。随行就市定价法主要适用于需求的价格弹性小、供求基本平衡、市场竞争较充分的商品定价。

2．错位竞争定价法

错位竞争定价法是零售商抛开行业的平均价格，依据本店自身的经营特点和竞争优势，故意制定有别于竞争对手的价格。具体可分为两种形式：低于竞争对手定价和高于竞争对手定价。低于竞争对手的定价目的是通过提高销量，加快商品销售和资金周转；高于竞争对手定价主要考虑通过单位商品的销售获得较高利润。

【案例】 超市丢了客 只因别家便宜 1 元钱

T 超市刚刚开业时，整条街道就这一家超市，所以附近小区的居民和路过的路人都选择来这家超市购物。加之这家超市的服务和商品价格都还可以，因此，自开业一直到不久前，T 超市生意都不错。后来，这条街道上又多了一家 N 超市，N 超市便成了 T 超市的竞争对手。自从 N 超市开业以来，T 超市的老板发现前来自己超市购物的顾客逐渐减少了。许多本来是自己超市的老顾客却出现在了 N 超市的门口。T 超市的老板怀疑是新开的超市比自己的超市服务或者促销做得好。于是，一天傍晚，他亲自走进 N 超市，扮成顾客，想一探究竟。进了超市，T 超市的老板拿起购物筐，想先去护肤品货架找一下差距，再大体看了一下商品种类，也差不多一样。于是，T 超市的老板就低下头来看 N 超市的价签。一下子，他全明白了。原来，"对手"超市的许多护肤品都比 T 超市便宜。但是，却没有便宜多少。例如，T 超市卖 20 元的洗面奶，N 超市卖 19 元；T 超市卖 30 元的润肤露，N 超市卖 29 元。后来，T 超市的老板又去了其他商品的货架。他发现 N 超市的大多数商品都比自己商品便宜 1 元左右。他怎么也想不到，只是 1 元钱的差距，"对手"超市就取胜了。

资料来源：曹慧莉，等．如何经营一家最赚钱的超市[M]．北京：化学工业出版社，2011.

【思考讨论】N 超市采用了何种定价方法？效果如何？

3．协议定价法

在零售业，协议定价的现象普遍存在，许多位置相近的零售商相同商品的价位基本一致。在同行业竞争对手实力相当的情况下，不同零售商为避免在竞争中两败俱伤，通常会采取与竞争对手友好协商的方式，双方或多方确定一个参与者都认可的统一商品售价，大家共同执行。使用这种协议定价法时，要注意相关规定是否与国家法律、法规或政策相抵触。

作为市场营销的利器，零售商之间的价格竞争是非常激烈的，在明确的定价目标的指引下，零售商在定价时往往不会只是用一种定价方法，而是综合考虑各种影响价格的因素，制定出合理的价格，争取竞争中的优势地位。

第三节 零售定价政策与策略

零售商在进行商品定价时，除了最基本的定位方法外，还要根据市场的具体状况，灵活地结合其他的定价策略，以更好地对商品进行定价并实现盈利目标。一般来说，商家经常采用的主要有长期定价政策、短期定价策略和价格调整策略。

一、零售企业定价政策

定价政策是定价行为的指导方针，明确的定价政策可以保证零售商定价策略的一致性。常见的定价政策有以下两种。

（一）高/低价格政策

高/低价格政策是指零售商制定的商品价格有时高于竞争对手，有时低于竞争对手，同一种商品价格经常波动的一种定价策略。这种定价策略广为国内零售商所接纳，超市的天天特价、百货商场的周末折扣促销都是这种政策运用的典型表现。借助高/低价格策略，零售商能达到刺激消费、推动商品流通、招徕新顾客、拓展盈利空间、带动其他商品销售的目的。

（二）稳定价格政策

在稳定价格政策下，零售商基本上保持稳定的价格，不在价格上过分竞争，典型形式有每日低价政策和每日公平价格政策。

奉行每日低价政策的零售商强调把价格定得比较低，低于正常价格，但是比竞争对手大促销时价格要高，目的在于给消费者留下这家店的商品价格都比较便宜的印象，很多大超市都是这一政策的忠实贯彻者，自从 1961 年第一家欧尚超市在法国开业以来，欧尚就一如既往地秉承自己的宗旨——以尽可能低的价格，为客户提供高品质的服务。当然，在所有商品上保持始终如一的低价需要零售商具备高超的成本管理能力。

执行每日公平价格政策的零售商定价时，会在商品进货成本的基础上附加合理加价，不刻意营造低价氛围，而是寻求其他方面的优势，如花色品种丰富、令人满意的售后服务、优美的卖场环境等，借助这些优势让消费者觉得其加价是合理的，零售商只是为了弥补日常经营费用而已。

与高/低价格政策相比，稳定价格政策能使零售商从残酷的价格竞争中退出，依靠优质服务、优美环境取胜，更容易培养顾客的忠诚度。稳定价格政策减少了广告促销方面的支出，让消费者更关注企业的社会形象。由于价格和销量一直比较稳定，有利于商品库存管理，能够提高企业的边际利润。

二、零售企业定价策略

（一）新商品定价策略

新商品上市，定价是十分重要的问题。它关系到新商品能否顺利地进入市场、占领市场，以获得最大利润和最终实现总体营销目标。新商品的定价策略常用的有吸脂定价策略、渗透定价策略及温和定价策略等。

1．吸脂定价策略

吸脂定价策略也称高价策略、撇脂定价策略。它是指在新的商品上市之初，将销售价格定得很高，以迅速从市场上赚取高额利润。吸脂定价策略主要是利用消费者对商品尚无理性认识的特点，通过高价进行销售。这不仅可以使企业迅速收回投资，减少投资风险、获得高额利润，还可以提高商品的身价，在消费者心目中树立高价、优质、名牌印象。当然，这种策略也给企业留下了较大的降价空间，有助于获得降价优势。由高到低的价格变动也符合大多数消费者的消费心理。但吸脂策略也有其缺点：一是新商品上市初期销售价格过高，让消费者望而却步，不能及时地占有市场，容易导致新商品夭折。二是高价高利润会吸引竞争者的进入，刺激替代品、仿制品的出现。此时如果没有实施有效的保护措施，如专利保护，很可能会失去大量的消费者。此外，如果价格远远高于商品自身的价值，损害了消费者的利益，会引起消费者的不满甚至抵制，不利于企业长期形象的建立。

因此，运用吸脂策略必须具备以下条件。

（1）新商品必须具有一定的垄断性，供给缺乏弹性。新商品具有专利权的保护或本身属于新科技不易被模仿，市场进入门槛很高，这样短期内不会遇到压力。

（2）新商品生命周期比较短，企业必须要及时收回成本，在短期内赚取利润。

（3）商品的质量与形象必须要与高价相适应，市场上有足够的消费者能承受这种高价，并愿意购买。

2．渗透定价策略

渗透定价策略也称低价策略，是指在新商品上市之初，将新商品价位定得很低，以迅速占领市场，取得较高的市场占有率，获得较大的利润。渗透定价策略的主要优点是有利于新商品迅速占领市场，提高市场占有率并借助大批量的销售来降低成本，以低成本的竞争优势获得长期稳定的市场份额；低价薄利不会吸引太多的竞争者，能够缓解市场的竞争。但低价策略也有其缺点，例如，投资的回收期太长，价格变动的余地变小，难以应付在短期内突发的竞争或者需求的较大变化。

实施渗透定价时也需要具备一定的条件。

（1）商品的需求价格弹性比较大，降低价格能够极大程度地扩大销售量。

（2）商品的寿命周期比较长，市场需求潜力足够大，在长期内商家利润可观。

3．温和定价策略

温和定价策略也称中价策略，是指在新商品上市之初，将销售价格定得适中，兼顾厂家、商家、消费者的利益。采用温和的定价策略，既避免了吸脂定价策略带来的高风险，又避免了渗透定价策略给企业带来的经营上的困难。

（二）心理定价策略

心理定价策略是零售商根据消费者购买时的心理特点，通过制定迎合消费者的某些心理需求的价格以促成消费者购买行为。常用的心理定价策略有尾数定价策略、整数定价策略、吉利数定价策略、招徕定价策略、错觉定价策略和习惯定价策略等。

1. 尾数定价策略

尾数定价策略是指在商品定价时保留尾数，不取整数的定价策略。一般来说，消费者比较喜欢带尾数的价格。带尾数的价格会被认为是经过精细核算的，给消费者以信任感，相比整数价格，略低的尾数价格还能给人以便宜感，有利于扩大销售。例如，我们经常看见有些商品 0.99 元、4.98 元，只是一两分的差距，却感觉比 1 元和 5 元便宜很多。

2. 整数定价策略

整数定价策略是指在对商品进行定价时，有意将商品价格定为整数的定价策略。从消费者心理来看，整数价格代表着更高的价格档次。这种定价策略往往适合需求弹性低的商品，如工艺品、礼品等，目的是让消费者感觉所购买的是更高档次的商品。

3. 吉利数定价策略

这种定价策略是指在商品定价时，零售商运用消费者对某些数字的偏爱来给商品定价的策略。在中国，6、8 或者 9 往往是消费者偏爱的数字，某品牌婴儿小金手镯卖价 888 元、666 元或 999 元等，利用这些数字给商品定价无形中便已经增加了对顾客的吸引力。

4. 招徕定价策略

顾名思义，零售商进行招徕定价的目的是想吸引消费者前来购买，特意将商品的价格定得比较低，想借机扩大其他商品的销售，带动业绩增长。能够用来招徕顾客的通常是一些生活必需品或购买频率比较高的商品，例如，超市经常利用粮食、蔬菜、肉类、蛋、奶的低价促销来招徕消费者。

5. 错觉定价策略

零售商利用顾客对商品价格过分关注而忽视其他因素，如重量、包装等，制定出容易让顾客产生错觉的价格。例如某品牌的挂面，100 克包装标价 1 元，120 克包装标价 1.2 元，在顾客心里，1 元比 1.2 元便宜，他们可能会忽视包装重量的变化。

6. 习惯定价策略

在这种定价策略下，零售商按照消费者的消费习惯来确定不同商品的价格，通常适用于日常生活消费品，因为这些商品在消费者心目中已经形成了比较固定的价格标准，符合消费者价格标准的价格可能会被顺利接受，偏离标准的价位可能会引起消费者的怀疑。因此，这类商品的价格要求稳定，避免价格过分波动带来不必要的利益损失。

（三）折扣定价策略

折扣定价策略是指零售商根据商品的销售对象、成交数量、交货时间、付款条件等因素的不同，给予消费者不同的优惠折扣以鼓励其购买的价格策略。折扣定价策略主要有数量折扣策略、现金折扣策略、季节折扣策略、限时折扣策略、会员卡或积分卡累计折扣策略等。

1．数量折扣策略

数量折扣策略是零售商根据消费者购买数量的多少分别给予不同折扣的定价策略。数量折扣的目的是鼓励消费者大量购买，购买数量越多，折扣越大。例如，我们经常可以看见商店的买五送一、买十送三的活动。

数量折扣可分为累计数量折扣和非累计数量折扣两种。累计数量折扣是在一定时期内，消费者购买商品达到一定数量时才给予一定的折扣，目的在于鼓励单个消费者重复购买，有利于零售商与消费者建立长期的交易关系。累计数量折扣一般应用于长期性交易活动。非累计数量折扣是指消费者一次性购买某商品的数量达到一定的标准时，给予一定的折扣。运用非累计数量折扣策略不仅可以促进商品销售量的增加，还可以将一些仓储功能转移给买方，从而减少仓储及运输成本。

2．现金折扣策略

现金折扣策略是零售商对赊销和分期付款的顾客采取的若提前付款所给予的现金优待。其直接目的并不是为了扩大销售，而是为了加速资金周转，及时收回产品成本。例如，为使消费者尽早付款，享有一个月付款期的顾客，如果可以在前十天付款给予2%的优惠，前二十天付款的顾客给予1%的优惠，按时付款的则不再享受优惠。通过这种现金上的一定优惠通常可以鼓励顾客积极付款。

3．季节折扣策略

季节折扣策略是指经营季节性商品的零售商对销售淡季购买商品的消费者给予的折扣优惠。有些商品的生产是连续的，但其消费却有明显的季节性，如服装鞋帽。为了调节供需矛盾，经营季节性商品的企业经常会运用季节折扣策略，对在消费淡季购买商品的消费者给予一定的价格优惠。例如，夏季购买皮衣的消费者能获得较大的季节折扣。实行季节折扣策略有利于鼓励消费者提前购买，调节淡旺季的销售不均衡，减轻仓储压力，既促进了生产经营的均衡进行，又有利于企业加速资金周转。

4．限时折扣策略

零售商通过在特定的营业时段提供优惠折扣来刺激消费者购买。例如，限定下午17:00～19:00，超市自制食品半价销售。折扣的时间段可以是每天固定的时间，也可以是随机抽取的某个时间段。

5．会员卡或积分卡累计折扣策略

零售商通过办理会员卡或积分卡的形式，对持卡购物顾客给予折扣，可以按照每次购买金额，也可以累积购买达到一定金额给予不同幅度的折扣，目的在于稳定顾客，扩大销量。

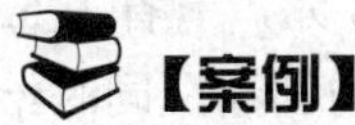

【案例】 欧尚的超低价格

走进欧尚超市，到处都洋溢着低价的气氛，主通道旁边的每一排货架高处，经常挂上降价的标语，标有价格的黄色促销小旗被挂在了每个货物筐上。超市里还有数百种商品旁边配上了一种印有大拇指的绿色标签，这就是超市推荐的最低价商品。约2万多平方米的欧尚杭州店在欧尚四周年店庆时开展低价促销活动，如一条400克的鲫鱼只卖1元钱，5升装食用油不到30元。欧尚对这些“大拇指”标志的商品做出承诺：售价高于其他超市的，10天内可补差价，15天内发现售价下降的，也补差价。低价引来顾客青睐，使得欧尚超市日人流量超过4万。

资料来源：陈广. 欧尚全攻略[M]. 北京：经济科学出版社，2006：108.

（四）促销品定价策略

促销品定价策略也称特卖商品定价策略，是指零售店每隔一段时间选择一些特价商品，以大幅度的降价或者提供赠品的形式给顾客以较大实惠和优待，来招徕顾客、扩大销售的定价策略。常见的促销品定价策略有以下几种。

1. 特殊事件定价策略

零售商通常喜欢利用一些特殊事件和时间，把部分商品临时降价来吸引消费者购买，如在春节、元旦、中秋节、教师节、情人节等节假日期间或商家的开业、店庆或装修后重新开张等。此外，零售商还可以利用各种特殊事件，如全民关注的食品安全事件，通过降价促销来吸引消费者注意，以扩大销售，树立良好的企业形象。

2. 提供赠品定价策略

在这种定价策略下，零售商通过向顾客免费赠送礼品，或当顾客购物达到一定金额后再向其赠送礼品的形式来促销。一般有三种方式：一是免费赠送，进店有礼；二是先买后送，顾客购物满38元、68元、88元才能凭购物小票到服务台去领取相应的礼品；三是随商品附赠礼品，如买牛奶送玩具、买饮料送杯子、买散装糖果送果盘、买1.5升饮料送550毫升饮料等。对于一些新商品或利润较丰厚的商品，可以采用送赠品的方法来达到促进销售的目的。

3. 特卖商品定价策略

特卖商品是指降价幅度特别大，对顾客吸引力强的商品，一般特卖品或特例品比平时或竞争对手的价格低20%以上，否则难以有效刺激消费者前来选购。一些超市海报促销中经常推出一些特卖品，每周的特卖品都不一样，以此来吸引顾客，带动整体商品的销售。

4. 商品组合定价策略

在商场超市我们经常看到两件商品搭在一起卖的情形，如某户外品牌的帐篷和防潮垫单卖的话，一个200元，一个100元，如果放在一起购买的话总共需要248元，节省了52元。当两种商品是互补品时，零售商可以对其进行组合定价，以争取最大的利润，同时给予消费者实惠，买得多就优惠得多。

实施此类策略需要注意以下三点。

（1）促销品的选择既可以是人们熟悉的、需求量大而且周转较快的日常生活必需品，也可以是购买频率不高、周转慢，在价格的刺激下偶尔购买的商品。

（2）促销品应该限量销售，向消费者强调数量有限，先到先得。

（3）促销活动的时间宜选择在节假日、双休日、店庆等人流量比较大的时间段。

三、价格调整策略

价格调整本质上也是一种定价行为。随着市场环境和竞争形势的不断变化，零售商品的价格也应随之调整，调整无非两种状态，即提价和降价。那么，对零售商来说，何时提价、何时降价才有利于其经营目标的实现呢？

（一）提价

提价是零售商在商品初始价格的基础上调高价格的行为，往往容易造成消费者的抵制，不利于商品的销售。因此，零售商采取提价策略时必须慎重。

1．提价的原因

零售商提高商品的初始价格可能是由于以下原因造成的。

（1）成本上涨。由于原材料、燃料等价格上涨，生产企业成本提高，或流通费用增加等因素都会导致零售企业进货成本上升，零售商不得不提高价格，避免亏损。例如油价上涨导致商品运输成本上升，零售商不得不对一些需要长途运输的商品进行提价来转移成本上升造成的经营压力。

（2）需求增加。由于商品的市场需求增加，造成商品供不应求，满足不了消费者的需要，零售商可以适当提高价格以谋取更大的收益。

（3）调整定价目标。零售商出于战略或战术方面的考虑，在不同时期调整企业的定价目标，如刚进入市场时为了迅速立足，零售商把价格定得较低，等站稳了脚跟，零售商会考虑更高的投资回报，进行提价。

2．提价的时机

提价的风险，如销量、利润减少，抑制需求等都是零售商不乐见的。因此，零售商在提价时，要选择合适的时机和方式。一般下列情况下，零售商可以考虑提价：商品处于竞争的优势地位、需求价格弹性小、商品进入销售旺季、竞争对手提价、通货膨胀等。当然，零售商提价时会影响消费者，为了减少顾客不满，要说明提价原因，争取消费者的理解。

3．提价方法

为避免消费者对提价的反感，零售商提价时要注意讲求方式、方法。常见的提价方法有以下几种。

（1）价格不变降低成本。零售商可以通过降低折扣（由五折改为八折）来提价，也可以通过减少促销活动和促销开支来变相提价，或通过减少服务项目或采取收费项目来提高商品的实际售价。

（2）改变商品的包装、原材料、重量等方式降低成本，如精致包装改为简单包装，重量从100克降为80克，商品名义售价未改变，但是实际价格提高。

（3）分类商品提价。零售商只提高那些需求价格弹性小、顾客对价格不敏感的商品的价格，对需求弹性大、顾客对价格敏感的商品不提价或小幅提价。

（二）降价

降价是零售商在初始价格的基础上调低价格的行为，是零售商经常使用的促销手段。

1．降价的原因

（1）需求萎缩，为了刺激购买扩大销路，零售商只能降价。

（2）竞争对手降价，零售商市场份额下降，只能通过降价来扩大市场占有率。

（3）商品生产成本下降，可能是生产企业扩大生产规模所致，零售商为扩大销量实行降价。

（4）出于商品过时或进入销售淡季、质量有瑕疵等原因，零售商也会对商品降价处理。

2．降价的风险

与涨价相比，降价更容易操作，毕竟消费者得到了实惠，不会引起他们的抵触，但是降价也是有风险的，顾客可能会怀疑产品质量、安全有问题，零售商利润减少，加剧竞争对手的报复等。因此，降价同样要选好时机，具体可以选择早降价、迟降价、交错降价和全店出清存货等时机，具体时间零售商可以选择节假日、换季、店庆等时段。

（1）早降价。零售商可以选择商品上市时间不长或商品还能维持一定销路时，主动降价，能帮助零售商在需求尚旺时通过低价大大刺激消费者的购买欲望，提高市场占有率，同时为新商品腾出库存和陈列空间，改善资金流动状况。

（2）迟降价。在销售旺季后期或商品进入衰退期进行降价处理，能使零售商有足够的时间来按照原价出售商品，避免频繁降价对销售的干扰，增加销量和利润。

（3）交错降价。在商品销量还不错的情况下，逐步降低价格维持好销路，易于被零售商掌控，能保证零售商一定的收益。

（4）全店出清存货。零售店在一年内分两到三次定期在实时盘存和下一个销售季节开始前把商品降价销售出去，目的是及时回笼资金，投入新商品的销售。

3．降价幅度

在降价之前，零售商需要明确降价幅度，可以采取大幅度降价以吸引消费者的做法，也可以小幅度降价以保证零售商的利润，具体是10%还是20%由零售商结合降价目标来确定。

本章小结

市场经济条件下，随着零售业竞争越来越激烈，价格成为影响零售商经营目标实现的重要因素，零售商要综合考虑影响商品价格的因素，明确商品定价的目标和方法，采取合适的定价策略，来适应多变的市场环境。

零售商定价时常见的影响因素有零售商自身经营特点、消费需求、商品和市场环境因素。零售商定价时要有明确的目标，包括以利润为导向的目标、以销售额为导向的目标、以市场占有率为导向的目标、以竞争为导向的目标和以树立企业形象为导向的目标。在定价目标指引下，零售商可以选择成本导向定价、需求导向定价和竞争导向定价法。长期内，可以采取高/低价格政策和稳定价格政策；短期内可以采取促销定价策略、新商品定价策略、折扣定价策略、心理定价策略等。当然，由于零售商面临的市场环境处在不断的变动之中，产品价格的制定不是一劳永逸的，需要随时根据市场状况做出调整，无论提价还是降价，零售商都需认清风险，选择好时机和方法。

复习思考题

1．超市和高档百货店的商品定价有什么不同？

2．奢侈品定价应考虑哪些因素？

3．竞争导向的定价方法有何优缺点？

4．零售商为什么要调整价格？如何调整价格能助其经营成功？

5．一家超市某品牌服装的进货成本为每件 30 元，希望按售价 50%的加成率出售，则其价格应定为多少？若按其进价的 50%的加成率出售，则其定价应为多少？

案例分析

定价到分让顾客感觉上当受骗

这天，王小姐在 P 超市购物，买完东西结账时结算金额为 19.05 元，收银员收了 19.1 元。王小姐疑惑地问："明明是 19.05 元啊，为什么收我 19.1 元呢？"收银员看了王小姐一眼，说："我们这儿四舍五入。"王小姐来气了："就这么 5 分钱的事。你们超市也太抠门了。就不能收我 19 元吗？"那名收银员一听王小姐这么说，不耐烦地说："我实话给您说吧。如果我给您舍去分币那部分，超市就损失了 5 分钱，而且我们每天交接班时，都会进行清点，到时要是发现少了钱我就麻烦了。"听了这名收银员的解释，王小姐也不想为了 5 分钱再继续和这名收银员理论了。于是，结完账就离开了这家超市。但心里一想到超市这种“算进不算出”的做法总感觉不舒服，而且总感觉超市的这种定价到分的行为是一种变相地让顾客多付钱的做法，所以决定以后再也不来这家对顾客“称王称霸”的超市了。

资料来源：曹慧莉，等．如何经营一家最赚钱的超市[M]．北京：化学工业出版社，2011.

【思考讨论】如何破解超市的零头尴尬？

第十章

零售促销

学习目标

☑ 理解零售促销的意义;
☑ 掌握零售促销组合的构成;
☑ 掌握零售促销策划活动流程;
☑ 熟悉零售广告、公共关系、销售促进的种类;
☑ 了解零售组织人员推销的注意事项。

导入案例

沃尔玛春节促销活动策划（节选）

一、活动背景

春节是中国民间最隆重、最富有特色的传统节日，在这一天人们举家团圆，共贺新春，迎禧接福，祈求丰年。也是在这一天，人们走亲访友，礼尚往来！各商家均不愿错失机会而采取一系列的促销推广手段。我们的春节促销活动就是在这样一种浓浓的节日氛围下热闹开场的。

二、活动目的

喜迎新年，营造卖场内欢乐的节日气氛。通过促销方式来吸引消费者及客户购买更多产品，以提高商品销量，扩大营业额。在吸引消费者进行消费的同时还要巩固其在消费者心目中的品牌忠诚度，以维系巩固消费群。

三、活动时间和地点

2011年1月17日至2011年1月31日，沃尔玛超市卖场。

四、活动准备

海报：在超市入口处设本期促销活动海报，吸引消费者。

报纸：促销活动开始前，在报纸上刊登活动信息进行宣传，让更多消费者了解本次促销活动。

快报：将有详细促销商品信息的快报放在服务台，以便消费者对促销商品一目了然。

五、活动展开

（一）整体活动

超市整体装饰，例如挂红灯笼、年画等春节喜庆物品，具体布置依实际情况而设。除了要围绕既定目标顾客群体展开促销外，还需要针对会员、单位团购、家庭等展开特别的促销。在举办各种商品促销活动的同时，也需要通过文化活动来吸引人气、渲染新年氛围。

1. 许愿树

在超市卖场入口处，选择一块较为宽敞的位置，摆设一棵许愿树，稍做装饰。然后准备一些穿有小绳的纸和笔。进到卖场的消费者可以将自己的新年愿望写下并挂到许愿树上，象征吉祥。这样，不仅吸引消费者，而且还会通过这种人性化、温馨的活动增加消费者对超市的好感，刺激其消费。

2. 新年惊喜换购价

“2011 = 201+1 = 2000+11”，购物满201元，加1元可换购指定产品，购物满2 000元，加11元可换购指定产品（换购商品可为一些实用性商品，如茶杯、电饭煲、电吹风等）。

3. 噼里啪啦迎新年

在商场内购物满200元，可扎破一个气球，气球内藏有奖券。满400元扎两个，依此类推，单张小票限扎十个。奖券设置：奖券为即开即刮型，100%中奖，奖品可为实物商品或消费券。

4. 购物赠马克杯——感受温馨时刻

将图像印在T恤上已经变得不再新鲜。随着流行时尚的不断变化，现在人们开始流行将自己喜欢的图像和自己的照片或亲友的照片印在陶瓷杯上，称为马克杯，天天相伴，时时都能感受那份怡然自得或者是那份流淌在心底的温馨。

活动目标顾客群体重点针对年轻情侣或三口之家。将恋人或家人的相片印在杯子上，可以让自己所喜欢的人时刻陪伴在身边。购物满300元，即可赠送一个马克杯，顾客可以选择将自己喜欢的图片、恋人的相片或亲人的相片印在马克杯上，立拍立显，立等可取，体现个性魅力，可作为自己的专用杯，也是年轻人相互馈赠的礼品。

5. 一谏值千元——倾听您心声

在旧的一年将逝去、新的一年将来临之际，听听顾客的意见，是十分有必要的，有助于商场对过去一年更好地进行总结和反思，也有助于商场在新的一年里明确如何更好地提升完善自己。同时，此举也会让顾客感受到商场的真诚。可在超市出口处设置一张桌子，桌子上放一个信息收集箱，再准备些纸和笔。让消费者自愿将对超市的意见和建议写好放进信息收集箱。凡提建议的顾客均赠送一份精美礼物，礼物可以是2011年台历。

（二）分类促销

将沃尔玛众多的商品主要分成如表10-1所示的几大类别，并分别对每一类商品进行促销策划。

表10-1　沃尔玛超市商品分类

类　别	食　品	日 用 品	化 妆 品	电　器
主要商品	生鲜食品 非生鲜食品	洗浴用品 家居用品 厨卫用品 装饰用品 ……	护肤品 彩妆 ……	数码产品 家电 ……

1. 食品促销

食品以年货为主打，综合各类礼品、干货、休闲食品、粮油、面制品、饮料、酒品、休闲食品、糖果等。超市陈列春节商品可以采取堆头的形式，堆头要有强大的冲击力，要有气势，要注重堆头的造型，可以用中国传统的喜庆形象来设计。同时，要注意迎合顾客购物心理（大批量购物、一站购物），体现经营特色，从而提高客单价，提升销售。

首先，生鲜食品区可以推出每日几种不同的特价产品来吸引消费者，这样不仅提高了消费者对这些特价产品的购买数量，同时每日都有不同特价产品这一促销活动也潜在地增加了消费者来置办年货的次数。还可以小数量组合一些可以做成一道菜的蔬菜，来满足单身人士的需求。

其次，非生鲜食品的促销有以下几种方案。

（1）新年礼品是个很大的市场，要尽可能地将各种食品组成礼盒进行促销。白酒礼盒、红酒礼盒、保健酒礼盒、大礼包、盒装饼干、冲调礼盒、保健品礼盒、茶叶礼盒、蜂蜜礼盒、冲调食品等。

（2）春节的食品促销主要集中在年货，而年货中糖果、干果类是必不可少的，要在这一类主要的消费品上加大促销力度。摆一道“年货一条街”，用红纸、海报、DM等加以装饰。“年货一条街”主要摆放糖果、散装年节食品（瓜子、花生、开心果、果脯、糖果、果冻）。

（3）将有地方特色的食品单独摆放。设置一些不同地方不同风格的春节小屋，专门卖这些地方的特产。这样方便消费者购买各地特产，同时能对这样有特色的安排留下好印象。

2. 日用品促销

（1）抽奖。可在卖场出口处设置电脑抽奖，凡在超市内日用品区购物满指定金额即可凭购物小票电脑抽奖一次，100%中奖。设四个等级奖项，奖品均为日用品。

（2）同品牌购满减钱。购买同一品牌不同产品满指定金额可减5～10元。

（3）赠品。凡在超市内日用品区购物满指定金额，可凭购物小票到指定地点换取小礼物一份（可以是超市准备的小礼物，也可以是超市与其他商店合作的代金券）。

（4）春联。春联可以打破以往的销售方式，进行组合促销。

3. 化妆品促销

化妆品的购买者以女性居多，所以促销方法要以女性的喜好为依据。女性的特点有对强烈色彩的喜爱、爱凑热闹的心理、对新鲜事物的喜爱等，从这些角度出发有助于使促销更见效果。春节期间可加大化妆品促销力度，让顾客能够来沃尔玛选购化妆品。有以下方式。

（1）会员邀约。活动开始之前的10天里，以短信和电话的方式分三次对100多名老会员做活动告知及邀约。

（2）特价。从品牌产品或是畅销产品中选择几款消费者熟悉或较熟悉的特定产品做特殊优惠价格来吸引消费者，挑选消费者熟悉的产品，价格对照度比较清楚，消费者能实实在在感受到促销优惠的力度。消费者不熟悉的产品尽量不做特价，由于消费者对产品不了解，是没有太大吸引力度的。

（3）买赠。消费一定金额或是消费一定数目可以赠予对应的产品或是其他赠品（如买某品牌两款任何产品送一支护手霜；买三款送一支护手霜加一个面贴膜；买满一定金额送一支护手霜等方法）。赠送的其他赠品以消费者喜欢的赠品为佳，针对中高端消费者可以赠送丝巾、手袋等时尚用品，而中低端消费者则喜欢日常家居用品（如电吹风、电饭锅、高压锅、电磁炉、餐具、食用油、纸巾等）。

（4）加钱增购。加钱增购是指消费者在达到一定消费金额时可加少量现金来购买另一种产品，增购产品要具有一定的适用性与吸引力度，增购金额要根据换购产品的成本来定。

（5）限时抢购。在指定时间内提供给顾客十分优惠的商品刺激顾客狂购。在价格上和原价要有一定差距，才能达到抢购效果。限时抢购的目的，是利用抢购客源增加店内其他商品的销售机会。同时通过期间段的节制可以把控客流。

4. 电器促销

（1）销售服务策略

① 广告宣传

导入期间：可以根据消费者的喜好进行宣传。

电视广告：在公交车上播放沃尔玛电器促销广告。

促销海报：在小型密集商业区和居民区发放沃尔玛电器促销海报。

路牌广告：对不同路线公交车站点贴沃尔玛电器优惠活动的条幅。

营造气氛：在三楼家电用品区搭设一个舞台，以拱门的气球、彩旗、横幅等装饰。以现场舞台、舞台背景、音响、产品展示为主，可以用歌舞表演、互动游戏、礼品派送调节气氛。

② 商场接待

接待人员是从本市及周边各大高校招聘的临时促销员，并对其进行为期一周的入职培训。家电区会安排至少两名接待人员在三楼入口处接待顾客。接待人员要统一着装，要求接待人员不仅在门口微笑、鞠躬，还要带领有意向购买家电及数码产品的顾客与家电区对应销售项目负责人员对接。

③ 售后服务

顾客购物后，小件商品可自行提走，大件商品可自愿选择自行提走或送货上门。家电区安排一个休息区，在现场摆放一台液晶电视和DVD，并播放精彩电影，可供顾客休息，让顾客真正感受到贴心的服务。

（2）产品优惠政策

① 小型家电，如豆浆机、电磁炉、DVD影碟机、数码照相机等均比原价降100～150元，甚至个别型号降幅达200～300元。大型家电，如电视机、洗衣机、空调、冰箱可以降幅300～800元不等。

② 每天前5名返现金50元，个别型号每天限量销售（凭当日开出发票证明），以此来引诱消费者第一时间购买。

③ 本次活动大礼回馈新老顾客，凡在家电区购买商品满288元，持购物小票就可参与抽奖，并领取相应礼品。礼品分为实物和非实物，实物如联想笔记本电脑、飞利浦3G手机、剃须刀、T恤、手表、酷夏太阳眼镜、台历整理箱和春节纪念品等。非实物如购物代金券。

④ 凡购买电器的顾客都馈赠一份春节大礼包，精彩不断。

六、活动效果预测

以上方案根据沃尔玛的实际情况设定，执行性强，贴近实际，成本低，整体策划设计合理，方便实施。我们相信，以上方案的执行能在一定程度上帮助沃尔玛提高销量，扩大营业额，同时，让更多的消费者对沃尔玛产生忠诚度，也渐渐地建立起沃尔玛自己特有的文化及公益形象，从而拉近企业与消费者的距离，达到预定的活动效果。

资料来源：http://wenku.baidu.com/view/5af7fa28cfc789eb172dc8ff.html

第一节　零售促销及其组成要素

一、零售促销的定义

在激烈的市场竞争环境中，促销已渐渐成为广大零售商最重要的营销活动。通过案例导入中沃尔玛超市春节促销文案不难看出，零售商借助促销可以强化消费者对零售企业和促销商品的认知，明确零售企业的特点和优势，激起消费者的购买欲望，增加企业的市场份额，打败竞争对手，借此实现利润最大化。

所谓零售促销是零售商所进行的一切沟通联系活动，如导入案例中的特价品、买赠活动、惊喜换购、扎气球等，目的在于告知、劝说或提醒目标市场顾客关注有关企业任何方面的信息，是零售商为扩大、占领市场，提高顾客忠诚度的重要手段。从零售商的角度看，这种活动就是通过对现有和潜在消费者的吸引来增大对其经营商品或劳务的消费，其最终目标就是利润的追求。从消费者的角度看，零售促销就是零售商用以吸引新老消费者的一种手段，促销中购物要比促销前后更省钱。

二、零售促销的种类

（一）按持续时间长短划分

1．长期性促销

长期性促销通常持续时间在一个月以上，主要目的在于确保顾客长期来店购物，强化店铺在顾客心目中的形象和比较优势：低价、优质产品、高档商品等。通常采用方式有：凭满一定金额的购物小票享受免费停车服务或免费班车接送、下午 5 点以后自制食品半价销售、消费积分且满一定金额可兑换购物券或商品、大宗商品或家电免费送货上门、购物不满 5 件可享受快速收银通道、收银时前方如有多于 5 人排队可按钮呼叫新开收银台、免费商品包装服务等。

2．短期性促销

短期性促销通常持续一周左右，目的是在短期内迅速提高销量，吸引更多的顾客进店消费。通常大型超市每周都会制作精美的促销海报，派专人到人口稠密的居民小区发放，促销商品周周不同，促销主题各有千秋。例如，某超市 2013 年 7 月 20 日蔬菜柜台的西红柿、黄瓜搞全市最低价销售，7 月 21 日冬瓜和芹菜搞以进价销售活动，以此来吸引对价格比较敏感的消费者天天到店去采购低价商品。

（二）按市场营销学的角度划分

零售促销的种类按市场营销学的角度划分，可以分为广告促销、人员促销、营业推广、公关促销四大类。

1. 广告促销

广告促销就是利用电视广告、报纸杂志广告、宣传手册、工商目录、广告牌等媒介来达到促销的目的，这是一种很普遍的商业促销活动，但一般包含的信息量不是太大。其控制性很高，成本适中，但灵活度和可信度很低。使用这种促销活动，首先要明确想要达到的目的，是为了扩大影响，提高知名度，创建名牌企业还是追求社会利益。其目标越明确，行为越坚定，则其效果越好。这是一种建立在策划者创意能力与想象空间基础上的创造性活动。例如，淘宝商城广告"没人上街，不一定没人逛街，淘宝商城，30 000 个热门品牌汇聚一网，淘宝商城全新开幕"则主要是告诉人们可以来淘宝商城购买各种品牌商品，提高商城的知名度。广告创意引人遐思，给消费人群以想象的空间。

2. 人员促销

人员促销是指零售企业营销人员与顾客接触、宣传、介绍商品以实现销售目的的活动。其中包括交易会、展览会、推销展示、奖励节目等，其优点是灵活度高，针对性强，可以直接了解消费者的偏好及其对本商品的知晓程度、市场需求状况等。其不足之处是人员促销需要庞大的销售队伍，分散度也高，所以其成本高，管理困难。例如，在一些大的零售超市，有一些专门负责介绍产品质量、价格、销售情况的人员，他们就是所谓的促销人员。

3. 营业推广

营业推广是指能够迅速刺激需求，鼓励消费者购买商品或服务的促销形式。包括兑奖、赠品、折扣、竞赛游戏等。这是一种适合短期促销的方法，它旨在刺激消费者的购买欲望和提高销售商的效率。所谓欲望就是在特定的社会和文化条件下，得到用来满足需要的特定商品或服务的想法，是一种效用。在一些大型商场或超市经常推出购物满一定金额即可参加免费大抽奖或幸运大转盘活动，只要参加活动人人有奖，奖项从特等奖价值几千元的出国五日游，到末等奖一袋盐。由于人人有奖，大奖又比较有吸引力，所以抽奖处人潮涌动，人们购物热情高涨。

4. 公关促销

公关促销不像广告促销、人员促销、人员推广那样直接与零售商的利益相关，这是一种追求长远目标的方法。它旨在利用公共关系，将企业的经营目标、经营理念、长远策略传递给消费者，使公众对产品乃至企业有一个比较深的了解。通过公关促销可以提高企业的知名度、信誉度，例如演讲、慈善捐赠、年度报告、公司杂志等，可以为企业营造一个美好的形象。例如雅安地震，很多大型零售集团都开展捐赠活动，这就是公关促销，企业追求的是长远利益。

（三）按促销的内容主题划分

按促销的内容主题划分为开业促销、年庆促销、竞争性促销和例行节日、习俗促销。

1．开业促销

开业促销是指零售商在刚刚建立一店铺时为了增加顾客对本店铺产品、服务、价格及其经营范围的了解而实施的促销活动，目的就是赢得回头客，提高店铺的形象。由于顾客往往根据自己的第一印象产生对零售卖场的商品、价格、服务等的认知，且先入为主，以后不太容易改变，因此开业促销能够抓住消费者非常关键。在日常生活中，我们经常看到为庆祝开业，零售商会举行开业狂欢活动，如发放小礼物、半价促销、免费办理会员卡、举办小型商演等制造热闹的氛围，吸引顾客进入卖场。

2．年庆促销

年庆促销也是一种重要的促销活动，因为每年只有一次，所以其规模和范围比较大。在店庆促销活动中，比较常见的买赠活动（买 100 元的商品赠 200 元的购物券）、品牌特卖、会员赠积分、商品半价促销等。由于活动力度比较大，活动期间，客流量会有较大提高，所以营造宽松的环境比较重要，通常营业额也是平时的 2～3 倍。

3．竞争性促销

这是一种为了提高竞争力，增大市场份额而进行的促销活动，也是在面对竞争对手的促销活动以免自己市场份额下降而采取的临时性促销活动，典型表现为价格战、广告战、服务比拼等。这种竞争性促销往往针对性比较强，可能是在零售商面临新的强大的竞争对手开业或原有竞争对手开始新一轮的促销活动，主动采取的争取更高市场份额或保持目前市场份额的举措，针对性比较强。例如，同样的一瓶矿泉水，A 超市的促销海报卖 0.9 元，附近的 B 超市可能就针对性降价 5 分，卖 0.85 元来吸引价格敏感的消费者。

4．例行节日、习俗促销

这是一种为了配合节假日、季节更替、地方习俗而实施的促销活动。例如五一大促销、十一促销、儿童节促销、中秋节促销、春节促销、元宵节促销等，其形式多种多样。例如儿童节促销时，商家可能会在门店广场搭建舞台，邀请小朋友们上台表演才艺并设置相关的奖项，举办宝宝爬行大赛，在店内开辟专区供小朋友免费玩玩具或寻宝活动，在店内开辟玩具、文具、服装等儿童节礼物专区供家长选择。

三、零售促销的作用

1．刺激消费者的购买欲望，促进销售

零售促销活动，如降价、买一送一、买 100 送 200 等活动能够在很大程度上刺激新老消费者的购买欲望，达到促进销售的目的。由中国电商捧红的“光棍节”——11 月 11 日已经成了电商界的狂欢日，在这天，电商们会推出各种促销活动，促进销售。

2．维持或提高市场份额

随着零售市场竞争的日趋激烈，零售商越来越重视促销的作用。无论是广告、公共关系、人员推销还是销售促进，往往是针对竞争对手，目的是为了维持甚至是提高市场占有率。例如，两大电商巨头京东网上商城和当当商城就图书展开的价格战。

3．建立或强化零售商形象

零售促销借助广告、公共关系等手段，除了能广泛宣传商品信息之外，还能帮助企业建立或强化形象。每年逢水灾、旱灾、地震、海啸等自然灾害发生时，很多零售卖场都会举行相关的赈灾义卖或捐款活动或捐赠物资，如“顾客向我店支付的 100 元中我们会拿出 1 元支援灾区”，树立起慈善企业的形象。

4．帮助零售企业清除过时商品

夏末、春初等季节更替时，消费者经常在电视、报纸、电台和网络上看到大型零售卖场在做服装、鞋类等清仓促销的广告，如“冬品清仓一折起，一件不留”，借助这种零售促销能帮助零售商迅速回笼资金，清除大量过时商品。

第二节　零售促销组合

可供零售商选择的促销手段很多，归纳起来主要有四种：零售广告、公共关系、销售促进和人员促销。

一、零售广告

（一）广告的定义

广告是指明确由出资者付费，对观念、商品或服务通过各种媒体进行的一种非个人的沟通传达方式。广告的内容要包括所要表达的信息，这是一种很重要的促销方式，能够影响消费者的态度和偏好。不同的零售商对广告的重视程度不同，有些零售商将主要促销费用放在广告上，吸引消费者周末进入店铺消费，如大型百货公司往往愿意在报纸上发布周末促销的广告，而另一些零售商，如超市则在广告上投入很少，他们更多的是依赖口碑传播和一贯的低价策略来吸引消费者。

（二）广告的优缺点

1．零售广告的优点

与其他促销方式比较，零售广告的优点有：①广泛利用报纸、杂志、电视、网络等大众媒体传播产品、店铺信息，传播范围广，能够吸引大量公众的注意力，零售商在大型促销活动中经常使用；②零售商可以选择的大众媒体较多，传播途径广；③零售商可以自由决定传播的信息内容是侧重商品促销还是侧重店铺的形象定位，广告宣传的内容则很难被零售商所控制；④广告内容生动活泼，表现方式灵活多样，容易引起公众注意；⑤广告的传播效应使消费者在购物前就对零售商或产品或服务有了一定的了解，这使得自助服务或减少服务成为可能。

2．零售广告的缺点

零售广告投放到大众媒体上是需要付费的，且成本较高，中小型零售商很难承受，如电视广告，在央视 CCTV-1 黄金档剧场第一集贴片播出广告 5 秒需要 93 900 元人民币/次，10 秒为 140 800 元人民币/次，15 秒为 176 000 元人民币/次，20 秒为 239 400 元人民币/次。当然，就零售广告的受众而言，零售商很难准确地把其范围限制在自己想要的目标顾客群体上，所以实际上零售广告一部分费用被浪费掉了。零售广告主要采用大众媒体，顾客范围广，众口难调，无法满足所有人的个性化要求。此外，如果零售商所采用的媒体发布的广告很多，零售商的广告内容或画面又不是特别精彩，恐怕很难引起消费者的注意，达不到广告传播的目的，如报纸广告，受广告费用预算的限制，零售商的广告没有占用整个版面，而是只占据了报纸广告页面很小一块，恐怕很容易被其他广告埋没，难以引起公众注意。

（三）零售商广告与制造商广告的区别

1．零售商广告更注重于向目标市场传达信息

零售商广告一般地域性比较强，因为零售商需要比制造商更适应当地市场需求、偏好和习惯。制造商很容易利用全国性的媒体，而对于零售商，只有那些较大的零售连锁店及特许经营店才能在全国性的电视节目上做广告。有一例外是直复营销，即直接回应的营销，它是以盈利为目标，通过个性化的沟通媒介向目标市场发布发盘信息，以寻求对方的直接回应。例如问询就是一种直复营销。在这一例外中，目标市场可以是分散的区域，甚至针对小企业。

2．零售广告追求及时效益

零售商广告的目标是尽可能地在较短时间内销售更多的产品或服务，追求的是短期的销售增长。而制造商更关心培养企业的长期利益，如信誉度、顾客忠诚度等。

3．大部分零售广告强调价格

通常零售商广告会把价格或各种促销活动作为重点内容，目的是在较短的时间内吸引消费者来购买，其展示的产品也尽可能多。而制造商则强调产品的某些特征，一般是单个广告中尽可能减少宣传产品的种类。

4．广告效果与花费区别较大

通常零售商在广告上的花费比制造商低，有时零售商可以与制造商、批发商共同承担

费用，目的是希望将商品进行分销，也可以是采用零售商之间的合作广告形式。

（四）零售广告媒体选择

以传播媒介为标准，广告可以分为报纸广告、杂志广告、广播广告、电视广告、电影广告、包装广告、招贴广告、POP 广告、交通广告等。随着新媒介的不断增加，依媒介划分的广告种类也会越来越多。

1．电视广告

电视广告覆盖面很广，具有生动、活泼、视觉效果较好、传播迅速等优点，但制作复杂、成本昂贵、无法选择受众、播放时间短等缺点使得大多数零售商不愿意采用电视广告，仅有些零售商在开业之前会在区域电视台做些广告，告诉广大客户开业的消息和相关优惠活动。

2．报纸广告

报纸覆盖面广、费用合理、灵活性高、反应迅速等特征使得报纸广告成为零售商最偏爱的媒介之一，但是在报纸上登载广告的企业太多，零售商的广告有可能被其他商家的广告埋没，很难引起公众的注意。通常零售卖场会选择一些地方性报纸来宣传其周末特卖、反季促销、特价清仓和买赠活动等促销信息，内容涉及促销的商品及特殊的折扣信息。一般大的零售卖场在费用上可以与报社协商，通过长期投放广告等方式尽量争取优惠政策。

3．广播广告

作为诉诸听觉的媒体形式，广播广告或利用电台广播或利用零售卖场内部广播来向消费者传递相关的商品和店铺的促销信息。当然，就传播范围而言，电台广播受众更广泛，且相较于报纸和电视费用更为低廉，具有良好的灵活性和随机性，但也有明显的缺点，消费者难以记忆和比较，声音一闪而逝。零售卖场内部广告是在卖场内部宣传商品信息和促销活动的最佳场所，加之成本较低，被零售商经常采用。

4．传单广告

传单广告是将广告内容印成设计精美的传单后由发单员散发给顾客。发传单地点往往选择人流密集的地方，如居民小区、上下班的路口、商店门前等，能有效提高零售卖场知名度，引导顾客消费，其费用低廉，比较适合中小零售商，尤其是新开业的小型商店往往更愿意采用这种形式。虽然传单广告很流行，但其高抛弃率容易导致效率低下。

5．互联网广告

互联网广告是利用网站上的广告横幅、文本链接、多媒体的方法，在互联网刊登或发布广告，通过网络传递到互联网用户的一种高科技广告运作方式。与传统的传播媒体相比，互联网广告具有得天独厚的优势，其成本低廉，可以追踪、研究用户的偏好，这是互联网相对传统媒体营销的优势，也是其精准营销的基础。一个旅游爱好者与一个汽车爱好者，在访问同一个网站的页面时，看到的广告并不相同，因为系统已经记录了他们的行为习惯和喜好，使得广告的设定不再千篇一律。作为一个全新的广告媒体，互联网速度最快，效果很理想，是中小零售商扩展壮大的很好途径，对于广泛开展国际业务的公司更是如此。

6．交通工具广告

交通工具广告一般用于有大众交通系统的地区，零售商将广告展示在出租车、公共汽车、电车、地铁内部或外部。其优点是有明确的目标群体，曝光时间长，被读率较高。缺点是广告杂乱，难以吸引观众的注意力，覆盖率仅限于交通系统所服务的区域。它的适用对象是交通沿线附近零售商，特别是以上班族为目标消费者的零售商。

7．户外广告

户外广告是在零售卖场建筑物外面的招牌广告、栏架广告、临街广告、灯箱广告等，因其成本低廉、曝光频率高、悬挂时间长而受到了零售商的欢迎。户外广告能显著影响当地受众，但是辐射范围狭窄，位置相对固定，灵活性差，而且如果户外广告太多，对零售商来说可能很难寻觅理想的位置。

8．杂志广告

互联网时代购买并使用杂志的主要是一些专业人士，因此杂志广告专业针对性强，持续时间长，有一定的保留价值。杂志广告一般是彩色喷墨打印，画面效果比报纸好，但是影响力有限，与报纸相比灵活性差，很难配合商家的即时促销活动，覆盖面较狭窄。

9．直邮广告（DM广告）

直邮广告是通过邮局或快递公司将印刷品广告直接邮寄给顾客或会员，实现零售商与目标顾客的直接沟通。其针对性强，受众群明确，成本较低，适合各种中小型零售商使用。直邮广告上面标有零售卖场的促销活动和特价商品，是刺激购买的有效手段，但是也容易被顾客所抛弃。

10．POP广告

POP广告是指在商品购买场所、零售店的周围提供商品或服务信息的广告、指示牌、引导标志等，也称卖场广告、店面广告。一般在POP广告中会标明商店最新的商品供应信息、会员可以参加的活动（如双倍积分或买赠计划）、促销商品价格、商店可以提供的服务等，目的在于引导顾客进店，方便顾客选择商品，提醒顾客有些商品在低价促销搞活动，容易造成消费者的冲动性购买行为。POP广告一般设计精美，色彩鲜艳，容易引起顾客的注意，传统的POP广告会出现在店头看板、橱窗展示台、专柜、引导牌、货架上，随着POP广告的普及，有些零售商甚至将POP广告做到了地板上以吸引消费者的注意。

二、公共关系

（一）公共关系的定义

公共关系是指零售商通过大众传播媒介发表的有关商店的能吸引公众注意力的服务

或公益信息。它不需要为媒体付费，可以针对大众，也可以针对个人。越来越多的零售商在组织结构中设置专门的公共宣传部门来处理零售商与公众的关系，及时向公众传播零售卖场的相关信息，并通过与公众的交流沟通，及时排解销售纠纷，树立良好的企业形象。

借助于各种公共关系活动，零售商能够提高其在公众中的知名度，树立良好的企业形象，增强投资者的信心，减少促销费用，获取最佳促销效果。

（二）公共关系的优缺点

1．公共关系的优点

（1）零售商可以借助公共活动增加与消费者的沟通，进一步提升企业形象，以增加顾客对本企业的忠诚度。

（2）客观地提供商品信息、服务信息、价格信息，为消费者提供方便。

（3）由于消费者对公众关系信任度比广告高，所以可以使消费者产生亲切感，减少抵触情绪。

（4）因为不付费的性质，相当于媒体为企业免费做广告，可以使企业得到很大好处。

2．公共关系的缺点

（1）零售商可能从思想上有一定抵触心理。一些零售商不相信将资金投入到与消费者沟通联系中而不做任何产品宣传和降价活动，对零售商会有好处。思想决定行为，这将造成零售商不积极开展公共关系活动。

（2）零售商开展的公共关系是一种长期的效果，一般不会很快带来对零售商有益的效果。

（3）虽然公共关系中没有媒体费用，但有公共关系人员、活动策划及活动本身产生的费用。

（4）在公众宣传中，对于一定的媒体，零售商很难控制其信息内容及发布信息的时间。

（三）公共关系的类型

1．按照公共关系的功能不同划分

（1）宣传型公共关系，即零售商运用报纸、杂志、电视等媒介采用撰写通讯稿、新闻稿等形式，向社会各界传递信息，以形成对企业有利的社会舆论导向。

（2）交际型公共关系，即零售商采用专访、电话、座谈会等形式，与广大公众沟通，缩小企业与公众之间的隔阂。例如，公共关系部门安排零售卖场的负责人接受大众媒体的专访，在介绍个人成就的同时，向人们展示企业的理念和服务。

（3）服务型公共关系，是指零售商开展各种实惠性服务，借此获得公众的信任与好评，增强企业形象。例如，某大型零售百货卖场通过为顾客提供下列服务来吸引消费者：消费者进店消费可尊享 21 点后免费停车，三楼 CAHA 咖啡厅免费休息等。

（4）赞助型公共关系，零售商通过赞助文化、教育、体育卫生等事业，支持社会福利事业，如赞助某重大国际赛事、参与社会重大活动来提升企业形象的形式。

（5）征询型公共关系，即零售商通过开展咨询业务、制定调查问卷、建立热线电话等形式，了解消费者的购买意图和对卖场的建议，争取公众的支持。

2．按照零售商的意识划分

（1）预期型公共关系，是指零售商事先做好准备的或预计某些事件会引起媒体报道，每个零售商都希望其公益服务、新产品的入市被报道。

（2）意外型公共关系，是指零售商在没有注意的情况下而受到大众传媒的报道。例如，一次交通事故或雇员罢工，零售商本来认为没有新闻价值，但媒体确实报道了的情况。

（四）传播方式

1．新闻

新闻报道是零售商比较愿意接受的公共关系传播途径，如果说广告有自卖自夸的嫌疑，那么在消费者心目中一直保持公正、公平，承担舆论监督责任的新闻媒体这个第三方无疑是传递信息较好的选择。受商圈的影响，零售商多数情况下会选择本地较有影响力的新闻媒体建立良好的关系，企业公共关系人员将有关零售卖场的销售荣誉、新店开张、销售额数据、卖场发生的值得称颂的事件等第一时间通知给媒体，既与媒体建立了良好的关系，又能达到传播企业信息的目的。某零售超市在得知某白菜主产区菜农因菜价下跌利益受损，白菜大量积压卖不出去的消息之后，紧急派出采购人员去收购农民地里卖不出去的白菜，再低价售卖给消费者，被新闻媒体报道之后，广大市民纷纷走出家门去抢购超市的白菜，既帮助企业树立了良好形象，又促进了超市其他商品的销售，一举两得。

2．出版物

一般大的零售卖场会利用年度报告、小册子、业务通讯、内刊、养生手册和店内的视听材料来传递卖场信息，影响目标顾客。纸质的出版物或采用免费发放、人手一册的形式，或摆放在卖场出入口，如果消费者有兴趣可自行取放和阅览。视听资料则在店内的视听工具上不停滚动播出，以吸引消费者的注意。

3．事件

零售商还可以通过一些特殊事件，如儿童才艺大赛、新闻发布会、赞助活动、特殊纪念日等吸引消费者进店消费或引起消费者对新进商品的注意。

4．演说

作为商品促销和商店形象宣传的一大利器，演说时零售商经营者或发言人经常在一些重要场合，如行业协会、销售峰会回答媒体提问或发表演说来积极影响消费者，树立良好的企业形象。当然，如果选择了蹩脚或不善言辞的人来发表演说，效果会适得其反。

5．电话服务

零售商可以借助打电话来获得顾客对商店及商品和服务的反馈，高质量的电话访问能使老顾客对零售商更加忠诚，也能把新顾客发展成为老主顾。

6．媒体形象识别

在各种商业信息充斥的情况下，零售商的信息要想脱颖而出，需要有让人一见难忘的视觉形象，零售商可借助商店招牌、营业卖场、工作服、包装袋、建筑物、销售条码、发票、购物小票等来突出其视觉识别标志，让人过目难忘。

三、销售促进

（一）销售促进的定义

销售促进又称营业推广，它是指企业运用各种短期诱因鼓励消费者和中间购买商购买并经销企业产品或服务的促销活动，这是一种追求短期目标的销售活动。作为市场竞争过程中的一把利剑，销售促进的作用在于对产品施加推力，使产品能够更快地进入市场并扩大市场。我们看到，在市场上并非每一个公司都做广告，但是每一个公司都无一例外地开展销售促进。零售商开展销售促进可以吸引新顾客，维系现有顾客群，刺激顾客大量购买，提高短期销售量，扩大零售商的知名度。

（二）销售促进的优缺点

1．销售促进的主要优点

（1）通过这种促销方式可以吸引顾客注意力，激发顾客的了解欲望。

（2）可围绕特别的主题，使用特别的方式，使销售促进有更大的作用力。

（3）由于顾客可以得到一些有价值的东西，如赠品，使顾客对本产品或服务产生好感。

（4）可以吸引一些闲逛的人群参与活动，使他们产生购买的冲动。

2．销售促进的主要缺点

（1）由于对消费者的心理因素把握不准确，可能会引起顾客的不良反应。

（2）大部分销售促进只能达到短期效果。

（3）用老套的促销形式可能会影响零售商的形象，如买一赠一，可能会使顾客认为零售商在销售积压或过期产品。

（4）一般不单独使用这种促销形式，只能作为其他促销形式的补充。

（三）销售促进的类型

销售促进的类型多种多样，下面介绍几种常见的类型。

1．优惠券

零售商将优惠券印在报纸、海报或商品包装上，通过邮寄、销售点分发或居民小区分发等方式发放，持券人可以凭此券在购买商品时享受一定金额的免费待遇。例如，凭超市海报的相关商品剪角，可以享受六折优惠。在实践中，优惠券往往只能在某一特定零售卖场或其旗下卖场使用，主要是鼓励顾客走进该卖场去消费，促销效果显著，既鼓励了顾客购买，又扩大了零售卖场的影响力。

2．赠品

顾客通过付出某些代价或免费的方式可获得零售商的赠品。例如，商店开业或店庆日，来店即有礼——赠送带有零售商标志的纸抽一盒或雨伞一把，不管消费者是否购物。赠品可以免费赠送，也可以付费赠送。零售商的买赠活动开始后，要认真履行对消费者的承诺，同时要明确活动的期限和该活动是否与其他活动同时有效。

3．折扣促销

折扣促销是零售商在一定时间段内，通过调低某些商品的售价，适当减少自己的利润来回馈消费者的活动，广泛用于零售卖场，为此还催生了专门的折扣商店、“奥特莱斯”等。由于在广大消费者的心目中，价格还是非常重要的影响购买的因素，因此逢零售商搞特价销售、限时抢购、打折时，消费者就会蜂拥而至。当然，这种促销方式效果好，也需要零售商做到真的给消费者让利，而不是故意调高原价和折扣幅度，其实和平时售价差不多，一旦时间长了被消费者察觉，效果会适得其反。

4．竞赛或比赛

竞赛或比赛是零售商为鼓励消费者发挥才艺去解决问题并得到一定奖励的一种促销活动。竞赛需要顾客参与竞争来得到奖励，如猜谜语、儿童绘画比赛、老年人时装大赛等，竞赛促销利用了人的好胜、侥幸、追求刺激等心理，是借助趣味性和参与性来吸引消费者、经销商，从而对促销产品产生兴趣的一种促销形式。

5．购物抽奖

顾客在零售卖场购物达到一定金额即可参加抽奖活动，同样是零售卖场经常采用的促销方式。抽奖活动往往是在顾客购物达到一定金额后方可参加，零售商在采用抽奖促销时，首先需要决定顾客参与抽奖的条件，例如，是所有的商品都参加活动还是某类商品不参加，是所有品牌都参与还是仅限于某种品牌。其次，为了达到鼓励购买的目的，往往零售商会通过买得多抽奖机会多的方式来进行，如购物满 38 元可参加抽奖一次、满 68 元抽奖两次、满 128 元抽奖三次。再次，奖品的设置要能吸引顾客，零售卖场在策划抽奖活动时，会根据抽奖活动经费来设计抽奖奖品，这些奖品要能引起顾客的兴趣，才能达到最佳促销效果。最后，顾客领奖时需提供身份证复印件，退货需要退回奖品。

6．商品展示

商品展示是零售商安排专人在卖场空地表演如何使用商品，提供实物供消费者观摩或品尝，使顾客对商品产生兴趣，以刺激其购买的行为的促销形式。商品展示让顾客真实感受到商品的功能或味道，如在家电卖场，豆浆机柜台经常会有演示人员用样品机现场打制豆浆，香气四溢，吸引消费者前来品尝，借此机会向消费者介绍豆浆的食疗功效和豆浆机的功能，引起消费者的兴趣。这种商品展示比较适合化妆品、食品和家电类商品的促销。当然，为了节约开支，有时零售商会采用电视录像的方式，在卖场内播放录制好的商品展示的片子，但往往不如真人现场演示效果更佳。

7．退费优惠

退费优惠是零售商在消费者购买商品拿到购买凭证之后，退还其部分款项来吸引消费者来店消费。例如，某零售商推出促销活动：购买酒类商品满 100 元退 5 元现金，由于是直接返利给消费者，促销效果明显。

8．会员优待

一些零售商为维系消费者，在购物时向消费者免费或以成本价发放会员卡，会员可以享受一些优惠待遇。

（1）会员购物积分。如购物满 10 元人民币，积 1 分，积分可累计，但通常特价品不参与积分，定期或不定期会搞一些针对积分的活动，如把每周三定为会员日，会员可以消积分，每消 2000 分可兑换 20 元的购物券（需搭配等额现金使用），如果会员正好购买了价值 40 元的商品，相当于半价优惠。

（2）会员价格优待。在一些商场超市同样的商品往往规定两个价格，一个是会员价，另一个是非会员价，如一件连衣裙原价是 1 000 元，会员价是在原价基础上享受八折优惠，而非会员价仅能按 1 000 元的价格购买，以此来吸引消费者成为其会员。当然，也有零售商针对不同人群推出了不同的会员卡，购物满 5 000 元可办理铂金会员卡，购物时享受七折优惠；购物满 3 000 元可办理黄金会员卡，购物享受八折优惠；购物满 1 000 元可办理白银会员卡，购物享九折优惠。对零售商而言，会员优待是维持住老顾客的重要方式，根据二八定律，商店 80%的营业额是由 20%的老顾客创造的，这种促销活动能使顾客持续购买零售商的商品，但是这种优待回报缓慢，零售商最好能做到持之以恒，说到做到，否则很难维系目前的消费群体。这种会员制度也有利于零售商了解消费者的基本信息、喜好和联系方式，实现一对一精准式营销。

四、人员促销

除上述促销方式之外，零售商也经常采用人员促销方式。消费者在百货商店或超市购物时，经常会碰到某品牌或商品的促销员走过来介绍商品的特点、属性、价格和用途，刺激消费者购买。

（一）人员促销的优缺点

1．人员促销的优点

（1）由于促销员直接一对一接触顾客，对于不同的人可以采用不同的促销策略，所以人员促销方式更灵活。例如，超市奶粉专柜的促销员往往主动与前来选购奶粉的顾客攀谈，现身说法，从自己的孩子说起奶粉的好处，引入价格信息，引起消费者的兴趣。而服装专柜的促销员则等顾客想试穿商品时才主动与顾客接触，因为过分地围着顾客转有时反倒适得其反，容易引起消费者的厌烦。

（2）针对特定的消费者可以从心理学角度进行促销，针对性强。仍以奶粉促销员为例，一般来买奶粉的都是爸爸妈妈或准爸准妈，非常宝贝自己的孩子或即将出生的孩子，借助主动攀谈，锁定目标顾客群体。

（3）人员促销一般是现场促销，对于有购买欲望的消费者可以及时成交。

（4）促销人员可以倾听顾客的想法，并进行分析、整理，将信息反馈给促销商。

2．人员促销的缺点

（1）零售卖场雇佣促销人员是需要对其支付工资的，庞大的促销队伍会使成本上升，因此很多零售卖场采用的不是自己的促销员，而是让生产厂商的促销员进店负责销售，工资由生产厂商负责支付，培训由生产厂商自己负责，但是要服从于零售卖场统一的管理。

（2）由于很多促销人员工资不是由零售卖场负责，卖场对于促销人员管理困难。

（3）人员促销要想效果理想，需要促销人员有较好的人际沟通能力、较高的素质和修养，否则适得其反。我们来看这样两个案例。

【案例】　　冷漠的促销员让商品无人问津

有一天，下班后温小姐和同事苏小姐一起来到公司楼下的超市闲逛。因为二人都对服装鞋帽非常感兴趣。她们还像往常那样来到了服装鞋帽区。

突然，苏小姐看到一顶咖啡色的帽子非常喜欢，便问旁边的温小姐：“你觉得那顶帽子我戴怎么样？”

温小姐看了下，笑着说：“光看不行啊。你去问一下促销员，能不能试戴一下。”于是，苏小姐叫了促销员一声，可促销员只是向这边看了一下，没有回答。

苏小姐感到莫名其妙，心想：难道那人不是促销员吗？苏小姐又重复了一遍：“您好，请问这顶帽子可以试一下吗？”

这时，促销员皱了皱眉头，态度很冷漠地说：“那你就试一下吧，这个还问。”

苏小姐和温小姐看见促销员如此态度，丢下一句话：“你们这是卖东西吗？算了，不买了。”二话没说俩人扭头就走了。

聪明的促销员让顾客把“贵东西”买回家

一位顾客在A超市选购MP4时，一边试听，一边说：“这东西是真不错，音质挺好，外观也好，就是价格有些太贵了。”

于是，他看着这款MP4眼睛又不停地看其他款式的MP4。看得出，这位顾客对这款

MP4非常满意，只是感觉价格太贵了。旁边的促销员看在眼里，微笑着走过来说："您是嫌这款MP4的价格太贵了吗？"

顾客看了促销员一眼，无奈地说："是啊，花1 200元买一款MP4，我觉得太奢侈了。但是看来看去，听来听去就这一款我最满意。其他的虽然价格可以，但是音质还有外观我都不是很满意……"

这时促销员微笑着说："您说得不错，一次花1 200元买一款MP4的确不算小数目。但是您想想看，MP4您不是只能用一年半年的吧。因为这是一款国际品牌的商品，质量非常有保障，一般至少可以用两年。我们就按两年来算，一年您只需花600元，再除以12个月，每月只需要50元。呵呵，再换言之，每天您只要一块多钱，对您来说应该不算贵吧？"

顾客听了，一下感觉自己的这次消费还算非常实惠的，于是，二话没说就买下了这款MP4。

第一个案例中促销员由于态度冷漠而错失了销售产品的机会。而第二个案例中促销人员就显示了灵活的沟通技巧，站在顾客的角度为顾客着想，善于察言观色，所以成功地销售掉了本来顾客认为贵而打算放弃购买的产品，这就说明了促销人员态度及销售能力的重要性。但是真正专业的促销人才需要长期实战经验的积累和大量的培训，不是一朝一夕就能成就的。

资料来源：曹慧莉，谈伟庆. 如何经营一家最赚钱的超市[M]. 北京：化学工业出版社，2011.

（二）人员促销的类型

按照雇佣时间的长短，人员促销有长期和短期之分。一些商店在开业庆典、周年纪念等大型活动中，往往需要大量的促销人员配合相关活动，但是雇佣时间也就一两天，按天支付工资，这属于短期人员促销。长期人员促销则是促销人员常驻零售卖场向顾客推销产品。

（三）人员促销需要注意的问题

1．需要加强对促销人员的培训

人员促销在现代零售促销中占据着很重要的位置，人员促销效果的好坏是由促销人员的素质及沟通能力决定的。刚招聘来的促销人员对所要售卖的产品和企业可能并不了解，需要企业对其进行培训。这个培训包括两个方面：一个是来自生产商的培训，侧重对企业、品牌和产品的介绍；另一个是来自零售商的培训，侧重卖场规章制度和组织文化的灌输。对零售商来说，培训之后还要定期考核或组织一些相关活动，如升旗、早操、登山比赛、拓展训练、歌舞比赛等，让促销人员融入零售商的文化氛围。

2．建立合适的奖惩制度，做好薪酬安排

一般促销人员的工资采用的是基本工资加提成的方式，基本工资水平不高，如果当地的平均工资水平在3 000元左右，基本工资可能设在1 000～1 500元，主要是为了激励促销人员做出更好的业绩，争取更高的提成。

3．注意销售人员的反馈

由于促销人员是直接面对消费者，消费者对零售组织、商品陈列、促销活动等的赞赏或不满都会在第一时间反馈给他们，所以零售商有必要听取这些促销人员有关卖场的反馈，争取更好的销售环境和业绩。例如，在一次超市促销活动中，某顾客跟促销人员抱怨早晨8:30开门低价促销的蔬菜和水果吸引了很多消费者，一些老人因为腿脚不利索根本排不上号，而且要排长队，消费者等候的时间过长。店长听其反映之后，适时调整了促销时段和策略，赢得了消费者的好评。

第三节　零售促销策划

随着零售业竞争的加剧，零售商新招频出来招徕消费者。科学的零售促销策划首先需要确定促销目标，制定促销预算，然后选择促销组合制定促销方案，执行促销方案后还要定期评估促销效果，看是否需要调整促销方案。

一、确定促销目标

促销目标是指企业借助促销活动想要达到的目标，如激发消费者的需求、增加销售额、树立企业形象、刺激潜在消费者购买、提高市场竞争力等。促销目标应与促销组合相对应，如对于提高销售额、刺激顾客购买欲望、增加客流量等短期促销目标，一般以销售促进、人员促销为主。对于提高企业竞争力和顾客忠诚度、扩大知名度等长期目标，公共关系则更为重要。因此，零售商在开展具体的促销活动之前，必须首先确定促销活动应达到的目的。

零售商在确定促销目标时，首先，要明确促销的背景，说明确定目标的原因，即对与促销目标相关的情况进行描述，如市场需求情况、竞争对手的行为。其次，零售商还必须确定目标的主次、大小，针对最重要的目标进行促销类型的选择。再次，促销目标一定要符合现实，不能拍脑壳妄加设定。最后，促销目标要能尽可能被准确表述出来，最好是定量可衡量的，这样企业在促销活动过后才能衡量其是否达到了目的。

二、制定促销预算

促销策划比较关键的问题是零售商准备为这次促销活动支付多大的代价，包括促销人员的报酬、广告费、公关费用、业务费用、售后服务费用和销售物流费用等，对此，零售商需要在明确促销目标后，编制促销的总体预算和各项活动预算。制定促销预算的方法有以下几种。

1．目标任务法

目标任务法是指零售商清楚地知道其促销目标，根据要实现的目标来准确预算。使用这种方法时，零售商首先需要确定促销目标，再据此确定一年计划举办哪些促销活动和每次促销活动的具体支出金额，将所有促销活动的费用加起来得出全年的促销预算。

例如零售商要在一年内实现销售额 50%的增长，制定以下预算：（1）保持忠诚顾客的购买量就要进行一定的广告促销，预算费用为 2 万元；（2）激发潜在顾客购买去年销售额的 1/2 的产品，就要进行人员促销，预算费用为 3 万元；（3）树立零售组织形象需要参加或举办一些公益活动，如赞助贫穷大学生、灾区捐款捐物等，预算为 5 万元。最后，将这些项目加总起来一年总的促销费用为 10 万元。

目标任务法是最好的总体预算方法，优点是可调整，支出与目标都能非常清楚地表现出来。缺点是难以控制促销费用，如果没有达到相应的促销目标，对经济效益影响很大。

2．剩余定额法

剩余定额法是指零售商先为零售战略组合中的其他部分划拨资金，剩余部分不管多少，都作为促销预算。这是最保守的预算方法。该方法的缺点很明显，将促销看成零售战略组合中一个不重要的变量，促销支出与目标没有关系，若剩余资金很少或没有，促销预算就远远不足或根本没有。小型的、保守的零售商主要是用这种方法。

3．增量法

增量法是指零售商根据之前的预算分配资金。某年预算是在上一年的年度预算基础上加上或者减去一个百分点决定的。例如，若某一年的促销预算为 10 万元，下一年的预算就是在这个金额上加上或者减去一个百分点，如下一年预算增加 10%，就意味着下一年的预算为 11 万元。预算的调整是依靠未来趋势从直觉上感觉到的，不是一个确定的百分比，带有很强的主观性。如果预测失误会导致经营业绩下滑。

4．销售百分比法

销售百分比法是零售商将其促销预算看作是年度销售额的一定比例，具体是多少由企业自行决定。例如，某企业可以将促销预算设定为销售额的 5%，如销售额为 100 万元，则促销预算为 5 万元；如果销售额为 1 000 万元，则促销额为 50 万元。这样，促销预算被动地受销售额变动的影响。在销售低迷时，促销预算就比较少，销售额高涨时促销预算就比较大，这是该方法的一大缺点。因为越是销售低迷时越需要促销重拳出击来吸引消费者的回流。

5．竞争基准法

竞争基准法是指零售商根据竞争对手的促销预算来调整自己的促销预算。例如，某竞争对手促销预算提高了 10%，则零售商将有针对性地做出促销预算的调整。这种方法比较适合那种只有两个或几个寡头垄断企业。对于完全竞争或垄断竞争市场，零售商由于竞争对手很多，一个企业零售预算增加，并不代表其他竞争对手也增加预算，所以很难对此做出决定。

对以上五种制定促销预算的方法，零售商可以根据自身状况及市场状况做出对自己最有力的选择。

三、选择促销组合

零售促销组合又叫零售要素组合，它是将零售促销要素组合在一起形成各种能够影响消费者偏好和购买决策的策略。单纯利用广告、公共关系、人员促销、销售促进之中的一种手段，已经满足不了市场的需要。所以，零售商需要充分利用各种促销组合来提高市场竞争力。

促销组合的选择常常受零售商类型的影响。例如小型服装店比较节省成本，喜欢应用横幅（赔本大甩卖、清仓狂甩）、荧光写字板、会员短信等传播店面的促销信息，对人员促销也有很高的重视程度。而在超市中，最常使用的方法是海报促销、会员优惠、折扣销售、抽奖活动等优惠活动。各类促销形式组合使用，常与促销目标结合在一起，促销目标不同，组合重点也不尽相同。如果零售商想在短期内提高商品销量，在广告、公共关系、销售促进和人员推销组合策略中，宜把重点放在销售促进上。如果零售商促销致力于塑造组织形象，那么广告和公共关系就变得更为重要。当然，零售商的促销组合的选择还要考虑商品特点、市场环境变化、促销预算等因素。

四、制订促销策划方案

一般促销方案包括主题、时机、目的、期限、促销商品选择、参与促销条件、优惠幅度、媒体选择、人员分工等因素。章首导入案例中沃尔玛春节促销策划方案中，首先明确了促销主题：欢度春节，借助欢乐的节日氛围展开商品促销，目的在于吸引消费者及客户购买更多产品，提高商品销量，扩大营业额，巩固消费者品牌忠诚度，以维系巩固的消费群。促销期限是 2011 年 1 月 17 日至 2011 年 1 月 31 日，地点是沃尔玛超市卖场。活动主要利用超市海报、报纸和店内快报进行宣传，有店内的整体活动也有专项商品的促销活动，在店内悬挂红灯笼、年画突出喜庆氛围，利用许愿树、惊喜换购、噼里啪啦迎新年和赠送温暖马克杯等活动吸引消费者进店，同时配以食品、日用品、电器不同幅度的促销活动。在制订促销策划方案时，需要注意以下问题。

1．媒体的选择

促销活动是零售商总体经营策略与经营活动的重要组成部分，零售商之所以愿意花钱做促销，就是看重它所带来的利益，要想取得好的促销结果，必须慎重选择媒体。媒体的选择应该考虑到许多因素，如费用、广告的前置时间、媒体可以影响的范围、媒体广告持续的时间等。沃尔玛超市的春节促销活动媒体选择的是超市海报、报纸（本地）和快报，费用低廉，能把促销信息快速传达给消费者。此外，促销活动策划负责人必须保证在促销活动开始之前，有关促销活动的信息已经由各种媒体传递给了消费者。

2．时机的选择

促销时机的选择也非常重要，沃尔玛借春节这个中国人的传统节日来进行促销，时机选择得非常好。一般超市、百货商店会选择一些传统节日、店庆日等进行促销。确定具体日期之后，还需要选择在什么时间、什么地点进行促销活动，这就要结合商品的性质及主要消费人群来进行抉择。例如情人节促销活动，主要的活动宜在晚间而不是白天，因为白天年轻人一般都在上班，晚上饭后才有可能去参加一些庆祝活动。

3．卖场氛围渲染

零售商在推出各种促销活动的同时，在零售卖场也需要借助装饰、装修、商品等渲染相关促销主题。例如沃尔玛春节促销，悬挂象征喜庆的红灯笼、年画、红彤彤的“年货一条街”等来突显新年氛围。

4．人员的合理分工

由于促销活动内容较多，要想顺利开展促销，各种工作最好有专人负责。例如广告，零售商的促销活动负责人最好安排专人负责广告内容撰写、媒体选择和联系、联络供应商等工作。另外，还要加强对销售队伍的培训，销售人员的沟通能力及灵活性决定着人员促销的成败。一个非常好的销售队伍，对人员的选择是非常谨慎的，要根据销售人员的能力、素质进行合理的分配。

五、执行促销策划方案

零售商必须对每一项促销活动实施与监控，保障促销策划方案内容的落实。当然，方案的落实需要做好前期准备，如活动礼品的落实、演员的联系、舞台的搭建、海报的发放等。一般举办大型促销活动是需要经验积累的。为保证促销活动效果，零售商可以采取试行促销的方法，如某连锁商店现在旗下一家卖场邀请消费者来体验新的促销活动，评估促销效果，在此基础上做出调整或修正，再大面积推广。

六、评估促销效果

促销活动结束后还要及时进行评估，为以后的促销活动提供参考。常见的评估方法有以下几种。

1．目标评估法

对于已选择并执行的促销组合，评价其成败关键看促销策划的初衷，即促销计划所追求的目标，看促销组合是否使目标得以实现，如果实现了所要达到的目标，说明促销组合收到了非常好的效果。对于没有实现促销目标的组合，应该检查原因，并加以修订，使其结果接近促销组合目标。

2．前后对比法

根据这种方法，零售商需要对比分析促销活动前后的零售数据，如果前后比较发现促销活动使得顾客对卖场印象加强了，知名度和美誉度都提高了，销售额也增长了，说明此次促销活动十分成功。但是如果促销活动开展之后，对零售卖场的经营和营业额没有任何帮助，反而增加了费用支出，就要寻找原因并提出改进措施。

3．消费者意见反馈法

在促销活动结束后，零售商组织相关人员进行抽样调查，借助调查问卷，了解消费者对促销活动的印象、评价和改进建议，以此来评估此次促销活动的效果。

本章小结

零售促销是零售商为告知、劝说或提醒目标市场顾客关注企业信息而进行的一切沟通联系活动。常见的零售促销手段主要有广告、公共关系、销售促进和人员促销。这四种手段各有优劣，只有通过有效的组合才能达到促销的最佳效果。

广告是零售商以付费的非人员的方式，向消费者提供相关信息，影响消费者对商店的态度和偏好，优点是传播范围广、可控信息多、可供选择的媒体多，表现方式灵活，缺点是成本高。销售促进是零售商针对消费者采取的除广告、公共关系和人员推销之外的能够刺激购买的短暂性措施，容易引起消费者注意，短时间内会带来更快和更多销量的增长，但是销售促进的效果通常是短暂性的，不能强化顾客的忠诚度。公共关系是零售商旨在塑造良好企业形象的一切沟通联系活动，能够提高企业知名度，加强企业形象宣传，强化公众对企业的信赖。人员促销由促销人员一对一接触顾客，方式更灵活，针对性也更强，能促进有购买欲望的顾客购买。但是成本会上升，而且需要对促销人员适当进行培训。

零售促销策划的流程包括确定促销目标、制定促销预算、选择促销组合、制订促销策划方案、执行促销策划方案和评估促销效果。

复习思考题

1．零售促销组合要素有哪些？各有何优缺点？

2．为什么零售商要越来越多地搞形式多样的促销？

3．如何评估零售商促销活动的效果？

4．请为一家新开业的社区小超市策划开业促销活动。

5．零售商确定促销预算的方法有几种？试评价其优劣。

案例分析

促销不要“违法”

某床上用品店的促销广告语是“搬迁大清仓，零利甩卖”，并于活动期间发放了9 000份宣传彩页海报。海报中宣传“礼品数量有限，换完为止！限时抢购”。通过检查，在其经营场所并未发现限量促销商品的具体数量公示，也没有对限量促销商品售完进行明示。此举违反了《零售商促销行为管理办法》中“零售商开展限量促销活动的，应当明示促销商品的具体数量，限量促销的，促销商品售完后应即时明示”的规定，属于违法开展限时促销活动的行为。执法人员依法责令其改正违法行为，并处以罚款3 000元。

资料来源：徐峰．限量促销品未标明数量 店家被罚[N]．海峡都市报，2013-04-03.

【思考讨论】结合案例分析，零售商开展促销活动应该注意哪些问题？

零 售 服 务

☑ 了解零售服务的概念及重要性;
☑ 理解零售服务的特点及类型;
☑ 掌握零售服务设计时应考虑的因素;
☑ 理解零售服务质量差距模型;
☑ 了解如何改进零售服务质量。

东莞百货公司推出私人导购服务

只需一个电话就可提前预约好车位，购物时有人全程陪同并帮你挑选合适的品牌和款式，如果没时间有人会根据你的喜好将衣服送到指定的地点……这种在国外商场并不少见的“私人导购”服务，如今东莞的消费者在百货商场也能享受到了，只不过这种个性化的服务只有年度消费达10万元以上的VIP客户才有可能享受。这种个性化服务主要有以下特点。

一、专享性，用心同时还得贴心

君尚百货东莞店曾经接待过这样一个客人：客人打来电话时已是下午，称晚上要去参加一个重要的晚宴，时间很紧，问能不能先帮她挑好衣服。负责接待这名客人的客户经理因为对这位客人比较了解，知道对方喜好的品牌，于是很快根据客人的需求挑好了几套衣服。但那天很不巧商场门前修路，客人因为塞车被堵在了附近。怎么办？值班经理当即决定，由客户经理将选好的几套衣服送给这位客人，并由他告知客人，合适的留下，不合适的可以第二天再退回商场。事后，这位客人非常满意，也很感谢。私人导购所提供的就是这类“超级服务”。

私人导购是商场针对铂金卡会员提供的一项个性化服务，在东莞也是一种新尝试，主要针对大客户，多数是女性企业家，考虑到她们一般工作日程安排很满，时间很紧，提供这种服务可以为她们节约购物所需的时间，当然，这种服务能让大客户有尊享的感觉，属于商场服务的外延。

二、非噱头，吸引并留住大客户

虽然真正享受私人导购服务的客户并不多，但对商场而言，推出私人导购并不是一个噱头，确实能逐渐成为吸引并留住顾客进而拉动营业额的秘密武器。

“私人导购”和店员最大的区别在于：店员只负责某个专柜的介绍和销售，而“私人导购”则会根据客人的性格、喜好，在不同专柜间进行选择，最终挑选适合客人的货品。因为出发点不同，私人导购往往比店员更容易将销售额做高。

百货商场对私人导购的要求也不低，不仅学历都在本科以上，英语也要过四级，而且要从商场的中高层管理人员中挑选，对业务都相当熟练。

资料来源：余晓玲，雷芙蓉. 东莞百货公司推私人导购服务 VIP 中的 VIP[N].羊城晚报，2013-08-15.

第一节 零售服务概述

一、零售服务及其特性

（一）零售服务的含义

零售业是直接与最终消费者进行商品交换的服务行业，零售商会紧紧地围绕销售商品这个核心提供尽可能的服务。因而顾客服务也是零售商的一项基本活动。更广义地说，零售本身就是一种服务活动，零售与服务之间有无法割裂的密切联系。销售是永恒的，服务也是永恒的。

菲利普·科特勒在其《市场营销管理》一书中给顾客服务下的定义是，“顾客服务是一方能够向另一方提供的基本上是无形的任何行为或绩效，并且不导致任何所有权的发生。它的产生可能与某种物质产品相联系，也可能毫无联系。”巴里·伯曼和乔尔 R.埃文斯合著的《零售管理》一书中，对顾客服务的定义是，“顾客服务是指零售商承担的与其销售的基本商品和服务相连、可识别、有时是无形的活动。”

我们认为零售企业的顾客服务是指零售商帮助顾客解决问题并使其满意而开展的活

动，它伴随于商品销售的全过程，是为促进商品销售，增加顾客购物价值而给顾客提供的无形服务。零售服务在很多时候，是以有形商品的附加形式出现的，如某些零售企业所提供的免费包装、送货、安装和维修、免费停车、免费修改服装及母婴休息室等服务，而在某些零售业中，如音像租赁店、干洗店和汽车旅馆等所提供的却只有无形的服务。服务就是行动、过程和表现。顾客在购买过程中所追求的并非服务本身，而是这种服务能带来的利益和好处。

（二）零售服务的特性

与提供的商品相比，零售商为顾客提供的服务具有以下特点。

1．无形性（Intangibity）

作为一种特殊的商品，与有形商品相比较，服务的特质及组成服务的元素，许多情况下都是无形、无质的，让人不能触摸或凭视觉感到其存在，只有当服务发生时，顾客才以主观方式来感知服务。服务并不是某一种具体的实物，而是一种需求的满足。

服务的无形性决定了顾客不能以对待实物商品的办法去触摸、尝试，也不能通过嗅觉、聆听等去判断服务的优劣，而只能以搜寻信息的办法，参考多方意见及自身的历史经验来做出判断。零售商不能像展示商品一样向顾客展示服务或轻易地与顾客沟通交流。

2．不可分离性（Inseparability）

不可分离性是指服务生产和消费的同时性。服务是一个过程或一系列的活动，往往在同一场地生产出来，在同一场地提供给顾客。在此过程中消费者与生产者必须直接发生联系，即服务的生产和消费同时进行。

零售服务最直接、最明显的一个方面是客户与销售人员的接触。顾客往往会参与服务，或通过与服务人员合作共同参与服务过程，享受服务的使用价值。由于服务的提供与消费的不可分离性，零售服务质量和顾客满意度将在很大程度上依赖于“真实瞬间”发生的情况，包括零售员工的行为、员工与顾客之间的相互作用。服务生产与消费同时进行减少了许多干预质量控制的机会，服务质量不可能预先“把关”。

3．异质性（Heterogeneity）

异质性是指服务的构成成分及其质量水平经常变化，难于统一认定。服务的主体和对象均是人，服务基本上是由人表现出来的一系列行为，而人的行为可能每时每刻都会有所区别，即服务因时间、组织及个人的不同而表现出服务差异，使得对于服务的质量检验很难采用统一的标准。不同的服务人员会产生不同的服务质量效果，即使由同一个服务人员所提供的服务也可能会有不同的水准；例如，顾客购物时可能感受到售货员的亲切态度，但是也可能感受到售货员冷漠的表现，影响购物体验。由于顾客直接参与服务的生产和消费过程，于是顾客本身的因素也直接影响服务的质量和效果。服务依赖顾客与服务提供者之间的交互作用，员工与不同顾客之间的行为交往也会形成不同的服务过程和服务结果。

由于服务的异质性，服务不易标准化、规范化，服务质量不容易稳定。在实际的服务传递过程中，零售企业服务质量受许多因素的影响，服务规范较难严格执行。始终如一地提供稳定、出色的服务将会极为困难。正是由于零售商在提供稳定不变的优质服务时会遇到很大的困难，因而能够做到这一点的零售商具有创造持续竞争优势的机会。

4．不可储存性（Perishalility）

不可储存性又被称为易逝性。服务是易逝性商品，绝大多数服务都无法在消费之前生产与储存，服务能力随时间消逝，不能被储存、转售或退回，如不能及时消费，即会造成服务的损失。

顾客对服务的需求在短期内表现出周期性，高峰期和低谷期差别很大。服务的不可储存性意味着对服务需求的管理是至关重要的。在可能的情况下，企业总是希望能把一部分高峰时间的服务需求移到低峰时间，以便均衡地利用服务能力。

由于服务不可储存，服务能力的设定非常关键。服务能力的大小、服务设施的位置对于服务企业的获利能力有至关重要的影响。零售商只有在加大服务促销、推广优质服务示范上积极开发服务资源，才能转化被动服务需求状态。

在上述四种特征中，无形性是最基本的特征，其他的特征都是由这一基本特征派生出来的。

二、零售服务的类型

（一）按顾客购买活动过程划分

1．售前服务

售前服务是零售企业在顾客未接触商品之前所开展的一系列刺激顾客购买欲望的服务工作。从狭义上讲，售前服务是为顾客准备理想的购物环境。从广义上讲，售前服务是利用广告宣传方式进行有关情况的提供；接待顾客首要的就是售前服务，如果售前服务都没做好，何来的售后服务？一般的顾客在决定购买某一种商品而尚未决定在哪家购买之前，能否成为你的顾客，在很大程度上取决于卖家的售前服务。只有把售前服务做好，才能使准顾客转化成现实的顾客。

售前服务是一种超前的、积极的顾客服务活动。它是零售企业赢得顾客良好印象的最初活动，目的是尽可能地将商店信息迅速、准确、有效地传递给消费者，沟通双方感情，同时也了解顾客潜在的、尚未满足的需求，并在企业能力范围内尽量通过调整经营策略去满足这种需求。

这一阶段的服务包括提供商品信息、商品整理编配、商品陈列、货位布局和购物气氛创造等。从服务的角度来说，售前服务是交流信息、沟通感情。售前服务就是设身处地为顾客着想，零售企业的所有工作人员对待顾客都应该热情主动，诚实可信，富有人情味，有效地调动消费者的购买欲望。

2．售中服务

售中服务是指企业向进入销售现场或已经进入选购过程的顾客提供的服务。这类服务主要是为了进一步使顾客了解商品特点及使用方法，目的是通过服务，表现对顾客的热情、尊重、关心、帮助和向顾客提供额外利益，以帮助顾客做出购买决策。如果说售前服务只是使潜在顾客产生购买欲望，做出初步购买决定，那么售中服务就是使这种意向和决定转为购买现实。在人员服务的商店中，售中服务表现为售货人员在与顾客交易的过程中提供的各种服务，如商品介绍、帮助挑选、办理成交手续、包装商品等服务。在自我服务商店中，售中服务则表现为提供咨询、结算、包装等服务。服务环境、商场设计、指示牌以及购物氛围也都影响消费者对服务的满意程度。

3．售后服务

售后服务是指零售企业为已经购买商品的顾客提供的服务，即商品售出后继续为顾客提供的服务。它是商品的延伸，也是对消费者感情的延伸。一般来说，商店向顾客交付了商品，顾客向商店支付了金钱，销售就结束了。但顾客在购买后对商品运送、使用会发生一些问题，会对商品感到不满意，为消除顾客的不满意，商店要提供进一步的服务。目的是为了解决顾客由于使用本企业售出的商品而带来的一切问题和麻烦，解除顾客的后顾之忧，降低使用风险，从而增加顾客购买后的满足感，成为商店的回头客。维护顾客最主要的是售后服务。做好售后服务，能够提高顾客的满意度，争取顾客回头率，甚至老顾客介绍新顾客，有利于长期发展。售后服务包括送货、安装、保证、换货、维修、解决抱怨及赔偿。另外，还包括产品跟踪、为顾客提供后续信息，如产品召回信息、产品维护信息等。售后服务的关键是坚持、守信、实在。

（二）按投入的资源角度划分

1．物质性服务

物质性服务是指零售商通过提供一定的物资设备、设施为顾客服务，如零售商向顾客提供的电梯、试衣间、试鞋椅、寄存处、购物车、停车场等，使顾客使用这些物资设备，从而享受到购物的便利。

2．人员性服务

人员性服务是指售货人员、送货人员、导购人员、咨询人员等提供的服务。他们提供的服务主要是劳务和信息服务。零售业的服务人员要与顾客进行面对面接触，他们的形象和素质往往对商店的形象有最直接的影响，也是消费者评价商店服务质量的一个重要标准，要给予充分重视。

3．信息服务

信息服务是指向消费者传递有关商店与所提供的商品等方面的信息，使顾客了解商家、了解商品，帮助顾客做出适当的购买决策。零售商提供的信息主要有 POP 广告、媒体广告、新闻宣传、商品目录、商品货位、人员介绍等。

4．资金信用服务

资金信用服务是指提供消费者信贷，如提供赊销商品、分期付款、信用卡付款等。在提供信贷服务时，零售商应考虑自身的承受能力及消费者的偿还能力，以免影响消费者的热情，损害商店的形象。

（三）按顾客需要划分

1．方便性服务

方便性服务就是对顾客浏览选购商品提供便利。这类服务包括：提供方便的营业时间；各楼层有平面导购图、导购标识；商品货位有指示说明标志。

2．伴随性服务

伴随性服务即顾客在获得商品过程中要求提供的服务，这类服务与购买商品直接联系，也是商店提供的促销性质的服务。例如，导购服务、皮衣清洗与保管、送货、安装和包装等服务。

3．补充性服务

补充性服务是指为顾客期望得到的非购买商品的要求提供服务。这类服务对顾客起着推动作用，如自动取款机、电话咨询、物品寄存处、照看婴儿等，这类服务能有效地吸引顾客，留住顾客，提高顾客购买机会，同时也有助于体现商店的服务特色，树立商店形象。

（四）按服务种类和水平的不同划分

1．自助零售服务

例如，超市、便利店、自动售货机等形式，以提供价格低廉的方便商品为主，顾客在购物中自己寻找、比较和选择商品。

2．有限零售服务

该类零售企业能提供较多的服务，如百货商店，因选购品在全部商品中所占比重较大，消费者在购买时花费时间较多，需要收集更多的信息，所以该类商店的售前、售中和售后服务较为丰富，甚至包括提供分期付款、退货等成本较高的服务，相应经营成本上升，商品定价较高。

3．完全零售服务

完全零售服务即所谓的深度服务，如专卖店或高级百货商店，其销售人员随时待命，能提供全程导购，可以极大满足部分顾客的情感交流与自尊的需要。其特点有：高昂的人工成本和较高比重的特殊商品及周转较缓慢的商品（如时尚品、珠宝等），相对自由的退换货政策、免费送货、提供休息室和餐厅等。

三、零售服务的作用

零售服务在零售企业市场竞争中处于十分重要的地位，发挥着越来越重要的作用。

1．服务是零售经营活动的基本职能

服务对商品销售起到强有力的推动作用，零售服务帮助实现销售。零售商在商品销售过程中，有一些商品不提供服务就难以售出，如耐用性商品、技术复杂性商品、体积较大的商品、价值高的商品等，不伴随提供保修、送货、安装、退换等服务，商品销售就受阻。零售服务还推动扩大销售，通过提供服务可以把潜在的需求转化为现实的需求。零售企业已经不仅仅是连接产品与消费者的一个商业场所，更重要的是它要承担一种为顾客提供增值服务的责任。

2．服务是争取零售顾客的重要手段

服务是顾客购买的关键因素。买方市场下商店不能选择顾客，顾客可以选择商店——顾客可以自由选择在任何一家市场、超市、商场购买自己想要的产品，那么想要吸引顾客就得依靠零售企业的服务特色了。顾客选择一家零售商店，一是为了购买称心如意的商品；二是为了享受商店优美舒适的环境和周到的服务。服务一方面可直接增加顾客价值，另一方面又可以减少顾客成本，零售企业服务做得好，就会受到顾客的欢迎，自然能够争取到顾客。服务可以让顾客愉快，服务可以让顾客花钱不后悔，服务可以让顾客获得幸福感。服务可以留住老顾客，服务可以产生好的口碑传播效应，服务可以吸引新顾客。服务才是零售企业赢得顾客的关键。纵观那些颇有建树的零售商，无不在服务方面有口皆碑。

3．服务有利于塑造零售企业的良好形象

现在不少企业通过广告来塑造自己的形象，应该说这种宣传有一定的效果，但是由于目前虚假广告较多，消费者普遍存在着对广告不信任的心理，所以，用广告来塑造企业形象的效果往往不理想。相比之下，商家优质服务的事例常常被消费者传为佳话，消费者相互传播自己购买后的满意的体验信息，更容易引起共鸣；而劣质服务引起的消费者不满，则会“一传十、十传百”在顾客中迅速地传播开来。可见，优质服务有利于塑造零售企业的良好形象，提高企业的知名度和美誉度。

4．服务是零售企业利润的根源

服务本身是具有价值的，零售服务能增加产品的附加值。零售业是一个长久的事业，服务形象的好坏直接影响零售企业吸引顾客的能力，服务质量的好坏决定了顾客成交和回头的频率，决定了零售企业是否可以赢得顾客再次购买所带来的企业利润和顾客的终身价值。

5．零售服务竞争有更大的活动空间

在非价格竞争中，零售服务具有更大的优势，有更多的潜力可挖。服务是沟通企业与顾客的纽带和桥梁，可以更好地密切相互关系，增加顾客对企业的信任度。顾客服务是一项信息资源。所有的顾客服务互动都是一项有关顾客需求的宝贵资源。顾客服务是服务设计改进的一项投入。顾客服务蕴涵着提升与顾客关系的若干机会。从顾客互动中获得的信息，能帮助企业合理地改进服务产品，从而避免其顾客流向竞争对手。服务已经成为零售市场竞争的焦点。零售商一旦赢得了一种服务上的声誉，那么它就能够长久地保持这种优势。

【案例】 北国商城五站式智能化服务

北国商城五站式智能化服务是新科技、新技术与商业的完美结合，除了服务于商场购物、休闲、就餐的基本功能之外，还能为顾客朋友带来更便捷、有效，良好的购物体验，全面开启智能服务时代。

第一站——来电充电宝自助租借机

北国商城在感恩节为广大消费者引进了便民的“来电”自助租借充电设备，全面开启了智能化的便民服务。顾客手机电量低时，通过服务台或周边工作人员的指引，便可找到自助租借充电设备，通过手机微信或支付宝扫一扫，即可租借一个轻便式的充电宝。自助充电宝采用国家安全认证的“飞毛腿”充电宝，充电速度远远高于市面上的充电宝，时尚的机身便于携带，顾客可免费在商场内租用一个小时充电宝，较以往商场提供的人工租赁充电宝服务时遇到的充电宝设备没电及“借不到”的问题更为便捷、智能、高效。

第二站——微信留言板

顾客只需在微信公众号打开有奖留言板界面或在北国商城西区电子广告屏进行留言，部分留言即可实时同步在北国商城电子显示屏上，为顾客打造一个互动交流购物体验的平台。

第三站——电子阅读器

河北省图书馆线上图书馆在北国商城西区 4F/8F，电子阅读器不仅能满足顾客在北国商城现场翻阅浏览图书，还可扫描专属二维码将心仪图书下载到手机中阅读，省图最新上线图书 5 万余册、有声图书 3 万余集，包括最火网络小说、历史、诗集、生活、文学、科学等二十余种类型。

第四站——线上积分商城

北国商城线上积分商城正式上线，绑定会员卡后，会员积分换礼，国际化妆/轻餐美食/家居硬厨海量爆品线上兑换，线上电子消分功能均可实现。

第五站——停车场缴费系统升级

为缓解客流高峰期出车缓慢拥堵现象，加快出车速度，北国商城自 2016 年 6 月 22 日起启用新的停车交费系统，顾客可在卖场指定款台即时交停车费，减少了顾客在停车场逗留时间，避免了车库进出口拥堵积压。

资料来源：http://news.dahe.cn/2016/11-22/107817797.html

第二节　零售服务设计

一、零售服务设计的内容

零售商提供各种服务需要付出成本，有时零售商提供的服务与顾客接受的服务并不一致。这就需要零售商对提供什么服务、提供多少服务进行设计。服务设计的好坏直接影响服务质量和顾客的感受，影响零售企业的生存与发展。因此，应当提高服务设计在服务运营管理中的战略地位，在服务设计中根据服务运营管理的特征，根据企业目标和特点，对服务做出全面规划。

（一）服务目标设计

服务目标是指零售商通过提供服务所希望达到的目的，也是确定提供什么服务，提供哪些服务的指导思想。通常，零售服务的目标有以下几个。

1．增加商品形式效用

零售商通过把供应者提供的各种各样的商品进行整理、汇总、重新编配，甚至加工、改进，增加商品的形式效用，如艺术礼品包装、服装加工、安装家庭设备、雕刻等服务。

2．增强购买时间的便利性

零售商要尽可能延长营业时间，通过提高服务效率，如电话订货、网上服务、特快专递服务和分期付款的信用服务等为消费者节约购物时间提供交易便利，为消费者提供现实消费，从而增加时效。

3．增强购买地点的便利性

零售商通过便利的地点和提供送货服务为顾客提供空间效用。零售商通过连锁的组织形式，可以使商店最大限度地接近消费者，方便其前来购买。零售企业在商品布局、场地布置、通道线路上要合理，以方便顾客选购和识别。同时提供送货服务，使商品完成从商店至消费者住处的转移，增加商品的购买便利性。

4．增加顾客消费过程的方便性

零售商通过提供方便的营业时间、商品包装、餐饮室、休息室、寄存处、免费停车场等为顾客提供方便。零售企业还要努力提高服务人员的技能和积极性，必要时增加员工或兼职雇员，或者通过外部合作与互助协议来预备不时之需，以吸引顾客进入商店、浏览商店、留在商店。在给顾客提供方便的同时，增加顾客完成计划购买并进行非计划购买的可能性。

5．改善商店形象

零售商运用服务组合，提供充分的服务能够促使商店树立充分服务的商店形象，可以提供高质量的商品，制定威望价格。相反，零售商也可以提供很少的服务，创立低价格形象。许多无形的要素决定了店铺的个性，例如店铺摆设和展柜布置、风格、服务便利性、店铺声誉。

6．提高人群流量

零售商可以增加补充性的服务或其他劳务，提高和改善商店的客流量，如家用电器类商品修理，个人珍藏品清洗、清扫，皮衣清洗与保管，这些维修类服务能够带来更多的回头客，有助于解除消费者的后顾之忧。例如，一些儿童用品专卖店或大型百货的儿童专区，开辟专门场地提供玩具的自由试用，这在增加儿童和陪同父母的满意度的同时巧妙增加销售。还可以办各种展览、附设邮局、储蓄所等，可能招徕另外的顾客来到商店。

7．提高竞争优势

明智的零售商创立与竞争对手有区别的服务组合能够获得长期而持久的竞争利益。例如，零售卖场里的化妆品专柜意识到不同信息传递方式对顾客体验的改变，告别过去千篇一律的单纯专柜形式，变身为一个个各具特色的美妆空间，同时礼聘化妆师常驻现场随时提供包括化妆、面部保养及美容课堂的服务，呈现出特殊的专业感。

8．建立特定需求

零售商也可通过提供服务吸引顾客的注意力，建立特定商品类或商品品种的需求。例如提供皮肤护理服务，建立对护肤品的需求，提供发型服务，建立对发卡的需求等。例如在家居零售卖场里，可针对不同顾客对家庭装修、家居装饰的特殊要求，提供包括设计家居装修装饰方案、现有商品或定制商品及后续服务等一体化的销售及服务活动。一些零售业针对新婚夫妇的特点，推出各种型号、各种价格档次的家具和电器设备的组合类型，打消顾客的顾虑，促进他们的购买决心。

（二）服务项目设计

服务项目有很多，零售商提供的很多服务项目可能会获得一些利益，但是由于提供服务必须支付成本，零售商不能无限制地提供服务，零售商需要对提供哪些服务项目做出选择。常见的顾客服务项目有以下几种。

1．送货服务

送货服务可以增强零售商的竞争优势和商店形象，拓宽产品的目标消费群体。现代零售商面临的问题是零售供给很充足，不理想的订单履约率和不可靠的送货服务使许多销量和客户流失。

送货必须有计划，在确定送货服务时需要考虑送货方式和送货时间，根据顾客的要求提供送货服务。对电话订购或信函订购的也要送货上门；还有对外地顾客或旅游者购买的商品提供邮寄服务。送货时间必须认真研究，零售商必须决定不同地区订货的处理速度和送货频率。

2．安装与维修服务

购买者都希望零售商能提供良好的安装服务，而不同的零售商在安装服务的质量上是有差别的。维修服务是指公司向产品购买者提供的修理项目，为了使消费者购买时放心，企业常给予一定时期内免费维修的保证。维修服务也是消费者比较注意的敏感问题。

3．退换货服务

这是当消费者买到不称心、不适用的商品时，为他们提供的一种服务。退换服务是商品保证的基础。通过退货、换货服务可以使消费者最终购买到满意的商品，消除他们心中的不愉快，增加顾客对商店的满意感，解除顾客的后顾之忧，获得顾客的经常惠顾。

处理商品的退换，是顾客比较敏感的服务之一。各个零售商的退换政策是不一样的，有的零售企业是坚决不退不换，有的是采取折中政策，有的是顾客至上，有求必应。而一个零售企业的退换货政策如何，在很大程度上影响着顾客的信任程度，进而影响到商场的营业额。关于处理退货的政策必须阐明，尽可能遵循“顾客永远是正确的”这一格言。

4．商品包装

包装服务是零售商普遍提供的服务。零售商提供的包装服务有三种基本形式：一是商品的预先包装。商品预先包装保护商品清洁卫生，同时也便于商店管理。二是出售后的商品包装。零售商可以在包装袋或包装盒上进行广告宣传，印上商店的外观形象、地址、经营商品种类、提供服务以及电话号码等。三是礼品包装。通常对顾客购买的馈赠商品按其要求提供包装。商品的预先包装和售后包装通常是免费的，而礼品包装因为增加了包装材料的成本，则经常是收费的，礼品包装也是一种补充性的服务。不少商店设有礼品包装柜台，配有包装能手。节日期间，这些服务显得非常重要。

5．信贷服务

为了提高购物过程中的便利性，零售商提供的付款方式越来越多。如果顾客不能按照自己偏好的方式付款，这种障碍可能导致交易无法完成，从而失去销售机会。

零售商会对消费者提供信用卡结算和对高档耐用品实行分期付款等服务。实行信用卡购物结算，为顾客解除了携带现金的困扰，部分零售商也发行自己的信用卡。这样做的好处：一是零售商节约了不得不付给外部信用卡公司的销售费用；二是鼓励顾客成为自己的长期稳定顾客；三是有利于获得顾客的有关信息。分期付款则使消费者能够提前使用商品，允许客户在一定时期内付清价款的支付安排为零售商与客户建立关系提供了机会。这种安排可以收集客户的详细信息，进而用于接下来的营销活动。

在提供信贷服务时，零售商应考虑到自身的承受能力和顾客的偿还能力，尽量避免审查手续过于复杂，反而影响顾客的热情，损害商场的形象。

6．租赁服务

这是一种补充性服务。零售商利用一些商品向顾客提供临时需要或对不打算购买而需要获得使用权的服务。例如商店出租交通工具等服务。

7. 对老顾客的特殊待遇

零售商不断增加为老顾客提供额外的服务，用于提高顾客的忠诚度。零售企业可通过建立顾客数据库以记录顾客的基本资料，包括顾客的姓名、职业、地址、电话以及顾客的购买情况、购买用途、服务记录，不仅能与顾客及时沟通，还能为忠诚顾客提供特别的服务。例如，给老顾客办理 VIP 卡给予特殊折扣，老顾客的邮购和电话订购优先处理。

8. 购物车服务

在许多超级市场或仓储式商店，都会放置一些购物车，以方便顾客购物之用。一些专门设计的购物车，不仅可以放置物品，还有专门的小孩乘坐的位置，这给带幼儿出来逛商店的父母以极大的方便。消费者常常到超级市场一次购齐一周所需物品，这种购物车尤显重要。

9. 代管小孩服务

对于有小孩的父母来说，逛商店购物是项大工程，因为他们必须首先解决如何应对孩子的问题。一些百货公司或购物中心为让年轻夫妇安心逛商店，纷纷设置幼儿游乐室，帮助顾客暂时照顾小孩。有些商店引进连锁性质的儿童游乐场，既照顾了孩子，又增加了商店的吸引力，还因此提高了商店的经营效益。

10. 咨询与导购服务

咨询服务是指企业向顾客提供有关商品信息或各种资料，以便顾客进行决策参考和掌握某种商品的有关知识。有些零售企业也常设咨询处，耐心解答顾客提出的各种问题，以帮助其做出决策。

11. 以旧换新

有些耐用品使用寿命很长，而款式花色却在不断更新，对于消费者来说，虽希望购买流行款式的新商品，但对旧物弃置又觉不舍。若零售商提供以旧折价换购新商品服务，则对他们的吸引力是相当大的，一些零售商便因此提供这一服务。

12. 信息服务

零售商提供信息的方式主要有 POP 广告、媒体广告、新闻宣传、商品目录、商品货位、人员介绍等。零售企业要为顾客提供信息交流平台，这也是获取顾客进行零售服务补救的重要方面。某些零售商还专门向顾客发放一些小册子，为顾客提供一些有用的信息。有些零售商开设了 800 免费顾客热线电话，由企业付话费，顾客可以拨打电话投诉或提出意见。这种做法能充分利用顾客这一服务创新的外在动力，通过与顾客的信息沟通，挖掘潜在的需求。

13. 培训服务

对经营范围的产品或相关类事物举办消费者培训班，有助于消费者掌握其使用及保管知识的服务项目。举办各种技艺学习活动，如个人电脑操作培训、运动技巧讲座、篆刻知识教学、陶器烧制讲座、书法画技讲座、居室布置讲座、美发美容讲座、摄影创作讲座等。

14．其他服务

零售商能提供的服务远远不止这些，人们还可以发现很多其他途径来区分服务项目。例如，美国、德国、英国的大型百货商场中有血液检查、牙医服务、汽车驾驶学习、交通违章讲习会、金银饰品检验、手表灵敏度检测、商品财产保险、自行车试骑等服务项目。现在各个城市的大卖场都在竞相开办免费班车，一些零售店随时为顾客提供代购服务。事实上，零售商可以提供的服务项目的数量是无限的，企业可以创造出许多新奇的特色服务来。

【案例】 **苏宁 Expo 超级店的服务**

苏宁 Expo 超级店是由一支金牌店长和金牌导购组成的团队，在苏宁及各大供应厂商的支持下，确保能够为消费者提供最专业的产品咨询及最热情的导购服务，并且将设置苏宁 3C 服务中心，提供现场受理、系统检测、专业维修、增值应用、培训互动等系列服务项目，为消费者提供专业的一站式整体解决方案。

为满足消费者个性化的需求，苏宁 Expo 超级店全面引进金融虚拟产品主题销售区，为消费者提供充值缴费、还款转账、保险理财等一系列的服务，让消费者能够在享受购物乐趣的同时，不必再费心往来于商场和银行之间。同时在娱乐休闲方面，Expo 超级店全面引进公共休息区、餐饮休闲区、儿童乐园区。娱乐休闲区，特别是儿童乐园的引进，对家电连锁企业而言实属开创性之举，这也是苏宁 Expo 超级店的一大亮点。

资料来源：黄欢．苏宁山西路 Expo 超级店 4.28 精彩亮相[N]．南京晨报，2013-04-26.

（三）服务水平设计

服务水平是零售商愿意向消费者提供的购买商品帮助的程度。服务水平由低到高可以分成若干层次，如低服务水平、中等服务水平、高服务水平。低服务水平，通常表现为零售商仅提供经营商品所必需的服务；而高服务水平则表现为零售商不仅提供必要的服务，而且也提供伴随性和补充性的服务。即使购买相同的产品，消费者在不同商店接受的服务水平也可能存在很大的差别。

1．顾客期望服务

顾客的期望是服务传递的信念，是零售商设计服务的标准和参考点。顾客对服务存在两种不同的期望：理想服务和适当服务。

（1）理想服务

理想服务是指顾客想得到的服务水平，即希望的绩效水平。理想服务是顾客认为“可能是”“应该是”的混合物。期望反映了消费者的希望和愿望，没有这些可能被满足的期望、愿望和信念，消费者可能就不会购买服务。但是，一般来说，由于受种种客观条件限制，顾客希望达到其服务期望，但常常又能承认这是不可能的。

（2）适当服务

由于现实条件的限制，或是由于竞争不充分而顾客没有选择余地时，顾客理想服务期望很难达到。这时他们对可接受的服务有另一个低水平的期望，就是适当服务，即顾客可接受的服务水平。适当服务代表了“最低的可接受的期望”，即对于顾客来说可接受的服务最低绩效水平。适当服务是零售商必须提供的，如果适当服务缺乏将会导致顾客流失；理想服务不必强求，但零售商提供一定的理想服务有助于强化顾客忠诚，提升企业形象。

需要注意的是，有些服务对一些零售商或许是适当服务，但对另一些零售商则可能是理想服务。例如，送货对电器专业店或是家具店而言是必须提供的，而对于普通的超级市场则可能是理想服务。因为不同业态和不同竞争战略的零售商店，顾客对其服务期望是不同的，这就是为什么从顾客角度看，货仓式商店雇用为数不多的雇员就能使顾客感到满意，而在豪华的百货商店里，许多穿着礼服、彬彬有礼的服务员也不一定能使顾客满意的原因。

2．顾客服务容忍区域

顾客期望的服务是有一定柔性的，是介于理想服务和适当服务之间的一个范围内的水平，而不是用单一水平来表示的。介于理想服务和适当服务之间的顾客承认并愿意接受的这个差距就称作容忍区域。假如服务降到适当服务水平（容忍区域的下限），即被认为可接受的最低水平以下，顾客将感到极度失望并对公司的满意度下降。而如果服务的绩效超过了容忍区域的上限，也就是理想服务水平，那么顾客会非常高兴而且会感到相当吃惊。在容忍区域内，顾客并不是特别注意服务绩效，但在区域外（非常低或非常高），该项服务就会以消极或积极的方式引起顾客特别注意。

当顾客在超市排队付款时，大多数顾客对排队时间可接受的范围在5～10分钟之间，假设排队付款能在这段时间内完成，顾客也许就不会对等候有意见。如果顾客在一家超市排队付款时间总是在2分钟之内，他可能注意到这项服务并判断其为优秀的服务；如果该顾客在另一家超市排队付款的时间超过了10分钟，他开始抱怨并不停地看表，有些顾客甚至会弃商品离去。一些注重服务质量的商店会时刻关注顾客排队的时间及顾客丢弃商品的购物篮，从而判断收银员的收款业务是否达到顾客期望的水准。

零售商在设计服务时，不仅需要弄清楚顾客的服务期望，还需要弄清楚顾客对服务的容忍区域。

二、零售服务设计应考虑的因素

零售服务设计，需要考虑众多因素，如顾客需要、服务效果、商店特点、经营商品的特点、目标顾客的特点、服务成本、竞争对手的服务等。

1．顾客需要

零售商提供一项服务项目的基础是顾客需要。但顾客需要的服务往往又和付出价格成为一对矛盾。免费提供服务，顾客当然高兴接受，但被要求支付时就会有所顾虑。一般来说，顾客需要服务但不愿意付出太多的金钱。如果因零售商由于提供服务而商品出售价格高，目标顾客宁愿放弃需要的服务，接受低的价格，在这种情况下，服务就不是顾客的需要。不要忽视特殊顾客的需要，特殊顾客通常指老、弱、病、残、儿童，为了满足这些特殊顾客的需要，通常需要额外提供一些服务设施。零售企业不要只把顾客当成理性的购买者，还要把顾客当作情感的购买者，积极地利用消费情景来唤起顾客的情感体验。例如，美国某家儿童商店装修成火车站，将座椅改装成车厢，并安装车轮和轨道，儿童仿佛是乘火车到站买东西，感觉很好，很受欢迎。

2．服务效果

一项服务项目应该直接或间接地促进销售，而不能完全与销售无关系。零售商在设计服务项目时要研究服务与销售量的关系。服务项目与销售量的增长并非都有关，因此零售商确定服务项目不是越多越好，而是要考虑增加一项服务项目以及该服务项目应达到的质量标准对销售量的影响作用。当然，有些服务项目从短期来看也许对企业销售量的影响并不明显，需要从较长一段时间来考察。

3．商店特点

不同业态商店所提供的服务是不相同的。对顾客而言，大型百货商店提供的导购、送货上门、退换、售后保修等多项服务是期望之中的；对于超级市场和折扣商店，人们期望更多的是购物便利与价格合算。在零售业中，由于企业提供的服务不一样，于是便产生了百货商店、超级市场、专卖店、购物中心、仓储式商店、24小时便利店等多种零售业态之间的区别，它们以各自的服务特色满足着不同顾客的不同期望。

商店的规模和等级对确定为顾客提供的服务项目也有帮助。比较大的百货商店为顾客提供的花色品种，要比食品杂货店或者五金器具商店的多。同一行业的大型零售商店的经营品种与小型零售企业经营的品种也不相同。顾客可以指望从大型零售商店得到比较多的服务，而从小型零售商店得到的服务则比较少。

商店的售价对顾客服务有影响。一般来说，顾客指望从售价较高的商店得到的服务要比从折扣商店得到的服务多。某些典型的高价商店提供的服务有上等的食品服务、由雇员协助顾客挑选货物、播音室、免费提供礼品包装、免费送货、免费修理等。相反，折扣商店则不需要提供高级的服务，因为去那里购买商品的顾客，寻找的是价格低廉，而不是高级的服务。折扣商店和以低价销售为主要特征的商店，可以提供免费停车、分期付款、信用卡付款，以及便利顾客购买的营业时间等。

4．经营商品的特点

每种商品在销售的过程中需要伴随一定的服务才能完成。而不同的商品需要伴随的服务是不同的。零售商需要按照商品的销售特点提供相应的服务。例如耐用性商品，提供保修服务、安装服务、维修服务就是必要的，对于一些技术性复杂的商品，甚至还需要提供培训服务。

5．目标顾客的特点

不同的顾客、不同的消费目的、不同的消费时间与不同的消费地点，顾客对服务水平的要求是不同的。目标顾客的收入水平不同，顾客愿意支付的价格也不同，零售商可以提供的服务也不同。在为客户提供服务的过程中，要考虑客户的实际情况，按照客户的感受来调整服务制度，也就是为客户提供个性化的、价值最高的服务。

6．服务成本

零售商提供的每一项服务都需要付出成本，一个商场可以拥有较周全的服务，但需以较高的费用为代价；一个商场也可以拥有较少的服务项目，追求较低的费用价格。因此，零售商管理者必须清楚地知道为顾客提供的每一项服务所增加的成本，这些服务成本需要产生多少额外的销售额才能得到补偿，并以此设计服务项目和服务水平。零售企业应该平衡服务内容与服务成本之间的关系，既要满足消费者的服务期望，也要满足消费者的价格期望。当零售商发现有些服务是无价值的服务，或公司无力承担该项服务的高成本时，这项无效益的服务或高成本的服务可能不得不终止。

7．竞争对手的服务

竞争对手提供的服务，对零售商确定服务项目及水平有直接的影响。零售商必须考虑竞争对手提供的服务，并分析是否随竞争者一样也提供这些服务或类似服务，或者是否应该比竞争对手提供更高质量的服务，或者用比较低的销售价格来取代这些服务。

第三节 零售服务质量的改进

一、零售服务质量差距模型

对于一种服务而言，无论服务提供者对它多么用心，如果不能满足顾客的期望，也会被顾客看成是一种低质量的服务。零售商必须通过减少服务差距——顾客的期望与顾客对服务感受之间的差别——来改善顾客对他们服务的满意程度。

服务质量差距模型将其定位为开始于顾客，并按照顾客的实际需求来建立企业的任务，从而来弥合顾客期望和实际感知之间的差距。差距模型的核心重点是顾客差距，即顾客期望和感知的差异。

服务组织管理人员、服务组织员工和顾客之间对服务质量的期望和心理方面存在差异，这些差距可以分为5种。质量差距模型的核心是顾客差距（差距5），也就是顾客期望的服务与顾客感知的服务之间的差距。有四个因素会影响到服务差距（service gap），即差距 1、2、3、4。

（一）差距 1：认识差距（knowledge gap）——对顾客的期望不了解

认识差距是顾客期望与零售商对顾客期望的认识之间的差别。以社区超市为例，顾客的期望可能是要求超市提供的产品丰富、种类齐全，并且有质量保证的一站式购物场所，但超市可能将所有的努力都放在微笑服务之上，而忽略了产品结构的调整和对质量的控制，结果服务人员做了很大的努力，顾客仍然舍近求远，跑到较远处的某大型超市购物。

1．形成认识差距的原因

导致企业管理人员以及服务人员不了解期望的内容或不能明确这些问题的原因有很多。例如，对市场研究和需求分析的信息不准确；对期望的解释信息不准确；没有需求分析；从企业与顾客联系的层次向管理者传递的信息失真或丧失；臃肿的组织层次阻碍或改变了在顾客联系中所产生的信息；没有加强顾客关系并保持顾客；失误时没能采取有效的补救措施等。

差距 1 的大小通常取决于服务组织对顾客偏好的重视程度、能够获得的需求信息量的大小和高层管理人员与直接为顾客提供服务的一般服务人员之间信息传递的速度和准确性等因素。如果企业不能获得关于顾客期望的正确而充分的信息，这种差距一旦出现往往会使服务组织出现更多的错误，服务组织可能会使用不合适的设备和流程，雇用不合适的人员，对这些人员进行不合适的培训等，那么，差距就会增大。

2．缩小认识差距的途径

零售企业要想消除或缩小这种差距，需要通过市场调研来制定获取顾客期望信息的正确方法，要应用一些涉及大量传统调研方法的技术来接近顾客，认真检讨和不断改进以下几点：

我们的消费对象是谁？

我们了解他们的期望吗？

我们推出的每一项服务都是消费者所期望的并且是重要的吗？

我们通过何种渠道收集顾客信息？

我们奖励员工收集顾客信息吗？

我们做过定期的顾客满意度调查吗？它是哪个部门的职能？

我们真的欢迎顾客投诉吗？如何证明？

我们是否做到以顾客交易的便利性、信息传递的快速性来改进企业组织结构，保证消费者信息的快速获取和反映？

零售企业必须对顾客到底需要什么样的服务有相当细致的了解，从而通过其服务运营系统为顾客提供令之满意的服务。

（二）差距 2：标准差距（standard gap）——没有选择正确的服务设计和标准

标准差距是零售商对顾客期望的认识与他制定的顾客服务标准之间的差距。

1．标准差距的成因

缺少服务标准或标准没能反映顾客的期望是造成差距 2 的主要因素。如果顾客的期望可以通过有关的标准反映出来，那么对所感知到的服务质量的评价就会提高。但当服务标准不具体或采用的标准不能反映顾客期望时，顾客感受到的服务就很可能非常糟糕；如尽管超市了解到顾客期望的是“一站式”购物超市，但由于采购能力、经营面积等限制，他们无法达到“一站式”购物的标准。

服务设计不好是造成差距 2 的另一主要因素。服务设计不明确、不系统，没能实现服务定位。建立顾客定义的服务标准是为了明确地满足顾客所期望的企业运营程序和员工表现。顾客通过标准知道什么是企业的优先次序，以及何种绩效会发挥作用。有效的服务标准应该以具体的方式定义，可以让员工清楚地知道他们应该做什么，当然这些标准也最好是根据服务人员各自的行为和行动的具体反应来建立并衡量。只有空泛的标准，如“提高企业服务水平”是没有什么实际效果的，这样的标准是难以传达、衡量和落实的。

2．减少标准差距的途径

避免标准差距的基本途径是做好服务设计。零售企业可以从以下几个方面着手：

企业服务理念是什么？它的标准化解释是什么？

企业服务理念为大多数员工所接受吗？

各个工作岗位的服务操作有进行规范化和标准化吗？这些标准科学吗？

企业服务设计是从顾客角度来进行的还是从企业角度进行的？

企业设计的服务规范是否与顾客期望和服务理念一致？它们会相互矛盾吗？

每一个岗位都有科学的服务规范和要求吗？信息与流程是否畅通？

（三）差距 3：传递差距（delivery gap）——没有按服务标准提供服务

传递差距是零售商的服务标准与实际提供给顾客的服务之间的差别。服务标准的执行还需要有企业的其他资源如人员、系统和技术的支持，否则标准也不会起作用。员工不能执行规定的服务标准时就出现了传递差距。零售商在制订实现合理服务质量水平的计划后，必须保证客户在购物时接受的服务都达到这个服务水平。

1．传递差距的成因

导致这一差距的原因也是多种多样的：标准太复杂或太苛刻；员工对标准有不同意见；标准与现有的企业文化发生冲突；服务能力与需求不匹配；技术和系统没有按照标准为工作提供便利；服务生产管理混乱；员工招聘、培训、使用、评价与奖惩不当；员工的角色模糊与冲突，缺乏授权；内部营销不充分或根本不开展内部营销；顾客及中间商的影响等。

2. 缩小传递差距的途径

要保证服务人员按照公司的要求和计划去执行服务，避免在执行过程当中出现偏差，零售企业应该注意以下几点：避免服务标准过于复杂或苛刻；避免服务理念过于抽象的表达，以至于员工难以理解或产生歧义；正确选聘、评价和奖惩员工；重视员工培训，增强员工服务的技能水平；加强对员工的角色教育；对服务执行工作进行全面的实时监控，发现问题立即解决；建立以顾客为导向的企业文化；调节需求与供给；授权顾客并鼓励其参与；加强对中间商的授权、奖励与控制；建立先进的信息技术管理系统，保证管理的高效性。

（四）差距4：沟通差距（communication gap）——零售商不能履行承诺

沟通差距是零售商提供给顾客的实际服务与零售商对外沟通中承诺的服务之间的差别。这个差距表明零售商没有兑现他们向客户承诺的服务。

1. 沟通差距的成因

宣传过度是造成差距4的原因之一。夸大的广告宣传，人员销售中的夸大活动以及有形设施所提供的夸大活动等都会不切实际地提高顾客的期望。例如，一家零售商大肆宣传自己商店中的商品品种如何齐全，价格如何低廉，但顾客到达后却发现商店中的一些畅销商品缺货，价格也不便宜，那么这种外部沟通就扭曲了顾客的期望。

服务产出的管理与流程不一致也是造成差距4的原因。如果服务促销人员不知道他们所提供服务的全面情况，他们就不可能做出切合实际的承诺，或是不能把原本很好的服务传递给消费者，让消费者得到糟糕的服务质量感知。因此，企业有效地协调实际的服务传递和外部沟通就可以缩小供应商差距，并对顾客差距产生积极的影响。

企业内部不充足的平行沟通，对顾客期望的低效管理等也会导致不能履行承诺。一名顾客开始被告知在3天内会得到一种上门维修服务，如果到了一星期后维修人员才来，这名顾客以后很可能不会再接受这家公司的服务。

2. 缩小沟通差距的途径

零售企业应加强内部部门和人员之间的沟通交流，一定要确保宣传的服务水平是自己能够提供的服务水平，保证在客户心目中形成一种合理预期，只有零售商确认业务可以保持特定质量的服务提供时，才应当做出如此明确的服务承诺。

（五）差距5：感知服务质量差距——顾客感知的服务与期望的服务不匹配

感知或经历的服务与期望的服务不一样，会导致消极的质量评价和质量问题或者造成企业口碑不佳，影响零售企业在公众心中的形象，甚至导致丧失业务。

弥补顾客差距的措施包括：正确理解顾客的期望；选择正确的服务设计和标准；服务传递遵循顾客定义的标准；使服务绩效和服务水平相匹配。

在提供服务的过程中，这四种导致失败的潜在因素会扩大预期与认知的差距。例如，顾客可能指出由于他在收款台等的时间过长，在超市体验的反应速度不及预期的水平。零售商就需要分析确定哪类“差距”引起了客户的不满。如果是因为零售商不知道客户对排队的反感程度并高估了客户认为合理的排队时间，就是认识差距；如果零售商投入使用的收款台数量不够多，就是标准差距；如果所有收款台都已投入使用但收银员的速度很慢就是传递差距；或者是沟通差距，如零售商在一则广告中承诺提供很快的收款服务。差距模型指出了零售商进一步调查客户不满的具体原因的不同方向。

二、零售服务质量的改进途径

（一）了解顾客的真实需要

零售商可以从多条途径了解顾客的真实需要，可以通过研究、对投诉进行分析、顾客小组讨论等途径更好地了解顾客的期望，顾客与企业的服务人员或管理人员的直接沟通也可以增进两者的了解。改善与顾客接触的前台人员与企业管理人员的沟通，减少沟通的层次，有利于有关顾客的信息及时准确地传递到管理者。把获得的信息和观点转化为行动，可以赢得顾客的信赖，也就可以方便地获得顾客的信息。具体有以下几种做法。

1．与顾客保持经常接触

了解顾客真实想法的最有效途径就是与顾客保持经常接触，经常直接与顾客打交道，掌握顾客的第一手资料，以便了解设计的服务是否符合顾客所需。一些零售商建立一项制度，即每周要求管理者在销售部门待上一天，并提交顾客信息的调查报告。这些管理者往往可以从亲身体验的商店实际情况、服务等候排队和面对面的服务中受益。

2．开展调查

市场调查在确定顾客期望服务和追踪企业提供的服务质量方面是非常必要的。零售业需要持续不断地监测和追踪服务绩效。市场调查可以让零售商了解顾客对它所提供服务的态度是什么、顾客期望是什么、顾客对新服务导入反应如何，或者从现在到 5 年后，顾客欲从公司得到什么服务。尽可能地了解顾客的服务期望有什么变化，并寻找改善服务的机会。

3．建立投诉系统

顾客投诉能及时反映顾客对商店的不满，零售商通过收录和登记顾客的投诉，然后使用这些信息确认不满意的顾客，分析顾客的不满意原因。为保证有效，零售商必须建立一套顾客投诉系统，包括畅通的投诉机制，一套可以记录并分析客户投诉的系统，明确责任人，处理不同级别投诉的流程，与客户保持沟通的方法，补偿结构，跟进措施计划，通过各种渠道严格记录投诉的数据和类型，然后处理最常出现的投诉类型。

4．举行顾客访谈

零售商还可以采取顾客小组访谈的方式收集信息，深入了解他们的期望和感受，请他们提供有关在商店购物经历中的信息，并提出一些改善服务的建议。可以进行 VIP 顾客随机电话访谈。一般百货公司都是请顾客用手机号进行 VIP 注册的，因此较容易获得他们的号码，访谈的抵抗性也较低（目前也有网站调查、电子邮件调查等）。另一方法是 VIP 顾客座谈会。一般通过请柬邀请的方法，邀请几十位 VIP 顾客到现场进行集体讨论，找到集中反映的问题。

5．内部员工反馈

那些与顾客经常联系的销售人员和其他员工一般都能较好地了解顾客对服务的期望和存在的问题，因此，内部员工的信息反馈也是一条重要的途径。企业可设立员工建议制度，鼓励员工发表有建设性的意见。最高管理层对顾客的理解在很大程度上依赖于与顾客直接联络的员工，一旦这个信息渠道被堵塞，经理们无法得到在提供服务的过程中出现问题的反馈信息，也无法掌握顾客期望的变化。

（二）寻找并控制关键的服务点

服务点就是提供服务时与顾客互动关系的触点。它是零售商与顾客接触过程中能够提供的服务交会处。

要提升服务质量，必须确认关键的服务点，并进行不断的改进。零售商需要做到以下三点。

1．确定在企业服务能力可能提供的范围内具备哪些服务的触点

服务的触点是一个多因素的系统，例如，各类广告及其媒体，营业员的仪表、仪容、行为，营业员的语言表达和适度的介绍，服务场所的气氛、装潢，产品的格调、品牌以及价格等，都是服务的触点。提供服务，首先就是要寻找企业服务的有效触点。

2．在众多的服务触点中确认每个服务触点的吸引力

顾客的需求是多种多样的，他们的认知程度也不完全一样，这就带来了不同触点的接受和处理上的差异。对企业的经常性顾客进行“触点”有效分析，可以从中找到具有吸引力的“触点”，并尽可能延长顾客对服务触点的关注时间。对特定的“关键时刻”还可以进一步细分，每个“关键时刻”都包含着几个不同的顾客关注点。例如向顾客做商品介绍，顾客关注点就包括服务人员的语言组织、语调、微笑、手势，宣传材料的设计、印制，以及服务台的陈设、布置等。

3．寻找和调查顾客满意（不满意）的服务触点

这是改进服务质量的关键。在所有服务点中，我们已经确认了每一个服务点对顾客的吸引力，接着需要寻找顾客最不满意的服务点。通过改进顾客最不满意服务点的质量水平，尽可能地弱化或剔除顾客的不满意服务触点，就能提高整个企业的服务水平，逐步形成优质的服务形象和服务特色。例如，收银台这里是购物的最后关头，顾客经过卖场的喧嚣后，反而会对收银台处的许多服务敏感，因此这里的服务措施一定要自信、谨慎。

【案例】　家乐福收银排队解决方案创新

众所周知，超市里顾客与营业员接触机会较少，收银员的服务质量至关重要。调查显示，排队长度如果超过 3 人就难以容忍的顾客占 45.4%，另有 40.5%的顾客容忍长度为 6 人。家乐福与德利多富公司合作针对这个问题进行了收银方案的创新。收银排队具体操作流程如下。

（1）扫描顾客采购的商品条码。

（2）产生唯一性的扫描批次号码。

（3）客户带着唯一的批次号码和采购打包好的商品走到收银台付款。

（4）收银员在收款台扫描此次号码，并获得所有顾客采购的商品信息及价款总额。

（5）从 CALYPSO POS 系统重新找回预先扫描的商品信息数据。

（6）付款后，销售小票包括详细购物信息将被打印出来，客户完成购物并减少购物的等待时间。

通过实施这套系统，明显减少并缩短了客户购物结账的等待时间，从而达到顾客"开心地来，满意地回"的结果。

资料来源：未红国. 连锁企业在创新中提升价值——"中国零售创新奖"案例点评[N]. 中华合作时报，2005-11-29.

4. 特别注意复杂服务的触点

复杂服务涉及很多交互步骤，比简单服务包含更多关键时刻，所以更有可能需要补救。例如，零售商接待团体购物就比接待普通顾客更容易出现差错。它涉及更多的程序（例如价格谈判、备货、发票、运输等），先进零售商一般倾向于把复杂的服务流程尽可能地简单化，把绝大部分工作放在后台处理，减少与顾客的接触点，以降低服务失败的可能；或者将复杂服务和简单服务区分开来，以避免双方的互相影响，例如给团体客户开一个新的出口。

（三）设计具体可行的服务标准

1. 消除服务水平差异必须建立规范化的服务标准

由于顾客服务有无形性、异质性的特征，因此，有些人认为，对于服务无法用一个统一的标准来测量，或认为标准化的服务是缺乏人情味的，不能适应顾客的需要。事实上，许多服务工作是常规性的工作，管理人员很容易确定这类服务的具体质量标准和行为准则，而消除服务水平差异的方法也只有通过建立规范化的服务标准。服务标准应瞄准对顾客最重要的服务行为，服务标准应反映需要改进或维持的行为，服务标准应限于员工能够改进的行为，服务标准要反映将来的顾客预期。

2. 好的服务标准应十分具体简洁且绝不含糊

美国沃尔玛商场的员工被要求宣誓："我保证：对 3 米以内的顾客微笑，并且直视其眸，表达欢迎之意。”一些商场除了对顾客许诺大件电器商品“送货上门，安装到位”外，还要求操作人员进顾客家门必须戴手套、脚套、抹布，保证顾客的家庭卫生。

3．服务标准应具有挑战性又切合实际

许多大商场也对顾客建立了一套怎样接近、怎样打招呼的消费者满意的服务行为规范。麦当劳的营运标准手册每一项标准都体现出麦当劳尽力满足顾客对高品质的食品、热情的服务、清洁的环境的期望的主导思想。麦当劳公司的总裁克劳克苛刻地评估各个加盟店在品质、服务、清洁方面是否符合要求，并淘汰不符合要求的特许经营商。可以设立标杆瞄准，大型超级市场可以调查行业领导者（如沃尔玛）的顾客平均排队时间，如果了解到该超市的顾客平均排队时间低于5分钟，那么这个数据就可以成为本组织的服务标准。

4．企业对外制定的服务标准应稍低于企业所能够提供的服务水准

企业对外制定的服务标准应稍低于企业所能够提供的服务水准，这样企业的服务能力就能稍微超过顾客的期望，从而让顾客产生优质服务的满意感。如果你的公司可能在接到电话通知之后18小时内提供服务，则只保证在24小时之内；如果维修人员能在接到电话后2小时之内赶到，则只承诺3小时之内。

（四）由上至下改进服务

顾客服务是全员性工作，只有上下同心，相互配合，才能达到完美的效果。

管理层对顾客服务重视并集中精力投入时，优质服务才有可能实现。零售企业管理层要重视并参与服务规范和标准的制定，必须愿意接受因提高服务质量而暂时出现的困难和增加的成本。同时管理层的决心要为一线的服务人员所感知，才能真正促使一线服务人员为提高顾客服务而努力。

要提供优质服务，必须使“顾客满意”的理念扎根于基层员工的价值观中，使“顾客满意”成为全体员工的责任。提供优质服务是服务组织每位员工的任务，众多员工都会为传递优质服务做出贡献。前台员工（如餐厅的服务员）的良好服务表现，离不开后台员工（如餐厅的厨师）对他们的支持和帮助。支持性员工（如餐厅的采购员）和管理者（如餐厅的会计、经理）对顾客感知服务质量的形成也有间接的作用，支持性员工的服务失误，同样会对服务质量造成灾难性的影响。

（五）实施有效的服务补救计划

零售业工作内容繁复、顾客接触频率高，即使是服务最好的零售商，即具有最完善的目标，并且清楚理解顾客期望的企业有时也会出现失误。服务补救是零售商针对服务失误采取的行动。服务补救的目的就是为了挽回服务失败给顾客带来的负面影响，企业做出补救措施，将顾客和企业的损失降到最低。没有服务补救或没有有效的服务补救计划会有相当大的副作用。

补救的实质是零售企业对服务失误所做出的一种即时性和主动性的挽救反应，最大限

度地使客户由不满意变为满意，由不信任变为信任，以至于最终赢回客户。服务失败后，服务组织反应越快，传递给顾客的信息越早，越可能成功挽回失败。

服务补救应以预防为主、补救为辅。如果失误已经出现，只能是事后补救，而失误发生之前应做积极预防，避免失误的发生。为此，零售企业应防患于未然，应针对可能出现的服务失误进行服务补救训练，培训员工如何避免失误，如何在失误发生时采取正确措施，如何正确处理人际关系，如何提高服务补救的应变能力等，使员工面对服务失误能迅速补救，理清思路，妥善解决，正确使用授权，提高补救效果。

对营业员而言，进行服务补救是一个能力问题，更是一个情感问题。必须使所有员工树立问题意识，认识到弥补服务缺陷以换取客户忠诚是店员的责任和义务，只有这样，才能真正地做好服务补救工作。补救表明了零售企业解决问题的诚意，这是与顾客真诚沟通，重新赢得顾客信任的有效办法，有助于留住可能流失的顾客。

（六）注重内部营销

员工的表现对顾客满意度和劳动生产率起着决定性的作用。一线员工与顾客的接触直接影响着顾客所得到的服务水平；员工的积极性和自主性决定着劳动生产率。有确凿证据表明，满意的员工有助于产生满意的顾客。作为企业的“内部顾客”，企业也必须使员工满意。服务组织应加强内部营销和人力资源管理，必须通过改善企业的内部工作环境，改进员工相互之间的关系和服务方法，用授予员工必要的服务工作决策权力等措施来提高员工的满意度和忠诚度，以有效地提高运营效率和服务质量。

向员工讲授顾客的期望、认知和问题，培训员工的人际交流技巧，尤其是在紧急情况下同顾客打交道的技巧，培训员工设定优先顺序和时间管理的方法。让员工参与设定标准的过程以消除员工之间的角色冲突。设计有意义、及时、简单、准确和公平的奖励系统，衡量员工的业绩并将报酬和优质服务的传递结合起来，给员工充分的激励。

一些零售商已经发现，如果向员工授权，顾客服务将得到改进。在员工被授权的情况下，他们会更加积极主动，鼓励员工参与企业的管理，无论何时何地，普通员工都有机会对企业的经营、发展提出自己的见解和看法。对于可行的建议，公司积极采纳并给予员工奖励，让每位员工时刻能把顾客的利益放在首位，要使顾客满意到无可挑剔的地步。

管理者应当经常检查员工对于工作是否满意，在生活上照顾员工及其家庭。

（七）积极服务承诺

通过提供服务承诺，可以促使公司改进服务质量，以留住顾客。对于顾客来说，要承诺降低他们的感知风险并建立对企业的信任，一个好的承诺可以从顾客那里得到快速反馈，它能够激发顾客来抱怨，承诺使顾客了解到他们有权利抱怨；实施承诺时有一个快捷的机会补救，既可令顾客满意也有助于维持顾客的忠诚；通过承诺产生的信息可以被跟踪，并汇总在持续的改善行动中，顾客与服务运作决策之间的反馈联系可以通过承诺得到强化。

承诺已经显示出可用来降低风险和增加在顾客购买前对服务的积极评估。推出服务承诺，关键要具备效力和吸引力。有吸引力的服务承诺，应当针对顾客迫切的需求，给顾客带来实实在在的利益。

（八）运用技术创新

运用新技术能简化并提高服务质量，重复的任务可以通过系统处理从而解放人员来集中处理更多顾客的需要和问题，例如，连锁超市可以用计算机系统来集中处理送货上门，设置专门的人员接听订货电话记录顾客的要求和送货地点，然后将订单通过计算机传递到离顾客最近的超市。因而制定服务标准时应该积极地寻求新方法和新技术来保证高水准服务的实现。

【案例】　韩国地铁站的乐购电子虚拟超市

欧洲零售业巨头乐购（Tesco）旗下的Home Plus超市在韩国的地铁站内推出了一种新型的电子虚拟商店，顾客在等地铁时可像逛实体店一样浏览并选择商品，用手机结算后，超市会将所购产品按时送到家中。

在电子虚拟超市的货架上，每一件展示商品都有专属的快速响应码，这个小小的方形图片涵盖了商品名称及价格等信息。在实体超市里售卖的商品都可以在显示屏上被轻松找到。顾客在几分钟的等车空闲时间里，只要打开智能手机上的摄像头，对准每件商品后附带的二维码轻轻一拍，智能手机中安装的Tesco购物应用程序就能直接将这件商品放入电子购物车。顾客在坐上地铁后对这些商品用手机银行进行结算即可。将等车时间转变为购物时间，这种节省时间、提高效率的购物模式备受韩国人的青睐。除了购物方便、省时，这种电子虚拟超市的一个极大好处就是负责家庭配送。在顾客完成手机结算之后，超市会将所有商品在顾客要求的时间内送至顾客家中。在搭乘地铁回家的途中，新鲜的蔬菜、肉品等食材就已经在配送途中，人们到家后就可以用这些新鲜的食材做一顿美餐了。

这种虚拟商店将实体店体验、在线支付方式和物流系统巧妙地连接在一起，不仅可以让顾客通过购物来更好地利用等地铁的时间，还可以免除下班后挤超市所带来的烦恼。

资料来源：信莲．韩国电子版超市进驻地铁站，等车时可轻松完成购物[N].（2011-07-07）. http://news.ifeng.com/gundong/detail_2011-07/07/7494336_0.shtml.

（九）加强顾客关系管理

零售企业的顾客关系管理就是通过零售企业亲切、真诚、方便、周到的服务，来培育和建立稳定的顾客群体。顾客是零售企业生存和发展的基础，零售市场竞争实质上就是争夺顾客。所以，零售企业要积极建立与维持同顾客的良好关系，真正树立以顾客为中心的观念，切实关心顾客的利益，只有这样才能提高顾客的满意度，从而确保零售企业的持续发展。例如，上海益民商厦设立了“消费者假日俱乐部”，每周六举办产品知识讲座，内容有电脑、黄金珠宝、皮革等产品的性能、使用和保养等知识，受到消费者的欢迎；设立“老顾客联谊会”，建立老顾客档案，经常为他们寄发产品信息资料，过节时还请来聚会，并听取他们的意见。

本章小结

零售企业服务是指零售商帮助顾客解决问题并使其满意而开展的活动，它伴随商品销售的全过程，是为促进商品销售，增加顾客购物价值而给顾客提供的无形服务。与有形商品相比，服务具有无形性、不可分离性、异质性、不可储存性和所有权的不可转让性几个特点。零售服务按不同的划分标准有不同的分类。零售服务在零售企业市场竞争中处于十分重要的地位，发挥着越来越重要的作用。

零售商的服务设计包括服务目标设计、服务项目设计和服务水平设计。这些决策取决于顾客需要、服务效果、商店特点、经营商品的特点、目标顾客特点、服务成本、竞争对手提供的服务等众多因素。

零售商建立服务优势的一个主要方法是一贯地提供比竞争者更优的服务质量。其关键是满足或超过目标顾客的预期服务质量。服务质量差距模型总结了零售商要提供优质的顾客服务时需要进行的一些活动。零售商必须通过减少服务差距，即顾客的期望与顾客对服务感受之间的差别来改善顾客对他们服务的满意程度。

复习思考题

1. 零售服务与实体商品有什么不同的特征？
2. 如何提高高档百货店的服务质量？
3. 为什么零售商设计服务时要弄清楚顾客的服务期望和容忍区域？
4. 零售企业服务设计应考虑哪些因素？
5. 服务质量差距模型的主要内容是什么？

案例分析

红星美凯龙推出“售前服务”

一个完整的销售流程应至少包括售前、售中和售后三部分。但当前的家居市场，售前服务发展缓慢，能给业主提供全方位家居指导的售前服务，更是缺乏。

和家居密切相关的产品，如家电、汽车，都是标准化程度很好的行业，相比之下，家居行业更需要专家服务来引导行业健康有序地发展。因此，红星美凯龙提出的售前服务，主要目的是协助客户做好家装规划和家具建材需求分析。红星美凯龙“家居生活专家”售前服务就是进社区，让业主先享受到红星美凯龙提供的优质售前服务。红星美凯龙携手农科院、环保局、质检局、地产商、绿博会、经销商，带着家居实物走进社区，举办高水准的家居讲座，现场为业主答疑解惑。

资料来源：冯成刚．郑州红星美凯龙：售前服务诉真情[N]．郑州日报，2010-09-17.

【思考讨论】根据案例，分析零售商应如何做好售前、售中和售后全程的服务。

第三篇
发展趋势篇

第十二章

零售企业的国际化

学习目标

☑ 掌握主要的零售国际化的理论模型；
☑ 熟悉零售企业国际化的战略发展模式；
☑ 了解我国企业国际化的历程；
☑ 理解未来如何走好国际化道路。

导入案例

沃尔玛的向世界进军与本土化策略

沃尔玛的国际部可以说是全公司发展最快的一个部门，其总收入占公司总收入的 1/5，2003 年达到 470 多亿美元，其营运收入也占到总营运收入的 1/5，超过了 20 亿美元。向海外市场拓展是公司发展的路线。到一个陌生的国度拓展业务，让当地人了解并接受自己，难度大不说，风险也非常之高。沃尔玛对外扩张取得胜利的一大法宝就是本土化策略，因为沃尔玛认为，零售业本身就是一个本土化程度非常高的行业。

冲突与教训

沃尔玛较早进入的海外市场是加拿大和墨西哥。这两个国家给了沃尔玛很好的回报，特别是墨西哥，20 世纪 90 年代中期沃尔玛就已逐渐购买了墨西哥最大的零售商 Cifra 公司 62%的股份，他们共同经营着沃尔玛的墨西哥分公司——沃尔墨。Cifra 公司让沃尔玛真正了解了墨西哥顾客，沃尔墨的净利润甚至高于沃尔玛的平均利润，这是沃尔玛最好的海外分公司。

但是，接下来沃尔玛在拉丁美洲的其他几个国家，如巴西和阿根廷，就遭受了打击。在营运了 9 年之后，沃尔玛 2003 年在巴西和阿根廷两地的销售额加在一起只有 5 亿美元。在巴西，沃尔玛有 25 家分店，是第六大零售商，而巴西最大的零售商巴西百货则拥有 499 家分店，以及 37 亿美元的销售额。在阿根廷，沃尔玛只有 11 家分店，而其竞争对手，法国的家乐福则开了 24 家分店。

沃尔玛的巴西总裁文森·特里斯认为，这些年的经历所带来的教训就是：必须适应当地市场。当初，沃尔玛在阿根廷的总裁既不会说西班牙语，也不会说葡萄牙语，和阿根廷的供货商开会说英语，使那些供货商感到交流有障碍。再者，商店的宣传单是从美国沃尔玛直接复印过来的，而不是针对当地市场设定的，其卖场的面积也不理想。在巴西，家乐福在第一家沃尔玛超级大卖场旁边开店，其所出售的货品是沃尔玛的 2 倍多。

而且，在海外市场还有一个很大的阻碍，就是当地政府对其国内企业的保护性措施。例如在英国，沃尔玛和当地 Asda 公司的合作本来是非常愉快的，当地分店的业绩也非常好。但是，当他们打算进一步发展时，就遇到了问题。他们曾经希望收购英国的食品零售商 Safeway 的连锁店，以便使 Asda 成为英国第二大食品零售商。可是英国竞争监管委员会却决定让实力较弱的 Morrison 超市收购 Safeway，以避免沃尔玛和 Asda 的联合公司独霸一方。

还有一件糟糕的事情，就是沃尔玛引以为傲的物流系统在许多国家无法发挥作用。其原因是多方面的，归纳起来，主要有以下几种。

（1）当地分店的数量还太少。沃尔玛所操作的物流系统，在服务范围半径为 240～380 千米、总数约 120 家时，它才能发挥最好的效用。在实际当中，即使达不到这个最佳点，差异也不能太大。而在新进入一个国家或地区时，分店数要经过比较长的一段时间才能够增加到一定的规模。对于需要投资数千万美元才能建立起来的物流系统来说，分店太少，只会增加成本。

（2）受到当地政府的限制，沃尔玛的通信系统不能正常应用。在有的国家，出于国家安全的考虑，政府对于计算机网络、卫星通信等有诸多约束，而沃尔玛的统一订货、统一定价及资料统计等，都要依靠网络和卫星的支持，不能运用这两样东西，其信息系统就难以发挥作用，整个营运条件都会因此而降低层次。

（3）技术环境的差异。一方面是供货商的规模和技术水准较之美国有很大距离，一些地区小而分散的供货商根本无法提供沃尔玛所需要的 EDI，即资料交换接口，就连条形码也需要在沃尔玛的带动之下才能完成。而沃尔玛非常依赖的信息技术系统，也因为缺乏必要的人才操作而大打折扣。

另外，由于文化背景的差异，反映在一些细节方面的操作方式，也令当地人觉得不能接受。例如，德国人对于收银员为他们装袋就感到很不习惯。还有更让德国人反感的，例如，从美国带来的单身节促销活动。在单身节那天，沃尔玛允许单身顾客在店内指定区域里取得免费的商品样品，并寻找可能的艳遇。这令保守的德国人非常诧异，甚至发出反对的声音。

积极应对

对此，沃尔玛的对策是，迅速调整自己在海外市场的营运方式，尽量适应本地市场。

（1）商品本土化。沃尔玛分店出售的商品，以及商品的经营方法，都要尽量符合当地人的习惯。在很多海外分店里，商品组成和美国分店大不相同。在日本，沃尔玛认为位于横滨附近的 Futamatagawa 分店是其希望所在。日本人有在超市采购新鲜食品的习惯，于是该分店把大部分的杂货销售搬到楼上，楼下全部销售食品。从入口进来，新鲜水果和蔬菜排列两边，形成一个扇形的通道，给人一种欢迎光临的感觉。通往停车场的电梯也足够容下购物车。另外，它还增加了收银台的数量，以努力讨好挑剔的日本顾客。由于亚洲妇女普遍青睐白皙的肤色，因此沃尔玛的亚洲分店里也摆放了不少欧莱雅的美白面膜、美白精华素之类的产品。

（2）卖场本土化。沃尔玛亚洲的一些地方的分店里也开设了专柜，也就是店中店，这是美国的沃尔玛所没有的。目的是为了适应当地人对品牌的要求。在巴西和阿根廷新开的沃尔玛超市里，卖食品的面积是美国同类店的 2 倍，超市入口也从两个变成一个，以减少混乱和偷窃现象。

（3）人才本土化。人才的本土化是沃尔玛的管理基础。本地员工对当地的文化、生活习惯比较了解，在运作时，他们更懂得如何节约成本，所以人才的本土化能增强企业竞争力。因此，要真正实现其全球扩张的战略，在当地扎下根，就必须坚决地实行本土化战略。在沃尔玛的海外分公司，外籍管理人员在员工中所占的比例都不是太高，通常不超过 5%。

（4）供货本土化。当初在印度尼西亚开分店时，沃尔玛曾经用驳船将全部货品从美国运过去。结果可想而知，高额的运费就让沃尔玛“天天平价”的金字招牌灰头土脸。幸好沃尔玛懂得如何吸取教训，后来没有再犯同样的错误，而是听从当地人建议，修改了进货方式。他们明白了，虽然沃尔玛的统一采购和统一配送很有名气，但在海外市场，并不是都行得通，因此沃尔玛不能在每个国家都坚持这种运作方式。本土化采购因为能解决当地的生产和就业问题，从而促进与当地政府、商界的关系，特别是在某些运输线路不太发达的国家，这一方式可以降低在物流配送上的支出，也算是一举两得。

资料来源：[美] Diana Lo.全球最大连锁零售商 Wal-Mart[M]. 上海：上海财经大学出版社，2007.

第一节　零售业国际化理论模型

一、零售国际化基础

（一）零售国际化的定义

对于零售国际化的定义，西方学者可谓是仁者见仁、智者见智，各种定义层出不穷，观点也有较大的差异。在主流定义中比较有代表性的是亚历山大（Alexander）与道森（Dawson）的定义。亚历山大将零售国际化定义为：通过超越政治、经济、社会、文化以及零售结构的界限，而实现零售专业技能的跨国转移行为。道森则将零售国际化定义为：由某个独立的公司开展的跨国界的店铺经营或零售流通的其他活动。他指出零售国际化过程不仅仅指在全世界范围内的其他国家开店进行经营活动，还包括其他一些国际化的活动。他将零售国际化的活动范围归纳为以下三个方面：一是通过本国店铺向其他国家销售产品，通常这些活动包含于本国的出口活动中。二是从其他国家采购商品用于再销售，这类活动历史比较悠久，从有国际贸易开始几乎就伴随这种活动了，近年来，其活动范围正在逐渐扩大，现在的全球范围的采购原材料就是这种活动。三是管理思想以及经理人员的国际化。管理思想的国际化问题是零售业专业技能国际化的一个方面，却经常被忽视，然而，这种国际化活动在现代零售国际化中却起到了举足轻重的作用，对零售国际化有着深远的影响，因为在新时代职业经理人的素质强弱对公司的经营管理至关重要，有时甚至是决定公司命运的中坚力量。以上两位学者所定义的零售国际化，实质上也就是零售企业的国际化。

在理解零售国际化概念时，戴维斯和麦格德里克认为把握零售国际化所包含的层面具有更实际的意义，零售国际化的内涵主要分为五个方面：一是零售企业的海外扩张，即将店铺开到国外去；二是在本国市场来自海外零售商的竞争；三是国际联盟的发展；四是国际采购或全球采购；五是零售专业技能的国际转移。可见零售国际化不仅包括零售商的主动国际化——向海外市场的扩张，而且也包括本国市场面临的国际化的竞争。总之，零售国际化包含的内容十分广泛，上面只是一个主要的概括，其本身远不止以上五方面。

在汪旭辉主编的《零售国际化：动因、模式与行为研究》一书中，零售国际化有广义和狭义之分，狭义的零售国际化与零售企业国际化同义，指零售企业的国际扩张过程；广义的零售国际化除了包括零售企业主动的国际扩张以外，还包括国际化对东道国流通系统的影响，以及这种影响对国际化的零售企业以及东道国零售企业的反作用。

在本教材中，我们从微观层面上界定零售国际化活动，认为零售国际化是指某个独立的零售企业在发展过程中开展的跨越国界的企业经营管理活动。无论是商品的采购还是销售，或者是其他业务环节，只要其经营活动跨越了国界，零售国际化就产生了。因此，以下谈到零售国际化主要指狭义的国际化，即零售商或零售企业的国际化。

（二）零售国际化的特点

零售国际化的特点可以通过与制造业国际化的特点比较反映出来。与制造业国际化相比较，零售国际化有以下特点，如表 12-1 所示。

表 12-1　零售国际化与制造业国际化的区别

	零售国际化	制造业国际化
选址条件	更重视该地区的收入水平、购买力大小及其结构等“收入因素”	主要重视土地费用、建设成本与劳动力成本等“费用因素”
选址功能	选址功能全面，商品供应、商品陈列、店铺销售、店铺管理等经营活动或职能无法进行空间或地理上的分割	选址功能单一，即可以将很多职能要素或经营活动进行空间或地理上的分割
市场范围	商圈有限	商圈无限
市场环境	受下游市场环境与上游商品供应环境的制约	大部分原材料可以内部化，其生产设备也可以从国内引进，因此，可以在很大程度上仿真国内的生产经营系统
向海外转移的专业技能性质	软技能（难于转移）	硬技术（易于转移）
市场进入方式	直接进入市场	中介组织
价值转移方式	其收益只能在当地并以当地的货币形式实现，然后再以利润分配或管理费的形式转移到国内，这样就在很大程度上受到当地与国内外汇管理体制、税制及外汇市场行情的影响	通过产品在国家之间的移动来转移价值，即收益随产品而转移，并通过在国内或第三国的销售而实现

资料来源：［日］川端基夫. 零售商业的海外投资与战略［J］. 新评论，2000: 24-28.

二、零售国际化的历史[①]

1. 20 世纪 70 年代之前

在 20 世纪 70 年代之前，零售商的活动主要局限于当地和本国市场，零售在历史上基本是小规模的本地业务，和一般性制造行业的企业在国际化方面具有显著差异。相比较而言，制造业可以在某国生产，并将产品出口到世界上任何地方；零售业国际化则长期存在

① 黄国雄，等. 现代零售学［M］. 北京：中国人民大学出版社，2008.

种种难以克服的障碍，在70年代以前尤其如此，如零售商单体经营规模较小，对国外状况和消费方式缺乏了解，以及东道国政府的限制等。总体来看，零售商跨国经营的起步远远落后于制造商，时间差距将近100年。

2. 20世纪70～80年代

20世纪70年代以后，发达国家的零售商业企业才开始真正迈出了国际化经营的步伐。

首先，20世纪70年代中期以来，发达国家零售商业的发展受到两方面的制约：一方面，由于西方国家经济增长缓慢，消费不振，市场增长空间有限，制约着国内零售商业的扩张；另一方面，发达国家的零售商业经过几十年的发展，新型业态发育成熟，零售组织实现了大型化和组织化，国内竞争加剧，经营成本增加，商业利润下降。

与此同时，一些发展中国家（地区）的经济却保持较高速度的增长，出现了一批新兴工业化国家（地区）和发展势头强劲的国家。经济的增长带动市场需求的增长，这些国家（地区）表现出强大的消费扩张能力和巨大的市场潜力。因此，西方零售界认为，作为现代零售商，必须克服国内市场饱和的局限性，实行国际化经营，才能实现销售的持续增长。

3. 20世纪80～90年代中期

20世纪80年代以后，零售商跨国经营规模逐渐展开，并于90年代达到高潮。特别是欧盟和北美自由贸易区的建立、"乌拉圭回合"贸易谈判的结束、世界贸易组织的成立以及《服务贸易总协定》的签订，大大推动了区域经济一体化和全球经济一体化的进程，为零售业的国际化经营提供了良好的外部环境。

4. 20世纪90年代中期以后

零售业国际化经营的趋势进一步加强，发达国家的零售商不仅相互渗透，而且加快了开发新兴工业化国家和发展中国家零售市场的步伐，并且新兴工业化国家和发展中国家的一些有进取心的大企业也开始从事跨国零售经营活动。

零售商业的国际化使零售业的规模经营和资源优化配置的范围达到最大化，充分体现了开放、竞争、效率、成本的市场经济的基本原则，有利于各国零售企业经营的改善和消费者福利水平的提高，是世界经济发展到一定阶段对零售商业发展的必然要求。

三、零售国际化理论

零售国际化理论的研究和发展与零售国际化实践活动的发展基本一致，零售国际化理论主要围绕零售企业国际化的原因、动机和行为模式展开，针对不同形式的国际化实践，不同的学者从经济学、管理学、地理学等方面展开了研究。与零售国际化相关的理论包括企业国际化理论、国际直接投资理论和跨文化理论等。

（一）企业国际化理论[①]

1．阶段理论与出口行为理论

20 世纪 70 年代中期，一批北欧学者如约翰森、威德希尔姆和瓦林以企业行为理论为基础，提出了企业国际化阶段理论，也被称为“优波萨拉国际化模型”，简称“U-M”，该理论认为企业国际化应被视为一个发展的过程，这一过程表现为企业对国外市场逐渐提高承诺的连续形式。约翰森认为企业国际化所经历的不同阶段实际上是一个“连续”“渐进”的过程，代表着一个企业的海外市场的介入程度或者由浅入深的国际化程度。这种企业国际化的渐进性主要表现在以下两个方面。

（1）企业市场范围扩大的地理顺序，通常是本地市场—地区市场—全国市场—海外相邻市场—全球市场。

（2）跨国经营方式的演进，通常是国内经营—不规则的出口—通过中间商出口—设立海外销售部门—海外投资生产。

在“U-M”模型之后，很多学者如贝尔克和特萨、科沃斯基等在“U-M”模型的基础上，提出了各自的出口行为理论。该组理论将企业的海外出口过程划分为不同的阶段，其实质与“U-M”是一致的，也表明跨国经营是渐进的。这些理论模型为零售企业国际化指明了渐进式的发展路径，很多国际零售巨头，如 7-11、沃尔玛、家乐福、欧尚都经历了由本地市场—地区市场—全国市场—海外邻近市场—全球市场的过程。

2．网络与关系模型

该模型源于哈勘森对于商业领域关系网络的研究，该模型假设国际化的公司不能作为一个孤立的个体来对待，而应将其置于复杂的国际环境下与一系列相关的企业综合起来考虑，某个跨国公司的发展依赖于其他公司拥有的资源。该模型对于零售国际化领域的研究也有重要价值。在零售领域发展国际化采购网络显得日益重要，因此创造并维系商业网络关系的能力对增强零售组织的国际竞争力有着重要意义。

3．EPRG 模型

该模型是铂尔马特于 20 世纪 60 年代末期针对公司与经理人员对待海外市场与营销系统态度的研究模型。种族中心主义、多中心主义、区域中心主义以及地球中心主义这四种不同的态度被学术界称为 EPRG 模型。四种不同的态度实际反映了国际化过程中的四种不同的战略倾向，直接会对国际化行为及其结果产生影响。该模型解释了面对同一个海外市场，不同的跨国零售商由于不同的态度，可能会采取不同的发展战略，不同的经营标准化与本土化程度。

4．国际四要素模型

该模型由丹麦学者托宾・佩德森和本特・比特森于 1998 年提出。他们坚持了“企业国

① 汪旭晖．零售国际化：动因、模式与行为研究[M]．大连：东北财经大学出版社，2006.

际化过程是一个渐进的发展过程”这一基本观点，认为企业海外经营的渐进性发展受“市场知识”“生产要素数量”“市场规模”“市场竞争结构”四个要素的直接影响。该理论对于解释零售商国际化过程中，零售商自身的资源保证与差别化优势在国际化发展中的作用有着重要意义。

（二）国际直接投资理论

1．垄断优势理论

该理论由美国学者、麻省理工学院教授海默在其博士论文《国内企业的国际经营：关于对外直接投资的研究》中提出，是当代对外直接投资理论的基石。海默以美国的跨国公司为研究对象，在对美国 1914—1956 年对外投资资料的实证分析中发现，美国的很多大公司愿意在东道国集资并设厂，主要分布在石油、汽车、电子、化工等垄断性的工业部门。他认为美国跨国公司的对外直接投资是由其垄断优势决定的，由于技术垄断、规模经济和产品差别等引起的对完全竞争市场结构的偏离，使得企业在国外经营具有垄断优势。具体来说，这些垄断优势主要有技术优势、资金优势、管理优势、信息优势、销售网络优势和规模经济优势。

（1）技术优势。先进技术是跨国公司最重要的垄断优势，其中新产品和新工艺是技术优势中最实质性的组成部分。跨国公司通过其庞大的科研队伍和雄厚的资金不断开发新产品和新工艺，能够维持其垄断地位。

（2）资金优势。大型跨国公司要么拥有巨额资金，要么有便利的金融市场融资渠道，这种资金优势是东道国企业无法比拟的。

（3）管理优势。优秀的管理人才、统一的管理体系和有效运行的组织结构使得跨国公司拥有普通企业所不具备的组织管理上的优势。

（4）信息优势。大型跨国公司拥有先进的通信设备和广泛分布的分支机构，能够快速分析处理市场信息。

（5）销售网络优势。大型跨国公司一般拥有独立的销售网络，并且与国际包销商建立长期业务关系，销售成本低。

（6）规模经济优势。大型跨国公司所处行业一般是技术和资本密集型的，这些行业通常存在规模经济效应。

虽然与东道国企业相比，跨国公司在人文、地域、制度等方面更有利，但凭借上述垄断优势，跨国公司仍具有净优势，愿意进行国际直接投资。

2．比较优势投资论

比较优势投资理论又称边际产业扩张论，在 20 世纪 70 年代由日本经济学家小岛清根据日本对外直接投资情况的分析提出来。与美国跨国公司海外直接投资不同，日本对外直接投资的多为中小企业，海默侧重微观分析的理论很难对此做出合理的解释。为此，小岛清运用 H-O 理论分析了日本的对外直接投资，认为日本对外投资的成功主要是由于投资企业能够运用国际分工原则，将国内失去优势的部门转移到国外，在国内集中发展那些具有比较优势的产业，使国内产业结构更加合理。对外直接投资应当从本国已经或即将处于比较劣势的产业，即边际产业依次进行。

3．内部化理论

20 世纪 70 年代中期，英国学者巴克利和卡森等人将科斯交易成本理论引入对外直接投资的研究，提出了内部化理论。内部化即市场的内部化，是将市场建立在公司内部，以内部市场取代原来的外部市场的过程。由于市场的不完全或垄断的存在导致企业参加市场交易成本上升，跨国公司为保障自身利益会创建内部市场进行交易，用内部市场代替外部市场，以较低的内部交易成本将技术等优势转移到国外的子公司，将外部市场的交易转变为公司所属企业之间的内部交易，降级交易成本和风险。内部化理论在解释跨国公司内部贸易增长方面很有说服力，而且既可以解释发达国家跨国公司的对外直接投资，也可以解释发展中国家跨国公司的海外直接投资。

4．国际生产折中论

1977 年英国里丁大学教授约翰 • 邓宁在总结前人理论观点的基础上，提出了国际生产折中理论。他认为早期的国际直接投资理论：垄断优势理论、比较优势理论、内部化理论等，一般都侧重特定时期内跨国公司的行为研究，不具有普遍意义，不能成为跨国公司的一般理论，主张引入区位理论，强调跨国公司在从事国际生产时会同时受到所有权优势、内部化优势和区位优势的影响，对外直接投资是这三项优势整合的结果。所有权优势是一国企业拥有或能够获得的国外企业所没有或无法获得的资产及所有权。对零售企业而言，其所经营的品牌如沃尔玛、家乐福、乐购就是东道国企业无法获得的优势。内部化优势是企业有能力将所有权优势在企业内部配置、转让和有效利用。全球范围内拓展市场的零售巨头们总有一些不愿意为人所知的经营秘诀、技术诀窍、零售创新等，保护这些技能的唯一方法就是海外设立分店，通过内部化来保守商业秘密。区位优势是指东道国所固有的要素禀赋优势，如地理位置、自然资源、市场容量等。在国内市场饱和之后，对沃尔玛、家乐福来说，我国 13 亿的大蛋糕无疑会让他们垂涎三尺。只有当三种优势都具备时，企业才能对外直接投资。如果企业在三方面均处于劣势，则适合吸引国外直接投资。

国际生产折中理论克服了原有理论仅从一个因素出发研究对外直接投资的片面性，综合了以往理论的精华，形成了能兼顾各种理论的综合理论，既可以用来解释发达国家的对外直接投资行为，也可以解释发展中国家的对外直接投资行为，被视为跨国公司的“通论”。

（三）跨文化理论

1．霍夫斯蒂德的国家文化距离模型

霍夫斯蒂德于 1984 年通过研究比较归纳出不同文化价值观国家文化的四个维度：权力

距离、个人主义/集体主义、不确定性回避程度以及女权主义和男权主义。

（1）权力距离用来衡量人们接受不平等的权力分配的程度，也可称为权利差距指数，权利距离越大表明越不平等，反之则越平等。

（2）个人主义/集体主义用个人主义指数（IDV）衡量。个人主义文化背景下，人们通常以个人为中心，为个人利益而努力，忽视集体利益。集体主义文化强调团队合作，个人的价值只有通过集体的价值来体现。

（3）不确定性回避程度指一个社会对各种不确定性情况、风险、混乱无秩序的认知程度。其高与低是根据人们对待风险的态度来划分。

（4）女权主义和男权主义主要衡量一种文化是以反映男性的果断坚定、唯物主义的价值特征为主还是以反映女性的养育、强调生活质量以及良好人际关系的价值特征为主，一般用“阳刚意识”指数（MAS）衡量。

后期霍夫斯蒂德又增加了长期取向指标用以区分受儒家与道家思想影响的亚洲人民长期导向与西方国家人民的短期导向。

2．尤斯涅尔的西欧文化亲和力区域模型

尤斯涅尔使用了霍夫斯蒂德的数据构建出了一幅欧洲西部文化区域的精确假设图，将不同国家文化按照相似性进行了归类，可将欧洲西部国家分为几个大的区域，各区域内的国家之间文化差异较小，具有更多相似性，区域之间文化差异较大。

以上几种模型的共性特征就是认为不同地区的文化具有差异的同时，也具有一定的共性成分。跨文化差异与相似性的模型对于零售商选择海外市场、零售经营标准化与本土化战略的调整都有重要的理论意义。

第二节　零售国际化战略模式

在零售企业国际化过程中，需要决定是将母国的零售业态和管理模式全盘照搬还是需要做一些调整，即面临两种基本战略选择：标准化和本土化。许多国际零售商海外扩张失败的例子都与其国际化战略模式选择直接相关。K-MART 由于没有考虑母国的市场环境的特点和消费者的需要，没有成功地将北美折扣百货店的经营技能本土化，不得不从捷克及新加坡等市场退出。

一、标准化战略

标准化战略是零售企业在国际化过程中采用标准化的零售业态、管理模式和经营策略，忽视不同国家和地区之间的消费需求、偏好和生活方式的差异。该战略的提出源于市场的统一和消费行为的趋同。莱维特认为世界市场越来越趋向于同质，不同国家文化的差异越来越小，随着全球一体化的发展，世界正在成为一个共同市场，世界各地的消费者所需要的东西基本是相同的。消费行为趋同理论认为人们的消费行为取决于文化，随着经济全球化的发展，各国之间的文化融合的步伐加快，消费者的行为逐渐趋同，这些都为零售企业实施标准化战略提供了可能。

标准化战略的典型优势：一是采用标准化管理，能够通过连锁经营降低成本，获得规模经济效益，同时也为目标消费者提供了优质服务。二是大量复制相同的零售业态和管理模式，扩张能力很强。但是，标准化战略的缺点也十分明显，虽然经济全球化是趋势，但目前世界经济发展是不平衡的，标准化战略忽视了不同国家和地区之间消费需求、偏好和生活方式的差异，难以适应各地不同市场的要求。

二、本土化战略

本土化战略是零售企业采用基本相同的经营模式对外扩张，同时着力适应地区市场环境，满足不同市场的消费需求。之所以实施本土化战略是因为不同国家和地区具有不同的文化、风俗习惯、语言、行为特点、思维方式和法律制度，这些差异将影响市场结构和零售企业的经营模式。世界各国经济发展水平和人民收入水平差距很大，对消费品的要求有一定的差异。此外，各国的信息通信设施、交通运输设施和物流配送等差别很大，母国成熟的经营管理技术在东道国未必能顺利投入使用。因此，零售企业必须重视这些差别，采取有针对性的对策，赢得消费者的信赖。

本土化的过程是零售企业的经营管理、管理技能同特定国家或市场环境相适合、相融合的过程，典型表现在采购本土化、运作模式本土化、商品组合本土化、业态本土化和人力资源本土化等。实施本土化战略的零售企业对东道国环境的适应能力和学习能力强，能在较短时间内获得较快发展，获得部分规模经济效应。但是与标准化战略相比，扩张成本高，速度慢，扩张能力比标准化战略要弱。

三、混合战略模式

从零售巨头的国际化过程来看，原本实施标准化战略的企业在遭遇“水土不服”之后，开始了本土化的漫漫征途，如导入案例中沃尔玛国际扩张过程。而彻底灌输本土化战略的企业让我国消费者感觉到国外零售巨头与国内超市相差无几，如家乐福扩张过程中，往往采用与本地零售巨头合作，如石家庄家乐福—保龙仓超市，除了 Logo 换了，商品和服务与以往的保龙仓超市相差无几，消费者感受不到法国零售巨头的魅力。因此，一些零售巨头集两种战略之长，实施标准化与本土化混合战略，例如宜家，全球通行的一层通路的渠道策略、轻松自在的购物氛围、商品的交叉展示、样板间和目录营销等让我国消费者感受到了欧洲家居卖场的风情，价格本土化、选址本土化、采购本土化、服务本土化和产品本土化等又迎合了我国消费者的需要。当然，实施这种战略虽然能较好规避前述战略的缺点，但是何时采取标准化战略、何时运用本土化策略是零售企业成功实施该战略的关键，零售企业要根据目标市场的特点制定海外经营时需采用的战略。从家乐福和沃尔玛的本土化战略来看，人力资源管理、促销策划、产品设计、价格制定、采购与物流配送、服务等方面可以考虑本土化程度高些。

四、国际化战略模式案例：宜家的中国战略①

（一）宜家在中国的标准化战略

1．渠道策略

宜家在我国采取了国际通行的一层通路的渠道策略：供应商—生产商—宜家店铺。宜家只通过自有店铺销售，保证了顾客需求信息的即时反馈，为满足顾客的服务需求奠定了基础。

2．轻松自在的购物氛围以及亲身购物体验

轻松自在的购物氛围以及亲身购物体验是全球 170 余家宜家商场的共同特征。购物体验是宜家在全球最大的竞争优势，因此，宜家坚信这种特色在我国市场也会取得成功，事实证明了这一点。在北京宜家商场，根本看不到"请勿触摸"标志。宜家鼓励消费者"打开抽屉，打开柜门，在地毯上走走，或者试一试床和沙发是否坚固"。

3．商品的交叉展示及样板间

商品的交叉展示及样板间也是宜家独创的风格，在我国家居市场也是如此。在北京宜家商场的三层，有 58 个家居设计的样板间，有 9 平方米、14 平方米、20 平方米等不同规格的设计。他们会对单身贵族、年轻夫妇、三口之家以及儿童等不同的居住空间提出不同的方案。进入全球任何一家宜家商场，消费者可以得到免费的卷尺、笔和记录纸。宜家销售的家具是可以随意拆卸的、拼装的，消费者可以根据自己的爱好进行再创造。此外，消费者还可以自己设计家具的颜色，宜家负责提供所需的油漆。消费者不仅买到了心爱的产品，还买到了 DIY 的乐趣。

4．目录营销

目录营销是宜家的另一个武器。在 1951 年，宜家发行了第一本商品目录，此后，每年 9 月初，在其新的财政年度开始时，宜家都要向广大消费者免费派送制作精美的目录。这些目录上不仅仅列出产品的照片和价格，而且经过设计师的精心设计，从功能性、美观性

① 汪旭晖．零售国际化：动因、模式与行为研究［M］．大连：东北财经大学出版社，2006.

等方面综合表现宜家产品的特点，顾客可以从中发现家具布置的灵感和实用的解决方案。

（二）宜家的本土化战略

1．选址的本土化

店址由郊区转向繁华地段。宜家一向把自己的商店开到郊区，并且配备宽敞的汽车停车场和其他的便利设施。由于在许多发达国家消费者都有私家车，交通不成问题，加上人们渴望回归自然的心理，使他们选择郊区作为居住休闲的最佳场所。但是，我国消费者大多没有私家车，为了获得足够的访问量，宜家把店铺设在了交通便利且繁华的地区，并具备一定规模。宜家上海店选址就选在上海繁华的徐家汇商业区旁边。其北京店设在三环线上，同样是交通便利地区，目的是为了获得足够的客流量。

2．价格本土化

在价格策略上，宜家在全球的定位是低价格，但是这种国际市场低价格，对我国消费者而言，却非常高，因此在我国消费者眼中，宜家已经成为高档次的家居用品。但宜家进入我国初期并没有大幅度降低价格。宜家认为高价格有利于树立品牌形象，宜家希望通过非价格因素在消费者心目中创造认知价值。因此，宜家在我国发展的初期主要是通过品牌、服务的差异建立消费者忠诚，形成竞争优势，而在价格策略上基本保持了国际通行的价位。但是在我国经营一段时间以后，宜家发现目标顾客始终集中在拥有较高收入的中产阶级群体，尤其是20～45岁年轻、时尚且有一定经济基础的女性。一些老百姓甚至把购买宜家家具视为身份的象征。作为世界上最大的家居提供商，宜家的业务以家居解决方案、为顾客提供质优价廉的便利家居见长。而在我国由于被贴上了“贵族”的标签，导致了宜家在我国客流量大，但是销售量却不高的局面。宜家在我国的销售额增幅一直呈逐年递减的趋势。因此宜家在我国迫切需要回归“平民形象”，实现在我国“为大众服务”的经营理念，这就迫切需要降低价格。从2002年起，宜家调整了价格策略，开始大幅度降低价格。通过降低价格，使越来越多的中低收入阶层走进宜家。

3．采购本土化

采购本土化是宜家本土化战略的重要组成部分，也是其降低成本的一大举措，尤其是可以降低运输成本。由于我国产品物美价廉，目前23%的宜家产品都是通过我国采购并供应全球市场，其中包括灯具、纺织品、家具、塑料制品等所有门类。宜家已在上海、哈尔滨、厦门、蛇口等地建立了5个采购中心，采购量不断增加。宜家还在我国积极发展供应商，现已有362个，这些供应商必须执行宜家对环境和工作条件的标准，以确保供给商品的质量。

4．服务本土化

严格控制各个环节以减少经营成本一直是宜家的制胜法宝。在欧美国家，宜家商店采用自选方式，减少商店的服务人员，并且没有“销售人员”，只有“服务人员”。他们不向顾客促销某件产品，而是由顾客自己决定和体验，除非顾客需要向其咨询。顾客需要自己动手把买到的家具组装起来，而且宜家不提供送货。这些购物的不便利，国外消费者都习惯了。因为宜家在用实际行动告诉顾客，他们在为顾客省钱。而我国的消费者却不习惯缺少服务的购物过程。他们更习惯家具厂商在商店里的热情服务，在购买家具等大件时更是将免费送货当作商场应提供的服务。宜家为了适应我国消费者的习惯，也配备了较多的送货车辆，并在消费者的强烈呼吁之下，降低了送货费用。

5．产品设计本土化

宜家在我国采取了直接延伸、适应、创新的产品策略。直接延伸是把产品直接推入国际市场，不加任何改动。产品适应是改变产品的设计以适应当地消费者的偏好。在宜家则表现为地区性产品，例如在亚洲地区的唐尼杯子更小更轻，以适应亚洲人的手形。产品创新是指创造一种全新的产品以满足某一国家的需求，或老产品的翻新，把以前的某一种产品形式加以适当改变，正好适合某国现在的需求。例如宜家为我国消费者专门设计了不同款式的筷子，这些产品在其他国家的宜家商场是很难见到的。

6．促销本土化

宜家也非常注重促销的本土化。宜家从2002年9月30日起在北京和上海首播了由其精心制作的52集电视系列片“宜家美好生活”，每周一集，每集8分钟，解决观众在家居装饰中经常遇到的难题，使其在轻松愉快的气氛中更加了解宜家的产品和服务，欣赏宜家的创意，获得灵感。除此之外，宜家还针对我国的文化习俗不定期地举办主题文化活动，使消费者更多地了解到有关家居方面的知识，帮助消费者创造美好生活，同时也增强了消费者对宜家的认同。

第三节　我国零售企业的国际化道路

经济全球化的大背景下，客观上要求生产要素能够在各国间自由流动，以达到资源的优化配置。越来越多有实力的零售企业不再满足于自己在本土市场的消费能力，积极向海外市场寻求更大的市场空间和消费潜力。在大量国外零售商进军我国市场的冲击下，我国零售企业也开始了走出去的漫漫征途。

一、我国零售企业国际化的动因

（一）应对“狼来了”的需要

2004年12月21日，我国零售业对外资全面开放后，外资零售企业进入我国已不再受地域、投资数量的限制，我国的零售业面对着更加激烈的国际化竞争。外资零售企业的竞争有利于提高我国零售企业的经营管理水平、转变经营理念和实现规模经济效应，但是也使我国零售业市场竞争加剧。因此，在国外零售业大举进攻我国市场的同时，我国零售业也在思考“走出去”的问题。我国零售企业只有“走出去”，才能占有新的市场，与国外竞争对手互换市场。

（二）全球范围配置资源的需要

零售企业“走出去”是优化资源配置、提高国际竞争力的重要手段。经济全球化背景下，零售企业经营各要素在全球范围内自由流动的限制越来越少，国外零售企业的市场、资本、人力、技术等经营要素在全球范围内配置，降低了成本，实现了规模经济效应。如果我国零售企业只是坚守本国市场，在市场竞争中发展后劲不足。从企业生命周期来看，与国外发达的零售企业相比，我国零售企业还处在成长阶段，只有不断地进入国际市场，与国外的大型零售企业“对练”才会成长得更快。

（三）追求规模经济效应

跨国经营是零售市场实现规模化经营的重要途径。由于零售行业进入壁垒低，我国零售业大型企业少，中小型企业众多，难以形成规模经济效应。而像沃尔玛、家乐福等零售巨头能够凭低价在业界中占据优势地位，不断进军国际市场，通过扩大规模降低成本是主要原因之一。因为大型零售企业的购买力较强，在与供货商谈判时处于有利地位，还能应对各种市场环境变动的风险。

（四）国际市场商机无限

不同国家的经济结构差异，使世界各国的产品、服务存在价格差异，而我国产品一直以物美价廉行销世界，较大的利润空间促使我国零售企业开展国际化经营。尤其是一些发展中国家及落后国家，生产水平较低，商业发展落后，市场供应总量不能满足消费者不同的需求，是我国零售企业向海外投资的重要突破口。

（五）学习国外先进的零售管理经验

我国零售企业进军海外市场还能学到国外先进的零售管理经验。苏宁收购 LAOX 的目的是学习、吸收对方的零售管理经验，LAOX 将协助苏宁在我国国内开设乐器店与日本生活风尚店的过程中引进商品、提供店面经营经验，有助于苏宁产品丰富度与店面运营能力的提升。

综上所述，我国零售企业“走出去”，一方面是迫于“御外”的压力，另一方面是增强自身实力的需要。商务部发表十二五促进零售业发展的指导意见表示，支持有条件的零售企业走出去，带动商品出口，树立我国品牌形象；带动服务贸易出口，减少服务贸易逆差。支持大型零售企业到海外建立零售终端和配送中心，支持中小企业采取“抱团”方式走出去。支持有条件的企业构建海外营销网络，为生产企业提供配套服务。“走出去”已经成为我国零售企业的战略选择。

二、我国零售企业国际化的现状

1993 年前后，上海华联、上海百货公司等多家零售企业开始走出中国，这是中国零售企业首次探索在异国开店，但是全部铩羽而归。中国零售企业国际化第二次浪潮的发起者是天客隆。1999 年 8 月，天客隆在莫斯科的 6 000 平方米超市开业，一度辉煌却最终倒闭。2001 年 1 月温州康奈鞋业在巴黎的第 19 街区开设第一家专卖店，开始探索国内品牌商品专卖店连锁经营之路。2004 年 6 月中国香港国美的成立，是中国专业卖场第一次探索国际化经营。2005 年末北京华联集团以 400 万新元（时价约 2 000 万元人民币）从新加坡知名地产商嘉德置地手中购得新加坡西友百货，这是中国零售企业第一次以并购的方式进行国际化扩张，同时也是国内零售企业第一次进入新加坡市场。从总体上看，尽管到目前为止，我国零售业“走出去”的业态已经涉及百货业、超市、购物中心和专卖店等四种业态，但与我国对外投资的快速增长相比较，我国零售业国际化经营仍处于探索阶段，业绩并不明显，仍以探索国际化经验为主，其象征意义大于实际意义。与欧美等发达国家相比，我国零售业对外直接投资数量较少，整体水平较低，规模小，资金少，缺乏核心竞争力和管理人才，管理能力有待提升。

三、我国零售企业国际化的困难

随着越来越多的我国零售企业跻身国际市场，零售企业跨国经营过程中遇到的问题也日益引起人们的关注，一般来说，常见的困难有以下几方面。

（一）文化差异

由于零售企业直接面对终端消费者，不可避免会受到母国与东道国文化差异的影响。导入案例中提到沃尔玛在德国超市的单身节促销活动，让严谨的德国人很难接受，这就是德国和美国文化冲突的产物。一向以严谨认真出名的德国人怎会那么容易接受崇尚自由和个性的美国文化呢？这种文化的差异导致了沃尔玛促销活动的失策。因此，沃尔玛德国超市在推出促销活动时，不能一味照搬美国模式，要充分考虑德美文化的差异才能真正达到促销的目的，吸引德国消费者的眼球，而不是引起他们的反感。

母国与东道国的文化差异往往会使来自母国的管理人员觉得自己完美的商品、定价、渠道和促销策略完全无法引起东道国消费者的注意，很难快速打开市场，如果这种文化的差异一直得不到重视往往会导致零售企业国际化经营的失败，天客隆进军莫斯科之前没有好好研究莫斯科的社会制度、风俗习惯等，最终导致失败就是明证。因此，未来我国零售企业在国际化经营开展之前，就要好好研究目标市场环境、经济和政治制度、风俗习惯、宗教信仰等文化因素对未来的经营和管理可能产生的负面影响，未雨绸缪，及时化解文化差异带来的各种问题。

（二）本地供应商和配送网络的建设

诚如天客隆莫斯科超市的案例中，由于商检、通关、战争等因素发生了商品断档事件，让俄罗斯的消费者对我国超市失去了兴趣，因为在这里他们买不到质优价廉的商品。由于东道国距离母国路途遥远，如果大部分商品都要本国供应商提供，无疑天灾人祸会使他们迟早自食其果。因此，每一个零售企业进入东道国市场后都需要建立相对完善的供应商和物流配送系统，可以采取并购，也可以是自建方式。当然，无论选择哪种方式，都会使零售企业面临高额的经营成本。

（三）品牌影响

作为一名消费者，在沃尔玛、家乐福来石家庄开店之前，笔者经常有所期待，常见诸报端的国际零售巨头会卖什么样的商品，十分想去北京的宜家去看看来自欧洲的家居用品，这就是品牌的影响。可是我国走出去的这些零售企业有像宜家、沃尔玛、家乐福那样的品牌影响力吗？答案是否定的。这就意味着我国的零售企业走出去时要花大成本做品牌的宣传推广，以引起消费者注意并进店消费。

（四）人力资源管理

零售企业在进入目标市场之前，要充分评估目标市场人力资源管理制度，如人员招聘、薪酬、提拔制度、员工的特点和员工的组织状况等。在我国超市里，理货人员可能会在超市 22:00 关门后一直加班到半夜，不会要求加班费，而欧洲超市里老板要求员工休息日加班不太可能实现，因为有强大的工会组织在为员工撑腰。如果天客隆能在莫斯科经营过程中，大量启用本地的管理人才，也不至于落到因为商检、通关断货的下场。毕竟这些东道国的管理人员更熟悉当地的商业规则、人员特点和消费者。北京华联使用新加坡西友的管理团队经营本地业务，使用原有门店，而不是重建管理团队和门店。

（五）整合难题

整合不同目标市场的国际业务以及国际业务与国内业务，同样是跨国零售商面临的一大难题。不同的目标市场社会制度、经济发展水平不同，很难采用统一的管理模式和策略。对于开展国际经营的零售企业来说，走出去战略的实施必须立足本土市场，而我国零售市场在国际零售巨头的冲击下，本国零售企业市场份额正在不断萎缩。

（六）国际化经营知识和经验不足

当前我国零售企业跨国经营经常面临的一个主要问题是国际化经营知识存量不足。国外成熟的跨国公司，成立时间长，具备较为丰富的国际化知识，经营的地理区域比较广泛，即使是在新的海外市场开疆辟土，由于曾经在类似的国家开展过经营活动，也能以较快的速度和较低的成本取得特定市场知识和经验，获得成功。但我国零售企业成立时间不长，缺乏国际化经营的知识与经验，在经营管理手段、技术、理念方面没有足够的知识积累，在面对新的海外市场时只能摸着石头过河。

（七）核心竞争力缺乏

核心竞争力是零售企业的经营管理技能和知识的组合，具有使一项或多项业务达到竞争领域一流水平、具有明显优势的能力，沃尔玛、家乐福等零售巨头的核心竞争力使其能做到业界数一数二的位置。但是，我国零售企业的核心竞争力不足，大部分企业还在采用低价手段参与竞争，在国际竞争中，很难处于优势地位。

四、我国零售企业国际化应注意的问题

借鉴欧美发达国家零售企业国际化成功经验，我国零售企业的国际化过程中应注意以下几个问题。

（一）做好国际市场调研

国际市场环境复杂多变，不同国家之间文化差异明显，国际零售商之间竞争激烈，我国零售企业开展国际化经营之前需做好充分准备，调查了解目标市场环境的特点，国际零售巨头进入中国市场之前无不花费大量人力、物力、财力开展市场调研，了解中国零售市场竞争状况和环境特点，制定有针对性的进入策略。我国零售企业本身就缺乏国际化的经验，进入陌生的国际市场之前的调研工作尤为重要。

（二）选择恰当的战略模式

我国零售企业跨国经营有三大战略模式可供选择：一是标准化战略；二是本土化战略；三是混合战略模式。对于实力尚不够强大的我国零售企业而言，混合战略模式是目前我们跨国经营战略模式的最佳选择，因为混合战略模式综合了标准化战略和本土化战略的优点，如果彻底照搬我国的经营方式和理念，可能会遭遇水土不服，毕竟东道国的文化、风俗、社会制度、经济发展水平和结构与我国差距很大。因此，我国的零售企业宜选择混合战略模式，在企业竞争力强的领域实施标准化战略，同时考虑目标市场的特点和环境的变动等因素的影响，在店面设计、Logo、产品促销、定价、广告、渠道和人力资源管理等领域适当地实施本土化战略。

（三）选择正确的目标国

一般而言，零售商进行海外扩张时首选那些与母国具有邻近性的市场，主要包括地理、文化、经济发展、公共政策以及零售结构的近邻，虽然市场近邻性模型只是一个理论分析框架，但为处于国际化初期的零售企业选择海外目标市场提供了理论依据。根据我国零售

企业自身的发展情况，结合世界零售业发展的经验和方向来看，现阶段我国零售企业国际化的目标市场宜集中选择在亚太地区经济增长快、有关贸易和投资法规政策日益完善、零售市场刚起步发展的国家，如印度、俄罗斯、巴基斯坦、马来西亚、越南等国。这些国家的经济发展迅速，市场潜力大，与其本土零售商相比，我国零售企业又具有一定的竞争优势。当然，在全球经济低迷的大背景下，对于资本实力雄厚的国内大零售商来说，进军欧美市场也是很好的选择，毕竟作为世界工厂的我国企业所生产出来的产品质量绝对能够满足欧美挑剔消费者的要求，而且价格便宜，渠道短，成本低。此外，在欧美国家的一些城市都生活着大量的中国人，这构成了一个庞大的市场，出于共同的血缘和乡土关系，我国的零售企业可以为这些特殊的群体提供更完善的服务。

无论选择怎样的目标国，跨国经营的零售企业应做到充分了解投资国家和地区的政治、法律环境，根据该国特有的市场环境和社会环境来调整公司原有的制度建设，赢得母国和投资对象国政府的支持，不断促进整个公司与投资对象国和谐、统一的发展。

（四）合理安排投资方式

零售企业海外市场进入的主要方式有特许、合资、独资、并购及目前发展迅猛的国际战略联盟等。每一种方式均有其优点与缺点，需要结合不同的使用条件。例如合资，通过这种方式，零售商可以充分利用合作伙伴的管理人员和当地的分销网络，能够迅速获得当地的市场信息，对市场变化做出及时的反应。当然，这种方式也是广受东道国政府支持和欢迎的进入方式。另外，合资的方式还能够向合资双方提供相互借鉴、相互学习的机会，但这种方式也存在弊端，如合作双方常会就投资决策、市场营销、财务控制等问题发生争端，有碍于国际零售企业执行权的统一协调。再如，战略联盟的优点是强强联手，可以使联盟企业获得新技术、市场营销、分销与服务的优势互补，合作伙伴可以在资源和竞争能力方面互通有无，并在一定程度上相互交流经验。但较大的联盟团体必然要花费时间进行协商，因此市场反应、内部管理上进展缓慢。有鉴于此，我国零售企业在进入国际市场具体方式的选择，应根据东道国的市场因素、经济环境因素、法律政治因素、社会文化因素，结合我国零售企业的规模、专业技能、国际化经验等因素来综合考虑。如果东道国政府对本国市场管制较严格，东道国文化与本国文化差距太大，可以考虑合资或合作的方式，在目标市场寻找合作伙伴，双方共同经营、共负盈亏、共担风险，能较快适应当地法律、商业习惯、消费文化，投入少、风险小。如果东道国政府对市场管制较少，文化差异小，市场环境比较稳定，法律法规比较完善，可以考虑独资或并购的方式，较快进入市场及早获利。

（五）扩大企业规模，发挥规模经济效益

对于大型零售企业来说，扩张是其生存的基础，借助扩张可以充分发挥规模经济优势，降低成本，最大限度地获取利润。但是，扩张是需要巨额资金支持的。一般来说，零售公

司在母国发展成熟，积累了一定的管理经验和资金保障之后，会根据需要从空间距离较近的国家开始拓展其国外市场，随着零售企业跨国投资扩张经验的不断积累成熟，企业开始向较远的国家和地区发展。例如，家乐福首先选择欧洲地区的近邻作为投资目的地，在20世纪80年代后期至90年代早期，家乐福通过海外零售公司的获利高达25%～30%，为其以后的发展奠定了坚实的经济基础。但是，对我国想走出去的零售企业来说，在国际零售巨头的冲击下，市场份额降低，利润减少，对其后续的国际扩张形成了不小的压力。与国外大型零售企业相比，我国零售企业在规模上处于劣势，因此，必须走出一条规模化、集团化的发展道路，一方面可以考虑以连锁经营的形式将国内分散的商店组织起来，推进国内零售业的横向一体化；另一方面，零售企业可以凭借其自有品牌优势和市场渠道优势推行纵向一体化，进入生产领域，通过收购、兼并、控股等方式重组部分消费品生产企业，从而形成以商业为主导的产销一体化经营组织。因此，对国内零售企业来说可以考虑组建企业集团，壮大企业规模，增强与对手抗衡的能力，为国际化经营打下坚实的基础。

（六）培育零售品牌

我国零售企业的品牌管理还处于初级阶段，出现了一些地域性、全国性的零售品牌，但是还没有形成蜚声国际的零售品牌，品牌知名度和美誉度不高。因此，我国零售企业要继续实施品牌战略，制定合理的品牌发展规划，发展世界级的零售品牌。针对目前品牌知名度不高的现状，在进入新市场之前，可以借助公共关系宣传和广告企业的理念和品牌，让消费者逐步接受。

本章小结

随着国际贸易自由化、世界经济一体化的发展，以海外市场为目标的国际化经营已成为未来零售企业的发展趋势之一。本章的零售国际化主要指零售企业国际化扩张，从历史发展来看，零售企业的国际化扩张经历了由长期停滞到缓慢发展再到迅速发展的过程，企业国际化理论、国际直接投资理论和跨文化管理理论等对零售企业的国际化经营提供了理论指导。在跨国经营中，零售商跨国经营有三种战略选择：标准化战略、本土化战略和混合性战略，各有优劣，零售企业可以结合目标市场特点、自身实力综合考虑采用何种战略更有利。

面对国际零售巨头的激烈竞争，我国零售企业也开始了国际化的历程。从我国零售业国际化发展历程来看，尽管个别零售企业具备了国际化发展的条件，但是大部分零售企业还不具备国际竞争优势和驾驭国际市场的能力。少数几家企业虽进入了国际市场，但与美欧等发达国家相比，我国零售业对外直接投资数量较少，整体水平较低，规模小，资金少，品牌知名度不高，缺乏核心竞争力和管理人才，整合能力有待提升。面对这些困难，我国零售企业在国际化过程中要注意做好市场调研、选择好目标市场及合适的进入战略与方式，开展规模化经营，培育世界级零售品牌等问题。

复习思考题

1. 零售企业国际化的基本战略有哪些？试评价其优劣。
2. 中国零售企业国际化过程中遇到了哪些问题，如何解决？
3. 试分析零售企业国际化的动因。
4. 分析零售企业国际化经营中标准化和本土化的关系。

案例分析

天客隆莫斯科短暂辉煌

天客隆集团进驻莫斯科，成为当年国内零售业关注的焦点，被认为是我国零售业国际化进程的起点。天客隆莫斯科店开业之际，销售气势如虹，正牌、优质、琳琅满目的中国商品让俄罗斯消费者长了见识。与当地抢手热门的欧美货完全可以媲美的中国商品，价格却只有几分之一，当天的销售额即超过20万卢布，到第7天已达56万卢布（约2万美元）。在这里，价格10倍于我国本土的国产酱油，俄罗斯老大妈一买就是20多瓶。热销热卖，可谓是真正的“开门大吉”。

但是短暂“蜜月”一过，意想不到的各类麻烦接踵而至。俄罗斯是高税率、高管制型国家，是我国关税的两三倍。有人计算，如果完全按当时俄罗斯税率规定交税，企业所得94%全得交税，根本没办法获利。俄罗斯商检采用欧洲标准，极为烦琐，一批货近30个集装箱7 000多种商品，按规定都必须分类检验，仅商检就要5个月。18种酱油就要配上18种商检证。多达几百上千种的食品、调味品等都必须报上其“成分组合”。第一年仅商检费就花了30多万美元。此外，有关俄方人员还不断地以检查为名私拿商品，第一批被俄方人员无偿拿走的商品价值就达11万元之多。在经营场地上也出了问题。不仅当地领导曾承诺的开超市内面包房、洗衣房的许可证到2000年3月仍未能兑现，而且在2月，商场外唯一可用的停车场又被停用。由土地税、财产税、街市管理费等费用归并合计起来，天客隆莫斯科店成本高达250万元/年的水平，相当于每天2.24元人民币每平方米，远高于国内的0.20～1元的水平。从1999年2月酝酿计划开办起，到次年3月发生商品断档事件止，俄罗斯仅总理就换了3个，海关委员会主席换了4个，而海关关长竟然换了6个。而从1999年2月起，卢布对美元的比价从1美元兑8.9卢布，升至1美元兑16卢布，又升至超市开业时的1美元兑26卢布。汇率风险可想而知。朝令夕改之下经营之难也可想而知。最可怕的打击之一来自车臣战争。战火一开，从北京至莫斯科上万公里的铁路线立刻被阻断，彻底地为军用物资让路。从 1999 年 11 月起至次年 3 月，第二批货停在半路一压就是 4 个多月，出现了超市经营中最可怕的严重断档现象。

辉煌是短暂的，随着第二批货通关出现问题以及一系列意想不到的困难纷纷出现，天客隆店开始走下坡路，渐渐地，我国商品开始接济不上，顾客开始减少，货架悄然蒙尘，后期天客隆盈亏平衡点已经下降 2/3。而天客隆和房东欧洲商业发展投资管理中心的房产纠纷更使其遭到重创，最终黯然关门倒闭。

资料来源：佚名．天客隆莫斯科短暂辉煌[J]．中国连锁，2011（11）．

【思考讨论】天客隆在莫斯科最终黯然倒闭是由哪些原因造成的？

第十三章

新　零　售

学习目标

☑ 掌握电子商务的模式；
☑ 理解大数据时代对零售企业信息化的影响；
☑ 理解新零售的内涵及其模式；
☑ 理解新零售未来发展趋势。

导入案例

盒马鲜生创始人：构建“未来新零售”现实模板

看着是商超，同时做电商，技术很领先，配送、外卖照样玩得转。盒马鲜生创始人侯毅构建的“四不像”零售业态被众多专业人士视为“未来新零售”的现实模板。

2017 年 3 月 2 日，侯毅首次在公开场合亮相，并以“互联网时代的零售业重构”为题，在中国连锁经营协会举办的“2017 中国零售数字化创新大会”上发表演讲，指出“传统零售的痛点就是市场的机会点”，盒马鲜生正以全新思维全面审视零售业现状，以大数据、信息化、新科技成果的及时应用为支撑，开始有步骤、系统性地去解决这些痛点。目的不是颠覆传统零售，更不是消灭传统零售，而是为了顺应消费升级的需求，以创新思维为传统零售找到一条新路子，带给广大消费者更加轻松、快捷、愉悦的消费体验。

核心观点一：消费升级推动商业模式升级

中国市场庞大而复杂，对于不同年龄、不同地域乃至不同经历的消费者，其日益升级的消费需求都不一样。以前消费者看重产品便宜、经济实用，眼中经常盯着爆款、促销，却忍受着购物的种种不便；而现在的消费者（尤其是年轻人）更加注重体验、分享以及享受购物的乐趣，对产品品牌及品质的要求超过了对价格的敏感，更习惯方便、快捷、最好能边逛边吃的一站式购物。消费升级不断推动着商业模式升级的时代已经到来。

核心观点二：新零售实际上是回归到零售的本质

自从2016年10月“新零售”概念抛出后，很多专业人士产生了自己的解读，对新零售的理解也不尽相同。侯毅认为新零售实际是回归到了零售的本质。线上线下完全融合，通过购物时间和空间的改变带给客户更好的消费体验，形成1+1>2的良性化学反应，实现单位坪效、人均效率及供应链效率的同步提升。为此，盒马鲜生以线下体验门店为基础，并将之作为线上平台盒马APP的仓储、分拣及配送中心，通过将线上、线下业务完全一体化，来满足周边3公里范围内的消费者对生鲜食品采购、餐饮、美食以及生活休闲的需求。简单来讲，消费者可以在门店直接采购商品，也可以在APP上直接下单，盒马专业配送团队提供最快30分钟送达的极致配送服务，将产品直接免费送到消费者手中。

盒马鲜生率先将各类知名餐饮引进线下体验店。截至2017年3月，盒马鲜生在上海有7家门店，在宁波有1家门店，他们甄选来自全球100多个国家和地区的海鲜水产、水果蔬菜、肉禽蛋品等生鲜商品，以及休闲酒饮、乳品烘焙、粮油干货等差异化商品。盒马鲜生始终围绕成本与效率、体验与服务，让零售回归商业本质，提供给客户的是场景式消费方式，希望解决所有人的吃饭问题，即从婴幼儿到80多岁的老人，都是其消费人群。这与传统的人群细分理论以及大多数公司的营销策略有着非常大的差异。

核心观点三：销售模式的变革

在销售模式上，盒马鲜生大胆采用多渠道的线上销售为主、线下销售为辅的模式；在商品结构上，盒马鲜生以消费者复购率极高的生鲜类产品为主导，并大幅增加了“Ready to cook”“Ready to heat”“Ready to eat”等个性化的定制成品或半成品，这完全打破了传统意义上对食物、食材的分类。

以上海人几乎天天都离不了的罗宋汤为例，做汤所需的红肠、土豆、卷心菜、胡萝卜、葱丝等原材料，盒马鲜生都已经帮消费者切好了；做汤专用的番茄沙司调料包也帮消费者提前配置好了，只需要回家加水煮一下，一锅美味的罗宋汤顷刻而成，方便了很多不会做菜的年轻人。再有就是，超市只能购物，没法吃东西；而餐饮只能吃美食，没法购物。生活中这类司空见惯的常态，也被盒马鲜生重新打破和再定义。盒马鲜生就率先将各类知名餐饮引进线下体验店，这不仅解决了消费者逛店时对餐饮的刚需，而且是一种差异化营销、招徕顾客的引流手段，更强化了盒马鲜生重点解决“吃”的形象定位。

资料来源：陈雅萍. 盒马鲜生创始人：构建“未来新零售”现实模板[EB/OL].（2017-03-04）. http://www.chinanews.com/cj/2017/03-04/8165380.shtml.

第一节　大数据时代零售企业发展面临的机遇与挑战

近年来，我国的网络市场发展迅速，网络交易不断发展，电子商务市场发展迅速。互联网用户的增加使越来越多的人愿意通过当当、天猫这样的互联网平台进行交易，在电子商务市场迅速扩张的同时，也产生了大量的用户数据。随着大数据时代的到来，信息化对零售企业日益重要。许多零售企业投入巨资提升从各门店收集、整合和分析数据的能力，且应用到各个销售单元中。

一、大数据时代的特征

最早提出“大数据”时代到来的是全球知名咨询公司麦肯锡，麦肯锡称：“数据已经渗透到当今每一个行业和业务职能领域，成为重要的生产因素。人们对于海量数据的挖掘和运用，预示着新一波生产率增长和消费者盈余浪潮的到来。”“大数据”在物理学、生物学、环境生态学等领域以及军事、金融、通信等行业存在已有时日，却因近年来互联网和信息行业的发展而引起人们关注。

（一）大数据的含义

近年来随着信息技术的发展，大数据受到了广泛关注，人们用它来描述和定义信息爆炸时代产生的海量数据，并命名与之相关的技术发展与创新。大数据时代数据正在迅速膨胀，它决定着企业的未来发展，虽然现在企业可能并没有意识到数据爆炸性增长带来的问题，但是随着时间的推移，人们将越来越多地意识到数据对企业的重要性。正如《纽约时报》2012 年 2 月的一篇专栏中所称，“‘大数据’时代已经降临，在商业、经济及其他领域中，决策将日益基于数据和分析而做出，而并非基于经验和直觉。”

大数据，或称巨量资料，指的是所涉及的资料量规模巨大到无法通过目前的主流软件工具，在合理时间内达到撷取、管理、处理，并整理成为帮助企业更有效地进行经营决策的资讯。

（二）大数据的特征

大数据的特征可以概括为 4V。

1．数据体量巨大（Volume）

大数据时代，数据体量从 TB 级别跃升到 PB 级别，企业面临着数据量的大规模增长。IDC 最近的报告预测称，到 2020 年，全球数据量将扩大 50 倍。目前，大数据的规模尚是一个不断变化的指标，单一数据集的规模范围从几十 TB 到数 PB 不等。简而言之，存储 1PB

数据将需要 2 万台配备 50GB 硬盘的个人电脑。此外，各种意想不到的来源都能产生数据。

2. 数据类型多样（Variety）

大数据时代数据类型繁多，网络日志、视频、图片、地理位置信息等都是数据表现的形式。数据多样性的增加主要是由于新型多结构数据造成的，包括网络日志、社交媒体、互联网搜索、手机通话记录及传感器网络等。其中，部分传感器安装在火车、汽车和飞机上，每个传感器都增加了数据的多样性。

3. 价值密度低（Value）

价值密度的高低与数据总量的大小成反比。以视频为例，一部 1 小时的视频，在连续不间断的监控中，有用数据可能仅有一两秒。如何通过强大的机器算法更迅速地完成数据的价值“提纯”，成为目前大数据背景下亟待解决的难题。

4. 数据处理速度快（Velocity）

这是大数据区分于传统数据挖掘的最显著特征。根据 IDC 的“数字宇宙”的报告，预计到 2020 年，全球数据使用量将达到 35.2ZB。在如此海量的数据面前，处理数据的效率就是企业的生命。

二、电子商务的类型及优势

电子商务（E-Commerce，EC）中的“电子”指的是采用的技术和系统，而“商务”指的是传统的商业模式。电子商务被定义为一整套通过网络信息技术支持商业活动的过程。

（一）电子商务的类型

电子商务涵盖的范围很广，按参与对象的不同，基本上分为如下五种类型。

1. 企业对消费者的电子商务（B2C）

此种类型的商务主要应用于零售业。企业或商业机构借助于互联网开展在线销售，为广大客户提供很好的搜索与浏览功能，使消费者很容易了解到所需商品的品质及价格；在网上直接订销，支付手段通常采用电子信用卡、智能卡、电子现金及电子支票等。

互联网上遍布的这类商业中心，提供从鲜花、快餐、书籍、软件到电脑、家电、汽车等各种消费商品以及多种服务。

2. 企业对企业的电子商务（B2B）

这是电子商务的主流，大宗的交易多属于这一类型。今后将有更多的企业或商业机构加入，发展的前景更为客观。这类电子商务还可以分为特定企业间的电子商务和非特定企业间的电子商务。所谓特定企业间的电子商务是指以往一直有交易关系的或者今后肯定会继续进行交易的特定企业为了共同的经济利益，彼此在市场开拓、库存管理、订供货、收付款等方面仍会进行更紧密的默契式的合作，并保持相当程度的信任。特定企业间类似的合作关系使得其电子商务更臻完善。

企业间的电子商务已有多年历史，规模和效果都很大，特别是通过专用网络或增值网络运行的电子数据交换（EDI）。这类电子商务除当事人双方之外，更需要涉及相关的银行、认证、税务、保险、物流配送、通信等行业部门；对于国际的B2B，还需涉及海关、商检、担保、外运、外汇等行业部门。总之，必须有各参与方的协调配合和实时响应。可以说，这些行业部门也都是参与对象。

3．企业对政府的电子商务（B2G）

企业对政府的电子商务覆盖企业与政府之间的各项事务。政府通过此类网上服务，为企业创造良好的电子商务空间，例如网上报批、网上报税、电子缴税、网上报关、EDI报关、电子通关；企业对政府的工程招标，进行投标及竞标；政府经过网络实施行政事务的管理；咨询服务、政策指导等。

4．政府对消费者的电子商务（G2C）

在现在社会中，政府势必要将个人的繁杂的事务处理转到网上进行，这也正是电子商务中政府作为参与方所要从事的管理活动。包括政府对个人身份的核实；对居民福利基金、生活保障费的发放；收集民意和处理公民的信访及举报；政府主持的拍卖；居民的自我估税、报税及政府的电子纳税等。当今世界许多政府都将这一类型的电子商务看作树立良好形象、提供优良服务的基本办法。

5．消费者对消费者的电子商务（C2C）

这是互联网上产生的一种新模式，即个人对个人的商务交易方式，也有人称之为P2P。例如，拍卖或竞买的网站，开展网络竞价交易，个人可以到网站注册登录，参加竞买。

（二）电子商务的优势

电子商务极大提高了传统商务活动的效益和效率，具有传统商务活动不具备的优势。

1．全新时空优势

传统的商务是以固定不变的销售地点和固定不变的销售时间为特征的店铺式销售。电子商务则是通过以信息库为特征的网上商店进行，所以它的销售空间随网络体系的延伸而延伸。电子商务没有任何地理障碍，它的零售时间由消费者（即网上用户）自己决定。因此，电子商务相对于传统销售模式具有全新的时空优势，这种优势可在更大程度上、更大范围内满足网上用户的消费需求，购物已没有了国界，也没有了昼夜之别。

2．更好地展示产品及服务

网络上的销售可以利用网上多媒体全方位展示产品及服务功能的内部结构，从而有助于消费者在完全地认识了商品及服务后，再去购买它。传统的销售在店铺中虽然可以把真实的商品展示给顾客，但对一般顾客而言，对所购商品的认识往往是很浮浅的，也无法了解商品的内在质量，往往容易被商品的外观、包装等外在因素所迷惑。

3. 增进了与用户的关系，加深了对用户的了解

Internet 的实时互动式沟通不受任何外界因素干扰，使得产品及服务的消费者更易表达出自己对产品及服务的评价，这种评价一方面使网上的零售商们可以更深入了解用户的内在需求，另一方面，零售商们的即时互动式沟通增进了两者之间的关系。

4. 减少流通环节，降低交易费用

与传统的销售相比，利用 Internet 渠道可避开传统销售渠道中的许多中间环节，降低流通费用和交易费用，并加快信息流动的速度。事实上，任何制造商都可以充当网上零售业中商品的提供者，可以基本价格向消费者提供商品。当传统零售商的商品库存费用越来越高时，电子商务商店所需的投资，如电脑、数据库和电信设备等却日益便宜。

三、电子商务对传统零售企业的影响

对于传统零售业来说，作为一种新兴商业模式，电子商务不是颠覆和取代，而是某种意义上对生产力的解放和补充。但是，处在零和需求环境下的新旧两种零售业态模式，面对同一个市场、同一个消费群体，分食同一块蛋糕，难免会产生激烈竞争和相互碰撞，此消彼长。电子商务和网上购物的快速发展给传统零售业带来了巨大的冲击和挑战。

（1）电子商务打破了零售企业的地域天然屏障。传统零售经常是计算好一个地区的消费能力，推出一个与之相当的大卖场，以货物齐全、一站式服务的方式挤垮对手，将市场整体拿下。一个零售企业一旦占据了市场，地域将会在一定程度上保护它的垄断地位，阻止其他企业进入。但网络和电子商务以其超时空、跨地域、低成本、扁平化（无中间环节）、社会化和更符合当代消费者习惯的特点，对传统零售业形成挑战。在网络环境下，地域不再是保护企业和市场的屏障。

（2）电子商务蚕食传统业务和市场。早年 B2C、C2C 在线销售的商品多限于数码产品、无形产品、图书、音像制品、IT 产品、儿童玩具等，对传统日用百货零售业的冲击有限。但 2006 年以后情况有了很大改变，电子商务渗入了人们日常生活的方方面面。家电、日用百货和 IT 产品逐渐发展成为电子商务交易的主体。就连以往并不被看好的在线女装销售、珠宝、首饰、钻石等行业，近几年也取得了突飞猛进的发展，实体百货和零售业面临着严峻挑战。

（3）传统零售可能沦为“试衣间”和“体验店”。在线购物以其方便、便宜、随时、随地、随意的优势吸引了众多年轻人，但网络和电子商务的不足是消费者只能在网上看到一些图片，无法接触到实物。于是，自 2008 年起在北京、上海等国内一线城市的年轻白领开始琢磨利用身边商场来弥补这一缺憾。一度社会上流传着这样一种趋势：上网搜索、性价比较，传统市场看货、体验，网上商城下单购买。这种情况在一些大件、高档、耐用消费品中尤为突出。如何防止实体商店演变成电子商务的“试衣间”和“体验店”成了摆在传

统商业零售企业面前的当务之急。

（4）电子商务使传统零售企业失去优质顾客和高端商品市场。根据中国互联网信息中心（CNNIC）等多家机构历年的统计，电子商务的顾客群90%都是年轻的都市白领，而购买的商品也多是一些新颖、高端的产品。长此以往，商场将有可能演变成为电子商务的补充市场，以低价、低值、易耗的日用品为主，主要面对一些中老年或低端消费顾客群。高端商品、最有购买力、最活跃的消费者都被他人拉走了。

（5）传统零售可能在零供关系中变得更为被动。传统零售企业与供货商之间是一个既有争斗又利益相关的共同体。企业生产的商品通过商业渠道销售，发挥各自的特长，形成价值链，理应相安无事。但在现实中，由于商场的强势地位和商业企业之间的激烈竞争，往往会导致商业企业向上游供货商转嫁运营或营销成本，供货企业敢怒不敢言。电子商务出现后一些企业开始绕开下游商家转向有利地势。于是，一些源于生产型企业的网货和在线直销的网商开始出现，这些商品以差异化、没有中间环节和价格优势深受市场和消费者的欢迎。

四、大数据时代对零售企业的影响

最新的学术研究表明，利用数据和商业分析来指导决策的零售企业，比没有这样做的企业的劳动生产力更高，净资产收益率也更高。能够开放内部的信息通道以及通过互联网数据共享，使得客户和供应商参与进来的零售企业具有更强的竞争优势。

（一）大数据时代对电商企业的影响

近年来，我国电子商务快速发展，在这背后是消费者数据的几何级增长。电子商务龙头企业也正是看到了相关机遇，积极部署、探索和挖掘大数据相关应用。

1．电商企业通过大数据应用创新商业模式

大数据的重要趋势就是数据服务的变革，把人分成很多群体，对每个群体甚至每个人提供针对性的服务。消费数据量的增加为电商企业提供了精确把握用户群体和个体网络行为模式的基础。电商企业通过大数据应用，可以个人化、个性化、精确化和智能化地进行广告推送和推广服务，创立比现有广告和产品推广形式性价比更高的全新商业模式。同时，电商企业也可以通过对大数据的把握，寻找更多更好地增加用户黏性，开发新产品和新服务，降低运营成本的方法和途径。

实际上，国外传统零售巨头早已开始大数据的应用和实践。Tesco是全球利润第二大零售商，其从会员卡的用户购买记录中，充分了解用户的行为，并基于此进行一系列的业务活动，例如，通过邮件或信件寄给用户的促销可以变得更个性化，店内的商家商品及促销也可以根据周围人群的喜好、消费时段使其更加有针对性，从而提高货品的流通。这样的做法为 Tesco 获得了丰厚的回报，仅在市场宣传一项，就能帮助其每年节省 3.5 亿英镑的费用。显然，电商企业对比传统零售企业在这方面会更有优势，因为电商企业本身就是通过数据平台为用户提供零售服务的。

从国内来看，我国电商企业均积极在大数据领域进行布局和深耕，已逐步认识到大数据应用对于电商发展的重要性。以我国著名的 B2C 龙头企业凡客诚品为例。经过近几年的高速发展，凡客每年的销售量成倍增长，库存问题逐渐成为制约其发展的主要因素。2011 年，凡客成立了数据中心，针对企业经营数据，包括库存、进货周期、周转、订单等，研究分析新产品的上架与新用户增长的关系，每上线一个新产品与它能够带来的用户二次购买的关系等，开展大数据应用实践。据报道，凡客的高库存问题目前已得到了缓解，库存周转速度由 100 天下降为 30～50 天，有效降低了运营成本。

2．电商企业通过大数据应用推动差异化竞争

当前，我国电子商务发展面临的两大突出问题是成本和同质化竞争。而大数据时代的到来将为其发展和竞争提供新的出路，包括具体产品和服务形式，通过个性化创新提升企业竞争力。

以阿里巴巴为例。阿里巴巴通过对旗下的淘宝、天猫、阿里云、支付宝、万网等业务平台进行资源整合，形成了强大的电子商务客户群及消费者行为的全产业链信息，造就了独一无二的数据处理能力，这是目前其他电子商务公司无法模仿与跟随的。同时，也将电子商务的竞争从简单的价格战上升了一个层次，形成了差异化竞争。目前，淘宝已形成的数据平台产品，包括数据魔方、量子恒道、超级分析、金牌统计、云镜数据等 100 余款，功能包括店铺基础经营分析、商品分析、营销效果分析、买家分析、订单分析、供应链分析、行业分析、财务分析和预测分析等。

3．电商企业通过大数据应用积极开拓发展新蓝海——互联网金融业务

目前阿里、京东、苏宁三大主流电商企业已相继试水。除“阿里小贷”模式比较成功之外，京东模式也渐出效果。2012 年，京东通过与中国银行合作，推出“供应链金融服务”，供应商凭借其在京东的订单、入库单等向京东提出融资申请，核准后递交银行，再由银行给予放款。据报道，此服务可以帮助京东供应商大幅度缩短账期，资金回报率由原来的 60%左右提高到 226%，到 2014 年 1 月，京东供应链金融贷款规模在 1 月份创出新高，超过了 10 亿。

（二）大数据时代对传统零售业的影响

随着大数据时代的来临，传统零售企业同样面临科技转型。越来越多的零售企业正逐步意识到这隐藏在数据山脉中的金矿，数据分析能力正成为零售企业的核心竞争力。传统零售业正在从劳动力密集型、人才经验型，向知识型、技术型转轨，迈步进入科技零售时代。

实体店销和网络销售有一个重大区别，就是实体店只要开门营业就会出现成本，从人

力到店面等。通过新型 POS 终端系统和数字化的忠诚度计划，商家可以迅速知晓消费者流量的大小，并可以根据流量的时间变化合理安排员工、产品以及服务，最大化地利用非高峰的销售时间。

为了满足消费者的个性化需求，零售商必须学会收集、储存和分析大量的数据，充分发挥这些数据的价值。大数据真正讲的不是数据本身，而是对大数据的处理和应用。对零售企业来说，大数据应用的关键在于“IT”与“经营”的融合。大数据能够使零售企业更加贴近消费者、深刻理解需求、高效分析信息并做出预判，能够及时提供消费者真正需要的产品，满足消费者需求的同时也抢占了商机。另一方面，大数据还通过互联网的方式影响到传统企业的决策。品牌的定位，产品定价，周转效率提升，轻库存的改造，数据化的运营，客户管理，均因为数据的产生而改变。大数据让零售企业决策更加有依据，减少犯错的成本，并最终推动零售建立更高效的平台。

【案例】　大数据应用实例

在洛杉矶开过车的人一定都经历过那里噩梦般的交通拥堵情况。政府为此在 I-10 和 I-110 州际公路上建立了一条收费的快速通道。政府可通过大数据引导驾驶人员在该通道上行驶，保证交通畅通。

施乐就是参与此次项目的公司，它的抗拥塞项目体现了用 ExpressLanes、动态定价，上升的需求等以维持某种秩序的想法。施乐公司的首席技术执行官表示这是一种用动态定价的方法来调节车道需求的做法。如果司机在驾驶热车道（高占用收费系统）行驶，就必须保证车速每小时 45 英里左右。如果交通开始拥堵，私家汽车的支付价格将上升，以减少他们进入，而将车道用于高占用率的车辆，例如公共汽车和大巴车。

资料来源：http://www.raincent.com/content-10-7171-1.html

第二节　新零售的发展与内涵

随着大数据时代的来临和电子商务给社会经济带来的巨大冲击，面对海量、碎片化的数据，零售企业该怎么利用和管理，是零售企业管理者必须面临和思考的问题。IBM 副总裁及全球零售负责人普勒里指出，目前线上零售商正利用自己的数据和资料优势进军线下，准备以此实现提供更好的消费体验，获取更多数据的良性循环。对于传统零售商而言，必须加快拥抱大数据时代的趋势，进军线上。因此零售商线上线下与现代物流的融合并且融入云计算、大数据等新技术是一个必然趋势。

一、新零售的由来

长期以来，零售业发展一直分线上和线下两个阵营，二者在相当长的时期内是对立状态。而在各种技术的突破和消费升级，顾客对体验的要求越来越高的背景下，无论是线上还是线下，都面临着严峻的挑战。

从电商角度看，电商大的格局基本固定，流量触顶，再实现快速增长很难，截至2016年，电商交易在整个零售交易中占比不到20%，打倒线下非常困难；而线下零售也面临成本上升，盈利能力下降，顾客越来越挑剔，独立做电商不成等困难。

近年来，电商企业的倒闭潮，实体店的关店潮让行业陷入思考：零售业到底应该怎么发展？线上线下是不是不该对立，未来存不存在合作的可能？与此同时，移动POS机，自主收银，外卖，零售大数据，门店智能陈列显示屏，电子价签等一系列零售技术得到充分发展。从2015年下半年开始，多家实体零售企业开始尝试接入美团、饿了么，门店开始使用互联网技术改装，电商也纷纷试水线下门店，同时购物中心和便利店进入高速增长期。2016年这种变化开始进入高潮，自助收银门店越来越多，京东与永辉、沃尔玛、华润与新美大、阿里与银泰、三江、盒马、飞牛网与国美、万达飞凡，注重体验的购物中心高速增长[①]，在大卖场整体营收下跌的同时便利店却营收、利润、开店三增长。

因此，零售业内各高管及专家明确表示电商已经不是阻碍实体零售发展的重要原因，电商界也达成共识称实体零售值得敬畏，同时大家一致表示互联网和新技术是一个必须使用的工具。这时，中国零售实际上已经发展到了一个新的阶段，这种零售的新现象应该叫新零售，这个现象是零售业未来相当长一段时间的主旋律。

二、新零售的内涵

自新零售这个词被提出来以后，业内对新零售到底是什么展开了多次讨论，它的定义尚无统一标准。关于新零售内涵的主要观点如下。

（一）阿里巴巴集团对新零售内涵的表述

马云在“2016杭州·云栖”大会上提出了“新零售”概念，“纯电商时代很快会结束，未来的十年、二十年，没有电子商务这一说，只有‘新零售’这一说，也就是说线上线下和物流必须结合在一起，才能诞生真正的新‘新零售’”。自此之后，“新零售”概念受到了业界的广泛关注。

马云认为，传统零售应该利用大数据、物流、电子商务来打造新零售，而在新零售下的电商，又势必会对纯电商带来冲击。阿里巴巴集团CEO张勇认为，零售最终还是要回到

① 一文看懂新零售的前世今生［EB/OL］.（2017-04-23）. http://www.linkshop.com.cn/web/archives/2017/375641.shtml?from=rss.

三个字“人，货，场”，在走向新零售的过程中整个商业生态中各个合作伙伴必须发生新的反应，这中间包括了品牌商和渠道商的关系，品牌商和零售商的关系，零售商和商业地产商的关系，品牌商和物流商的关系，都必须发生某种意义上的重构。

2017 年 3 月 9 日，阿里研究院发布了新零售研究报告。他们给新零售的定义是：新零售是以消费者体验为中心的数据驱动的泛零售形态，有以心为本、二重性、物种大爆发三大特征。并认为零售的本质是无时无刻不在为消费者提供超出期望的“内容”。

（二）联商网观点

2016 年 10 月 13 日联商网主办的“中国新零售第一会”中明确提出了新零售的概念，提出与传统零售经营模式以企业效率为中心不同，新零售的经营模式以用户体验为中心。认为新零售用公式可以表述为：新零售=商品×人。用文字表述为：新零售是通过商品来经营人，商品用来建立与人的关系，经营人是新零售运营模式的核心。未来，新零售进化有三大路径：线上线下融合，零售 O2O 或全渠道；零售+体验式消费；零售+产业生态链。

（三）其他观点

蒋亚萍、任晓韵给出的新零售定义为：“在现代互联网商业环境下，以互联网技术为手段，线上和线下结合，架构‘店商+电商’的经营格局，实现零售创新的一种全新的零售模式。”杜睿云、蒋侃给出的定义为：“企业以互联网为依托，通过运用大数据、人工智能等先进技术手段，对商品的生产、流通与销售过程进行升级改造，进而重塑业态结构与生态圈，并对线上服务、线下体验以及现代物流进行深度融合的零售新模式。”

通过总结分析各领域人士对“新零售”概念的定义，我们认为“新零售”的内涵是指：通过线上线下与物流的深度融合，以消费者为中心，以数据技术将线上平台与线下实体、用户、物流、售后服务串联起来，及时高效地为消费者提供满意甚至是超出期望的服务。

三、新零售的模式

“新零售”模式是以数据为驱动，以消费者体验为中心，将线上线下与现代物流融合起来重新构建人、货、场三要素，将商业元素数据化，形成商品通、会员通、支付通的商业形态，促进企业 C2B 生产，为消费者提供超出预期的商品和服务。

（一）线上线下与物流融合，构建全渠道平台

在电商积极进军线下渠道，实体零售商不断拓展线上渠道的同时，电商与实体零售之间的冲突已经趋于理性，正在由对立走向融合。线上线下与物流结合，能够实现线上线下产品的同款同价，打造统一的库存信息、用户信息库，实现全渠道的商品销售，在解决了线下实体店商品较高的价格无法吸引顾客的缺陷的同时，也完美地化解了电商无法满足消费者购物体验的问题，这样消费者可以线上订购商品，在实体店就近取货，也可以在线下

订货通过线上再发货，这不仅仅局限于O2O，而是打破了一切界限，形成一个“线上+线下+物流”的全渠道平台以及物流配送网络。

（二）以消费者需求为中心，实现消费场景化

通过全渠道融合打造全新购物体验，实现消费场景化。“新零售”是以消费者体验为中心的零售业态，消费者个性化需求越来越明显，对零售业场景化服务要求越来越高。如今人们已经不再局限于在每月里固定的时间，固定的场所里进行消费，消费者的购物需求变为“移动化、碎片化、场景化”，在任何时间、任何地点都可以通过任何方式选择和购买其所喜欢的商品。

【案例】　Math Paper Press 纸质书永不离线

在数字时代，人们很多时间都花费在虚拟世界里。除了“三件宝”外，用户在网络上的每一个痛点都可以成为供我们利用的场景。在地铁公交，满满都是拿着手机看资讯的年轻人，可是时常出现信号不好的情况，对着离线页面只能无奈。新加坡图书出版商 Math Paper Press 利用这个场景，把图书中的段落植入这些离线页面中，当用户访问网站遭遇断网时，就会看到这些段落和售卖书店的地址，既能帮用户打发时间，又能给书店带来生意。

数据来源：http://www.chinaz.com/manage/2014/0808/363135_6.shtml

四、新零售发展的驱动因素

从某种程度上说，“新零售”是实体商业与互联网经济相互融合、相向而行的必然结果。新零售发展的主要驱动因素有技术创新、消费升级和行业自身发展三个方面。

（一）创新技术的发展与应用

在零售业的各个发展阶段都离不开新兴科学技术的创新与发展。如互联网技术的成熟与推广带动了电子商务的快速发展；智能手机、PDA、平板电脑以及可穿戴设备等移动智能终端的快速普及，代表着移动互联网时代的到来，带动了移动电子商务的崛起，这是因特网、移动通信技术、短距离通信技术以及信息处理技术结合所带来的一种新的零售业态。“新零售”作为一种新兴的零售业态，涉及线上平台的搭建、线下实体信息、商品物流管理以及诸多工作环节中多方面的大量数据处理，这就需要有高效准确的技术与方法来协助实现，大数据、云计算、人工智能、物联网、移动互联网等一系列的智能技术能为其提供必需的技术支持。

以云计算为例，云计算是指通过互联网来整合服务器的数据计算能力，其依靠自身强大的数据处理能力，在电商企业中得到了广泛的应用。2016年阿里巴巴的双十一购物节创

造了新的纪录，总交易额同比增长32%，达到1 207亿人民币，其中移动端商品交易额占比达到82%，且开场达到了每秒钟17.5万笔的交易峰值。在这些交易记录的背后离不开阿里强大的数据处理能力作为技术支撑，其中采用的混合云构架、异地双活技术、大数据处理引擎ODPS等创新技术，使阿里能够充分利用云计算的弹性优势，实时调度资源。并且在购物节之后，又能够将资源归还到公共计算池，避免了资源的闲置浪费①。

【案例】银泰：从线下走到线上之后，借云计算转型新零售

2016年“双十一”期间，随着线上战场购物狂欢，很多线下商家也积极加入。点开银泰网的主页，最为瞩目的就是“11.11剁手节”的大幅banner。在O2O战略下，2015年“双十一”银泰网的战绩是全天销售额同比增长75%，其中仅上午销售额就超过2014年的同日全天销售额。以入驻品牌伊芙丽为例，2015年“双十一”销售位列女装类目排名第11位，全网销售破亿。

2016年“双十一”，银泰继续推出优惠活动，80%的品牌实现线上线下同时同款同价，辅之以“任性退”“任性赔”“任性邮”及“任性送”服务，为消费者提供更周全的服务。

在传统零售转型的路上，银泰一直走在最前列。2010年领先业内设立线上网站——银泰网，着手挖掘线上线下的联动价值：银泰网与银泰百货共享200多万名会员和推广资源，所有商品采取自营、自采、自销的模式，对所有货物进行统一管理，既有整体化的客户服务管理，又保证了品牌形象与产品品质。

随着银泰网体量的不断扩大，支撑网站运营的技术架构也迎来了新的挑战。为了保障网站运行的便利、稳定，银泰网选择了用云的方式来解决问题。通过混合云架构，利用VPN+专线打通网络，快速借用公共云的计算力量，充分发挥云计算的弹性伸缩能力。

银泰网背后的云架构被称为“三朵云”。首先基于阿里云的云服务器ECS、云数据库RDS、对象存储OSS、内容分发网络CDN、云盾和数加等基础产品，银泰搭建了公共云上的基础架构，大大降低了开发、运维成本。同时，将代码仓库、构件仓库、测试环境等自有管理软件部署于私有云上，构建“银泰云”进行保底，作开发支持及灾备使用。此外，顺应移动办公需求进行桌面虚拟化，节省桌面运维成本，保障企业信息安全，构建“办公云”。

随着对O2O的思考不断深化，银泰对自身的定位有了新的期待，要以“数字化、泛渠道化、平台化、娱乐化”战略，成为以大数据驱动的消费解决方案提供商。传统架构下的大数据应用需要投入大量的人力和物力成本，包括架构师、运维人员及服务器硬件等，而通过云计算则可以大大节约成本。充分利用云的优势，依靠云的弹性伸缩能力，在流量到

① http://www.alibabagroup.com/cn/news/article?news=p161112

来时做迅速响应。

数据来源：http://www.100ec.cn/detail--6368664.html

“新零售”并不仅仅是O2O，它是为消费者提供一种全渠道化的服务，传统零售商与电商之间要相互融合、相互弥补，线上线下全渠道互为引流，线上销售商品，线下则要为线上解决最后一公里配送问题，并且提供售后服务。因此在“新零售”业态下，大数据技术在零售企业的经营管理中有了越来越重要的作用，零售企业对数据的理解及利用会在很大程度上决定企业的未来发展状况。企业利用大数据技术，可以根据消费者的历史消费行为及现实需求，动态地把握消费者行为需求的变化规律，可以更好地为其提供个性化、定制化的商品或服务。并且，利用大数据技术也有助于零售企业把握市场动态，制定更为合理可靠的市场战略，抢占市场先机，全面提升企业经营效率。零售企业得到创新技术的支撑，数字化的服务将会得到更加顺利的发展，线上线下的联动也会更为紧密，消费者的购物过程就能够更加快速、便捷，并且更加人性化，与商家的互动也会更为流畅，购物体验因此得到提升。“新零售”的目的是实现线上线下的融合，以用户为中心，整合零售资源，构建零售平台，提供全渠道、全面化的服务，而数字化的智能技术是实现这一目的的必要条件。

（二）消费升级

在互联网时代，技术的进步与创新推动了消费升级，“80后”和“90后”的消费理念逐步从传统的应付生活、经营生活转向结构、质量更加优化的享受生活。“80后”和“90后”是网购消费者的主要力量。依据京东联合21世纪经济研究院发布的《2016中国电商消费行为报告》，基于京东大数据对2016年电商消费群体进行分析，报告显示，我国电子商务交易总额超过了20万亿元，在社会消费品零售总额的占比超过了10%。在电商消费群体中，26～35岁年龄段的用户占比最高，成为线上商品的主要消费者，这一消费群体由于家庭环境比较富足，其消费观念不再是以商品价格为核心，而更加考虑商品的质量与品质。同时，消费对象也转向了服装、家居装修、旅游、美容护肤、游戏电影等消费品。这表明零售行业商品种类已经逐步从基本生活必需品转向更为多样的消费品类别。

顾客消费需求的变化带来的消费升级是推动“新零售”加速发展的重要因素之一。年轻的消费群体购买商品时，不仅满足于获得商品的使用价值，其更加看重的是购买过程中的用户体验以及顾客服务。从目前的大趋势分析，以年轻人为主的消费群体，特别是在城市里，他们的消费需求更为多样化，更加关注商品是否满足自己的个性化需求，不再盲目跟风、随大流，对随处可见的主流品牌不再感兴趣，更加关注中小品牌多样化的设计风格，同时不再相信传统的广告宣传，而是更加关注时尚明星、潮人用什么品牌的物品。因此，新时代的消费者需求是追求商品的个性化、定制化、高品质、更好的用户体验和顾客服务等。随着消费者变得越来越理性，单纯的价格优势已经无法吸引顾客，消费者更加注重的是商品和服务是否美观、舒适、便捷、可靠等特点。消费由单纯的有形商品转变为无形的用户体验与顾客服务。

2015年天猫“双十一”购物节，“千人千面”的个性化会场，使进入主会场的用户中，有一半的人能够买到自己喜欢的商品。2016年天猫“双十一”进一步超越“千人千面”的概念，将这一技术提供给商家，使商家能够精准地挖掘用户需求，提高流量价值，提高转化率，为消费者提供了个性化、差异化、定制化的营销和服务，将个性化发挥得淋漓尽致，满足了消费者的个性化需求。如在商城搜索“娃娃”时，单身人士和已婚人士会看到完全不同的搜索结果。

（三）行业发展的需要

1．电商需要提高消费者购物体验，满足顾客需求

在电子商务还处在迅猛发展的背景下，电子零售商具备独特的优势。他们可以收集和分析由交易而产生的大量数据，利用互联网络确定到底该在哪里开店，店里该卖些什么样的商品。他们可以获取即时的、海量的信息并予以充分利用，这一点对于任何零售商都是至关重要的，可以帮助他们了解消费潮流，并采取相应的行动。不过，无论这个市场有多大，电子零售也不可能彻底替代实体店购物的乐趣——即时满足，现场销售支持，甚至还有和朋友一同购物的愉悦等。

因此，尽管发展风起云涌，但电商企业还是需要理性地审视未来的发展之路。正如凡客诚品V+商城前首席执行官崔晓琦所说，电商要想持续发展，还是要回归零售业的本质，将线下的销售渠道和线上的销售渠道整合起来。目前，不少电商企业在疯狂“烧钱”后，都开始向传统零售取经，学习传统零售公司优秀的供应链管理能力。从线上走向线下，让之前这些纯粹的电子商务玩家获得了另外一条收集信息、了解消费者真正需求的渠道。同时，这也是个机会，让他们可以更好地与日益挑剔的消费者建立重要的联系，为消费者提供他们更好的服务。

2．实体零售业发展受阻，急需开拓线上业务

近年来，受到经济下行压力影响，以及在电商快速发展的冲击之下，实体零售企业受到很大影响，不少零售企业陆续关闭了一些商铺。运动服装企业李宁公司在2012年上半年关闭了1 200家门店；2015年连锁百强人工成本上涨4.2%，房租成本上涨8.6%，在成本上升的情况下，关店数量上升，平均关店62个……

种种数据表明，电商已在新兴经济中占据了主导地位，但电商不会扼杀传统经济，反而是传统商业在主导电商，绝大多数品牌的塑造必须依靠传统商业模式，电商是传统经济提供便利服务和体验的重要推手。随着电商环境的成熟，实体零售商发展线上的趋势日益明显，传统零售业“触网”，并实现线上线下O2O的融合，是未来发展的必然趋势。

【案例】　瘦沙拉：线上售卖＋线下体验店的模式

上线于 2015 年 10 月份的瘦沙拉是以健康、瘦身为卖点的沙拉外卖品牌，以沙拉单品爆款作为平台的切入点，为普通白领女性提供经济实惠的、品质和品牌都能够得到保证的沙拉产品。最初，瘦沙拉还只是通过 H5 预售，第一天销售量就达到 660 份，这让从微信公众号入手进行的市场营销小有成效，在短短 4 个月时间内已经实现了盈亏平衡。截至 2016 年 10 月份，瘦沙拉公众号粉丝已超过 7 万。另外，在融资方面，瘦沙拉也在 2016 年 3 月完成了数百万元人民币的天使轮融资。

短短时间内瘦沙拉能获得如此快速发展，主要原因可以归纳为以下三个方面。

1. 从源头把控食材品质

瘦沙拉从沙拉原料源头开始抓起，从自家农场直接采购核心材料，从源头控制食材品质，保证食材的新鲜及安全。另外，与瘦沙拉达成合作的食材供应商为其提供大部分蔬菜食材。肉类、坚果食材则是从华南最大的供应商进行采购。瘦沙拉和供应链领域的龙头企业签订了战略合作协议，以保证食材的品质。

从源头上保证了食材的新鲜及安全后，在生产环节瘦沙拉自建了中央厨房，负责广深两地门店和外卖的沙拉产品生产供应。中央厨房每日生产的每个沙拉单品，都会留样一份在中央厨房，以保障沙拉的食品安全。

2. 线上平台售卖与线下体验店密切结合

线上平台除了食品的售卖，还会用一些内容、社群活动将用户沉淀下来。为了扩大品牌影响力，企业积极走到线下去。2016 年 4 月，瘦沙拉在广州开了第一家线下体现点，面积不大，不设厨房，坐落在人流量大的商业场所，覆盖了办公区、休闲区等场所的人群，能在一定程度上起到品牌宣传的作用。

3. 保证品类和口味

瘦沙拉平台上共有 10 款沙拉和 7 种酱汁，并且保持每个月上新的频次。值得一提的是，瘦沙拉不论是沙拉的口味还是酱汁都由自己研发和调配，尤其是酱汁都是根据国内用户的口味调配而成。除了主打产品沙拉外，围绕瘦身、健康的饮食概念，瘦沙拉还推出了三明治和低卡小饼干，未来还会有果汁、酸奶等品类的产品。在之后的发展方向中，瘦沙拉会继续管控好供应链，发挥供应链价值和优势。

数据来源：http://www.lieyunwang.com/archives/226419

第三节　新零售的趋势

新零售理念和实践代表了一种趋势和方向，从未来发展趋势来看，新零售趋势有以下四点。

一、线上线下融合

近年来电子商务市场的竞争逐渐白热化，纯电商面临着人口流量红利渐渐衰竭的情况，而实体零售企业则面临着如何利用先进的互联网技术来完成结构转型以提高效益的问题。马云提出的新零售概念，使电商与实体零售业能够从对立走向融合，实现线上线下融合发展的新零售业态，为互联网时代下零售业的变革指明了方向。

（一）不可替代的实体零售业优势

电商的快速崛起改变了人们的传统购物方式，越来越多的消费者适应并接受了这种互联网环境下的购物消费模式。但是，不论电商企业多么努力地去拓展经营规模，吸引更多的商家加入到网络购物平台，以完善网络购物模式；不论实体零售企业为应对电商冲击，积极调整经营策略，为发展求存付出多么惨重的代价，消费者关心的也仅仅是购物过程中的消费体验。因此，实体零售企业无论是在过去还是未来都是电商所无法替代的主流销售渠道，因为消费者在购物过程中最为重要的消费体验，正是电商线上购物模式无论如何改良与完善都无法弥补的先天短板。

经过电子商务的爆发式发展，电商的发展不再仅仅局限于经济发达、人口密度高、消费能力强的一二线城市以及东部地区等区域，而是正在逐步向中西部地区以及中小城市扩张，因此直接导致了最后一公里配送成本的增加，从而使电商物流成本迅速提高。然而实体零售企业在中小城市的租金成本要比在大城市低得多，并且在受到电商经济的冲击之下，租金成本还会继续降低，因此实体零售企业在中小城市的成本优势比电商要大。成本是电商与实体零售企业彼此竞争的关键，当物流环境的改变使物流成本逐渐升高，租金环境的改变使租金成本逐渐降低时，实体零售企业就能够获得非常有利的发展空间。

近年来在与电商进行价格战中完全处于劣势的实体零售企业，在“新零售”业态下有了新的发展机会。在消费升级的前提下，消费者购物过程中价格敏感度逐渐降低，更加关注的是产品的价值与服务，因此有利于线下商店打造个性化品牌形象，成为增强客户消费体验的终端。国家统计局数据显示，2016 年，社会消费品零售总额达到了 332 316.3 亿元，其中实物商品网上零售额所占比重为 12.6%。这表明线下交易在社会消费品零售中占据主要地位，实体零售业还有很大的发展潜力。由于互联网的发展，消费群体向线上迁移，实体零售企业也纷纷转型线上，电子商务与实体零售业正逐步趋于融合，线上线下融合发展模式是未来零售业发展的大势所趋。

（二）线上线下融合发展的前景

自新零售概念提出之后，线上线下融合发展成为未来发展的主流趋势，通过线上深度融合能够吸引更多的潜在消费者，在电子商务平台上可以很好地进行商品展示，并收集消费市场需求信息以及消费者数据，以此为依据为不同消费者提供有针对性的个性化的优质服务，开辟新的营销渠道。在“新零售”模式下，线上线下不再是两个没有联系的、互相孤立的营销渠道，而是转变为一种为提升销售量而进行分工协作的统一的营销模式。线上线下融合发展的好处如下。

1．能够扩大消费者群体

线上线下融合发展，有利于销售市场的扩大，进而提高市场份额。电商平台的线上购物过程与线上支付方式大大减少了购买时间，是快节奏的生活方式下大多数人的第一选择，不过对于经济不发达、物流成本较高地区的人群来说，网上购物不仅成本高而且物流配送时间长，因此单一的线上销售模式无法满足这一部分客户的实际需求。线上线下融合的销售模式，可以涵盖到更多的消费群体，在电商平台无法覆盖的区域，可以利用线下渠道的优势来容纳更多的潜在客户，从而使整个消费者群体得到扩大。

2．提高服务水平

线上线下融合发展的布局，要实现实体店商品的类别、价格和管理与线上平台商品的一致性，实现线上线下同款同价，保障商品质量，让消费者不论通过哪个渠道都能放心购买，并且实体店里的退换货流程和售后服务也要与线上平台是统一的。既要把线上线下的会员体系打通，也要把线上线下的货物打通，使线上线下的利益能够平分，从而实现线上的交易订单能够就近在线下实体店取货，并且能够在线下进行退换货与售后服务；在线下实体店设置网上支付方式，使消费者购物时既能够直接购物，也能够通过网上支付方式实现线上购物，并且可以根据自身需要通过物流选择送货到家。无论使用哪种购物方式，消费者最终收到货物的价格和质量是一致的。这既能够保证线上平台缺失的购物体验，又可以满足线下购物的快捷支付、定时发货，从而提升了购物过程中的服务水平。

3．产品多样化，提供个性化服务

随着社会的不断发展，消费者的购物需求变得多样化，个性化，具有强烈的自我意识。个性化服务是每一个消费者最想要的。商家可以利用互联网、大数据技术将生产企业与消费者联系起来，使消费者的需求信息能够快速传达给生产企业。生产商可以依据消费者需求来进行生产和物流配送，采用小批量、多频次的生产方式进行生产，并且不论大单小单，产品品质要一致，成本可控，交货及时。

4．建立高水平的服务团队

对于消费者来说，不论是使用线上渠道还是线下渠道进行购物，其消费的目的是一致的，要选择的是哪一种购物方式更加便捷，服务更加优质。线上线下融合发展的前提保证是：要做好线上与线下的沟通，电商简单地在线下开一个实体店或是实体零售企业简单地开发线上平台来服务线下都会出现很多问题，无法展现线上线下融合发展带来的竞争力。商家要建立线上服务平台来作为线上线下服务信息的中转站，将线上的数据信息传达到线下，并且要对服务人员进行专门培训与管理，建立高效的服务团队，运用互联网思维进行管理和创新，保证消费者购物时的服务水平。

二、顾客体验和零售场景的扩大

（一）当前商家无法提供良好的购物体验

近些年来，我国的实体零售业存在着很多问题，零售市场布局不合理，造成了业态雷同、功能重复等现象，在城市里的商业圈里，常常有很多功能相似、产品雷同的购物中心、家电市场、百货商店等。目前，在一些曾经火爆的购物中心，在非节假日的时间里营业员、导购员比顾客还要多，而且很多顾客在大商场里挑选了很久却无法买到自己满意的商品。虽然一些线下实体商场在节假日也会进行一些优惠活动的宣传工作，通过发传单、微信公众号和微博发布消息等方式进行营销宣传，但这都是一些单项的宣传工作，无法与顾客建立进一步的联系，不能进行更多的互动，从而无法真正感知到顾客的需求。

正是因为线下实体店的商品无法满足消费者的需求，并且由于租金成本高造成价格较高，一些大品牌的专卖店和专柜相继关闭。然而，即使实体零售业面临的环境如此严峻，很多商家并没有寻找自身问题，进行转型升级，打造良好的消费场景，依然继续着传统的零售模式，从而逐渐失去消费市场，被新兴品牌企业所取代。虽然也有一些商家认识到自身问题，开发了网络平台，注册了微信公众号等，但是消费者登录后才发现里面并没有什么实质内容，根本无法进行购物，无法起到应有的效果。

消费者购物体验差是所有电商的先天缺陷，因此，小米、茵曼等品牌已经进行了线下布局，开设了线下实体店，进行线下场景化的实践，但是许多电商的消费场景化工作进行得并不顺利。有些消费者在网络上看到商家商品的照片满足自己的购物需求，但下单收货后发现商品与照片上的并不相符，从而大失所望，只好退货。在消费者退货或换货时，一些商家态度很差，甚至会因此对消费者进行打击报复。一些商家在“新零售”模式的指引之下，开通了线上线下通道，进行了全渠道模式的营销活动，但在消费者购物时却发现，线上线下的商品与服务并没有保持一致，没有体现出以消费者需求为中心的销售理念。

（二）打造新型顾客体验和零售场景

随着电商红利的衰竭，越来越多的电商和实体零售企业开始更加注重与消费者的互动，关注消费者的良好购物体验，致力于打造一流的消费场景化氛围。

1. 阿里巴巴

2017 年 2 月 20 日，阿里巴巴集团与百联集团在上海达成战略合作，将基于大数据和互联网技术，在以全业态、全渠道为基础的六个领域开展合作。这六个领域包括全业态融合创新、新零售技术研发、高校供应链整合、会员体系互通、支付金融互联和物流体系协同。其目的是以消费者需求为中心，应用人工智能、云计算、物联网、智能支付、物流技术、大数据运用等创新技术，通过线上平台和线下网络收集消费者行为及需求数据，整合企业中的商品资源，打通双方会员体系，建设具有高效实体业态运营效率、全渠道销售能力，并能实时满足消费者需求的新型零售门店，并为消费者提供智能支付平台的快捷便利的金融服务，以及快速及时的物流服务。

2．歌莉娅

歌莉娅为了彻底改变用户体验，加快企业的转型升级，提出了以用户为中心，再造用户体验的理念来进行全渠道转型。全渠道业务是指为了满足消费者可以在任何时间与地点、采用任意方式进行购物的需要，商家将线下实体店销售渠道、线上平台销售渠道以及移动 APP 销售渠道整合在一起来销售商品或提供服务，同时在各个销售渠道都会向消费者提供同质同价的产品和无差别的消费体验。歌莉娅进行全渠道战略转型，以消费者体验为核心，改变传统思维，重新构建“人、货、场”，为用户提供多种渠道的订单交易方式，实现多渠道同款同价，共享库存信息，提供无缝衔接的购物流程与售后服务，最终使消费者体验得到提升。

3．无人零售

2016 年 12 月 5 日，亚马逊在西雅图开了实体便利店——Amazon Go，这是一家具有革命性的便利店。Amazon Go 抛弃了传统超市的收银结账流程，使顾客不再需要结账，只需选好想要购买的东西直接走出便利店即可。它是在便利店中应用了先进的感测器和演算法，当顾客开始购物时，只需用手机打开虚拟购物篮，会有感测器系统检测到顾客拿了什么和最终带走了什么，完成购物走出便利店，感测器系统会对顾客带走的商品计价，账单会在手机 APP 上弹出。目前尚处于测试阶段，只对亚马逊员工开放，亚马逊把这个系统叫作“拿了就走”。

随着人工智能技术的逐渐成熟，在大数据的基础上，催生了无人零售业态，如亚马逊的 Amazon Go，阿里巴巴开设的“淘咖啡”等，越来越多的零售企业开始在无人零售领域进行探索。无人零售是互联网与创新科技相结合的产物，是线上线下融合发展所带来的新型零售场景，带来了全新的购物体验。无人零售业态走在了时代的最前沿，将加速推动新零售模式的发展。

三、新型零售技术支撑

（一）大数据为“新零售”提供了数据基础

随着大数据时代的到来，大数据的应用为商家转型新零售模式以及构建个性化的消费场景提供了数据基础。经过数年的发展，大数据技术得到了迅速发展，在各行各业中都发挥了重要作用。随着消费者浏览和购买商品的数据不断增多，消费者会发现电商变得更加“懂我”，经常会收到自己喜欢的商品的推送信息。这可以使消费者节省很多挑选商品的时间成本，使线上平台变得更加智能化。零售商开始利用人工智能技术、虚拟技术等手段来构建具有针对性和个性化的消费场景，并通过大数据技术获取更多消费者的购物信息，从而为消费者提供个性化、定制化的产品与服务。

（二）移动支付会得到快速推广

互联网的迅速发展，使人们的生活方式、消费习惯甚至是社会生产模式发生了重大变革。随着移动终端的兴起，手机成为人们出行必备的工具，购物时的现金支付转变为现在的手机支付，微信支付、支付宝支付等支付方式无处不在。手机变得更加重要，很多人在出行时已经不带钱包，因为大多数商场、实体店以及路边小贩都在使用移动支付方式进行交易。移动支付变成一种更为便捷、安全的支付方式，在超市、餐厅、网络平台无论是线下还是线上，人们都可以采用移动支付的方式来完成交易，这种无处不在的付款方式使消费者节省了排队的时间，为商家提供了更多销售商品的机会。

（三）人工智能技术的应用

近年来，大数据、云计算等信息技术的发展与应用给人工智能的发展创造了新的机遇，同时人工智能技术的发展也为信息技术与各行各业的融合提供了新的方法。目前，人工智能技术已经在新零售模式的各个生产和销售环节中得到了广泛应用，具体应用有以下几方面。

1．提高销售量

通过人工智能技术对大数据进行计算，可以将消费者偏好、市场需求等因素与商品结构进行深度结合，通过筛选，为消费者提供更加合理的商品组合和服务组合，从而使销售量快速提高。

2．预测供求关系，合理控制库存

应用人工智能技术收集产品、营销活动、消费者习惯、节假日等因素的历史数据，建立数学模型，通过对数据的计算，能够对市场供求关系进行预测，优化供应链管理，可以有效预防库存过剩等问题。人工智能技术不仅有助于提高生产物流效率，降低物流成本，并且也能够对信息流、资金流进行有效的控制。

3．优选营销方案

利用人工智能技术对营销宣传活动、营销案例的历史数据，以及同行业竞争者的营销活动数据进行统计，利用云计算技术，构建市场营销方案优选模型，通过结论选取合适的营销方案，提高营销效率，增强企业竞争力。

4．确定选址方案

应用人工智能技术对销售、市场需求、潜在竞争对手分布、备选地址附近交通状况等数据进行计算，以此为依据来确定选址方案，尽可能在最佳地理位置开店。

5．提高企业管理效率

以人工智能技术为基础，建立员工评价程序，通过对员工的工作经历、取得的成果、个人性格特点等数据进行统计，评价其工作能力，预测适合他的工作岗位，优化人员管理，提高管理效率。

四、物流业的变革

纯电商的时代即将过去，新零售模式逐渐发展壮大，将迎来新的时代。随着电商流量红利的衰竭与新兴零售技术的应用，传统物流行业迎来了转型升级的机遇。快速、高效、互联、智能的现代物流体系是未来物流业发展的方向。

马云说线上线下和物流结合产生了新零售，这里的物流指的是新零售模式下的现代物流体系。物流公司的实质在于消灭库存，使企业实现零库存，让库存管理变得高效是物流所要达到的最终目的。京东制定了未来的物流战略规划，通过应用人工智能、虚拟现实技术、深度学习等创新科技，实现智能化、无人化物流，使零售业的运营成本降到最低，尽可能提升用户体验，创建先进的现代物流体系。

（一）打造物流云平台

现代物流的各个环节的活动都需要在信息技术的支持下来完成。物流云平台是以云计算为基础构建的物流基础信息服务平台，其运用云计算技术来解决现代物流活动中数据量大、时效性高等问题。在新零售模式下，实体零售企业与电商巨头进行深化合作，以消费者为中心来进行产品的生产，根据市场的变化和消费者需求，为客户提供快速、便捷的供应链物流服务，可以使企业减少工作环节，从而为消费者提供舒适、便捷的消费环境。便捷高效的现代物流体系是实现线上线下融合发展的关键要素，也是布局新零售战略的核心要素。

（二）构建全渠道物流

在新零售时代，各个电商和实体零售企业为了做到极致的用户体验，迫切需要快速响应的物流体系，能够完成多批次、多品种、少批量产品的快速配送。从近几年品牌商货源供应的趋势来看，各个品牌已经不再依靠中间商分销，而是依据大数据分析，预测每个城市的需求量，在生产产品前就制定出了供应链计划，由品牌商工厂直接发货到有需求的城市。因此，物流企业应积极构建全渠道物流，或是与供应链上的合作者共同进行全渠道物流建设，以适应新零售模式发展的需要。

本章小结

近几年，我国的电子商务市场发展迅速，互联网购物大军正高速增长。电子商务打破了零售企业的地域天然屏障，正在蚕食传统业务和市场，给传统的零售企业带来了前所未有的机遇和挑战。大数据时代的到来，使得能够开放内部的信息通道，并能通过互联网数据交流使客户和供应商参与进来的零售企业具有更强的竞争优势。

电子商务经过多年来的发展，对传统实体零售造成了很大的冲击，但在客户体验方面始终无法得到改进。在当今大数据时代，创新技术的应用，消费升级，行业发展的需要等种种因素之下，零售业又走到了变革的“风口”，线上线下加现代物流深度融合的“新零售”，是未来零售业发展的方向。“新零售”模式是以消费者体验为中心，依托大数据、云计算等技术，促进“线上+线下+物流”融合，实现消费场景化，满足消费者多样化的需求。零售企业只有转型“新零售”，升级购物场景，满足顾客需求，提升客户体验，才能在未来的竞争中获得成功。

复习思考题

1. 什么样的电商企业发展线下业务容易成功？
2. 谈谈你对大数据时代零售企业管理的认识。
3. 为什么电商开展的线下体验店很难取得预期的效果？
4. 在新零售时代背景下未来物流的发展方向是什么？

案例分析

三只松鼠打造线下实体店

“不要盲目学习所谓的成功案例，很多时候，你们看到的都是光鲜的表面，却没看到十几年的积累。”2014 年夏天，三只松鼠创始人章燎原在接受媒体采访时这样说道。

从 2012 年 6 月正式上线到 2014 年 7 月的两年时间，三只松鼠的年销售额突破了 10 亿。在三只松鼠之前，中国快消品行业没有一个企业能两年收入 10 亿。2017 年 1 月 11 日，三只松鼠宣布其 2016 年年销售额突破 55 亿，净利润达 2.63 亿，拥有 3 100 名员工，4 000 万用户，以及超过 35 万平方米的仓储。

与此同时，三只松鼠开始了线下的布局，2016 年 9 月 30 日，三只松鼠第一家线下店“三只松鼠投食店”在芜湖开业，开业一个月销售额达 240 万。有人针对三只松鼠首家投食店专门做过调查，调查结果显示其年营业额能达到 1 200 万，一年可收回成本并实现盈利。

三只松鼠相关人员透露，三只松鼠线下投食店 2016 年已经开业了 3 家，2017 年春节前第 4 家店会在南通开业，2017 年的目标是要开到 100 家，并正在准备上市相关工作。

毫无疑问，三只松鼠已经成为中国最大的零食电商品牌。

资料来源：http://www.pintu360.com/a27814.html

【思考讨论】分析三只松鼠发展线上成功的原因以及打造线下实体店的前景。

第十四章

零售企业的低碳化经营

学习目标

☑ 掌握低碳经济的含义；

☑ 理解零售企业发展低碳经济的必要性；

☑ 理解我国零售企业应如何实现低碳化发展。

导入案例

欧尚积极打造“低碳超市”

在建造和营运门店过程中，殴尚一直关注对环境所造成的影响。实现能源消耗的最低化，打造低碳超市是欧尚的环保新举措，也是欧尚可持续发展战略的重要目标之一。

在欧尚超市上海闵行店，能源合理节省和再生垃圾回收利用工作已初见成效。走在闵行店里，随处都能感受到节能的新举措。例如，闵行店在2011年1月与上海全圣节能设备公司合作，运用其公司生产的新型冷光源LED18瓦节能灯管取代原36瓦普通灯管，经过一年多时间的使用，在没有降低原有亮度，同时光亮度提高近15%的前提下，卖场平均每月可节省4.5万千瓦时电量，比普通灯管节电40%～50%。欧尚采用老店改造、新店直装的方法实施LED节能灯计划，预计到2013年完成在华的所有门店LED灯光改造项目。

除了节电，欧尚还想方设法节水。欧尚超市所有门店已率先采用世界上普遍运用的无水小便器。每个小便器每年可节省45万升水。此外，欧尚将其在国内所有门店中的冷冻系统加盖，即在传统冰箱或冰柜的上方设置了推拉玻璃，有效减少了冰箱内外热量的对流，从而达到节能的目的，此项措施可比原来节能19.5%。

在欧尚标准门店的能耗中，20%用于照明系统，30%用于制冷系统，还有30%用于空调系统，此三大“金刚”就占了标准门店能耗的80%。欧尚在新建门店之际，就建设了一个基于高度集成的数字化计算机网络及控制系统，用于控制和观察门店内所有主要用电设备，通过该系统对门店内主要用电设备的自动控制，确保其尽可能高效运行。例如，在春秋季节，它可以将室外更冷的空气导入室内，以减轻空调系统的负荷；根据一年中日照长短的变化自动调节照明开启时间表；另外，该数字控制系统可以通过位于上海的专用控制中心远程监控国内各门店能耗和设备运行情况，一旦设施非正常运行，监控中心就能及时获得信息并立即反馈到门店，让门店迅速修复。

欧尚中国可持续发展计划的主要目标之一是减少二氧化碳的排放量。近几年欧尚成功实施了多项措施，大幅度地减少了新建门店的用电量。现在欧尚计划将同样的措施运用于原有门店，使其尽可能如新建门店一样高效地运行。

资料来源：欧尚积极打造“低碳超市”[EB/OL].（2012-10-18）. http://finance.sina.com.cn/roll/20121008/055913301008.shtml.

第一节　零售企业低碳发展的必要性

在低碳经济背景下，英国特易购集团在全球建立了一系列不同等级的低碳超市，摸索出了一条较为成熟的低碳超市经营模式。特易购曼彻斯特低碳超市和朗姆锡零排放超市的建成，创立了全球低碳超市的样板。特易购掀起的这场环保“革命”已在全球零售业界引起了巨大反响，全球排名第一和第二的零售商沃尔玛和家乐福也竞相开展节能减排行动，预计未来20年全球零售业将急速向低碳经营模式迈进。

一、低碳经济概述

低碳经济是一种相对于农业经济、工业经济来说的经济形态，主要特征表现在两个方面：一是碳生产率即每单位碳所排放创造的GDP或附加值比较高；二是社会人文发展水平、生活质量比较高。[①]

低碳经济与人类社会发展的阶段有关。在农业社会，人们非常贫穷，很少有商品能源的消费，也很少有碳排放，尽管社会产出并不高，而且相对于无穷小的碳排放，表现出的碳生产率非常高。但这并不是理想的经济形态，因为社会发展水平很低。到工业化的初期阶段，劳动力比较密集，社会发展水平和人们生活质量有所提高。在这个阶段，虽然商品能源的消费仍然较低，但碳生产率相对于农业社会已经下降了很多，也不是低碳经济。在

① 潘家华. 怎样发展中国的低碳经济［J］. 绿叶，2009（5）.

资本密集型的工业化阶段，居民生活质量有了很大改善，但由于能源密集度高的基础设施、居民住房和高耗能的耐用消费品如汽车的投入和消费增长快、规模大，因而碳排放非常高，相对来说碳生产率较低，也不是低碳经济。只有到了更高级的知识密集型工业化阶段，整个产业结构中服务业的比重超过第二产业，人文发展水平、碳生产率都非常高，才进入低碳经济的形态。

二、我国零售业发展低碳经济的必要性

零售业是我国国民经济的重要组成部分，担负着连通生产与消费、促进就业和不断满足人民群众日益增长的物质文化生活需要的重任，其对我国的节能减排和低碳经济发展也起着极为重要的作用，零售业发展低碳经济的必要性体现在以下几个方面。

（一）我国发展低碳经济，建立低碳社会要求零售业必须低碳化

改革开放近四十年，我国经济获得了飞速发展，但与此同时，经济发展的能源、资源、环境约束日益严重。目前我国已经是世界第二大能源消费国、第一大煤炭消费国和第一大二氧化碳排放国，温室气体排放所造成的气候变化、灾害性天气增多对我国的影响日益严重；与此同时，西方发达国家则以 2008 年国际金融危机为契机，大力发展低碳经济，抢占未来经济发展的制高点，目前已有美国、英国等 10 多个国家推出“碳标识”制度，它们还打算将碳排放与国际贸易挂钩，实施碳关税，威胁包括中国在内的发展中国家的对外贸易。

在此形势下，发展低碳经济、建立低碳社会已经成为我国应对经济危机、提升国家竞争力和实现可持续发展的必由之路。我国已经向全世界承诺：到 2020 年使中国单位国内生产总值二氧化碳排放量比 2005 年下降 40%～45%。根据相关调查，大众消费的供应链是碳排放的最主要来源，直接或间接制造了 75%的温室气体排放，而根据中国连锁经营协会发布的数据，2006 年我国 5 类零售业态（家电卖场、便利店、超市、大型超市和百货店）全年耗电量达 343 亿千瓦时，占 2006 年全国总发电量 28 344 亿千瓦时的 1.2%，到 2008 年这五种零售业态全年耗电量约为 751 亿千瓦时，增长了一倍多，占 2008 年全国总发电量的比例也升至 2.2%，零售业的能源消费无论是绝对量还是相对量都呈上升之势，零售业的低碳化已经成为我国发展低碳经济不可或缺的组成部分。

（二）零售业是碳排放大户，必须重视低碳发展

长期以来，中国零售业普遍存在一种观点，认为排碳主要是钢铁、有色、煤炭、电力、化工等行业的事情，与零售行业关系不大。其实，仅以耗电量为例，由碳耗用量的计算公式“家居用电的二氧化碳排放量（千克）=耗电度数×0.785”可知，耗电量与排碳成正比。而零售企业一般全年无休，特别是为营造愉悦的购物环境，营业期间照明要保证足够的亮度，空调要保证适宜的温度；为保证食品安全，冷冻冷藏设备要保证 365 天（24 小时/天）

持续运转。零售企业照明、空调、冷冻冷藏设备等主要部分的用电量累计起来，数额很是惊人。

由于对节能环保重视的程度不够，零售业目前是商业流动领域中的一个能源消耗巨大的环节，据统计，中国大型百货店、超市等零售业能源消耗开支高达其总费用的40%左右，有很大的节约空间。以百元销售耗电量计算，大型超市由于需要大量的照明、空调、冷冻冷藏设备，耗电量最高，每实现100元销售额耗电1.77千瓦时，如果按平均每度电0.9元计算，折合电费1.59元。依此计算，一家年销售额1.2亿元的大型超市，每年电费为190.8万元。零售业是一个微利行业，目前行业平均净利润率只有1%左右，而电费支出普遍超出了1%，并且随着商品结构的调整和卖场环境的改善，比例有越来越大的趋势。节约1度电省下0.9元，相当于要实现100元的销售额才能得到，因此中国连锁协会认为，“节约1度电=实现100元销售”，节约下来的费用直接增加到利润中。所以，实施低碳经济，也是零售业增加利润的一个途径。

（三）低碳发展是零售企业改善自身形象、提升竞争力的需要

随着低碳时代的到来，一个企业发展低碳经济的能力成为其改善自身形象和能否赢得消费者认可的关键，对于“以顾客为中心”的零售业来说尤其如此。根据调查，英国消费者有85%会在购物时考虑产品的环境成本，约一半以上的消费者希望了解更多的关于产品碳足迹方面的信息；而根据中国的相关调查，有40%的被访者会经常光顾具有良好环境形象的零售商店，并且这一比例呈逐年升高之势，这表明零售业的环保形象已经成为影响消费者偏好的重要因素。因此，一个企业在发展低碳经济上的表现已经成为企业品牌形象中最重要的方面，对于提高企业知名度和美誉度，提高品牌价值意义重大，而在当前激烈的竞争环境中，企业的声誉、公共形象对企业的可持续发展是至关重要的。

同时，发展低碳经济与降低成本、提高竞争力是不矛盾的。发展低碳经济，节约了能源资源，会降低企业运营的成本，提高生产效率和竞争优势，从而达到环保和利润的双赢。可以预见：在低碳经济大发展的背景下，节能减排作为企业降低运营成本的重要手段，必将成为零售业新的利润增长点，哪个企业率先实现了节能减排，将会在相关领域掌握话语权和主动权，并在未来的竞争中占尽先机，赢得有利的竞争地位。

（四）零售业发展低碳经济是适应国际政治经济发展，应对国外同行竞争的需要

2009年3月，美国能源部长朱棣文提出，如果其他国家没有实施温室气体强制减排措施，那么美国将征收“碳关税”；6月《美国清洁能源安全法案》获得众议院通过，该法案规定，美国有权对包括中国在内的不实施碳减排限额国家进口产品征收碳关税。美国将征收“碳关税”以及欧美、日本等先进国家发起的新的“游戏规则”表明，低碳经济已经是国际政治经济发展的需要，中国企业包括零售业不能不考虑实施低碳经济模式。

在低碳经济如火如荼发展的形势下，外资超市率先行动起来，不遗余力地进行“节能减排”，打造“低碳超市”。零售巨头沃尔玛在发展低碳经济方面走在行业的前列，早在2005年，沃尔玛就提出使用可再生能源，实现零浪费和出售对环境有利的商品等目标。沃尔玛不仅自己节能减排，同时还促使上游的供应商一起这样做，2008年它推出绿色供应链计划，要求包括供应商、配送中心和卖场等在内的所有环节都必须既足够环保又足够经济。截至2010年，它们已与30家供货商试行了低碳计划，商品涵盖DVD、牙膏、香皂、牛奶、啤酒、吸尘器、汽水等项目；2010年3月2日，沃尔玛又宣布了其温室气体减排的新目标：到2015年底之前，从其全球供应链中削减2 000万吨的温室气体排放量，这相当于380万辆汽车一年的排放量；此外，沃尔玛还启动了以“共同关注气候变暖，让地球更健康”为主题的全国性环保低碳社区教育公益活动，积极参加世界自然基金会主办的“地球一小时”活动。通过发展低碳经济，沃尔玛降低了经营成本，提高了知名度，树立了良好的社会形象。其他跨国企业如家乐福、乐购、麦德龙等也都积极实施和高调宣传自己的低碳计划。

外资超市的低碳布局对内资企业形成巨大压力，如果我们再不采取措施，将会在今后的竞争中处于极为不利的地位。

三、我国零售业发展低碳经济的现状

随着国家发展低碳经济战略的日渐明确和外资超市在发展低碳经济方面的优势不断增大，内资超市也逐渐行动起来，一些超市在采购、运营和管理上实践低碳经济理念，采取措施节能减排，取得了一定成效，并降低了成本，提高了竞争力。以水电费为例，水电费是零售企业总费用支出中仅次于人力成本和房租的第三大费用源，节能潜力巨大，近年来，随着零售企业在不同程度上进行节能技术改造，各种零售业态的水电费用率均有不同程度的下降。

我国零售业还认真执行国家节能减排的各项政策措施。在限塑令颁布后，各零售企业积极配合，推出各种可循环利用的环保购物袋，这对限塑令取得预期效果功不可没。据相关部门统计，在实施限塑令后的一年内，全国超市塑料袋使用率平均下降了66%，塑料袋消耗减少近400亿个，相当于节约石油160万吨。各零售企业还积极响应国家的家电以旧换新政策，对整个国家低碳经济的发展做出了重要贡献。

但从总体上看，与外资企业相比，内资企业发展低碳经济的意识还不够强，能力还较欠缺，水平也比较低，与低碳经济的要求还相距甚远。以废旧塑料的回收利用为例，我国废旧塑料的回收利用率只有20%，而德国、日本等发达国家的回收利用率则高达70%。而且与外资企业相比，内资企业尤其不善于宣传自己，在发展低碳经济的形象方面与外资企业差距甚大。低碳化潮流使零售企业的环保行为成为决定其核心竞争力的重要指标，全球零售业已经进入低碳经营时代。低碳化发展已经成为我国零售企业发展的必然要求。

第二节　零售企业低碳化发展对策

作为厂商与顾客之间最佳的沟通纽带，零售企业一方面可以通过与顾客的沟通，促进低碳消费，另一方面又可将消费者的低碳消费意愿反馈给厂家，促进低碳生产。只有实现整个零售业供应链的低碳化，才能更好地促进整个社会总体经济的低碳发展。

一、零售企业低碳发展的经验和做法

（一）国外先进经验

1．沃尔玛

沃尔玛着力打造低碳供应链，实现从原材料采集、制造到配送、零售、消费以及废物、垃圾弃置等整个产品生命周期的各个阶段都减少碳排放。沃尔玛采购经过 FSC、MSC 等低碳认证过的商品，并和供应商联手开发低碳商品。2007 年，沃尔玛提出“碳揭露计划”，要求 6.8 万家供应商在其产品上标注“碳足迹”、水使用量和空气污染指数，使消费者对其减排努力一目了然。截至 2010 年，沃尔玛已与 7 个产品项目中的 30 家供货商试行该计划。如果这项计划得到完全实施，将促使所有供应商从能减排向必须减排转变，使零售超市的供应链发生革命性变化。

2．家乐福

为提高未来低碳经济时代的企业竞争力，家乐福制定了到 2020 年单位面积减排 20% 的目标。家乐福的具体做法是，在照明、空调、热能回收等方面采取一系列节能措施：如减少照明灯具的数量，增加节能灯比重，取消生鲜区的日光灯带；更新空调冷冻机组和冷冻冷藏设备，回收冷冻冷藏设备的热水，用于生鲜区的热水加工和场地的清洗；启用免费制冷系统，在过渡季节时使用室外较低温度的空气，降低室内温度，避免过度使用空调机组等。

3．特易购

2005 年，全球第三大零售商特易购开始将建设低碳超市纳入战略规划，其在全球各地的低碳超市陆续开张。2008 年 1 月，特易购在泰国新开办的超市实现碳减排 40%；同年 10 月在韩国开办的低碳超市运用了 69 项节能措施，实现减排 50%。2009 年，特易购在曼彻斯特建立的低碳超市采用了新型的建筑设计和技术配套，使该超市整体碳排放较 2006 年所建超市降低了 70%。2010 年 2 月正式运行的朗姆锡特易购超市则实现了零碳排放目标，成为全球第一家零碳排放超市。截至 2010 年 3 月，特易购在 12 个国家建立了环境友好型超市，其在全球的低碳超市总共达到 38 家。特易购曾发起用旧塑料袋换积分活动，每年减少

塑料袋使用 100 多万个。

【案例】　沃尔玛引进清洁能源运输车

2017 年 7 月，沃尔玛物流系统启用清洁能源运输车，在东莞、惠州两个城市率先上路，为 5 家沃尔玛购物广场提供从配送中心到门店的日常配送运输服务。首批启用的清洁能源车均使用液化天然气（又称 LNG）。据测算，这些车辆全年行驶里程数累计可达 30 万千米，“油改气”取代原有的柴油运输车后，预计每年至少减少二氧化碳排放量约 188 吨。如果按一棵树每年吸收二氧化碳 4 吨计算，相当于每年植树 47 棵。

为了治理汽车尾气污染，保护大气环境，我国政府从“十五”期间就开展了清洁汽车行动。天然气的主要成分为甲烷，作为一种洁净环保的优质能源，燃烧过后的产物为二氧化碳和水，可以真正做到零污染排放。但由于配套的加气站网络部署尚未成熟，长途运输目前无法完全适用。历经两年多的测试，沃尔玛通过运输线路的调配，选择在 100 千米范围的配送路线上的 5 家门店率先启用清洁能源车的运输服务。在保证商品配送质量的前提下，希望以此树立行业节能减排标杆，鼓励更多的运输商加入到低碳环保的绿色事业中。沃尔玛致力于发挥自身的优势与他人合作，减少零售运营中的废气排放、降低能源消耗，提高供应链的可持续发展。

清洁能源车的使用，为绿色物流产生巨大环保意义的同时，还能创造显著的经济效益。据深圳市海格物流股份有限公司统计，新开通的液化天然气运输车线路大约每年可以节省 16 万元运费。

作为全球最大的零售商，技术手段上的创新和对绿色运输理念的积极推动，使沃尔玛获得有关机构和行业的高度认可，如中国道路运输协会颁发的“绿色货主企业”奖。沃尔玛通过优化将供应链价值最大化，不仅与合作伙伴实现共赢，也推进了整个行业的可持续发展。

资料来源：http://www.chinawuliu.com.cn/information/201707/06/322793.shtml

（二）国内零售企业的做法

我国内资零售企业在低碳化经营方面也取得了一些成绩。广州是我国零售业比较发达，也是进行低碳化实践较早的地区。2003 年，广州推行“食品放心工程”时，广州广百、友谊、天河城、摩登等一批本土零售企业就在积极地推进低碳化进程。但当时国内尚没有低碳经济的提法，称之为节能减排。广州零售业在三个方面开始了自己的“低碳化”努力：一是新开张的门店在装修设计上引入了环保概念，减少了不可再生能源的消耗；二是广百、摩登、好当家等大量本土商家在提高能源利用效率、减少废物排放、降低环境污染方面都取得了进展；三是越来越多的超市、百货店、大卖场在采购和销售环节注重商品的“绿色环保”以及质量安全问题。

2009 年 11 月，由武汉中百仓储起草和总撰的国内首部《超市节能规范》开始试行，把我国内资零售企业的低碳化经营推进了一大步。该规范是超市节能减排的行业标准，对营业场所的照明、节水节电、减少包装物和购物袋做出了量化规定，为全国超市管理层的低碳经营提供了重要的技术参考。

二、我国零售业低碳发展对策

零售业低碳化发展是一项系统工作，需要社会多方的协调配合才能实现。我们认为零售业的低碳发展在宏观层次上需要政府的调控和引导，微观层次上需要企业做好内部经营管理，并与供应链上的企业合作，打造绿色供应链。

（一）政府做好宏观调控和引导

根据前文分析可知，零售业发展低碳经济的潜力巨大，然而目前参与低碳经济发展的零售企业并不多，而且即便是打出“低碳”旗号的企业，也多是出于宣传的目的，以此扩大企业的知名度。因为要发展低碳经济就需要投入，投入就会增加成本，成本增加则会降低竞争力，因而很多零售企业或者对于发展低碳经济无动于衷，或者只是在投入少、见效快的领域进行低碳改造，如对门店的照明、空调进行简单的改造等。

如果要推动零售业低碳化的深入发展和使零售业对整个经济的低碳化改造做出更大贡献，就需要政府制定统一的政策和采取强制性的措施，以弥补市场机制的不足。实施低碳经济不是纯粹的经济行为，它是有关国家能源安全的战略大计。政府应通过立法方式确立较为完善的低碳制度，为全面推行能源节约，进一步提高能源利用效率，实现降低能耗的约束性目标，缓解能源和环境压力提供更加有效、更具时代性和前瞻性的法制保障。

在推动零售业进一步向低碳经济发展的措施方面，政府需制定强制性的门店能耗标准，完善绿色商品标识体系，建立零售业节能减排的绩效考量指标体系和认证服务体系，对于投入大、周期长的低碳改造项目实行税收减免，坚持不懈地实施如限塑令和家电以旧换新等措施，对消费者购买低碳产品实行补贴等。除此之外，政府还需制定面向整个社会的政策，如大力发展低碳能源，对低碳技术开发实施财政、税收等方面的鼓励措施，制定强制性的减排限额和产品的碳足迹标准，尽早实行碳排放权交易制度等，以此推动整个经济的低碳化转型，并最终提高我国经济的竞争力和可持续发展能力。

（二）外部协调低碳化，打造绿色零售供应链

零售业可以采用生命周期评估（LCA）法来管理企业运营的“碳足迹”。这种贯穿整个零售供应链的碳减排管理，可以力争从原材料采集、制造到配送、零售、消费以及废物弃置等整个产品生命周期的各个阶段都减少碳排放，从而把企业自身的减排努力与整个供应

链的减排集成起来，最大限度地扩大减排效果。从零售供应链的源头，即原料采集和制造过程就要开始控制碳减排，要尽可能选择可以提供低碳产品的供应商，并提供合理的供货路线和时间，减少供应商提供货物时不必要的空驶车程，以减少碳排放量。可以向消费者提供明确的商品碳足迹等信息，以便使消费者在看到商品标签时，即能明了每件货品在整个生命周期内碳的总排放量，从而选择碳排放量最低的产品。

零售企业除了能够利用自己与消费者联系紧密的特点影响和引导消费者的消费倾向外，还能够利用自己在供应链中的有利地位影响供应商的行为，促使他们进行低碳生产，打造绿色供应链，从而促进整个经济的低碳化。世界零售巨头沃尔玛在这方面也走在行业的前列。沃尔玛认识到供应链的碳排放远比它直接产生的碳排放多得多，因而只有与供应商合作，致力于打造绿色供应链，才能真正降低碳排放。沃尔玛打造绿色供应链的措施包括：要求供应商提供产品生命周期的碳排放信息，实施碳标签制度；与供应商签订协议，要求供应商严格遵守国家的环境标准；对供应商进行随机审查，或委派第三方进行监督；发起“可持续指数”行动，对供应商和产品的环境表现进行排名；向供应商推荐环保材料和节能减排技术。沃尔玛在打造绿色供应链方面的措施值得我们借鉴。

（三）零售企业内部经营低碳化

当然，作为供应链上的重要一环，零售业自身的节能减排工作也很重要，我们可以实施以下措施。

1. 对门店进行低碳化改造

门店设计是零售商经营活动的一项重要内容，越来越多的零售商希望通过改变门店设计来减少碳排放。例如，Target 公司在加利福尼亚州的门店采用了太阳能屋顶，提供门店经营所需的 20%的能源。在零售商改进门店设计以减少碳排放时，还必须考虑不能影响顾客购物的舒适度。又如，Metro 公司采用步入式冷冻间取代了原先用玻璃墙隔开的恒温冷冻箱，就节约了冷冻室 30%的能源，为保证顾客的舒适度，为顾客在入口处提供了御寒的衣物。对门店进行低碳化改造是最基本的，也是最简单的节能减排措施。根据估算，通过对门店进行节能改造，将使店面整体节能 20%～30%。

门店低碳化改造包括：

（1）对建筑进行保温、隔热及采暖、通风等方面的设施改造。

（2）对门店灯具、电器设备的节能改造，如尽可能使用自然光，使用 LED 灯照明，使用变频控制的空调、冷藏设备等。

（3）进行节水改造，包括在水产区采用循环水箱养鱼，在卫生间安装电子感应式水龙头，进行中水回收及建设雨水收集系统等。

有条件的企业还可以安装太阳能、风能发电装置或者地源热泵等新能源系统，从根源上降低碳排放，并对整个社会的节能减排发挥示范作用。

2．通过应用创新型技术促进零售企业低碳发展

低碳经济是建立在一定的技术基础之上的，必须高度重视新技术在零售业的应用。我国零售企业发展低碳经济的技术支撑主要有以下几个方面。

（1）空调系统节能技术，包括变频调速控制技术、冷凝器自动清洗技术和空调末端风柜清洗消毒技术等。

（2）中水回收利用技术。

（3）包装材料的循环利用技术。

（4）智能控制技术，如智能灯光控制系统、智能温度控制技术、智能扶梯控制技术等。

（5）电子商务技术。零售企业要特别重视电子商务的运用，电子商务既能够避免实体店带来的能源损耗和污染，又有利于资源的优化组合，降低交易费用，从而达到节能减排的目的。

3．做好相应的管理工作，促进低碳发展

我国零售企业低碳发展在管理上需采取的措施有以下几个方面。

（1）建立健全组织管理体系，设立企业低碳发展的管理机构，由专职人员负责；要有负责回收废旧产品的机构和人员，并要制定相应的措施回收淘汰的电器等生活用品，要在销售区域分类设置废品回收箱，便于废品回收与再利用。

（2）加强考核监督，设立水、电、气等方面的能源考核指标，加强能耗的统计分析和成本核算。

（3）对员工进行宣传和培训，提高员工的节能环保意识，引导他们参与企业的节能减排活动。

（4）利用先进的信息技术和管理软件优化流程、整合资源，实时监控设备运行情况和能耗情况，最大限度地提高能源资源的利用效率。

4．充分发挥零售对生产和消费的引导作用

（1）正确引导低碳消费

发展低碳经济需要全民参与，全体居民低碳消费理念和水平的提升将是低碳经济发展的最强大动力。我们每个人都是消费者，零售业作为直接面向消费者的行业，承担着塑造消费者行为、促使其向低碳消费模式转变的重任。零售商要以顾客为中心，让消费者在低碳经济发展中获得实实在在的利益，从而吸引他们参与到低碳经济的建设中来；要让他们认识到自身的责任，从而自觉参与到低碳经济建设中来，并在此过程中获得满足感和成就感。

零售企业塑造消费者低碳消费模式可采取的措施有：加大宣传力度，通过海报、广播、宣传栏等宣传低碳经济的有关知识；标示每种商品的碳足迹供消费者选择；简化商品包装和实施绿色包装；设立废旧商品回收部门，解决消费者的后顾之忧；提倡低碳消费模式，包括减少奢侈性消费，减少一次性产品的使用，少吃肉，多吃蔬菜等。

（2）引导生产商低碳生产

零售企业还有及时将消费者的信息反馈给生产商，以督促生产商在生产过程中降低碳排放的功能。沃尔玛发现，其全部的碳排放仅有8%是自身经营活动所排放的，而92%的碳排放来源于其所销售的商品。因此，实现低碳采购、低碳包装是打造低碳供应链，减少零售行业碳排放的关键环节。零售商居于生产商和消费者之间，和消费者直接见面，可以低成本地将这些信息传递给生产商，帮助和督促生产商降低碳排放。例如，基于消费者的意见反馈，沃尔玛要求其牛奶供应商改进了包装方式，使每卡车的运奶能力提高了9%，减少了碳排放。

5．做好低碳物流工作

采用低碳的方式，将商品从生产商转移给消费者。虽然许多零售企业的物流活动是由专业性的物流商来完成，但也有相当部分的零售商仍然采用自营物流，特别是大型零售企业往往有自己的物流配送中心。这要求零售企业在物流环节，通过技术改进和流程革新来减少碳的排放。例如，服装零售商Zara在其物流配送中采用了电子道路指导系统，使其物流配送的准确率由原先的82%提高到了98.9%，节省了大量不必要的运输活动，相应减少了碳排放。

零售商还应推进废弃物物流，减少由此带来的碳排放。消费者结束商品的消费后，会产生大量的废弃物品，循环利用或回收这些废弃物品可以减少全社会的碳排放。由于消费者居住较为分散，由生产商来回收废弃物品往往成本高昂。而零售商门店数量多，靠近消费者，在处理废弃物品方面有天生的优势。例如，沃尔玛与三星公司美国分公司联手处理废弃的三星电器：在美国的50个州，消费者可以将在任何地方购买的三星旧电器折算成一定的金额，到沃尔玛购买新的三星家用电器。

当前，全球零售业的“低碳化进程”才刚刚起步，它需要成千上万个供应商和数以亿计的消费者的共同努力，也需要零售企业保持清醒，量力而行。

【案例】 国美电器低碳经营

为了更加深入开展节能环保、节能减排工作，国美早在2014年就全面启动了能效管理运行机制，对门店中的照明设备进行更换。2017年国美门店中的所有照明设备均采用LED灯管，较此前相比每年将节省电量4 057万度，减少4 045万吨二氧化碳排放。同时，国美门店正在普及变速电梯的使用，通过改用携带感应装置的变频电梯，降低耗电量。

2016年8月，由中国连锁经营协会、世界自然基金会及中国零售可持续发展圆桌举办的第四届绿色可持续消费宣传周活动举行。国美作为中国零售可持续发展圆桌发起人之一，依托专业化的节能低碳运营体系大力推广节能产品，传播可持续消费理念，推动了绿色可持续消费宣传周活动理念的落地。

2016年9月，商务部发布的《绿色商场》行业标准正式实施。因为在卖场环保经验方面的领先地位和遍布全国400多个城市近1 700家门店的环保治理经验，国美作为家电零售行业的唯一代表参与了这项行业标准制定工作，多项意见被采纳。

2017年1月13日，由世界环保（经济与环境）大会组委会主办的“2016绿色低碳发展变革力领导者年会”在北京举行。国美凭借在可持续发展方面的突出贡献获得“国际碳金奖”之“创新价值奖”。

资料来源：http://www.sohu.com/a/130135799_616727

本章小结

在低碳经济发展的大背景下，零售业作为我国国民经济的重要组成部分，担负着连通生产与消费、促进就业和不断满足人民群众日益增长的物质文化需要的重任，其对节能减排和低碳经济发展也起着极为重要的作用。零售企业低碳化经营不仅是提高自身经济效益的重要途径，也是参与国际竞争的必然要求。当前全球范围内很多先进的零售企业，如沃尔玛、家乐福、特易购等，在低碳发展上有了一定的先进的做法和经验，我国零售企业尽管也有了一些行动，但相比之下差距比较大。

零售业的低碳化发展是必然，但推进零售企业低碳运营不能急于求成。零售企业低碳化经营是一项系统工作，在宏观层次上需要政府的调控和引导；中观层次上零售企业要做好外部协调工作，与供应链上的企业合作，打造绿色供应链；微观层次上零售企业要做好门店改造等工作，从技术和管理两方面保证低碳经营。

复习思考题

1．低碳经济对零售企业有哪些影响？
2．零售企业如何做好低碳物流？
3．结合实际分析零售企业应如何引导低碳消费。
4．零售企业应如何打造绿色供应链？

案例分析

宏图三胞的减碳新思维

随着低碳经济在中国的升温，中国正着力推动低碳城市、低碳产业向纵深发展。近年来，低碳风暴正刮向零售业，中国本土零售企业节能意识日益增强。

在“2012 减碳先锋榜”上，宏图三胞高科技术有限公司榜上有名。作为一家拥有近 300 家门店的消费类电子连锁零售企业，宏图三胞在建设流通市场坚持低碳环保的绿色零售理念。基于这样的认识，宏图三胞近几年来一直将低碳原则作为可持续发展战略的重要组成部分，并且在日常运营管理中切实推进多项节能降耗措施。

宏图三胞的节能减排紧扣零售业态的特点，从门店环保、绿色供应链建设、消费者需求引导、先进经验学习等方面入手。目前来看，升级照明系统是其环保节能效果比较突出的一项举措。据称，升级后的门店采用节能率达 50%的 18 瓦 LED 环保节能灯，比以往使用的灯管寿命要长 5 年以上，能在节约 50%用电量的同时将光照度提高 30%。仅此一项每年就节省 400 多万元的照明费，也大大减少了二氧化碳、汞、铅等有害物质的排放和残留。

除上述要素外，其门店货物陈列架也是低碳环保工作中重要的环节，在选择货架的材质时，更多的是考虑与消费者健康和安全等切身利益相关的因素，其选用的环保烤漆货架成本相对较高，但其中的甲醛、甲苯等有害物质含量较少，VOC 等对人体有害物质的含量优于环境标准要求，不易燃烧、无气味等特点都让卖场环境更加环保、安全，非常契合打造低碳门店的理念。此外，还在门店中大量使用木质展台，切实保障消费者的购物健康。

在供应商的选择上，宏图三胞将绿色环保资质作为选择供应商的重要标准之一，对符合国家相关环境保护法规要求的供应商大幅倾斜。公司还积极引导供应商投入研发绿色环保产品，减少包装材料，使用可回收利用的包装材料，通过这一系列举措，努力打造一个绿色环保的智慧型供应链。

资料来源：王继亮. 宏图三胞：零售业减碳新思维 [N]. 华夏时报，2012-07-05.

【思考讨论】低碳经营对零售企业的意义何在？

参考文献

[1] 曾庆均，李定珍，宋瑛．零售学 [M]．北京：科学出版社，2012.
[2] 肖怡．零售学 [M]．2 版．北京：高等教育出版社，2007.
[3] 胡蕾．零售企业服务的创新途径 [J]．重庆教育学院学报，2010（9）：82-84.
[4] 郭国庆．服务营销管理 [M]．2 版．北京：中国人民大学出版社，2009.
[5] 陈章旺．零售营销：实战的观点 [M]．北京：北京大学出版社，2008.
[6] 陈文汉．零售学 [M]．北京：北京大学出版社，2015.
[7] 苏巧勤，周小付．商业零售企业文化营销战略思考 [J]．商业经济研究．2016（23）：52-54.
[8] 刘文纲．零售企业自有品牌战略研究 [M]．北京：经济科学出版社，2014.
[9] 刘建国，申宏丽．服务营销与运营 [M]．北京：清华大学出版社，北京交通大学出版社，2005.
[10] [德] 约阿希姆·森特斯，[瑞士] 迪尔克·莫舍特．零售战略管理 [M]．上海：复旦大学出版社，2016.
[11] 魏俊飞．我国零售服务型企业创新机制研究[J]．开封教育学院学报，2016(8)：258-259.
[12] 齐严．商业模式创新与“新零售”方向选择 [J]．中国流通经济．2017（10）：3-11.
[13] [日] 角井亮一．服务的细节：新零售全渠道战略 [M]．吴婷婷，译．北京：东方出版社，2017.
[14] 孙晓红，闫涛，冷泳林．零售学 [M]．大连：东北财经大学出版社，2010.
[15] [美] 迈克尔·利维，[美] 巴顿 A.韦茨，[中] 张永强．零售学精要 [M]．北京：机械工业出版社，2009.
[16] 林建宗．客户关系管理 [M]．北京：清华大学出版社，2011.
[17] 苏朝晖．客户关系管理 [M]．2 版．北京：清华大学出版社，2010.
[18] 杨帆静．网络零售商与传统零售商自有品牌战略比较研究——以京东商城与华润万家为例 [J]．价格月刊，2017（11）：81-84.
[19] 张涛．重构新版图——实体零售的机会在哪里 [J]．中国商报，2016.11.11.
[20] 毕克贵．我国零售企业国际化经营：特殊意义背景下的必要性与可行性分析 [J]．宏

观经济研究，2013（11）：111-119.

［21］葛秋雪，左琳琳．零售产业升级的绿色低碳路径选择［J］．中国商论．2016（3）：163-165.

［22］［美］巴里・伯曼，乔尔・R.埃文斯．零售管理［M］．吕一林，宋卓昭，译．北京：中国人民大学出版社，2010.

［23］韩顺德．中国零售企业的国际化经营战略研究［J］．中国乡镇企业会计，2016（2）：13-14.

［24］李玉龙．大型零售企业与供应商合作关系问题研究［D］．沈阳：辽宁大学博士学位论文，2012：30-36.

［25］赵树梅，徐晓红．“新零售”的含义、模式及发展路径［J］．中国流通经济，2017（5）：12-20.

［26］赵艳丰．零售企业如何打造低碳供应链［J］．世界环境，2014（3）：49-51.

［27］曾国贤，钟雪美．零售国际化是否标准化与本土化的二律悖反［J］．商场现代化，2016（18）：6-7.

［28］李洪霞．移动互联网时代我国零售业国际营销 O2O 模式的创新研究［D］．济南：山东大学硕士学位论文，2016.

［29］王慧．“一带一路”背景下零售企业国际化与商业模式创新［J］．商业经济研究，2017（22）：105-107.

［30］江烨，陈瑞义．自有品牌产品质量管理的模式与协作研究［J］．绿色科技，2017（20）：220-222.

［31］胡日查．中国零售企业国际化经营的特点及其评价［J］．北方经济，2010（8）.

［32］零售网，http://www.lingshou.com/

［33］杜睿云，蒋侃．新零售：内涵、发展动因与关键问题［J］．价格理论与实践，2017（2）：139-141.

［34］中国零售网，http://www.youyuanw.com/

［35］联商网，http://www.linkshop.com.cn/web/

［36］零售前沿网，http://www.tobaccochina.com/sales/

［37］翟金芝．低碳经济下中国零售业发展的对策［J］．经济与管理，2010（5）.

［38］蒋亚萍，任晓韵．从“零售之轮”理论看新零售的产生动因及发展策略［J］．经济论坛，2017（1）：99-101.

［39］王秀娟．浅析自有品牌开发对零供博弈关系的影响［J］．现代商业，2017（11）：17-18.